非正規雇用の法政策

楠本 敏之

非正規雇用の法政策
―― 社会保険法制度による可能性 ――

学術選書
195
法社会学

信山社

　　　　　　　は　し　が　き

　本書は，非正規雇用労働者の社会的排除という，近年の日本の労働問題の中心的課題の一つであることに疑いのない問題にその改善のための法政策の提言を目指して取り組んだものである。そして，改善のための手段として，社会保障法政策を取り上げた。社会保障法政策というだけでは茫漠としているが，主として，社会保険について議論している。具体的に言えば，社会保険の被保険者資格が事実上，雇用形態と連動しており，現状の被保険者資格制度が，企業に非正規雇用を選択させ，それによって増大した非正規雇用労働者が正規雇用労働者に比較して弱者救済のための社会保険からも排除されるという悪循環ともいうべき二重の排除構造が制度的に生じていることについて論じている（第3号被保険者問題を含めれば，三重ということになる）。この悪循環から抜け出す改善方法の核心は，極めて単純である。根本原因であり，雇用形態との関連性の強い一定の労働時間等で規定された被保険者資格を，保険料が企業にとって過大とならない形で，（単なる適用拡大でなく）全雇用労働者に資格を平等に認めるべきというものである。

　この改善方法の核心は，単純であり，むしろ先行研究上も問題の存在を認めてきた陳腐なものとも言ってよい。ただ，そうだとしても，このことは本書の欠点ではない。著者は，意識的に，単純で，陳腐な方法をあえて選んだのである。本書では，明示的に議論の対象とはされていないが，陳腐で現実的に可能な方法がなぜこれまで実行されてこなかったのかということが暗に問題となっている。多くの利害関係者への配慮故であろうと，それを正当化して非正規雇用労働者という弱者放置をしてきたことを続けるべきなのかを問題提起したいと考えているのである。

　もちろん，法政策は，過去からの多くの柵の中で調整し実現可能な方法を模索するものであることは事実であり，そのことは否定しない。私自身，実務家であれば，あるいは，実務家であったときには，そのような微温的な方法を迷わず選んだであろう。しかし，真に何か問題に取り組むときには，利害関係で雁字搦めの状況に否を唱え（非正規雇用労働者の社会的包摂や女性の社会進出の

はしがき

促進をより重要な問題と考えて）一定の副作用が生じることも厭わずに改善のために実行することも必要であろう。

　本書は，以上のように，単純で，かつ陳腐ではあるが，一定の明確な正義を目指した法政策を導入すればどうなるかを示した愚直な結果である。この愚直さが，これまでの既得権益に縛られた法政策についても固定観念を少しでも打ち破り，真の弱者救済になるような法政策の実現に寄与する第一歩になればよいと考えている。そして，その成否については，換言すれば，本当に現状の社会保険に係る法政策への批評となり，実証研究として一定の成果を有しているかについては，読者ご自身に厳しくご判断いただければと思う。

　2019年10月

楠 本 敏 之

〈目　次〉

◆第1章　本書の問題意識……………………………………………3

　第1節　非正規雇用問題と法のあり方………3
　　1　非正規雇用問題とその対策の経緯（3）
　　2　非正規労働問題への対応策としての社会保障法政策
　　　　――社会保障法の強行性と排除性（8）
　　⑴ 社会保障制度の中核としての社会保険制度の強行性（8）／
　　⑵ 社会的排除の原因としての社会保険法制度――被用者一般・
　　ジェンダー・企業（9）
　第2節　研究課題の設定………14
　第3節　非正規労働・雇用の定義――「非正規」の意義………15

◆第2章　非正規雇用問題と社会保障政策についての先行
　　　　　研究・調査……………………………………………21

　第1節　社会保険に係る法制度とその経済的機能………21
　　第1　社会保険の被保険者資格に係る法制度（21）
　　　1　社会保険の被保険者資格とその変遷等（21）
　　⑴ 健康保険・介護保険・厚生年金保険（21）／⑵ 雇 用 保 険（24）
　　　2　社会保険の被保険者資格の法的意義（26）
　　　3　社会保険料の賦課（事業主負担・被保険者負担）に
　　　　係る法制度の現状（28）
　　⑴ 社会保険料の意義と保険料率について（28）／⑵ 社会保険
　　料負担の法的意義――事業主負担（29）／⑶ 社会保険料負担の
　　法的意義――被保険者負担（31）
　　　4　社会保険適用の実態（32）
　　⑴ 社会保険料の事業主負担の労務費負担における割合等（32）
　　／⑵ 社会保険加入の実態等（33）

目　次

　　第2　社会保険料の事業主負担・被保険者負担の社会的・
　　　　経済的機能 (37)
　　　1　事業主負担 (37)
　　　　(1) 事業主負担の帰着と転嫁の一般論 (37) ／(2) 帰着の対称性
　　　　と非対称性について (40) ／(3) 非正規雇用に関連した帰着問題
　　　　について (42)
　　　2　被保険者負担 (46)
　　　　(1) 被保険者負担の一般的機能 (46) ／(2) 第3号被保険者の被
　　　　保険者負担と就業調整との関係 ── 女性有配偶者パートタイム
　　　　労働供給行動について (50) ／(3) まとめ (57)
　第2節　非正規雇用労働者の社会的排除・包摂………58
　　第1　社会的排除と包摂について (58)
　　　1　社会的排除・包摂の概念の誕生の背景と歴史，そし
　　　　てその一般的意義 (58)
　　　2　社会的排除及び包摂の概念の特徴 (62)
　　　3　社会的排除指標 ── 主観的指標の導入と日本におけ
　　　　る指標開発のあり方 (65)
　　第2　社会的排除と非正規雇用問題 (68)
　　　1　社会的排除と労働・雇用のあり方・質 (68)
　　　2　労働・雇用の質と非正規雇用問題 (71)
　　　3　企業組織内における非正規雇用労働者 (75)
　　　　(1) 非正規雇用労働者の社会的排除の実態分析の前提 (75) ／(2)
　　　　雇用の非正規化の傾向と日本の雇用システムとの関係 (75) ／
　　　　(3) 非正規雇用の機能 ── 正規雇用との代替性・補完性の実態
　　　　(79) ／(4) 非正規雇用における職務・業務の代替性について
　　　　(82) ／(5) 非正規雇用の正規化の可能性とその試み (90) ／(6)
　　　　その他の折衷的な試み ── 雇用の正規化と多様な正社員制度の
　　　　関係 (94)
　　　4　小　括 (96)
　　第3　被用者保険としての社会保険の被保険者資格と社
　　　　会的排除 (98)
　　　1　社会保険と社会的排除 (98)
　　　2　非正規雇用と社会保険に係る制度的排除に伴う社会

　　　　的排除の関係（101）

　　3　小　括（104）

　第4　社会的包摂の再定義 ── 社会的排除の対概念としての位置付けを超えて（105）

　　1　目標としての社会的包摂と状態としての社会的包摂（105）

　　2　社会的包摂指標としての主観的厚生・幸福度
　　　　　　── 総論（106）

　　　(1) 社会的包摂指標の意義（106）／(2) 社会的包摂指標としての主観的厚生・幸福度概念利用の実践的意義（108）／(3) 小　括（112）

　　3　社会的包摂指標としての主観的厚生・幸福度
　　　　　　── 各論（112）

　　　(1) 非正規雇用と主観的厚生・幸福度（112）／(2) 社会保険加入と幸福度・主観的厚生（121）

第3節　フランス・ドイツにおける雇用政策と社会保険制度
　　　　　　………125

　第1　非正規雇用と社会保険に係る法制度についての比較研究の意義（125）

　第2　フランスにおける社会保険料の使用者負担軽減政策………126

　　1　フランス社会保険制度の概要（126）

　　2　社会保障の使用者負担保険料軽減政策とその背景としての社会的排除（127）

　　3　パートタイム雇用に係る社会保障の使用者負担保険料軽減政策（129）

　　4　パートタイム雇用に係る社会保障の使用者負担保険料軽減規定の関係（131）

　　　(1) 社会保障の使用者負担保険料軽減規定の効果に関するこれまでの評価（131）／(2) 社会保険適用の中立性とパートタイム雇用の割合の関係（131）／(3) 分析とその結果（134）／(4) 小　括（139）

目　次

　　　第 3　ドイツの社会保険制度と僅少労働政策 ── 非正規雇用問題と関連して（140）
　　　　1　ドイツ社会保険制度の概略（140）
　　　　2　僅少労働 ── ハルツ改革による社会保険料の労働者負担免除措置による雇用政策について（142）
　　　　3　ハルツ改革における僅少労働への誘導政策の影響・効果について（145）
　　　　　(1) 一般的評価（145）／(2) 僅少労働拡大政策と社会的排除状態の関係 ── 社会保険加入義務雇用と僅少労働（151）／(3) 分析とその結果（154）／(4) 小　括（159）
　　　第 4　まとめ ── フランス・ドイツの社会保険に係る政策の意義（160）
　　第 4 節　非正規雇用と社会保障法政策をめぐる先行研究を概観して………162

◆第 3 章　非正規雇用問題への対処としての社会保障法政策に係る仮説の定立……………………………………165

　　第 1 節　企業に向けた実施すべき法政策………165
　　　第 1　合理的選択理論に基づく企業行動（165）
　　　第 2　ミクロ経済学に基づく理論的確認：正規労働と非正規労働の代替及び社会保険料の事業主負担の帰着の問題（169）
　　　　1　概　略（169）
　　　　2　要素代替のあり方（170）
　　　第 3　企業行動に係る仮説の定立（174）
　　第 2 節　労働者に向けて実施すべき法政策………175
　　　第 1　概　説（175）
　　　第 2　第 3 号被保険者制度・健康保険被扶養者制度と社会保険の被保険者資格の無制限化との関係（179）

1　経済的影響 ── 労働供給・幸福度について（*179*）
　　2　第3号被保険者制度の廃止の法的側面 ── 法的整合性と公平性・社会的妥当性（*184*）
　第3　労働者の意識・行動に係る仮説について（*187*）

◆ 第4章　仮説の検証方法 …………………………………… *191*

　第1節　概　要………*191*
　第2節　調査方法と調査対象………*193*
　　1　企　業　調　査（*193*）
　　2　労　働　者　調　査（*196*）
　　　(1) 概　略（*196*）／(2) 社会的排除・包摂指標に係る質問項目について（*199*）

◆ 第5章　仮説の検証結果のまとめと考察 …………………… *205*

　第1節　アンケート調査の結果………*205*
　　第1　企　業　調　査（*205*）
　　　1　基礎的データ（*205*）
　　　2　仮説の法政策への対応についての結果（*207*）
　　　　(1) 仮説の法政策そのものへの対応（*207*）／(2) 仮説の法政策と他の関連諸要素との関係について（*213*）／(3) 多項ロジスティック回帰分析（*227*）／(4) ま　と　め（*231*）
　　　3　アンケート調査の結果と仮説の関係（*232*）
　　第2　労　働　者　調　査（*234*）
　　　1　分析の基本方針（*234*）
　　　2　郵　送　調　査（*237*）
　　　　(1) 基礎的データ（*237*）／(2) 社会的排除への影響・効果（*245*）／(3) 仮説の法政策への直接的反応について（*272*）／(4) その他の要素 ── 各論（*281*）／(5) 考察と分析 ── 郵送調査の結果と仮説の関係（*286*）

3　インターネット調査 (288)

　　　(1) 基礎的データ (288)／(2) 社会的排除への影響・効果 (296)／(3) 仮説の法政策への直接的反応について (340)／(4) 第3号被保険者への影響――就業調整について (347)／(5) その他の要素――各論 (350)／(6) 考察と分析――インターネット調査の結果と仮説の関係 (366)

　　4　郵送調査とインターネット調査の結果の補足的検討 (369)

　　　(1) 各調査の概要と問題点 (369)／(2) 労働者調査としての結果の分析について――郵送調査とインターネット調査の関係 (370)

◆第6章　結論及び今後の課題 ……………………………………… 373

　　1　結　論 (373)
　　2　今後の課題 (378)

参 考 文 献 (381)
あ と が き (397)
索　引 (401)

非正規雇用の法政策

第1章　本書の問題意識

◆第1節　非正規雇用問題と法のあり方

1　非正規雇用問題とその対策の経緯

　総務省の労働力調査によれば，近年日本における非正規雇用労働者の割合は，1990年代以降の著しい上昇が一段落して，36～37％程度と横ばい状態である（総務省 2017）。この割合それ自体は，それだけで無条件に問題であるというわけではない。雇用形態等の労働条件は，使用者と労働者の私的自治に基づく契約締結を通じて選択されるものに過ぎないからである。しかし，それが固定的で，合理性を欠く大きな格差となっているのであれば，そしてその影響が大きなものとなっているのであれば，社会にとって問題となってくる（樋口・石井ほか 2018：ii）。少なくとも1990年代以前よりははるかに比重を増してきた非正規として取り扱われる労働者は，正規雇用労働者と比して，期間の定めのある労働者が多く雇用の安定性がないばかりでなく，その平均賃金額が平均賃金において非正規雇用労働者の賃金は正規雇用労働者の賃金の65.5％であるに過ぎず，男女別・年齢別の比較でも大きな格差がみられ（厚生労働省 2017a），金額上も著しく低い（菅野 2017：291-292など）。加えて，労働条件の不安定・劣悪さ，また，それに関連する地位やプレスティージの面での正規雇用との格差，換言すれば，階層的な格差（太郎丸 2009：72-73），が存在していると考えられている。そのような格差に必ずしも正当化できる合理的な根拠があることは示されていない（有田 2017：256-264）。さらに，そのような状況を脱却することを可能にするための能力開発も企業によって十分になされず（小杉・原 2011：18-19），正規雇用労働者への移行も困難である（佐藤 2013：21など）。そして，派生的問題として，それらに起因する正規雇用労働者と非正規雇用労働者の間の格差拡大が社会不安・社会的排除を悪化させること（西村・卯月 2007：50-51），その社会的排除の一環として，低所得により少子化の一因たる晩婚化・

◆第 1 章　本書の問題意識

非婚化が進行すること（永瀬 2002：32-33，菅野 2017：297）などの多くの懸念が表明されてきて久しい。このような正規雇用と非正規雇用間の格差は，非正規雇用問題という形で社会問題としてとらえられ，解決のために様々な議論が展開されている。

　もっとも，非正規雇用労働者自体は，とりたてて新しい存在というわけではない。正規雇用といえる本工に対する臨時工という形で1950年代において既に存在しており，その後，高度経済成長下の人手不足（仁田 2008：52）や Abegglen（1958）により広く注目されるようになっていた。当時においては，本工と臨時工の間の待遇差は大きく，労働条件の差を超えた身分的差別とさえいわれるほどのものであり（氏原 1966：465），労働問題の一つではあったが，その後，年功序列賃金，終身雇用制度等を特徴とする日本的雇用制度の確立などにより，多くが正規雇用労働者として企業に吸収されるなどしたため，社会的に問題とはされなくなっていた。しかし，1990年代以降，景気の悪化とともに，労働投入量の調整を可能にする手段としてこれまで以上に重視されるようになった（2010：17-18）。そして，それまでに存在していた主婦を中心としたパートタイム労働者に加えて，成年男性に非正規雇用労働者が増加し始め[1]，家計を担う者や新卒者に正規雇用されない者が多く出てくるに至り，社会問題化したといえる（佐藤 2013）。もちろん，それが現実に正規雇用労働者中心の雇用体制を揺るがしているか否かについては議論があるものの（神林 2017：166-183），正規雇用と非正規雇用という格差を階層的に顕著にしたまま，現在に及んでいる。

　このような社会問題としての非正規雇用問題に対し，国も様々な対応策を実施している。労働契約法改正（2013年4月1日施行）・短時間労働者の雇用管理の改善等に関する法律（以下，「パートタイム労働法」とする。）改正（2015年4月1日施行），労働者派遣事業の適正な運営の確保及び派遣労働者の保護等に関する法律（以下，「労働者派遣法」とする。）改正（2012年10月1日施行）などを通じ，雇用保障の改善策として雇用の無期化（労働契約法18条），正社員との均

---

[1]　総務省「労働力調査」（2017）によれば，男性の非正規雇用労働者の全体に占める割合は，1990年には8.8％であったのに対し，2017年に21.8％となっている。

衡待遇（パートタイム労働法 8・9 条，労働契約法20条，労働者派遣法30条の 3）を実施してきた。さらに，直接，非正規雇用労働者のみを対象としたものではないが，そのセーフティネットとしての社会保障の充実を図るために，社会保険の適用の拡大も実施された（2016年10月 1 日施行）。そして，経済格差の直接的原因とされている賃金等の労働条件の均衡を目指す格差の直接的原因についても，平成30年 6 月29日に，働き方改革を推進するための関係法律の整備に関する法律が制定され，労働契約法，パートタイム労働法，労働者派遣法の規定をより明確に均等待遇・均衡待遇を目指す方向に規定し，同一労働同一賃金原則の実施を通じて合理的でない格差が生じるのを防止しようとしている。

　これらそれぞれの施策については，一定の効果が認められうると考えられているが，同時に，非正規雇用問題を改善したというに足りるだけの効果があると断言することは難しい。雇用保障として無期化を目指した労働契約法改正については，一部に単なる無期化を超えた正規雇用化の動きがある（労働政策研究・研修機構 2014a，2015等）にしても，上記改正が，一部の大学にみられたように[2]（産経新聞 2013年 9 月15日），企業による雇止めを誘発し職の一層の不安定を招く可能性も現実化している。同一労働同一賃金原則についても，正規雇用労働者と非正規雇用労働者の間の賃金格差は縮まることも期待しうるが，労働条件が均衡・均等状態にあるか否かを検討する以前に，欧米と異なり職務内容に従って賃金が決定されているわけではなく，同一労働同一賃金に適合するか否かを判断する基準そのものの定立が困難であるという日本の雇用慣行の問題がある（石田 2018：5 - 6）。その問題をクリアしたとしても，その労働条件における格差自体の合理性を判断することは非常に困難である。既に存在する裁判例[3]が示唆するように，不合理であることが明確になる一部の手当等を除き，不合理な差を認定すること自体が困難であり，運用上，多くは期待できないとも考えられる。実際，フルタイム・パートタイム，無期雇用・有期雇用，派遣労働者など雇用形態が異なっても，同一の職場で同一の仕事をする労働者

---

[2] 大学の教員等については，労働契約法の特例が定められ，契約開始から 5 年での無期契約への転換の可能性は既になくなっている（2014年 4 月 1 日施行）。

[3] 最二小判平30・6・1 民集72巻 2 号88頁（ハマキョウレックス事件），最二小判平30・6・1 民集72巻 2 号88頁（長澤運輸事件）等

◆第1章　本書の問題意識

は基本的労働条件については差別されないという均等待遇原則が妥当し，日本の雇用慣行とは異なり職務内容で賃金が規定されているEUにおいてすら，実態として均等な待遇が実現しているとまではいえない（天瀬・樋口 2010：9）。例えば，ドイツの調査では，低賃金閾値（9.45€）を使用しこれを下回る割合で格差を分析すると，これを下回る割合は，有期僅少労働64.5%，派遣労働44.1%，有期パートタイム就業者31.4%，有期フルタイム就業者29.2%，無期パートタイム就業者23.2%に上っており，他の年もそれ程違いがあるわけではないなど，均等待遇は実現してはいない（ザイフェルト 2010：44）。フランスにおいても，パートタイム雇用については典型雇用と比較して格差があるとまでいえないが，有期雇用については労働条件の比較上の劣悪さが認められるという（ミション 2010：94-98）。このような状況を勘案するに，法の規定に反して，現実としては，同一労働同一賃金は実現しておらず，法的規制により均等待遇を実現することが困難であることを如実に示しているといえる。加えて，日本においては，もし仮に一時点での同一労働同一賃金が成立した場合でも，正社員については，昇給も大きく，かつ，人的資本の側面から見てもキャリアアップが大きく，非正社員についてそれが小さい現状（原 2014：133-137）があり，このままでは両者の実質的格差は開いたままとならざるを得ない。このような問題もまた，日本企業の雇用システムに根差す問題であるとして，民事労働紛争の法的解決装置のみによる是正が期待できる規模・性格の問題ではなく，企業と労使の大規模で前向きの取り組みなくして解決があり得ない（荒木・菅野ほか 2014：228-229）として，労使による解決の必要性が示唆されてもいる。そこには，何ら具体的な政策は提案されていないが，この見解そのものは正しいと思われる。

　以上の労働法政策全てに共通して認められるのは，非正規雇用を正規雇用と比較した場合における労働条件の劣位をできるだけ改善し，正規雇用に近づけること，あるいは，雇用条件自体を正規化することに近づけることであった。それが実現しているかどうかは，またどの程度現実的に可能かどうかはともかくとして，このような法政策の方向性は今でも全く誤っていない。むしろ，少しでも効果があるのであれば，現在実施されているあるいは実施の予定されている政策は，実効性を持つべく運用されていかなければならない。最善を尽く

◇第1節　非正規雇用問題と法のあり方

すことなく不当な格差を放置しておくべき理由などないからである。

　ただ，非正規雇用の雇用条件は，企業と被用者の間の私的自治に基づく契約によって成立する以上，法による強制には限界があることは正しい。労働契約法18条に基づく有期雇用の無期雇用化政策におけるように，労働者に逆に不利益をもたらしてしまう恐れもあることは既に述べた通りである。実際，荒木・菅野ほか（2014：228-229）の述べるとおり，労働法政策で全てが解決することはあり得ない。そして，労働条件の均衡化に加えて，非正規雇用問題においては，既に簡単ではあるが言及したところの社会における階層・身分的格差や社会的排除の問題もあり，経済的側面のみの考慮ですべてが解決するわけでもないという困難もある。

　要するに，経済的観点からの非正規雇用自体の労働法的な労働条件の改善も，私的自治の観点から困難であることに加えて同時に，非正規雇用労働者は企業組織において正規雇用労働者と区別され，プレスティージを含めた階層的格差のある状況におかれているという，単に経済に還元されない社会関係的な考慮を要する社会的排除あるいはそれに関連する問題も解決すべき問題として存在する。このことは，先行研究上，解決すべき問題として指摘されてきてはいるのであるが，その解決のために具体的に何らかの積極的な措置が取られているわけではない。その理由としては，経済的・社会的制度を除く社会の排除を客観的に把握することが困難である上，把握したとしても改善する政策手段の探知が困難であることである。それ故，非正規雇用問題は，賃金格差をはじめとする経済的な格差問題の解決が依然として困難なのみならず，地位やプレスティージに関する階層的格差などそれ以外の要素をも包括的に含む，いわゆる社会的排除の問題の解決のための施策の前提となる研究調査が必要なのである。そこで，本書においては，非正規雇用問題を，私的自治に依存する労働法政策とは別の方法で，かつ，非正規雇用労働者の社会的排除状態を如何に改善し，包摂につなげていくべきであるかという別の角度から，考察していくこととする。

2 非正規労働問題への対応策としての社会保障法政策 —— 社会保障法の強行性と排除性

(1) 社会保障制度の中核としての社会保険制度の強行性

　以上のような状況にある非正規雇用問題についてどのような対応策が求められるかは非常に難しい問題である。そもそも，非正規雇用問題は，すでに述べた労働法のみならず，その他の分野をも含め法的手段による解決が可能であるものなのかという疑問（奥西 2008：54）が呈せられている。実際のところ，正規雇用と非正規雇用の格差是正は，企業の契約自由が全面的に妥当する領域であることから，企業の協力が不可欠で，国の政策による一方的で全面的な実施は不可能である。そして，日本の労使関係においては，非常に労使自治による運営が強く，法的規制による決定はあまりされてこなかったという経緯もある（神林 2017：354）。加えて，たとえ企業が協力するとしても，正規雇用と非正規雇用の格差自体が，日本的雇用システムの基本的要素たる長期安定雇用主義・年功主義（久本 2008a：14-24）に基づく年齢・勤続と査定が考慮される日本的賃金制度の基盤としての定期昇給制度が正規雇用労働者のみに適用されること（久本 2008a：14-24）に起因していることを鑑みれば，全面的な改善は，少なくとも短期的には，困難であるとも考えられる。このことに加えて，上述のように，狭義の労働条件に係る経済的要素を含めたより幅広い社会的排除の問題に対応する施策の策定自体が，労働法を含め法的手段によっては困難であると考えられる。

　ただ，労働法関連以外の法政策に注目するとき，非正規雇用労働者について明確に社会的排除を惹起し，同時にそれが改善可能な法的制度が一つある。それは社会保障法制度の中核をなす社会保険法制度である。具体的には，労働時間・契約期間によりその適用資格から制度的に排除されているという社会保険被保険者資格であり，非正規雇用のあり方と密接に関連する法制度である。日本の社会保険制度は，被用者保険または労働保険を主要な保障制度として用いている[4]（坂井 2013：73）。この社会保険の被保険者資格は，経済的意味での格

---

[4] 日本では国民健康保険のように住民保険も併用されており，ドイツのような被用者保険のみが行われている国とも異なる（田中 2016：74）。

差を生じさせる点で排除要因足りうるのみならず，被保険者資格は資格という用語からも一目瞭然であるが，企業のインサイダーである中核労働者を保護するための制度であり（佐口 2008：51），社会的制度からの階層的排除でもあり，改善すべき明確な排除要因である。そして。同一労働同一賃金のような契約関係をめぐるものは，私的自治・労使自治が妥当するがゆえに，一定の合理的な範囲を超えるものである場合には別段，法の趣旨自体を完全には貫徹することが不可能であるのに対して，社会保険を含む社会保障法制度の規定は強行的であり，雇用の当事者である企業・労働者の意思に関係なく，雇用労働の実態に基づき規制が及ぶ。つまり，社会保障法政策に関しては，企業の契約の自由に抵触することがなく，国が一方的に決定できる雇用に係る法政策であり，実現可能性が大きく，雇用への法政策による影響を考える上では，最適であるだけでなく不可欠なものであると考えられる。そういう意味で，社会的包摂のための重要な手段であり，かつ，有効な法政策の実施が現実的に可能な社会保障分野に係る法政策について，非正規雇用に係る社会的排除改善のための雇用政策として，検討することができる。

⑵ **社会的排除の原因としての社会保険法制度 ── 被用者一般・ジェンダー・企業**

社会保障とは，一般に，「国民の生活の安定が損なわれた場合に，国民にすこやかで安心できる生活を保障することを目的として，公的責任で生活を支える給付を行うものである」（社会保障制度審議会社会保障将来像委員会 1993）と定義しうる。その一部を構成する社会保険は，国が法律に基づき，大多数の国民を対象として，就労能力の喪失と中断（病気，けが，障害，死亡）・失業など，生活の困窮をもたらす一定のリスク（危険，保険事故）に備えて，あらかじめ制度への加入を義務付け，その危険が現実に生じた場合に法律で定めた要件に従って，加入者たる被保険者等により保険料が支払われ，一定の金銭やサービスを給付する仕組みをいう（田中 2016：9）。換言すれば，国が国民の健やかで安心できる生活を守るという社会政策的な目的を達成するために保険という技術を用いて制度化したものといえる（田中 2016：15）このような制度は，ドイツにおいて1883年に医療保険が実施されたのが最初で，その後，労災保険，年金保険，さらにその後，1911年にイギリスで失業保険が実施され，日本にお

◆ 第1章　本書の問題意識

いても1922年に医療保険を皮切りにその後，年金保険，労災保険，雇用保険が導入され，近年，世界的に介護問題が新たなリスクとして認知されるとともに介護保険も導入された。

　このように定義づけられ特徴づけられる社会保険法制度は，被用者中心の保険制度という点に注目すれば，そのルーツを長期的雇用の中心であった大企業の企業内福利制度に求めることができ，既に言及したように，社会保険制度は中核的労働者のリスクの軽減を目的とするが，それが機能するためには中核的労働者の雇用が安定的に機能することが前提とされるということからもわかるように，雇用制度と相互補完的に機能するリスク対処のための制度であるといえる（佐口 2008：51）。

　このように，社会保険制度は，もとは被用者中心の保険制度であったが，その範囲を広げ，日本においては，その保険者の違いから，大まかにいえば，地域保険と被用者保険に分類できる。日本の場合，皆保険を法制度上の建前としていることもあり，いずれかの保険に加入することができるのであるが，後に詳述するように，被用者保険に場合には，被保険者である労働者のみならず使用者も社会保険料を少なくとも50％以上負担するため，被保険者の負担は給付に比較して小さいものとなりうる。しかし，その被用者としての保険を被用者でありながら加入できない場合がある。それは，中核的労働者ではない場合とも考えられる（佐口 2008：51）。そのような場合といいうる非正規雇用労働者の一部については，被用者としての社会保険による保障から排除されることになる。

　社会保険を含む社会保障は，その受益者としての労働者の福利に直接大きな影響を与えうる。いうまでもなく，本書で非正規労働問題を取り扱うのは，非正規雇用労働者の社会的排除を改善し，包摂につなげることにあることから，企業への規律というだけではなく，社会的弱者としての立場に立ちうる労働者のリスクへのセーフティネットともなりうる社会保険制度を中心とした社会保障制度は，その状況改善に向けた格別の重要性を有するものであると考えられる。

　本書では社会保障法，その中でも中核的な社会保障とされる社会保険法制度の強行性に着目し，議論の対象として取り上げることを宣言した。この強行性

の効果を大きくしているのが社会保険について強制加入させる旨の取り扱いである。強制加入自体は，①国民に保険の利益をもれなく与えること，②年金財政を安定させること，③逆選択を防止することが裁判例において指摘されており（堀 2017：119），下級審であるが合憲と判断されている[5]。この強制加入は裁判所の示す利点があり，社会的包摂を促し得るものではあるのであるが，排除される者の排除を決定づけるという逆の望ましくない作用も当然に有することとなる。

　既に言及したように，非正規雇用労働者については，雇用保障や賃金等の労働条件の劣悪さから，正規雇用労働者との間での就業の二極化ともいえる階層的格差が生じており，その格差は，非正規雇用労働者の経済的困窮や社会での孤立などの社会的排除を生み出すに至っている（佐藤 2013）。そのような社会的排除状態を改善し，社会的に包摂する手段として社会保障制度が存在するはずであるが，逆に現状では，非正規雇用労働者には，被用者としての社会保障も十分になされているとはいえず，社会保障から排除されてしまっていることが多い。それというのも，日本においては社会保険が中核的社会保障であり，社会福祉，公的扶助，公衆衛生などとは異なり，一種の等価交換を前提とする有償の双務契約関係の基づく社会保険[6]（菊池 2018：23-24）のうちの被用者保険としての厚生年金保険，健康保険，介護保険及び雇用保険の被保険者資格は常用労働者としての一定の勤務時間や雇用契約期間の継続等を要求しており，必ずしも非正規雇用労働者であるが故にではないが，非正規雇用労働者が一定の勤務時間や雇用契約期間上の継続等の資格要件を充足しないことが多いため，事実上被保険者資格から排除されているというのが実情であるからである。実際，常用労働者と正規雇用労働者は同一というわけではないが，被用者保険は，常用労働者たる正規雇用労働者を対象に制度設計されており，実質的に重なり合うものとして考えられてきた。その上で，非正規雇用労働者は家計を支える存在と考えられていなかったため，せいぜい被扶養者としての保障のみが主た

---

[5]　京都地判平元・6・23判タ710号140頁。

[6]　保険原理が拠り所とする特徴的な基本的な考え方としては，①給付・反対給付等の原則や②収支相等の原則も上げられ，これらの特徴が社会福祉や公的扶助との相違点となる。

◆第1章　本書の問題意識

る考慮の対象となってきたのである（倉田 2004：131）。この常用労働者は，まさしく既に述べたところの中核的労働者と同様の位置づけを与えられている労働者であるといえる。しかし，このような社会保険法制度は，昨今の非正規雇用労働者，とりわけ家計を支える存在として非正規労働に従事している者の増加により，非正規雇用労働者を排除しかねない社会状態に適合しないものとして問題となってきたのである（倉田 2004：132）。

　さらに，このような社会保障法上の法制度は，単に　非正規雇用労働者に十分な保障を与えないということに止まるものではない。非正規雇用労働者に社会保険の被保険者資格が認められにくい実情は，社会保障制度自体が，現在の「男性稼ぎ主」，すなわち妻子を扶養していると想定される壮年のフルタイム男性雇用者という比較的には弱者とはいえない人々への所得移転を偏重する（大沢 2008：32-33）など，現状の強者というべき男性中心の正規雇用労働者へ一層保護が図られてしまうという結果をもたらしうる。加えて，このような男性稼得者モデルは，性別職域分離（木本 2000：39-43）を生み出すが，これは女性に主としてパートタイム労働者を中心とした非正規雇用が多いことと関連して（太郎丸 2009：85-86），（社会的排除の一形態とも考えうる）女性の社会進出を妨げてしまう効果をもつ国民年金法第3号被保険者制度に特に顕著な形で現れている。このことは，女性が固定的な性別役割分業により「被扶養者」という社会保険制度上の位置づけを強いられてきたこと（神尾 2014：48）等，雇用形態・社会保険の被保険者資格が事実上ジェンダーにより区分されることになっている。そのような状況から女性を解放し「自律的な被保険者」として位置付けるべきことも主張もされているのである（神尾 2014：48）。

　社会保険法制度とも関連しているさらに一層問題であるのは，このような法制度自体が，企業の雇用行動にも影響を与えている可能性があること（金 2015など多数）である。それというのも，上記のように，社会保険[7]の中でも被用者保険は，雇用上の地位に基づき被保険者資格が認められることとされており，被保険者資格が認められる者を雇用することにより，企業は保険料を負

---

[7]　社会保険という用語は，労働保険と区別して用いられることもあるなど，様々な形で用いられる。本書では，雇用保険等の労働保険をも含むものとして定義して用いる。

担することを義務付けられる（具体的な内容等については後述）。そして，被用者保険の中でも，健康保険，介護保険，厚生年金保険，雇用保険の4つの社会保険に関しては，被用者の雇用（見込み）期間・労働時間によって，被保険者資格の有無が決定され，被保険者資格を充足しない者は保険関係から排除される。そして，この社会保険料の事業主負担の存在故に，その負担を避けるため，企業はこの社会保険における被保険者資格が認められない非正規雇用の活用を広げていると考えられ，昨今の非正規雇用労働者の増大と関連付けられているのである（岩村 2001：123，金 2015：28-31 など）。こうしてみると，非正規雇用労働者の社会保障における保護の欠如がより一層の非正規雇用労働者を生み出し，更なる保護の欠如を生み出す原因の一つとなっている可能性があるといえ，社会保障法政策による社会的包摂の必要性，すなわち，雇用の非正規化及び社会的排除の防止を内容とする社会保障法政策の必要性がクローズアップされることとなる。

　ただ，このような状況は，社会保険[8]の被保険者資格の無制限化は，企業の雇用行動を雇用形態に関し中立化して，労働者の雇用条件を改善する可能性があると同時に，社会保険の適用を拡大することにより直接に労働者の社会保障の充実につながりうるということも示している（嵩 2017：58-59）。そのことは，同時に，ジェンダーに関する社会保険適用の中立化につながりうることをも含意する。もちろん，財政面やその他の社会保障制度との関連性も無視できないので，本書でも一定程度取り上げ議論することになるが，主要な議論はその点に終始するといってよい。そこで，このような重大な問題に対処するため，本書では，社会保険の被保険者資格とそれに伴う負担に起因する行動や意識に係る問題を企業・労働者の両側面から考察していきたい。

---

(8) 本書で以下議論する社会保険は，別段の注釈・言及のない限り，雇用関係に基づく被用者保険としての社会保険である。（念のために付け加えれば）それ以外の国民年金や地域保険の医療保険たる国民健康保険等については，社会保険としての議論の対象ではない。

◆ 第1章 本書の問題意識

◆ 第2節　研究課題の設定

　そこで，本書では，非正規雇用問題の解決のために，社会保険に係る社会保障法政策が，雇用形態選択に関する企業行動にどのような影響を与え，労働者の労働供給行動や労働者の福利・社会的排除状態にどのように影響するのかについて明らかにしたい。より具体的にいえば，社会保障上の法制度としての社会保険の被保険者資格を雇用形態の相違に関わりない中立的なものとすることにより，雇用の非正規化を防ぐこと，ひいては正規化を促進することが可能といえるのか，その時同時に，労働者の福利や主観的厚生の向上，ジェンダー的観点をも含めた意味での社会的包摂の実現に近づけることが可能になるのかを，理論的・実証的に検証していくこととする[9]。これらの項目は，それぞれ個別には過去の先行研究においても検討されてきた重要な問題ではあるが，非正規雇用問題としての社会的排除状態の改善という視点かつ具体的かつ実践的に全体として検討されることはなかった。本書は，その点での総合的な社会政策的見地からの寄与をも目指すものであるといえる。

　そのために，第一に，社会保険料の事業主負担の存在故に，企業はこの社会保険における被保険者資格が認められない非正規雇用の活用を広げてきたことが実際に認められるのかを検討する。その上で，第二に，被保険者資格の欠如により非正規雇用労働者が社会的に排除され，その福利や主観的厚生の向上，社会的包摂が損なわれてきたのかどうかについても，正規雇用労働者との比較をも混えつつ，調査することとなる。更に，第三に，社会保険の被保険者資格を雇用形態に関し中立化することは，社会保険の被保険者の被扶養者である有配偶者女性をも男性稼ぎ主と同等に扱うことにもなり，男性中心主義的な日本の家族のアンチテーゼとはなりうるが，本当に女性の社会的包摂につながるかは実際にはよくわかっておらず，その点についても考察を深めることにもなるであろう。

---

(9) 社会保険の被保険者資格の中立性を問題とすることから，既に中立性が完全に実現している，つまり，被用者である限りにおいて被保険者資格に関係なく補償される（被保険者資格の概念すら法律上存在しない）労働者災害補償保険については議論の対象としない。

具体的な論文構成としては，第2章において，社会保険の被保険者資格並びに事業主負担・被保険者負担等保険料に関連する法制度の現状を示した上で，社会保険の適用の実態，事業主負担・被保険者負担等の社会保険適用に係る経済的・社会的機能，非正規雇用問題解決のための分析の視点としての社会的排除概念の意義とそれに基づく労働者の社会的排除・包摂の実情や改善の可能性（そこでは，雇用形態に係る企業組織の現状を中心に検討することとなる），社会的排除・包摂と密接に関連する主観的厚生・幸福度と行動経済学等についての本書の目的に関連する重要な事項についての先行研究・調査を示したい。加えて，以上の先行研究を補充するものとして，比較法の視点からフランス・ドイツの非正規雇用問題と法政策の実情と事例を紹介して，本書の議論の参考にする。第3章においては，第2章で示された先行研究・調査に基づき，現状の非正規雇用問題を改善するための政策として企業の合理的選択及び労働者の経済人的合理性には必ずしも合致しないが十分に一般的意味で合理的な意識・行動を前提とした有効な社会保障法政策に係る仮説を提示する。第4章においては，そのような仮説を検証するために，企業と労働者に対するアンケート調査を実施する。第5章においては，その結果とそこから導かれる仮説の検証に関する所見を示す。その上で，第6章においては，結論及び今後に向けて残った課題を示したい。

◆ 第3節　非正規労働・雇用の定義 ――「非正規」の意義

　第2章以下における議論に入る前に，雇用における「非正規」とは何を示すのかを明確にしておく必要がある。それというのも，「非正規雇用」という用語で何を意味しているのかは，歴史的にも，統計的にも，用語を使用する人の立場や目的によって様々であり，そこには一定の価値観が潜んでいるからである。そこで，社会保険に係る法政策と非正規雇用問題との関係を具体的に議論する前に，非正規雇用の定義の歴史的，統計的意義を鑑みながら，本書での定義を確定しておく。

　非正規雇用については，1990年代以降現在まで続く非正規雇用問題が社会問題として意識されるまでは，長い間，正規雇用自体，法律上の定義すらなされ

ていなかった[10][11]。1993年,「通常の労働者」(パートタイム労働法2条)として規定されたのが,初めての法律上の明確な定義であった。この定義を実質的により敷衍すれば,一般的に,正規雇用労働者について,会社との間で,直接に常勤で期間の定めのない雇用契約を締結している労働者と定義できる。このような正規雇用労働者以外の労働者として定義されるのが非正規雇用労働者である。ただ,このような労働時間や雇用期間によって正規雇用労働者と非正規雇用労働者は常に区別されているわけではない。実際,例外的な存在ではあるものの短時間正社員や常勤の任期付正社員も存在する。

正規雇用労働者と非正規雇用労働者の区別・定義としては,概ね2種類に分類できる。一つは,上述のような労働時間や雇用契約期間に基づく具体的労働・雇用条件によるものである。厚生労働省の各種労働関係の調査はこの定義に従っている(例えば,「就業形態の多様化に関する実態調査等」)。それによれば,非正規労働は,先述の通り,類型的には,直接雇用としては,期間の定めのある有期労働契約による労働及び常勤でないパートタイム労働[12]として把握可能であるといえる。非正規雇用労働者に特徴的な労働時間や契約期間と直結しているため,現実の非正規雇用労働者の労働条件上の特徴を実質的に示すことができる。

しかし,このような定義は,少なくとも,日本においては,実際の企業における呼称や雇用形態上の地位と異なっている。上述の短時間正社員等という例

---

[10] 本書では1950年代(やそれ以前)からの非正規雇用の歴史全体を取り扱わない。主として1990年代後半以降における,とくに金融危機以後における企業の雇用戦略の変化により,減少しつつも雇用労働者の主流として存在し続ける正規雇用労働者を補完するだけでなく,より基幹的業務を担当するようにもなった増大し続ける非正規雇用労働者(仁田 2008:67-71)を議論の対象とする。もちろん,このような非正規雇用問題も,1990年代後半に突然生じた現象ではなく,1980年代には「雇用形態の多様化」の現象として既に観察されていた(菅野 2017:207)ことも注記しておく。

[11] もっとも,既に言及した1950年代の臨時工の増加に際して,政府の雇用統計においては,常用の従業員と臨時の従業員の区別が試みられるようになり,1952年1月分の調査から「毎月勤労統計調査」において臨時及び日雇い労働者についての項目が付け加えられるようになり,その後,「労働力調査」においても変更が加えられるようになってはいた(有田 2016:105-106)。

◇第3節　非正規労働・雇用の定義

外もあるし，通常の労働者と全く所定労働時間が殆ど変わらない疑似パート，無期パートも存在するのであり，パートタイム労働が労働時間のみによって現実に定義されているとは到底いえない（仁田 2008：56-58等）。現実に，日本においては統計上の定義も全てがこれに従っているわけではない（菅野 2017：292など参照）。このような企業における実情に基づく第2の定義が，企業における呼称に基づくものなのである。総務省の調査[13]では，この定義に従っている。企業における呼称は，企業における人的資源管理の観点から正規雇用労働者か否かを分別するには適切ではあり，労働市場における機能を考える上では不可欠である。ただ，非正規雇用労働者に特徴的な労働時間や契約期間と直結していないため，現実の非正規雇用労働者の労働条件上の顕著な特徴を完全に示してはいないという問題がある（浅野・伊藤ほか 2011：68-69）。

いずれの定義も一長一短であるこのような状況を踏まえつつ，本書では，その目的が正規雇用労働者と非正規雇用労働者間の階層的格差を中心とした非正規雇用問題の実践的解決に向けた考察であることから，労働時間や契約期間に基づくのではなく，正規労働と非正規労働の格差をもたらす日本的雇用システムの発現としての人的資源管理上の区別を重視して，原則的な定義を呼称に基づくこととする。たしかに定義として曖昧な部分はあるが，これまで述べてきた一定の社会的実体を持った非正規雇用労働者を表象するためには適切である（菅野 2017：292）。それというのも，非正規雇用労働者が非正規雇用労働者であるゆえんは，人的資源管理の視点から長期的なキャリアの構築が期待されていないという要因が大きいといえるからである（浅野・伊藤ほか 2011：87）。こ

---

[12] パートタイム労働にも，普遍的な定義はない。国際的には，多くの場合，労働時間に基づき定義されていることでは共通してはいるが，日本でも諸外国でもその統計上の定義は様々である。ちなみに，日本のパートタイム労働法では，パートタイム労働者は，「一週間の所定労働時間が同一の事業所に雇用される通常の労働者の一週間の所定労働時間に比べて短い労働者」と定義されている。少しでも短ければいいため，諸外国の場合と比べて，範囲が広く設定されている。これに対し，例えば，OECDの調査では，パートタイム労働は，週30時間未満の就業のことをいう。

[13] 総務省の調査の中でも，「労働力調査」においては，呼称のみならず，就業時間が週35時間未満という労働時間基準も副次的に採用されている（労働政策研究・研修機構 2014c：38）。

第1章　本書の問題意識

れに対して，明確な政策対応のためには，前者の定義の方が明確で好都合という見解もある（玄田 2017a：50-52）。しかし，それは，労働時間や契約期間に基づく相違のみに起因しているわけではない非正規雇用問題の困難な現実から目をそらしていると言わざるを得ないであろう。実際，正規雇用労働者と非正規雇用労働者に格差等をもたらすのが雇用契約上の地位の相違であり，その雇用契約上の地位は企業自身が用いる呼称により示されるのであるから，それが重要なことは当然ともいえ，労働時間・雇用期間等の雇用・労働条件に基づく区別と特段に異なるものであるのであれば，そこに重要な意味が付与されていると考えられる。海外の統計では一般に，労働時間，雇用期間等の客観的な労働条件に基づくが，日本においては，客観的な労働条件の違いよりも，それぞれの会社における人事制度上の位置づけの違いの方が実際の待遇に対して決定的な影響を与えており，そのため，政府の雇用関連統計でも呼称という従業員カテゴリーに依拠していると考えられている（有田 2017：255-256）。つまり，海外の非典型雇用とは性格が異なるといえ，日本の非正規雇用については，有期雇用やパートタイム雇用であることを根拠としながら，人事管理上，正規雇用労働者より周辺的に位置付けられた従業員カテゴリー（有田 2016：256）であり，それが処遇に影響を与えているというのである。いわば，正規雇用・非正規雇用は「雇用身分」（遠藤 2016：37）として機能しているといえる。一般に，経済学においては労働時間・雇用期間等の雇用・労働条件に基づく区別に依拠する傾向があるが，経済学の実証研究においてすら，比較すれば，労働条件の格差が呼称に基づく非正規雇用の場合に，より深刻であることが示されている（神林 2017：159-165）。本書においては，非正規雇用問題を社会的排除・包摂の視点から現実的な改善・解決を図るものを目指すものであり，現実的で実質的な差異，いわば階層的差異に基づく問題を検討することが求められる。したがって，本書における非正規雇用の定義は，呼称に基づく非正規雇用であり，パートタイム労働者は，正規雇用されたパートタイム労働者を除いた非正規雇用労働者としてのパートタイム労働者であり，本書における有期雇用労働者は，正規雇用としての有期雇用労働者を除いたフルタイムの雇用期間の定めのある労働者ということになる。

この定義によれば，正規雇用された短時間労働者と有期雇用労働者が，労働

時間・雇用期間に基づき定義した統計においては，非正規雇用労働者としてのパートタイム労働者・有期雇用労働者と同様に混在した形で取り扱われることになるなど，統計を参照する際に一定の不正確さが生じてしまうことはありうる。しかし，後述するように，概ね呼称と労働時間・契約期間の実態とは事実上重なり合うことが多く（そうであるから厚生労働省を含め多くの調査で労働時間・契約期間もメルクマールとして用いられてしまうことになるのであるが），議論の大きな障害となることは少ないし，例外的に問題となるときには，そのような不正確が生じうることに留意しつつ，どのような定義に基づく統計であるかに注意して，必要に応じて特段の考察を加えるという対処をすれば良いと考える。

第2章　非正規雇用問題と社会保障政策についての先行研究・調査

◆第1節　社会保険に係る法制度とその経済的機能

第1　社会保険の被保険者資格に係る法制度

1　社会保険の被保険者資格とその変遷等[1]

(1) 健康保険・介護保険・厚生年金保険

現在，健康保険，介護保険及び厚生年金保険の被保険者資格については，被用者保険として同様な基準により認定されている（厚生年金法9条，健康保険法3条1項）[2]。それぞれの法の目的が生活の安定を図り，福祉の向上を目的としていることから（厚生年金保険法1条，健康保険法1条），雇用契約の締結は条件ではなく[3]，被用者保険の給付対象者として適格か否かが問題とされる。そして，その適格性の判断においては，実質的な経済的従属関係が重視され，所得保障のニーズの有無が問題となるとされる（倉田 2004：130）。つまり，企業との間に経済的従属関係があり，所得保障のニーズのある使用関係が存在して

---

[1] 本書は，被用者保険としての社会保険を一般的・包括的に議論の対象としているが，船員を対象とする船員保険等他制度の適用を受ける者については，それぞれ特殊な制度の適用を受ける特殊な対象であること及びそれを議論することが本書の議論に付加するものや矛盾するものがないことから，最初から議論の対象としない。

[2] 介護保険については，基本的には健康保険の被保険者資格が介護保険にも妥当し（介護保険法9条2号），保険料が一括して課されることとなっている（健康保険法156条1項1号）。そこで，厳密には年齢要件など別の要件を有する異なる被保険者資格が規定されているとはいえるが，別段の記載・必要性のない限り，非正規雇用問題と関連する本書での被保険者資格の議論においては健康保険と一括して議論し，介護保険を独立して議論の対象とはしない。

[3] 被保険者として人的従属関係にあることに限定する必要はないとされ，会社の代表取締役も被保険者となりうる（広島高岡山支判昭38・9・23高民集16巻7号514頁）。

◆ 第2章　非正規雇用問題と社会保障政策についての先行研究・調査

いることが被保険者資格の要件とされているといえる。

　そして，企業との間の経済的従属関係，あるいは，所得保障のニーズのある使用関係のメルクマールとして，「常用性」が要求されており，常用的使用関係にある労働者としての一定の勤務時間や雇用契約期間の継続が要求されている。フランスやアメリカ合衆国のように，雇用関係にあれば被用者保険の被保険者資格があるというわけではない。厚生年金保険を例に挙げれば，被保険者として，「適用事業所に使用される70歳未満の者は，厚生年金保険の被保険者とする。」（厚生年金保険法9条）とした上で，日々雇用の者や2ヶ月以内の期間を定めて使用される者等を適用除外としている（厚生年金保険法12条)(4)。加えて，明示的な適用除外に該当しない場合でも，法律の規定以外によって，労働時間について，原則として常用労働者の所定労働時間の4分の3以上であることが要求されてきた（1980年6月6日付の内翰（厚生省保険局保険課長・社会保険庁医療保険部健康保険課長・同年金保険部厚生年金保険課長発都道府県民生主管部（局）保険課（部）長宛等による。但し，後述するように，2016年10月改正により厚生年金法12条5号，健康保険法3条1項9号において，ようやく明文化された）。このように，「常用性」により経済的従属関係と所得保障のニーズの存在を限定的に捉えた結果，事実上，3つの社会保険の被保険者資格としては，週30時間以上の所定労働時間で，かつ2ヶ月を超えた雇用期間あるいはその見込みがあることが要求されることとなっている(5)。

　このような被保険者資格については，厚生年金保険法，健康保険法，介護保

---

(4) 健康保険については，健康保険法3条1項に被保険者資格の規定が同様になされている。
(5) この雇用期間要件は，「臨時に使用される者」（厚生年金保険法12条1号ロ，健康保険法3条1項2号ロ）に関し，適用除外要件の一つとして規定されているものに過ぎないが，有期雇用労働者の一般的な被保険資格要件として通常考えられていることから（岡部 2014：97，厚生労働省 2014b），本書でもそのように考える。また，健康保険法3条1項，厚生年金保険法12条では，日々雇用，季節的業務，臨時的事業についての適用除外も規定されているが，それらについては非正規雇用労働者一般とは異なる雇用問題に関わるものであり，本書の議論の対象とはしない。また，後述の雇用保険に関しても，雇用保険法6条2号・3号以外の適用除外要件について，同様のことがいえるため，本書の議論の対象とはしない。

◇第1節　社会保険に係る法制度とその経済的機能

険法のそれぞれが制定されて以来，これまで全く変動がなかったが，従業員数501人以上の企業について限定的にではあるが，一週間の所定労働時間が20時間以上，賃金月額8万8000円（年収106万円）以上，勤務（見込み）期間1年以上等とするという改正が2016年10月になされた（厚生年金法12条5号，健康保険法3条1項9号）。これまで適用を「常用性」の欠如故に排除されてきた非正規雇用労働者に配慮した形となっているが，現状でも改正後でも，一定の常用性が要求されている点では変わりはない。

　また，健康保険・介護保険については，適用除外者の医療保障ニーズに対応するために，日雇特例被保険者制度がある。日雇特例被保険者は，上記の健康保険の被保険者に該当しないもので，他の保険制度に加入していない適用事業者の被用者である（健康保険法3条2項，同項但書）。

　ここまで，若干の例外的な被保険者資格についても言及しながら，健康保険については健康保険法3条1項に規定される被保険者，年金保険については国民年金法7条1項2号に規定される2号被保険者の被保険者資格，すなわち，被用者本人が被保険者として認定される場合を中心に述べてきた。しかし，被用者保険の被保険者資格に関連して，被保険者の被扶養者も重要な存在であるので，述べておかなければならない。年金保険については国民年金の加入者のうち，もう一つ重要なカテゴリーが存在し，国民年金法7条1項3号の被保険者（以下，単に「第3号被保険者」等という形で簡略化して記す。）である。この3号被保険者は，厚生年金に加入している第2号被保険者に扶養されている20歳以上60歳未満の被扶養配偶者でかつ年収が130万円未満あるいは106万円未満[6]の人で，かつ扶養者たる第2号被保険者の年間収入の2分の1であることを要する。また，健康保険に関しては，被保険者ではないが，被扶養者という概念があり，被保険者の直系尊属，配偶者，子，孫等であって，主として被保険者によって生計を維持するものであり，この生計維持関係の認定において，被扶養配偶者に限定されないが，第3号被保険者と同様の年収要件が適用される（健康保険法3条7項各号）。健康保険の被扶養者が配偶者であれば，第3号

---

(6) これは2016年10月施行の社会保険適用拡大に係る制約である（厚生年金法12条5号，健康保険法3条1項9号）。

◆ 第2章　非正規雇用問題と社会保障政策についての先行研究・調査

被保険者となりうる。

　なお，この年収額の制限の部分については，様々な経緯から現状に至っている。上述の通り，現在は，社会保険上被扶養者として取り扱われる年収額として106万円と130万円がある[7][8]。つまり，他方配偶者が第2号被保険者で106万円未満あるいは130万円未満の場合には，年金保険に関しては第3号被保険者として，そして，健康保険の被扶養者として，社会保険料を支払う必要はない[9]。この130万円という基準は，もともと，健康保険に関し，被扶養者の扱いに関する通知[10]に基づき定められ，これを基に，年金保険に関しても，1985年の基礎年金制度の導入とともに創設され，健康保険の被扶養者配偶者の給与収入に対する認定基準額が定められるという形で規定された。具体的金額は，当初は現在とは異なり，年間収入90万円からスタートして，現在では，年間収入130万円まで引き上げられている。

　これらの年収額の制限が第3号被保険者の就業調整を生じさせ，第3号被保険者（基準自体は性中立的基準ではある）の99％が女性であるため（菊池 2018：144），専業主婦にとどまらせ，性別職域分離を温存し，女性の社会進出を阻害しているなどの議論がある点については改めて後述する。

(2) 雇　用　保　険

　雇用保険の被保険者資格は，健康保険・介護保険・厚生年金保険と同様に，

---

[7]　第3号被保険者となるための年収額の制限として106万円と130万円の2つがあるが，既に示した方が体系からも明らかであるが，2つの基準が同時に適用されるわけではない。原則は，130万円が年収額の制限であるが，上記社会保険の例外的適用拡大の場合においては，106万円が参照年収額とされている。

[8]　第3号被保険者となるための年収額の制限として106万円と130万円の2つがあること自体が不公平であるという議論もある（田近・横田 2018：354）。

[9]　この年収130万円の基準については，健康保険及び年金保険の双方で共通に適用される基準であり，本文にも示した通り健康保険では被扶養者として，年金保険では国民年金法第3号被保険者として取り扱われるが，本書では，社会保険料の支払を回避する機能に注目するので，第3号被保険者制度というような年金保険上の制度に限定する場合など区別の必要がある場合等を除き，別段の記載がない限りすべて共通して「第3号被保険者」として以下記すこととする。

[10]　「収入がある者の被扶養者の認定について」（昭52・4・6・保発9号・庁保発9号）

◇第1節　社会保険に係る法制度とその経済的機能

常用労働者としての一定の勤務時間や雇用契約期間の継続を要求している。ただ，健康保険・介護保険・厚生年金保険とは異なり，現在においては[11]，法律上，明確に労働時間として週の所定労働時間20時間以上であること（雇用保険法6条2号），雇用期間として31日以上の雇用の見込みがあること（雇用保険法6条3号）等が要求されている。

現在の規定は，2010年改正によるものであるが，雇用保険の被保険者資格については，1974年の雇用保険法制定当初においては，所定労働時間が通常の労働者のおおむね4分の3以上でありかつ22時間以上であること，年収52万円以上であること，雇用期間については反復継続して就労する者であること（昭和50年3月25日発労徴17号・基発166号・婦発82号・職発97号・訓発55号）が要求されていたが，1987年，1989年，1994年，2001年，2009年，そして上述の2010年の6度の適用基準の改正[12]を経て，相当程度緩和されて現状に至っている。

厚生年金保険法・健康保険法・介護保険法とは異なり，法の目的として，労働者の生活及び雇用の安定など労働者としての福祉の増進が挙げられており（雇用保険法1条），被保険者資格の基礎として，労働基準法9条1項の「労働者」であることが要求されている。この「労働者」については，労働基準法における解釈と同様に，雇用契約の締結という事実だけでなく，その者が現実に従属労働に従事しているかという事実から判定すべきと考えられている[13]。このように，他の社会保険3法とは異なり，人的従属関係の有無及び態様が基礎とされているが，それに加えて，循環的給付の防止の必要性という保険事故としての失業の特質などに鑑みて（菊池 2010：79），上述の労働時間の多寡等が問題とされている。結果としては，他の社会保険3法と同様に，常用性が実質

---

[11]　2010年改正以前は，雇用保険に関する業務取扱要領等の行政実務上の適用基準により運用されていた。

[12]　1987年については，所定労働時間に関する「通常の労働者のおおむね4分の3以上」に関して，「賃金労働時間制度総合調査」（1987年）に拠り平均的な労働者の所定労働時間が44時間であることが明らかになり，それを参考にして週33時間が被保険者資格の要件となった（労務行政研究所 2004：348）だけであり，解釈変更に過ぎず，改正に含めないことが通常である。

[13]　最一小判平成8・11・28労判714号14頁。

◆第2章　非正規雇用問題と社会保障政策についての先行研究・調査

的にここでも要件とされているといえる（倉田　2000：265）。

2　社会保険の被保険者資格の法的意義

　現状の各社会保険制度においては，企業とその従業員が常用的な使用関係あるいは雇用関係があることが被保険者資格認定の際に要求されている。そして，その常用性の認定の具体的基準としては，従業員の週の所定労働時間数及び雇用（見込み）期間などが採用されている。本書のテーマそのものと関係するが，それは雇用契約上の地位や雇用形態とは形式的には関係がないが，労働時間・契約期間の短い者の多い非正規雇用労働者を実質的に排除する機能を持つ[14]。ただ，このような被保険者資格の限定は，法の趣旨から見て，社会保険制度の設計・運用の絶対的不可欠要件ではない。被用者保険である以上，被用者であれば加入することができるべきだと考える方が，筋が通っているといえるだろう。例えば，後に言及するフランスなどでは，このような被保険者資格は存在しない。何故経済的従属関係あるいは所得保障のニーズが，週の所定労働時間数及び雇用（見込み）期間により判断されなければならないのかは，法制度及びその目的そのものからは導くことができない。

　この点，雇用保険について上述の循環的給付の防止が挙げられている他[15]，社会保険全般について，僅かな収入では生計の維持にとってあまり意味を持たないと考えられること，一定水準の収入以下の所得しか得ていない被用者への強制適用は僅かな収入の価値を消滅させてしまいかねないことなどが，被保険者資格限定の理由として挙げられている（倉田　2004：133など）。また，パートタイム労働者や短期間の労働者は，一般的に，雇用の開始・終了といった異動が頻繁であり，事業主の事務負担が過重になることを防ぐために，雇用期間や労働時間による被保険者資格の要件限定を行っているという見解（岡部　2014：90，戸田　2007：42など）もある。

　しかし，僅かな収入であれ生計を維持すること，あるいは生計に寄与することは実際にあるのであり，生計の維持にとって意味を持たないとはいえない。

---

[14] 労働政策研究・研修機構の調査（2012a：193）等参照。この点については，後述する。
[15] この点については，後述する。

◇第1節　社会保険に係る法制度とその経済的機能

　厚生労働省「平成28年パートタイム労働総合実態調査」(2016b) によれば，パートタイム労働者の27.1％，男性のみについては55.0％が「家計の主たる稼ぎ手として，生活を維持するため」と回答し，家計の主たる稼ぎ手ではないが，生活を維持するため」を合わせると全体で57％に上っていることからも，そのことは裏付けられている。また，事務負担の便宜のために被保険者資格の有無を決定することについては，事務負担により労働者の生活保障を損ねることが不当であることは明らかであろう。実際，被用者でありながら，被用者保険から排除され，国民健康保険・国民年金の被保険者とならざるを得ないのであれば，負担と給付の不均衡が大きいといわざるを得ない（島崎 2011：223）が，このような不利益を低収入であること及び事務負担故に負わせることは，社会保険の目的に照らし本末転倒であろう。

　ただ，一定水準の収入以下の所得しか得ていない被用者に強制適用することは僅かな可処分収入をより減少させてしまい，当該労働者の生活を窮地に追い込みかねないことは問題といえるかもしれない。しかし，そのような場合には，強制適用を任意に免れることができるようにすることや一定額以下の低収入の被保険者に対しては定額の負担と給付を保証するという政策（倉田 2003：136-137) も可能であるし，本書で後述するような法制度の実施による社会的排除・包摂状況の調査等により慎重に検討すべきことであろう。収入が低いことで所得補償ニーズがないとして将来の年金受給や失業リスクの緩和の可能性を初めから選択の余地なしに断ってしまうことは，やはり妥当ではない。

　本来，労働時間数が少なかったり，雇用（見込み）期間が短かったりする労働者は，雇用の安定がなかったり，収入が少なかったりすることに対し，社会保険がその一部を構成する社会保障の目的である国民の生活保障の見地からの保護を，被用者としての立場を勘案して及ぼす必要があるといえるはずである。それ故，現実の非正規雇用労働者の負担と将来の給付の可能性を考慮しても，また，リスク分散機能と所得再分配機能を有する社会保険（菊池 2018：25）を通じた社会保障の存在意義を抽象的に考慮しても，被用者としての限定は許容されるとしても，それ以上の限定は，擁護すべき法的意義を有するものとはいえない。

◆第2章　非正規雇用問題と社会保障政策についての先行研究・調査

3　社会保険料の賦課（事業主負担・被保険者負担）に係る法制度の現状
⑴　社会保険料の意義と保険料率について

　社会保険は，公費負担である租税等と利用者負担と社会保険料によりその財源がもたらされている。強制加入の見返りや低所得者の負担能力の補完，社会保険の各制度の財政力格差の調整等を理由として公費負担が，とくに国民健康保険や介護保険では行われてきた（堀 2004：55）。また，医療・福祉サービス給付に際しては，過度のサービス利用に係るモラルハザード防止（菊池 2018：37）のために利用者負担も賦課されている。社会保険財源の根幹は社会保険料負担であり（菊池 2018：37），そのこと自体は，すでに述べたように，社会保険が一種の等価交換を前提とする有償の双務契約関係であることに基づいている。

　この社会保険料は，保険者が保険給付の費用や福祉事業の費用に充てるために，納入を義務付け，徴収するものと定義され[16]。具体的な保険料については，原則として，労使で負担し，健康保険（健康保険法161条1項）・介護保険（健康保険法161条1項）・厚生年金保険（厚生年金保険法81条3項，82条1項）に関しては労使折半，雇用保険（労働保険の保険料の徴収等に関する法律30条4項）に関しては，失業等給付については折半，それ以外は事業主が全てを負担することとなっている。その保険料率は，ほぼ一貫して増大傾向が続き，現在においては，標準報酬月額及び標準賞与額に対し，健康保険・介護保険[17]についてはそれぞれ4.985%，0.79%，厚生年金保険[18]については8.914%（厚生年金保険法81条4項），雇用保険[19]については，労働者に支払う賃金総額に対し0.85%（労働保険の保険料の徴収等に関する法律12条4項）となっている。厚生年金保険につ

---

[16]　本書においては，議論の本筋とは関係ないため既に述べた概略以上には触れないが，社会保険料の性質，税との違い等については様々に議論がなされている（岩村 2001：113-117）。

[17]　健康保険・介護保険については，保険者により保険料率が異なるが（健康保険法160条1項），本書では東京都の協会けんぽを代表的なものとして取り扱う。

[18]　厚生年金保険は，坑内員や船員について保険料が異なるが，一般被保険者の保険料率を本書では代表的なものとして取り扱う。

[19]　雇用保険は，事業の種類毎に細かく保険料率が定められているが，一般の事業の保険料率を本書では代表的なものとして取り扱う。

いては，平成29年9月までは段階的に改定され続け，最終的には9.15％まで引き上げられている（厚生年金保険法81条4項）。

(2) 社会保険料負担の法的意義 ── 事業主負担

社会保険料の労使による負担であるが，そのうちの事業主負担については，どのような理由に基づいて課されているのかは，必ずしも自明なことではない。しかし，当事者に大きな経済負担となる可能性がある以上，その負担の賦課の根拠ともいえる法的意義は明確でなければならない（津田 2006：271）。実際，それぞれの社会保険の種類ごとにその法的意義が議論されてきた。例えば，本書では議論の対象ではないが，労働者災害補償保険について，事業主負担は，労働者の労働により利益を受ける使用者が，労働基準法第8章で規定されている労働者の被る業務上災害に係る補償責任を負い，その責任を保険化したものとしての意義を有するとされている（菊池 2018：254）。

事業主負担の法的意義について，最も活発な議論が行われているのは，健康保険に関してである。厚生年金保険等の社会保険がそれに倣って事業主負担の規定が導入されたこともあり，代表的な社会保険という位置付けがなされていることから，制度の根拠が論じられることが多い（島崎 2009）。そこでは，労働することにより健康を害する可能性があることから，労働者の健康が事業主に利益を与えるという報償責任が，根拠として挙げられている（吉原・和田 2008：49-50，島崎 2009：136）。その他，事業は事業主の労働契約における誠実・配慮義務を根拠とする見解もある（島崎 2009：154-155）。また，雇用保険については，保険事故である失業等に関しては，使用者の責任による場合のみに限らず労働者の責任による任意的な場合にも保護の対象としており，保険料が折半負担されていること，それ以外の雇用安定事業等に関する経費についてはすべて事業主負担とされていることに鑑み，事業主負担は，企業の報償責任と社会的責任（加藤 1985：383）の双方に基づくものと考えられている。

これら各社会保険に係る事業主負担の法的意義をまとめると，労働者の労働により利益を受ける使用者に，労働者を使用することに伴う責任を負担が課されるという報償責任や社会的責任を根拠とすることに関しては，社会保険に共通して当てはまるといえる。この点については，諸外国においても同様である。例えば，ドイツにおいては，事業主負担が，社会保険制度運営に寄与すべきも

◆ 第2章 非正規雇用問題と社会保障政策についての先行研究・調査

のと考えられており，継続的な労働関係により生み出される社会生活関係における納付義務者と被保険者の特別な連帯関係及び責任関係，換言すれば，使用者の被用者への誠実・配慮義務や，究極的には，社会的均衡・再分配目指すべき思想を根拠としたものであると考えられている（津田 2006：273-276）。また，フランスにおいても，事業主負担である使用者負担保険料は，社会保険が労働の質や生産性の向上につながることから，受益者としての使用者が課された負担であると考えられている（柴田 2011：46）。

　このことは，実際のところ，賃金との区別の観点から見たとき，より明確になるといえるだろう。法的には，社会保険料の事業主負担は，使用者が労働者の福利厚生のために支給される費用であるがゆえに，賃金ではないとされている（岩村 2001：132）。ただ，事業主負担は，事業主が他者に労働をさせることにより生じる人件費・労務費の一部を構成していることも否定できないことから，企業会計上も労務費（人件費）として処理され，法人税法上の損金算入が認められている（法人税基本通達，9-3-2）のであり，賃金等と同様の取扱いが実質的になされていて，法的にそれが容認されているといえる。これらの点から見れば，賃金に準じて労働者の福利に資する報酬としての性質を持ち，事業主負担の根拠を報償責任あるいはそれを広く捉えた被用者への誠実・配慮義務社会的責任に見ることは妥当であると考えられる。

　もっとも，これだけでは，現行法上，社会保険料の事業主負担が課され，その負担の根拠があることの説明にはなっても，労使がそれぞれ50％ずつの負担が求められていることの説明にはならないかもしれない。明確な事業主負担の根拠付けに努めてきたドイツにおいてすら不明確なままであり，せいぜい歴史的経緯に基づいた公序（津田 2006：276-277）というような抽象的な議論にとどまっていることからも示唆されるように，非常に難しい問題である。この点に関しては，健康保険について，労使協調が重視され，健保組合における労使対等原則を重視していたことが労使折半であることの理由として挙げられている（島崎 2009：136）。また，雇用保険については，失業に対し労使が同様に責任を負うことから保険料を折半することになったということが論じられたりしている（加藤 1985：383）。また，被保険者は個人であり必ずしも負担能力が十分とはいえないことからそれを補うための折版であるというような現実的な対

◇第1節　社会保険に係る法制度とその経済的機能

処策としての側面も示されている（堀 2004：58-59）。完全にすべての保険に妥当する議論が煮詰まっているとはいえず，曖昧とならざるを得ない。ただ，とりあえずの結論ではあるにすぎないが，少なくとも，全ての社会保険に共通して認められる根拠としては，労使対等原則と関連した労使の公平や協調がある（荻野 2005：15-16）ということは可能であろう。

(3) 社会保険料負担の法的意義 ── 被保険者負担

　直接社会保険から利益を受けないようにみえる事業主に対する事業主負担の場合と異なり，被保険者負担は，労働者自身の健康，介護，年金，失業に備えるためのものであり，被保険者自身の負担は当然とも考えられるため，事業主負担と比較してそれ程，法的性質や根拠について議論はなされてこなかった。しかし，被保険者負担を当然とする考え方は，被保険者が負担する保険料は，等価交換の契約に基づく民間保険の保険料と同様にリスクに応じた保険料であるという保険原理の考え方にもとづくものであるといえるが，理論上，民間保険と異なり，社会保険は，国民の生活保障という社会政策目的に沿った扶助原理に基づいて保険原理を修正したものであるといえ（菊池 2018：28），社会保険料では必ずしもその原則には従う必要はない（田中 2016：18）。社会保険料の被保険者資格の法的性質・根拠としては，このような保険原理との関係が最大の問題となっている。

　具体的には，社会保険料の被保険者負担について先行研究で，法的性質に関し問題とされるのは，その対価性とそれに基づく権利性の有無についてである。この点について，一般的な通説としては，社会保険料の負担・支払と給付の間には，双務関係そして対価関係があるとされ，そこから給付を受けることの権利性が導出されている（江口 2008：177-178など）。ただ，この点については，被用者保険の場合には保険料負担は報酬比例に基づく応能負担であり，給付内容とは無関係であるといえ，また，年金保険以外においては，必要性に応じて給付される社会福祉と変わらない仕組みとなっており，全面的な対価性及び権利性を肯定することまではできないという反論がある（193-194）。

　以上のように様々な議論はあるが，社会保険料の負担が原則は応能負担であるとはいっても，保険料算定の基礎となる標準報酬に上限が設定されていることは，厚生年金の給付が過大にならないようにする必要がある故であることな

どから，そこには応益負担の発想も含まれているといえる（菊池 2018：38-39）。実質的にいえば，保険料の拠出と正確に対応しないまでも給付の存否との対価性は少なくともあるといえるだろう。

このような被保険者負担の対価性及び給付の権利性を考慮に入れるとき，国民健康保険や国民年金が全額負担であることを鑑みれば，社会保険料負担が労使折半を原則とする被用者保険には，比較的に対価性が大きく，便益があるということはできるだろう。この本来自己負担となるべき被保険者負担が労使折半となるのは，事業主負担の根拠である労使対等原則と関連した労使の公平や協調等に拠るものであることを考え合わせれば，被用者であるが故の特別の法的保護としての意義があるということになるだろう。

4　社会保険適用の実態
(1)　社会保険料の事業主負担の労務費負担における割合等

社会保険料の事業主負担が企業行動に影響を与える実際の程度は，その事業主負担の大きさによって当然に変わりうる。既に社会保険料の事業主負担の保険料率を示したが，企業の負担する他の費用と比較してその負担の程度を相対的に示したい。

まず，労働者に支払う費用のうちに占める割合については，厚生労働省の「平成28年就労条件総合調査」（2016a）によれば，常用労働者1人1カ月平均の総費用41万6824円のうち，現金給与以外の労働費用が7万9632円で19.1%を占める。そのうち，法定福利費が4万7693円（現金給与以外の労働費用の59.9%）であり，内訳としては，厚生年金保険料2万5914円，健康保険料・介護保険料1万6881円，雇用保険料2902円となっている。これによれば，労働者に支払う費用のうちに占める割合のうち，法定福利費用の割合は，11.5%となり，現金給与の占める割合が80.9%であることを考えると，企業活動の上で，そのコストは小さくなく，社会保険の適用回避による利益は大幅な賃下げの利益に相当すると評価することができるだろう。

また，各企業がその収入と比してどの程度の負担をしているかも企業の負担感を示すうえで重要である。そこで，「国民経済計算年報」所収の年度データをベースに企業の社会保障負担額を企業の収入額で除することにより，企業の

平均的な社会保障負担率が計測されている（前川 2012：99-101）。それによれば，企業の社会保障負担率は1980年代においては約6％の水準で推移してきたにもかかわらず，1990年代から急速の上昇を続け，2009年には19.55％となっている。租税負担率が11.4％であることを考えれば，高水準の負担であるといえるだろう。

　もっとも，このような社会保障負担については，後述するように賃金等への帰着・転嫁がありうること，課税上損金算入扱いになっていることなどから，それ程の負担感はないという見解もある（前川 2012：99-102）。しかし，経済産業省の「公的負担と企業行動に関するアンケート調査」（2004）によれば，65％の企業が社会保険料の支払いに負担を感じ，企業の国際競争力に影響を与えているという回答も63％に達しており（2007），少しでもコストを減らし市場における競争に打ち勝ちたい企業としては，無視できる負担でないことは明らかであろう。同様に，社会保険料に対する企業意識に関するアンケート調査（三菱総合研究所 2010）によれば，「保険料率がたびたび上がり，先どまり感がない」が71.0％，「社会保険料が高い」が54.4％，「事業環境が悪化したときも負担が生じる」が45.8％にも上っている。このような結果は，企業にとっての負担感を如実に示している。

　以上を総合すれば，社会保険の適用を可能な限り回避することは合理的な企業行動であるといえるし，それが適法であるならば猶更そうであると考えられる。

(2) 社会保険加入の実態等

　ア．雇用形態別の社会保険加入の実態

　法律上，労働者の労働時間及び契約（見込み）期間によりその被保険者資格は制限され，その制限された被保険者資格に基づき，社会保険が適用されている。そして，本章1(1)で示したように，所定労働時間及び雇用（見込み）期間により，被保険者資格が規定されている以上，正規雇用労働者の大半が社会保険の適用を受けているのに対し，一般に労働時間が短く雇用契約期間が短い非正規雇用労働者は一部のみ適用を受けることになっていることが当然予想され，この点での雇用形態間における差異は法が予期するところのものである。

　労働政策研究・研修機構の事業所への調査（2012a：193）によれば，正社員，

◆ 第2章 非正規雇用問題と社会保障政策についての先行研究・調査

　パート及び有期社員（労働時間・雇用期間による定義）に対し社会保険を適用している事業所の割合は，正社員につき，厚生年金保険，健康保険，雇用保険のそれぞれ93.8％，94.6％，95.1％，パートにつき，61.5％，66.4％，86.5％，有期社員につき，85.7％，89.2％，90.5％となっている。事業所がパートあるいは有期社員の誰か一人にでも各社会保険を適用していれば適用事務所とされるので，全体的に高い数字が出るのが当然であるが，それでも正社員，有期社員，パートという順で割合は低下していっている。呼称に拠り定義された雇用形態に属する個別労働者への適用の割合としては，同じ労働政策研究・研修機構の従業員への調査（2012a：199-200）よれば，正規雇用労働者につき，厚生年金保険，健康保険，雇用保険のそれぞれ89.8％，90.6％，76.2％[20]，非正規雇用労働者全体では，66.5％，68.7％，70.8％，パートは，52.7％，52.6％，65.5％となっている。これも同様に，正規雇用労働者，パートを含む非正規雇用労働者全体，パートという順で割合は低下していっている。また，労働時間・雇用期間に拠る定義に基づく厚生労働省「平成26年就業形態の多様化に関する総合実態調査」（2014）によれば，正社員は，99.1％，99.3％，92.5％，正社員以外の労働者は，52.0％，52.7％，67.7％，契約社員（専門職）[21]は，83.5％，87.6％，83.0％，パートタイム労働者は，35.3％，37.6％，60.6％となっている。ここでは，正社員，契約社員（専門職），パートタイム労働者の順で割合は低下しており，正社員とそれ以外との格差の大きさも確認できる。

　以上のような調査結果に鑑みれば，全ての適用事業所の適用従業員に適切に社会保険が適用されているかどうかは明らかではないが，呼称による定義であれ，労働時間・雇用期間による定義であれ，定義にかかわらず全て，正規雇用

---

[20] 回答者の認識であるため，実情より低いと考えられるとのことである（労働政策研究・研修機構　2012a：199-200）。

[21] 契約社員とは，様々な定義で用いられる非正規雇用労働者の一種である。一般には，「直接雇用のフルタイム有期契約労働者から定年後再就職者を除いた者」（労働政策研究・研修機構　2011a：14）と定義される。但し，厚生労働省「平成26年就業形態の多様化に関する総合実態調査」（2014b）では，特定の専門的職種に従事し，専門的能力の発揮を目的として雇用期間を定めて契約する者と定義されており，単なる有期雇用労働者でない。

◇第1節　社会保険に係る法制度とその経済的機能

労働者，パートタイム労働者以外の非正規雇用労働者，パートタイム労働者の順で社会保険の適用割合は低下するという結果となっている。ここから，呼称による定義における各雇用形態の労働者と労働時間・雇用期間に基づく定義による各雇用形態の労働者がほぼ重なり合っていることと，各雇用形態の労働者がその労働時間・雇用期間の実態に従って，概ね法的に予期されるとおりに社会保険の適用を受けているとはいえるが，厚生年金保険や健康保険よりも被保険者資格への加入資格の緩やかな雇用保険への加入の割合が比較的に小さいことが，必ずしも法規制に従って加入手続きがなされていないことをも示唆していると考えられる。

　イ．鮪社会保険加入回避の実態

　本書は，法制度の変動に応じての企業行動の変化を探究するものであるが，その際，企業の適法行動が前提とされている。本書で分析の対象とする被保険者資格のない非正規雇用労働者の採用・使用を通じて合法的に社会保険料を回避することもそのような態様の一部である。それは，社会的な問題ではあるかもしれないが，適法であり，法制度・政策に従った企業行動である。本書での法政策の検討は基本的にはこの合法的な企業行動を対象とするといってよい。

　しかし，法制度の変動が企業にとって不利益な場合，企業が適法行動をとることに何らの保証はない。社会保険料の事業主負担に関して，実際には，社会保険の適用条件を法的に充足する就業状態であるにもかかわらず，社会保険の適用・加入が実際になされないという形の企業行動も，法制度の変動に応じての企業行動の変化としてありうべきものであるといえる。

　そもそも，健康保険・介護保険と厚生年金に関しては，適用される事業所，いわゆる「適用事業所」（健康保険法3条3項1号2号，厚生年金法6条1項1号，同条3項，同条4項），は，①健康保険法。介護保険法，厚生年金法で列挙する事業の個人事業者・事業所で常時5人以上の従業員を使用するもの，②国・地方公共団体・法人の事業所・事務所で従業員を使用するものの概ね2種類が挙げられる。そして，これらの適用事業所について年金事務所が被保険者を把握して適用している。しかし，現実には，年金事務所が被保険者を把握できない場合もある（菅沼 2010：80）。例えば，新規に事業所を開設する場合，事業主は開設の申請を年金事務所に届け出る義務がある。ただ，届け出義務に過ぎな

いため，事業所開設の際に車両登録を行う場合には，国土交通省所管の運輸局の各地運輸支局に登録する必要があるが，それ以外の場合には，年金事務所に把握されないで事業を継続することができる。

　このような制度上の緩みも起因して，厚生年金保険及び健康保険に加入する義務のある事業所であるにもかかわらず，違法に加入させていない事業所が多く存在してきたとされている（古郡 2007：68-69，橘木 2002：176-177など）。この点に関しては，過去にいくつか報道がある。2008年3月末の時点で，未届事業所は，10万件あり，増加傾向にあるという記事（日本経済新聞 2008年9月7日）をはじめ，国税庁は，従業員の所得税を給与天引きで国に納めている法人事業所を約250万か所把握しているにもかかわらず，このうち厚生年金に加入しているのは約170万か所であることから，残る約80万の事業所は加入を免れている可能性が高いという記事まで（読売新聞 2015年2月23日）しばしば報道されている。この点について，2005年9～10月に年金総合研究センターが実施した「年金等に関する意識調査」によれば，本来厚生年金保険が適用されるべき週30時間以上の労働に従事している呼称による定義に基づくパート・アルバイト従業員にうち，46.6％しか適用されておらず，とりわけ従業員100人未満の中小の事業所では50％以下の適用率となっている（丸山 2006：23-24）。直近の厚生労働省の調査に基づく推計（2014）においては，法人事業所で約180万人，個人経営の適用事業所で約20万人の合計約200万人が厚生年金の提供可能性がある被用者であるにもかかわらず，国民年金のみへの加入という取扱いになっていると考えられており，まだ加入回避行動は深刻な形で残っていると思われる。

　このような企業行動は，法制度の不備により刺激されて生じたものではあるが，法の適用そのものを免れる違法行為であることから，正確な統計資料が極めて少ないこともあり，法政策に対する雇用形態に係る企業行動への影響を測る場合の考察対象とすることは困難である。ただ，社会保険の適用に関しては，法制度の適切な執行を監督していくことが必要であることとともに，社会保険料の事業主負担が各企業にとって大きな負担であり，その転嫁の誘因があることを裏から示しているとはいえる。また，同時に，違法状態を生じさせる法制度を改善し，不備のないものとする必要性を示しているといえる。現状の社会

保険の適用対象を維持した場合には，各事業所に社会保障番号を導入すること（菅沼 2010：81）が挙げられており，現在においては，日本年金機構が2016年1月に導入されたマイナンバー（法人番号）をも利用する等しながら，過去にないペースでな新たな事業所への適用や適用の適正化の取り組み等を進めており（法研 2016：24-27），確実な資料が十分にあるとはいえない事項であり明確にはわかりかねるところはあるが，実情は改善されている可能性はある。しかし，雇用されている労働者の雇用条件に鑑みれば当然に加入していと考えられる被用者各個人が違法に未加入とされてしまう状況は，複雑な適用事業所や被保険者資格の規定そのものに起因しており，社会保険の被保険者資格の被用者間での区別を生じさせる限定自体にも問題があるのではないかと考えられる。つまり，社会保険の被保険者資格を無制限化すれば法の実効的適用に十分な効果を上げるのではないかと思われるのである。

第2　社会保険料の事業主負担・被保険者負担の社会的・経済的機能

1　事業主負担

(1)　事業主負担の帰着と転嫁の一般論

社会保険料の事業主負担が企業に現実に賦課され，それが回避されていない場合でも，実際に事業主負担として機能しているかは別問題である。社会保険料の事業主負担は，その負担の重さとその回避が企業にとっての重要課題となっていることから，経済学的には，社会保険料の帰着の問題として議論されている。名目上は，事業主負担であっても企業がその分賃金を抑えるなどすることによって実質的には労働者の負担になっていると考えられている（酒井 2009，岩本・濱秋 2006など多数）。このような帰着問題は，税に関して主に議論されてきたが（Stiglitz 1988：482-517など），社会保険料の事業者負担についても，税以上に恒常的な負担としてその帰着・転嫁が問題となることから，活発な議論がなされている。つまり，名目的に事業主負担となっていても，実際には労働者に負担が転嫁され，それが賃金の低下という形で帰着しているか否かについて，実証的な分析が試みられてきたのである。

一般に，社会保険料の帰着は，租税の帰着と同様に考えられている[22]。それ

◆ 第2章　非正規雇用問題と社会保障政策についての先行研究・調査

故，社会保険料を法的に事業主が負担するか，労働者が負担するかは，最終的な帰着の結果には影響を与えず，負担の帰着のあり方は労働需要と労働供給の賃金弾力性の大小によって決定されると考えられてきた（岩本・濱秋 2006，酒井 2006，太田 2004など）。詳述すれば，労働供給が完全に非弾力的な場合，あるいは労働需要が完全に弾力的な場合には，負担はすべて労働者に帰着する。逆に，労働供給が完全に弾力的な場合，あるいは労働需要が完全に非弾力的な場合には，負担はすべて事業主に帰着する。これらのような極端な場合を除いては，負担は労働者と事業主に分散して帰着するということになる（岩本・濱秋 2006，金 2008など）。

　ただ，事業主負担の増大につながる保険料率の上昇に対しては，企業あるいは企業団体は，経済的負担の増大を懸念して強い反対の意向を示す。その理由としては，経済学上，賃金の下方硬直性が主張されるように（太田・橘木 2012：142-144），賃金を下げること等の帰着が簡単でないからであり，少なくともその影響関係が明確に見える短期的な変化としては，労働者に大半が帰着するとまでは必ずしもいえないようにも考えられる。

　このような帰着が現実にどのように生じているかについて多くの研究が現在に至るまでなされてきた。その際，多くの先行研究・調査が暗黙の裡に帰着の内容を「賃金」という形でいわゆる現金給与のみによって構成されているということを仮定してきた（酒井 2009：77）。しかし，実際には，企業は事業主負担に対し賃金，雇用，商品の価格などの転嫁のための手段を多く持っているため，帰着の経路は複雑であり（島崎 2009：158），現在においても十分に解明しつくされたとは言い難い。例えば，企業の市場支配力が強い場合には消費者に帰着される可能性があること（大野 2005：23），企業の法定外福利の整理・縮小という形で帰着が生じた可能性のあること（西久保 2005：131），賃金水準決定が長期的側面を有し，簡単に既存の従業員の待遇に反映することができないこと（酒井 2009：78）等が指摘されるが，具体的な場面でどのように帰着がな

⑵　税と社会保険料の帰着は，基本的には，変わらない。但し，社会保険給付の便益を労働者が考慮する場合には，労働者の手取り賃金が保険料分だけ低下するという形で労働供給の賃金弾力性に影響すると考えられている（岩本・濱秋 2006：207）。

◇第1節　社会保険に係る法制度とその経済的機能

され，また，なされないかは，理論的に予測可能でなく，明確であるとはいえない（岩本・濱秋 2006：204）。

　ここでは，帰着の複雑さを示すために，具体的な様々な場面での帰着のあり方についての多くの実証研究の中から代表的なものを簡単に列挙しておく。まず，過去の経済データに基づく計量分析を取り上げる。日本についての研究としては，健康保険組合単位のパネルデータに基づく計量分析によれば，健康保険の事業主負担の大半は賃金低下の形で帰着しているとしているもの（Komamura and Yamada 2004），1984年から2003年における日本の上場企業の財務諸表をパネル化し，社会保険料を含む福利厚生費等の増加が企業の雇用に与える影響についての分析に基づき，福利厚生費が雇用者数に有意に負の影響を与えていることを示したもの（金 2008），「就業構造基本調査」や組合管掌健康保険の年間事業報告書のデータに基づき，健康保険と介護保険の事業主負担が賃金に帰着しているかを正規雇用労働者と非正規雇用労働者の違いに着目しながら分析し，事業主負担の増加が賃金率に負の影響を与えるという結果が出たが有意ではなく，正規雇用労働者と非正規雇用労働者の賃金格差を縮小させるという有意な結果が出たもの（Miyazato and Ogura 2010）等がある。

　海外における計量分析としては，Payroll Tax の帰着問題として多くの研究がなされてきた。そのうちの代表的なものとして，チリにおける製造業の事業所データを用いて，6年間のうちに25％企業の社会保険料負担率が低下したことにより，賃金・雇用に及ぼした影響を検証した結果，賃金には帰着があったが，雇用にはなかったとするもの（Gruber 1997），法律により定められた雇用者補償保険の適用範囲や導入時期が州ごとに異なることに着目し分析したが，負担率が高いほど賃金が低くなるという関係は見出されたが，100％労働者に帰着しているわけではないというもの（Gruber and Krueger 1991），社会保険料の事業主負担が賃金・雇用に与える効果として，労働需要曲線に影響を与え，労働者が実際に受け取る賃金の低下をもたらすものの，必ずしも雇用量については明確ではないとするもの（Summers 1989）等がある。

　また，社会保険料の帰着についての企業へのアンケート調査としては，3986社の企業へのアンケート調査（三菱総合研究所 2010）がある。それによれば，これまでの年金保険料の負担増に対しては，「利益（資本の取り分）を減らし

◆第2章　非正規雇用問題と社会保障政策についての先行研究・調査

た」が50.6％，「雇用量を削減した」が36.3％，「従業員の賃金を削減した」が31.1％となっており，医療保険料についてもそれぞれ56.0％，34.9％，32.7％となっており，これまでも既に社会保険料における負担増が雇用量や賃金の削減という形で一定程度労働者に帰着されてきたことを示す。さらに，将来の社会保険料の増大についても，その増加率が大きくなるとともに，「雇用量を削減する」「従業員の賃金を削減する」とする企業の割合も増大し，増加する事業主負担の保険料率が5％のときには，年金保険料，医療保険料のそれぞれにつき53.8％，51.8％の企業が労働者への転嫁を考えると回答しており，社会保険料の事業主負担の雇用・賃金への一定の帰着は生じうるという結果となっている。

　以上から，計量分析を全体としてみれば，社会保険料の転嫁・帰着については，賃金への帰着が認められる傾向が強く，雇用への影響は，負の影響を示すものはあるものの，それ程明確に認められない傾向にあるといえる。他方，アンケート調査については，賃金のみならず，雇用への帰着も十分に窺われる結果となっている。

(2) 帰着の対称性と非対称性について

　(1)において，税及び社会保険料に関する負担の帰着についてのこれまでの研究・調査を概観した。そこでは，税や社会保険料の負担の増加についてその帰着を論じているものは多いが，その逆となると，多く論じられてきてはいない。これは，現実においては，増税や社会保険料の負担の増大の方が，問題として意識されやすいからであるが，同時に，対称性が理論的には当然のものとして考えられているからでもある。租税に関してであるが，一般的には対称性が認められ，例えば，予定していた投資が法人税増税で中止された場合，経済環境が変わらない限り，その逆である法人税増税はその投資を促すものとなりうるとされている（久米・小林ほか 2013：94）。それ故，減税の場合，基本的に，少なくとも長期的には，増税の逆方向に，つまり，賃金の増加や雇用の増加につながると考えられている（土居 2010：12, 小林・久米ほか 2015：451-452）。

　この点について疑問を呈する研究も存在する。それというのも，現実には，必ずしも完全に対称的な形で帰着が生じるとは限らず，経済環境等の変化がありうること，企業が税の増減に応じて異なる経営戦略をもっていること，場当

◇第1節　社会保険に係る法制度とその経済的機能

たり的な行動をとる可能性があること等が否定できないからである（久米・小林ほか 2013：94）。(1)で示した小林・久米ほか（2015）においても，企業の短期的対応として，増税の局面においては，「原材料仕入れ価格の抑制」が13.5％，「正規雇用労働者の賃金削減」11.0％であるのに対し，減税の局面においては，「正規雇用労働者の賃金増加」が17.3％，「設備・研究開発投資増加」11.2％とされ，「原材料・仕入れ価格の引き上げ」は僅か3.3％に過ぎなかった（452）ことに鑑みれば，必ずしも対称的な企業行動が見られているわけではない。このような非対称性が生じる理由としては，外部の製品市場より内部の労働市場の方が，調整費用が小さいことなどが挙げられている（452-453）。

社会保険料についても，フランスでは社会保障の使用者負担保険料の軽減が積極的雇用対策として用いられていることからもわかるように（労働政策研究・研修機構 2004：15, 2007：77など），議論は同様であり，基本的には，保険料率の増加と減少の場合は，基本的には対称的と考えられているが（Gruber 1997など），必ずしも完全に同じではないとも考えられている。例えば，ドイツで社会保険料を軽減させた場合の雇用への影響について，雇用増加への効果は見られないとの研究もある（Feli and Zika 2005）。

この点，日本においては，税制と社会保障に関する研究会による「税制と社会保障における調査（企業調査）」（2006）が興味深い結果を示している。そのアンケート調査において，社会保険料負担が大幅に引き下げられた場合に負担しなくてよくなった事業主負担額についてどのような使途に振り替えるかが質問項目の一つとされている。それに対し，64社のみの回答ではあるものの，「賃金・雇用量は変化させずに内部留保にあてる」が30社，「一部，賃金に上乗せする」が18社，「雇用量を増やす」が9社となっている。これに対し，社会保険料が5％以上の大幅な引き上げがなされた場合に，「雇用量を削減する」が24社，「製品・商品価格も賃金・雇用量も変えない」「従業員の賃金を削減する」がそれぞれ23社となっている。質問に対する選択肢の内容自体が相互に正確な対称性を有していないことも否定できないが，この調査からは，対称的な効果とともに，一定の非対称性が確認できる。

(3) 非正規雇用に関連した帰着問題について

　日本における社会保険料の事業主負担は，近年，その保険料率が一貫して上昇を続けてきたことは既に述べた。このような状況に際しての企業行動として，⑴で示したように，社会保険料の事業主負担の帰着が問題となるが，その帰着の一方法として，⑴で示した賃金や雇用の変動のみならず，雇用形態における変動，すなわち，非正規雇用への切り替えがしばしば言及されてきた。

　非正規雇用への代替と事業主負担との関係を定量的に検証した研究は少ないが，いくつか存在する。アメリカにおいて，医療過誤保険の保険料の支払いが増大したことにより，企業に適用される医療保険の保険料が一部の州において上昇したことに際し，医療保険料の上昇の雇用水準及び正規労働と非正規労働の分布に与える影響を分析したところ，10％の保険料引上げに対し，雇用確率が1.2％低下，パートタイム雇用確率が1.9％上昇することが明らかになったもの（Baicker and Chandra 2006），アメリカにおいて事業主に対して電話で行った調査を基に，何故企業が様々な形態の非正規雇用を用いるのかを検証する中で，正規雇用労働者に対し健康保険料などの福利を提供している企業ほど，その受給資格のない非正規雇用を多く使用する傾向があることが示されているもの（Houseman 2001），アメリカにおける同一経験年数の労働者に対して同一の福利を与えることを義務付ける政策が，このような規定から除外されるパートタイム労働者等へ雇用を置き換えていることを明らかにしているもの（Carrington et al 2002）等が挙げられる。

　日本においても，非正規雇用を含めた社会保険料の帰着についての若干の考察がある。企業の公的負担の変化が企業行動に及ぼす影響を分析するために，被説明変数を企業の負担吸収・利益分担割合として回帰分析を行った結果，企業には多様な負担吸収・利益分配行動をとる用意があること，社会保険料の場合，法人税の場合と比較して正規雇用労働者の賃金・雇用に大きな影響を及ぼすこと，短期的にはともかく，中長期的には雇用，賃金，投資等で対応する割合が高くなること，非正規雇用への影響は小さいが，非正規雇用を既に利用している企業については非正規雇用の増減で対応することなどが示されたもの（小林・久米ほか 2015），1984年から2003年における日本の上場企業の財務諸表をパネル化し，社会保険料を含む福利厚生費等の増加が企業の雇用に与える影

◇第1節　社会保険に係る法制度とその経済的機能

響としては，福利厚生費の雇用者全体への負の影響のみならず，雇用者のうちで正規雇用と全雇用者を比較した場合における正規雇用労働者へのより大きな負の影響がみられたというもの（金 2008）等がある。

　事業主負担の非正規雇用への帰着についても，以上のような経済的データに基づく計量分析以外に，企業へのアンケート調査もなされている。例えば，経済産業省による「企業活動と公的負担に関する緊急調査（2004）によれば，雇用保険・健康保険・厚生年金保険に関して負担すべき事業主負担の許容範囲を超えた将来の増大に対し，大企業の対応としては「非正規雇用・請負形態等への切り替え」が最も多く75.7％，次いで「賃金調整」43.2％，「海外活動の比重を高める」41.9％，「従業員数の調整」39.2％などという順となっており，中堅・中小企業については，「非正規雇用・請負形態等への切り替え」が最も多く62.1％，次いで「賃金調整」47.7％，「従業員数の調整」41.5％の順となっている。賃金調整・雇用調整以上に，正規雇用から非正規雇用への移行という形での対応が意識されているといえる（西久保 2009：132-133）。社会保険料の事業主負担の増大に対応して，正規雇用を抑制して，非正規雇用の割合を増加する傾向が一定程度認められるといえる。

　以上によれば，社会保険料の事業主負担の帰着として，雇用の非正規化が進められてきたこと，また今後も進む可能性のあることが窺える。この点に関し，本書の目的に照らせば，税・社会保険料の帰着一般において，その増加と減少の対称性が議論になっているように，非正規雇用への帰着の場面においても，非正規化とは反対の正規化という形での対称的な帰着としての対応が現実に認められるかが問題となりうる。これについては3つの調査がある。1つは，既に(2)において言及した「税制と社会保障における調査（企業調査）」（税制と社会保障に関する研究会 2006）が，そのサンプル数が64社のみという限界はあれ，やはり興味深い。既に述べたとおり，社会保険料の引き下げのみでは，賃金の積み上げという形での帰着はあれども，雇用上の効果はそれほど見込めず，引き上げの場合とは非対称な結果がみられた。ここでは，社会保険料負担がすべての短時間非正規雇用労働者について義務付けられた場合どのような対応がなされるかという質問への回答に注目する。それによれば，「従来通りの賃金で短時間非正規を雇い続け，雇用量を減らすことはない」が40社（61.3％），「短

◆第 2 章　非正規雇用問題と社会保障政策についての先行研究・調査

時間非正規雇用労働者の雇用を減らす（もしくは正規雇用又は長時間労働で対応する」が20社（31.3％）などという結果になっている。社会保険の被保険者資格に差異がなくなり，非正規雇用労働者雇用へのインセンティブが減少しているにもかかわらず，雇用形態にはそれ程の大きな影響をもたらさないという非対称性が認められる結果であると評価しうる。しかし，同時に，31.3％の企業において，一つの質問項目に複数の要素が混在しているという調査自体の問題はあるにしても，被保険者資格の差異による非正規化の進行とは対称的な，一定の正規化の可能性が示されていることは興味深いといえるだろう。

　残りの2つは，2016年10月施行予定の社会保険の被保険者資格拡大への対応を念頭に置いて，調査対象をパート労働者及びその雇用に限定して行われた，社会保険の被保険者資格の拡大に対する企業行動に関する調査（アンケート・インタビュー双方）（労働政策研究・研修機構 2013b）及び施行後の2017年7月に実施された同様の調査（労働政策研究・研修機構 2018）であり，法改正の前後にわたる企業行動の調査として非常に重要である。

　前者については，予定されている社会保険の被保険者資格の拡大に際して雇用管理を見直した企業及び見直す予定の企業は合わせて57.7％で，そのうち，「適用要件拡大にできるだけ該当しないように所定労働時間を短くし，その分より多くの短時間労働者を雇用」が32.6％（複数回答。以下も同様），「短時間労働者の人選を厳選し，一人ひとりにもっと長時間働いてもらい雇用数を抑制」が30.5％，「適用拡大要件にできるだけ該当しないよう，賃金設定や年収水準設定を見直し」24.5％の順となっており（労働政策研究・研修機構 2013b：7），労働時間，賃金，雇用の削減等が帰着の態様として考えられていることがわかる。ただ，この調査においても，同時に，「できるだけ正社員を採用」（13.0％）や「短時間労働者を正社員へ転換」（11.7％）という結果もみられ，社会保険の適用拡大により，労働者の正規化も帰着態様の一つとなりうることが示されており，社会保険の適用拡大が正規化への誘因となりうることを示唆しているともいえる。もっとも，「適用拡大要件にできるだけ該当しないよう，賃金設定や年収水準設定を見直し」が24.5％に上るということは，単なる社会保険の適用範囲の拡大であれば，どちらかといえば，新たに設定された社会保険の被保険者資格に照らし，依然として被保険者資格の認められない非正規雇

◇第1節　社会保険に係る法制度とその経済的機能

用労働者への代替が進むだけで，非正規雇用問題の改善への効果は極めて疑問であることも同時に露わにしていると考えることができる（駒村 2008：231に同旨）。

　後者は現実に法改正が執行された後の調査であり，社会保険の適用拡大の実態を把握するために前者より更に重要なものである。2016年10月の適用拡大に際して，2017年7月の段階で，雇用管理を見直した企業は，33.0％で，見直さなかった企業が32.5％であったことから，見直す必要があるにもかかわらず見直しを実施した企業は半数程度にとどまっていることが明らかになった。そのうち，「新たな適用を回避するため，対象者の所定労働時間を短縮した（これに伴い，短時間労働者の雇用者数が増大した等も含む）」が66.1％（複数回答。以下も同様），「新たな適用拡大に伴い，対象者の所定労働時間を延長した（これに伴い，短時間労働者の雇用者数を抑制した等も含む）」が57.6％，「新規求人に当たり，所定労働時間を（従前の設定より）短縮した」が15.8％の順となっており（労働政策研究・研修機構 2018：10），労働時間，雇用の削減等が帰着の態様として考えられていることがわかるとともに，上位2つの対応は，質問自体の細部がやや異なっているとはいえ，施行前の調査結果と同様で予測が的中していたといえる。ただ，この調査においても，同時に，「新たな適用拡大に伴い，対象者を正社員（短時　正社員を含む）へ転換した」（15.3％）という結果もみられ，社会保険の適用拡大により，現実にも，労働者の雇用の正規化も帰着態様の一つとなりうることが示されており，社会保険の適用拡大が雇用の正規化への誘因となりうることを示唆しているともいえる。施行前の調査と同様に，やはり「新たな適用を回避するため，対象者の所定労働時間を短縮した（これに伴い，短時間労働者の雇用者数が増大した等も含む）」が66.1％に上り，その他にも「新たな適用を回避するため，対象者の月額賃金（年収）の水準設定を引き下げた」（3.6％）など適用回避策を実施した事業所の割合が69.5％に達するなど，社会保険の企業の対応としては，適用回避と適用拡大の双方の実施が併存する形になり，一部に雇用の正社員化（15.3％）がみられるものの，単なる社会保険の適用範囲の拡大であれば，どちらかといえば，新たに設定された社会保険の被保険者資格に照らし，依然として被保険者資格の認められない非正規雇用労働者への代替が進むだけで，非正規雇用問題の改善への効果は極めて疑

◆ 第2章 非正規雇用問題と社会保障政策についての先行研究・調査

問であることも同時に露わにしているという施行前の予測はほぼ的中したといってよく，社会保険に関して被保険者資格の拡大だけでは不十分さであることを実証しているといえる。

以上の先行研究・調査を全体としてみれば，社会保険料の事業主負担が変動した場合の対応の仕方は企業によって様々ではあるが，これまでにおいては，雇用の非正規化という形での社会保険料の事業主負担の帰着が認められてきたといえる。このことから，社会保険の被保険者資格を中立化することにより，一定の雇用の非正規化については抑止可能なのではないかと考えられる。加えて，同時に，非正規雇用への切り替えという形の帰着に関しても，対称性・非対称性の双方がみられる可能性があるといえ，租税の場合の増税に対する減税の場合のように，社会保険料の事業主負担に関する現状とは正反対の対称的な施策をとることにより，非正規雇用から正規雇用への切り替えの可能性もあると考えられる。そして，雇用の正規化実現のためには，あるいは，非正規雇用労働者の社会保障の充実のためには，被保険者資格の拡大ではなく，少なくとも，その制限の撤廃・無制限化が必要となることも示されているといえる。

2　被保険者負担
(1) 被保険者負担の一般的機能

被保険者負担一般については，法的性質の場合と同様に経済・社会的機能の場合も，事業主負担に比べて，これまであまり議論されることがなかった。その理由としては，2つ考えられる。第一には，1で論じてきたように，社会保険料の事業主負担に関しては，名目上の負担者と実質上の負担者が異なるのでないかという議論が経済学上なされてきたが，労働者に賦課される被保険者負担についてはそのような齟齬は全く存在しないため，経済学上の議論の対象とはならなかったということが挙げられる。さらに，1で論じてきたような，名目上は事業主負担とされていても企業がその分賃金を抑えるなどすることによって実質的，最終的には労働者の負担になっているのではないか（酒井 2009，岩本・濱秋 2006など多数）という経済学の理論は，事業主負担と被保険者負担の区別の意義すら認めることがなかったため，被保険者負担が独立して議論されてこなかったといいうる。但し，そのような経済学的通説が本当に現

◇第1節　社会保険に係る法制度とその経済的機能

実に妥当しているかは，事業主負担の帰着の場合と同様，改めて検討しておく必要はあるだろう。第二には，既に法的性質に関して述べたように，社会保険により利益を得るのが被保険者である以上，そのための費用を負担するのは社会保険の原則上当然であるともいえるからである。むしろ，被用者でない自営業者その他を対象とする国民健康保険及び国民年金においては，被保険者のみが全額負担するにもかかわらず，被用者保険の社会保険料は事業主も半分負担しているのであり，被用者保険としての保険料を負担することにより，将来の年金受給等の利益等を勘案すれば，実質的にみて賃金が減少しているといえるかどうかも疑わしいところがあるとも考えられる。ただ，被用者たる被保険者自身の意識に注目するとき，社会保険料の負担は手取り収入の減少という形で賃金を減少させるものとして労働者行動に影響していることは，過去の調査等（労働政策研究・研修機構 2018：37-38）からも明白であるし，通常の常識的感覚，換言すれば，一般的通念にも合致するところである。

　つまり，2つの見解は双方とも共通して，社会保険の受益者である被保険者たる被用者に対して賦課される被保険者負担は，当然の受益者負担として考えられてきたことを示しているのであり，上記の2つのそれぞれの見解は対照的な意味を持つ異なる視点，経済学的通説と一般的通念の双方から，被保険者負担についての特別の議論の必要性のなかったことがわかる。ただ，事業主負担の経済的機能に関して既に経済学的通説が完全に実証されているわけではないことが明らかになっているように，被保険者負担に関する議論についても，実証されているわけではない以上，それぞれの議論について改めて確認する必要がある。

　この点について，太田聰一の提示する議論は参考となる。太田は，経済学者として一般の人々の通念を「企業負担割合を上げて，労働者負担割合を下げれば，労働者の手取り収入は増えるのではないか」と考えるのであれば，経済学は全く異なった回答を与えるとした上で，労働需要と労働供給が一致するように賃金と雇用が決定されるのであれば，たとえ社会保険料の事業主負担を労働者負担に変更したとしても，同額の市場賃金の上昇が発生し，実質的な社会保険料の負担に変化はなく，雇用にも変化がないことになるといえるし，企業負担割合を上げて，労働者負担割合を下げても，労働者の手取り収入は変わらな

◆ 第2章　非正規雇用問題と社会保障政策についての先行研究・調査

いとする (2008：16)。そして，更に，このような違いが生じてしまう理由として，経済学が，直接にあるいは一時的に生じる効果だけでなく，それが間接にあるいは長期的にもたらす様々な効果を考えるからであるとする (2008：16)。つまり，長期的に様々な効果を斟酌すれば，社会保険料の事業主負担と被保険者負担には等価性が成立するので，事業主負担と被保険者負担を区別する議論は論ずるに値しないということになるのであろう。それ故，このような観点からみれば，社会保険料を事業主が負担するか，労働者が負担するかは，単に保険料を徴収する事務負担の大小に依存するということになる（大竹2017：382）。

　ただ，社会保険料の事業主負担が必ずしも全て労働者の賃金等の労働条件に帰着するとはいえないという実証研究が存在することの当然の論理的帰結でもあるが，課税前労働所得は，個人所得課税により変化するものの，企業の事業主負担の賃金税によっては変化しないという研究 (Lehmann, Marical and Rioux 2013) や事業主負担の賃金税の変化が高所得者の労働供給に影響しなかったという研究 (Saez, Matsaganis, and Tsakloglou 2012) といった海外の最新の研究は，社会保険料の事業主負担と被保険者負担の等価性そのものにも実証的な裏付けがあるとはいえないことをも正面から明らかにしている（大竹 2017：382）。これらの事業主負担が全面的に労働者に帰着されるわけではないということをも同時に示す実証研究の結果は，従来的な経済学上の理論に必ずしも適合的ではなく，むしろ，事業主負担は企業の負担であり被保険者負担の増減こそが労働者の賃金を実質的に左右するという，一般の社会通念や通説が想定するところの被保険者保険料に対して持つ被保険者たる労働者の認識のあり方に比較的に整合することがわかる。そして，社会保険・税の帰着を考慮したとき，同じ手取りの賃金の場合には，税引き前の賃金の高い方が，労働供給が高まることを示した研究 (Fochmann et al 2013) や事業主負担の課税の方が，労働者負担の課税よりも，労働者の幸福度が高まり，労働供給が小さくなることを示した研究 (Weber and Schram 2016) においては，上述のような議論をさらに進めて，社会保険料に限らず，課税一般の場面において，どの主体に賦課するかによって，労働供給だけでなく幸福度も変化すること，その際に，税引き前賃金も手取り賃金とともに重要性を持つことをも示しており，事業主負担と労働者負担

◇第 1 節　社会保険に係る法制度とその経済的機能

(被保険者負担) の等価性を否定する先行研究は，労働供給に着目する場合には，企業に課税して税引き前の賃金の下落を招くよりも，労働者に課税して税引き前賃金を高いままにしておいた方が望ましく，労働者の幸福度については逆のことがいえることまで明らかにしている（大竹 2017：383）。換言すれば，事業主負担と同様に被保険者負担も，労働供給と幸福度という観点をからみたとき相反する機能を有し，雇用政策の手段として重要な意義を持ちうることを示している。

　以上の大竹（2017）及びそこで紹介された上記の先行研究を総合的に勘案し，先に提示した 2 つの見解を再考すれば，第一には，社会保険料の被保険者負担には，経済学的通説が部分的にしか妥当せず，一般的常識・通説に比較的合致するそれ自体の経済的機能があるということ，第二には，社会保険料の被保険者負担には，事業主負担のような特別な法的・経済的意味はないが，単なる一般常識を超えて，受益者たる被用者としての負担として，一定の負担を負い，課税と同様な形で賃金に額面と手取りに相当する相違を生ぜしめてそれ特有の経済的効果を発生させることとなるというようにまとめることができる。つまり，労働者に賦課される社会保険料の被保険者負担は，上述の 2 つの見解とは異なり，それ自体が当然に税などと同様に，少なくとも幸福度に悪影響をもたらすという機能を有しているということになる。もっとも，現状の法制度上は，事業主負担が社会保険料の50％を占めており，名目上50％労働者の負担は軽減されているものの，経済学者が一般に主張するというだけでなく一定程度実証もされている研究結果によれば，その軽減効果は50％分そのまま存在しているとはいえず，労働者の額面賃金を事業主負担の労働者への帰着分だけ下げている効果を生じさせている。そして，その帰着分だけ労働供給の減少を招いている可能性もある（但し，幸福度については，手取り賃金が変わらないという前提においては，その分だけ好影響があるといえる）。換言すれば，労働者に賦課される社会保険料の被保険者負担それ自体は，税などの場合と同様に，幸福度に悪影響をもたらしうるだけでなく，同時に，事業主負担の帰着との関係を踏まえれば，被保険者負担という形式で賦課されていることにより，労働者の労働供給に好影響を与え得る要素となっていると考えることができる。

　以上が，経済的な意義における被保険者負担の機能の最新の研究に基づく概

◆ 第2章　非正規雇用問題と社会保障政策についての先行研究・調査

略である。さらに，付随的には，近年の日本の社会保険料が近年一貫して増額されて，被保険者負担も増額されているために，この労働者への負担増が，労働者の賃金の実質的な上昇を阻む効果をも有しており，反射的に企業に労働者に賃上げの実感をもたらす報酬を支払うことを困難にしているという効果（大島・佐藤 2017：149）も認められている。このような効果は，当然に，労働者に賃上げの効果を実感させることを困難にするとともに，これは社会保険に限らず租税関係一般にいえることであるが，賃上げの感覚がないことで，さらに社会保険の保険料の支払いを苦痛なものとし，社会的排除や包摂についての感覚に悪影響をもたらすという効果も生み出しているのではないかと考えうる。

(2) **第3号被保険者の被保険者負担と就業調整との関係 ── 女性有配偶者パートタイム労働供給行動について**

社会保険の被保険者資格については，本人としての被保険者資格の問題ではないが，それと密接に関連する重大問題として，第3号被保険者の就業調整の問題がある。一般に，配偶者控除・特別控除等の税法上の所得控除や国民年金法上の第3号被保険者制度による社会保険料支払いの免除等の利益を享受できる制度の適用を受けるためには，労働時間や収入の制限があり，その制限内に主に女性配偶者のパートタイム労働者が自らの就労を制限することを就業調整という。これは，女性の社会進出に明確に負の影響を与え，制度への誘導性も強いこと（埋橋 2010：10，菊池 2007：200など），男性稼得者モデルに基づく家族観に基づく性別職域分離に起因する女性の労働問題（木本 2000：43），あるいは，パートタイム労働に女性が多く参入していることなどから[23]，非正規雇用問題の中でも重大なジェンダー問題として注目されてきた。このように，女性の社会進出を阻害する作用が強くあるため，近年，税・社会保障負担を雇用形態や性に関し中立化しようとする動きがあり，社会保険の適用拡大等の一定の法改正が進められてはきているものの，第3号被保険者制度そのものの廃止等の抜本的な法改正が進まず懸案事項として議論され続けている。本書では，社会保険の被保険者資格の無制限化がテーマとなっているが，第3号被保険者

---

[23] 「平成28年パートタイム労働者総合実態調査」（厚生労働省 2016b）によれば，パートタイム労働者の74.2%が女性である。

◇第1節　社会保険に係る法制度とその経済的機能

は，このような資格の変更に伴い直接に影響が出てくるところであり，その社会経済的機能を考える際には，就業調整及びその有配偶者女性を中心とした労働者への影響との関係で議論する必要がある。そこで，社会保険の被保険者負担としての保険料賦課が就業調整を余儀なくさせていることから，ここで第3号被保険者制度とそれと同様の機能をもつ健康保険の被扶養者制度の影響を論じることとする[24]。

　第3号被保険者の経済的意味について詳述すれば，一定の被扶養者としての要件を充足した場合に，国民年金法第2号被保険者の配偶者は，第2号被保険

---

[24] 就業調整として就業抑制をもたらしうる法制度としては，本書で主に論じている第3号被保険者制度や健康保険の被扶養者制度の他に，配偶者控除・特別控除がある。配偶者控除（所得税法83条）とはいわゆる103万円の壁といわれてきたものであり，所得税制における人的控除である。この人的控除とは，最低限の生活費非課税という意味で憲法25条の生存権保障の租税法上の現れ（金子 2017：200）とされており，もともとは扶養控除の対象の一つとして配偶者が含まれているというものであった。その後，扶養控除から独立して配偶者控除が制度化した。もともとは，事実上，夫が給与所得者で主たる稼得者で，妻が専業主婦で補助的な稼得者という従来の典型的な世帯を中心に税負担を軽減することを目的とした制度であった（鈴木 2016：60）。ただ，同時に，税制上，課税の中立性と公平性の点で問題とされており，控除額の引き上げや所得要件の創設や引き上げ，配偶者控除の限度額を収入が超えた場合の世帯全体の税引き後手取り額の減少という逆転現象を解消するための配偶者特別控除の創設などが実施されてきた。そして，直近の2017年度税制改正においては，他方配偶者の所得制限による配偶者控除の縮小と配偶者特別控除の拡大が実施され，配偶者控除自体を制限しつつ，逆転現象は抑制しようとするという就業調整の抑制とこれまでの既得権益の維持の双方の間のバランスをとることを目指しているといえる。この結果，従来の103万円の壁は150万円となった（もっとも，当該配偶者本人の課税最低限所得には変化なし）。実際，社会保険料の第3号被保険者の130万円の壁の影響はあるものの，103万円というより厳しい壁であることから，配偶者控除は，事実上，就業抑制の基準額を形成するという作用を担ってきた（大石 2003：293など）ともいえる。この他にも，各企業の配偶者手当等も就業調整に係る各法制度と連動して支給されておりその影響も複雑である。これら関係諸制度の就業調整への影響を論じることは，本書の射程を超えるだけでなく，社会保険の保険料の副次的な役割が埋没され，本書に必要な事項を論じることの妨げにもなりかねないことから，本書では社会保険に係る法制度の改正に関連するものに特に焦点を絞り，その議論に必要なものについてのみ，社会保険以外の要素についても論じることとする。

◆第2章　非正規雇用問題と社会保障政策についての先行研究・調査

者である配偶者が加入する厚生年金保険の保険者が基礎年金拠出金として保険料を毎年度負担しているため，第3号被保険者個人が基礎年金の保険料を納める必要はないことに加え，通常は，同時に，健康保険法上の被扶養者として健康保険の保険料の負担がないことというメリットを有する。この場合，第3号被保険者が，制限年収を超えてしまう場合はもちろんのこと，自ら被保険者になってしまう場合（現行法制においては，週当たりの所定労働時間等を一定程度増加させた場合等）には，第3号被保険者としての地位を失い，自ら被保険者となる場合には第2号被保険者，そうでない場合には，第1号被保険者となる。そのときには，健康保険あるいは国民健康保険及び国民年金の保険料支払を回避できるというメリットが，自ら健康保険・年金保険法上の被保険者となることにより享受できなくなり，実質的に受け取り可能な賃金が減少することになる。このような保険料に係る利益故に，第3号被保険者への誘導性が強いと考えられ（埋橋 2010：10），就業調整による就業抑制は，就業決定における不就業，労働時間決定における短時間化をもたらす可能性があるのであり，女性の社会進出及びその雇用形態の非正規化にマイナス効果が強いと批判されてきたのである。

　この就業調整については，既に多くの先行研究がなされてきた。ただ，その際は，社会保険に係る第3号被保険者制度や健康保険の被扶養者制度の影響のみならず，配偶者控除などその他の法制度の影響と合わせて論じられるのが通例である。それらの法制度等の中でも，とりわけ，配偶者控除・配偶者特別控除制度は，税制上の就業調整に関して最も議論の中心的対象となってきた制度であり，その詳しい内容は(注)37に記したが，第3号被保険者制度が性的役割分業を反映した専業主婦世帯を前提として優遇するものであり（菊池 2017：202），社会保険適用の中立性・公平性の点で問題となっているのと同様に，課税の中立性・公平性の点で問題となっており，特に有配偶者女性の就業行動を歪めてきたと典型的に考えられる制度である。そして，配偶者控除制度は，当該制度における103万円という年収制限が所得税の非課税限度額とともに最も低額の厳しい制限であり，かつ，夫婦で重ねて基礎控除を受けることができるという法律上の恩恵もあり，当該制度が就業抑制に労働者を導く特に強力なインセンティブとなると考えられてきたことから（鈴木 2016：61-62），配偶者控

◇第1節　社会保険に係る法制度とその経済的機能

除が就業調整のメルクマールとして議論されてきた。ただ，2017年税制改正においては，所得税の課税最低限等は変わらないにしても，配偶者特別控除の適用範囲の拡大により，配偶者に関する控除が最大限可能な壁として機能可能な年収制限は103万円から150万円へと移行し，社会保険料の第3号被保険者資格の年収制限額130万円あるいは106万円の方が低額となるため，世帯のあり方，主たる稼得者（第2号被保険者）の年収金額，在籍企業の配偶者手当制度の具体的内容次第で労働者の行動は変わりうると考えられる。特に，第3号被保険者制度や健康保険の被扶養者制度に係る年収制限が重要性を増し，従来の配偶者控除に係る「103万円の壁」[25]にとって代わるとまでは確言できないけれども，その影響が大きくなる可能性もある。それ故，今後の法政策を検討する上では，過去の第3号被保険者資格の年収制限に起因する就業調整のみならず，過去の配偶者控除制度（及び補足的に配偶者特別控除制度）に係る就業調整について考察する意味が大きくなったといえることから，その先行研究・調査をも併せて確認していくこととする。

　まず，就業調整の実態に関して，「平成28年パートタイム労働者総合実態調査」（厚生労働省 2016b）によれば，パートタイム労働者のうち，就業調整をしていると回答した者の割合は，15.4％で，女性のみに限れば，19.1％であり，本書での関心の対象である女性の有配偶者のパートタイム労働者に関しては，22.8％に上っている。女性有配偶者について就業調整の理由を確認すると（複数回答），「自分の所得税の非課税限度額（103万円）を超えると税金を支払わなければならないから」が55.1％，次に一定額（130万円）を超えると配偶者の健康保険，厚生年金保険等の被扶養者からはずれ，自分で加入しなければならなくなるから」が54.0％，「一定額を超えると配偶者の税制上の配偶者控除が無くなり，配偶者特別控除が少なくなるから」が44.8％となっている。配偶者控除の「一定額」が調査当時には，所得税の非課税限度額（103万円）と同額であったため，103万円の壁が実態としてはより大きな意味があったと思われ

---

[25]　配偶者特別控除（所得税法83条の2）が規定されて以降は，収入増によっても控除額はなだらかに減少するため，手取り額が一気に減少するという意味での壁では必ずしもなくなっている。

◆ 第2章　非正規雇用問題と社会保障政策についての先行研究・調査

るが，社会保険料の第3号被保険者に係る130万円の壁も就業調整の理由として主要な考慮の対象となっていることがわかり，2017年税制改正後にはより一層就業調整への影響力が増す可能性が示唆されているといえる。

　また，アンケート調査（「平成28年パートタイム労働者総合実態調査」（厚生労働省 2016b））以外の集計データに基づく分析でも，内閣府・伊藤など（2014）によれば，2010年の厚生労働省「国民生活基礎調査」に基づく内閣府男女共同参画局作成資料では，30～39歳及び40～49歳の有配偶女性の年間所得分布が100万円前後に集中している。その当時においては，最も低額な制限金額が配偶者控除や課税最低限が103万円であったため，直接的にはこれらの法制度が就業を抑制する形での調整を促していることを示している。但し，厚生労働省（2016b）の回答を鑑みれば，間接的には，第3号被保険者制度や健康保険の被扶養者制度のあり方も含めて全体として，就業拡大することに伴う不利益を大きいものと感じることにつながるため，社会保険制度も有配偶女性の年間所得分布が100万円前後へ集中することを後押ししていると考えられる。

　この女性の就業を抑制する就業調整と法制度等の関係に関しては，政策論議や上記のような簡単な集計データの解釈の域を超えて，様々な実証分析もおこなわれてきた。諸外国では既に，Hunt, DeLorme and Carter（1981）における税制の有配偶者女性の就業行動に及ぼす影響を推移呈する研究や，Rubery, Horrell and Burchell（1994）における年金保険料の労使負担と課税の免除が時間当たり賃金と週就業時間により決定されるイギリスで週16時間就業に有配偶者女性の就業者数が多くなっており，税制・年金保険制度による女性パート労働者の増大を示す研究等，数多くある。日本では，日本の制度に関する研究が多く行われている。その先駆的研究である大石（2003）によれば，配偶者控除や第3号被保険者制度などの法制度による影響としては，20～59歳の有配偶者女性について4.5～10％の規模での就業抑制効果があったということが示されている（290-291）。さらに，パートタイムあるいはアルバイトで就労する有配偶者女性の労働時間の賃金弾力性はマイナスであり，賃金が上昇しても労働時間を短縮して就業調整する傾向が認められ，とりわけ最も所得制限の厳しい配偶者控除の影響は大きく，第2号被保険者の配偶者をもつ女性の稼働所得分布は90～103万円の範囲に集中しており，夫の企業規模が大きいほどその傾向が

◇第1節　社会保険に係る法制度とその経済的機能

強いこと（291-297），夫が第2号被保険者である場合には，他の賃金率や属性をコントロールした上でも，妻の労働時間は22％短く，第3号被保険者の地位を外れないよう労働時間を調整していること（292），社会保険料の支払いを回避するために夫が第1号被保険者である妻と比較して130万円以上稼ぐ傾向が弱いこと（296），有配偶者女性は税制，第3号被保険者制度等の制度的要因によりサラリーマン世帯の妻の就業参加率を13.8％低下させていること（297-299）等，配偶者控除制度など他の制度の影響の大きさを示唆しながらも，第3号被保険者制度の就業抑制の実態を明らかにしている。また，Akabayashi（2006）によれば，1995年の「パートタイム労働者総合実態調査」の個票データに基づく分析を実施したところ，配偶者控除制度は廃止された場合には，5.53％，第3号被保険者制度や健康保険の被扶養者制度が廃止された場合には，0.6％，双方廃止された場合には，5.68％，有配偶者女性の労働時間は増加するという結果が認められ（373-374），従来の配偶者控除等の税制に比較すれば小さいものの，それでも第3号被保険者制度や健康保険の被扶養者制度も就業抑制の効果を有していることが認められている。Akabayashi（2006）と異なる仮定（夫の税金の効果と妻自身の税金の効果が妻の労働供給に与える効果を同じとする）のもとで同様の分析をした高橋（2010）では，1994年〜2003年公益財団法人家計経済研究所の「消費生活に関するパネル調査」の個票データに基づく分析で，現状（当時）の制度そのままで，年間期待労働時間が1454.620時間であるところ，配偶者控除制度は廃止された場合には，1465.059時間（0.7％増），第3号被保険者制度や健康保険の被扶養者制度が廃止された場合には，1455.785時間（0.1％増），双方廃止された場合には，1466.063時間（0.8％増）となり，有配偶者女性の労働時間は増加するというAkabayashi（2006）と同様の結果が認められたが，増加幅は非常に小さいものとなっている。また，厚生労働省の「平成25年度国民生活基礎調査」の2人以上世帯を対象とした家計のマイクロデータを用いた有配偶者女性の給与収入分布を分析したところ，103万円と130万円の直前で給与収入が低下する（これら2つの場合を比較すると，103万円の効果の方が大きい）ということが認められている（足立 2018：64，堀 1997：83など）。同様の調査は，田近・横田（2018）でも実施され，同様の結果が確認されている。このように，第3号被保険者制度等の社会保険制度単体の

◆第2章 非正規雇用問題と社会保障政策についての先行研究・調査

影響については，既に配偶者控除が103万円という形でのより低額の壁を作っていることから配偶者控除等に比較して議論されることは少ないが，いわば就業調整の第2の壁というべきものとして機能してきたこと（田近・横田 2018：351-352）が，予測通りではあるが，実証されており，今後の法改正後の第3号被保険者制度等の社会保険制度の就業調整における機能の拡大の可能性が予測されるところである。

今日までの先行研究を全体としてみれば，法制度自体はもちろんのこと，女性の社会進出をめぐる社会情勢等，第3号被保険者制度を取り巻く状況について大きく変動した部分はあるものの，この傾向は，現在に至るまでそれほど変わらない。しかし，これまでの数度にわたる法改正の影響もあり，法改正の影響にも注目したその後の研究を見ると，近年に近くなる程，配偶者控除制度や第3号被保険者制度等の関連諸制度の効果が限定的であることが示されてきている（鈴木 2016：64）。もちろん，そのことが就業抑制効果の減少を示すとは必ずしもいえず，手法と理論モデルの洗練さや厳密さが増したためであるとも考えられる（鈴木 2016：67）ものの，それだけに止まらないない要素も指摘されている。つまり，就業調整の要因を取り除いても女性の就業状況が好転するとは必ずしもいえないのではないかということである。

そのような指摘のうち，代表的なものとして2つ挙げることができる。第一には，近年においては，専門職従事者の割合が高まっており，そのために就業調整を行わない女性も増加していること（鈴木 2016：68）が考えられる。第二には，本書のテーマである非正規雇用問題の視点から問題となり，現状の第3号被保険者制度等による就業調整は，特に有配偶者女性のパートタイム労働者として非正規雇用を甘受し固定化してしまう状態を事実上招来しているのではないかということである。例えば，非正規職員は配偶者控除によって賃金が上昇しても労働時間を短縮して就業調整を行っていることを示したように，正規雇用労働者より非正規雇用労働者の方が就業調整による労働供給減少が大きいと考えられる調査結果がある（大石 2003：293）一方で，労働者が非正規雇用労働者である場合には，当然労働時間の増大には雇用形態の壁が存在しうるため，簡単には労働時間を増やすことはできないこいう状況がある（鈴木 2016：68）。また，足立・金田（2016：27）によれば，配偶者控除制度の廃止に

◇第1節　社会保険に係る法制度とその経済的機能

より，配偶者の労働供給が増加することにつながるが，その増加は，非正規職員から正規職員への変化よりも，無職から正規職員あるいは非正規職員への変化の方が大きい，つまり，今まで働いていなかった配偶者を労働市場に参入させる効果はあるが，非正規雇用労働者の正規化の効果は小さいということを示している。つまり，将来の女性就業の促進可能性を高めるものの，現状の女性就業者の雇用の正規化を含む労働供給増加に多くは期待できないということになる。

以上から，女性の労働供給増加あるいは社会参加を，配偶者控除などの税制や第3号被保険者制度の改正・廃止等によって，就業調整による就業抑制を防止し，有配偶者女性の労働供給を増加させることができるかどうか自体には，その効果の程度という点に関して，疑問も生じている。第3号被保険者制度の廃止によっても，新規の正規雇用労働者の増大が実現する可能性があるものの，非正規雇用労働者の労働供給が増加するかどうか自体が不確定的であり，その雇用の正規化にもつながらない可能性がある。

更に，従来の先行研究においては，女性の就業と配偶者所得や資産などの非労働所得とは負の関係にあり，本人の賃金率とは正の関係にあるという，ダグラス＝有沢の法則が働くということが知られており，近年でもその妥当性は変わらないとされる（樋口・坂本ほか 2018：111）。この法則が成立するということは，無視できない割合の女性が子育てや社会保険や税制に伴う就業調整以外の理由で就業しないことを選択していることを示唆しており，第3号被保険者制度などの法制度の重要性とともに他の要素の検討も就業調整自体の解明には必要であり，本書の議論の射程で就業調整の問題の全てが解決可能となるわけではないことは留意しておかなければならない。

⑶　ま　と　め

社会保険の被保険者負担については，それ自体の経済的機能と第3号被保険者の就業調整に対する影響という2点で問題となる。前者に関しては，労働者に賦課される社会保険料の被保険者負担それ自体は，当然に税などと同様に，幸福度に悪影響をもたらしうるのみならず，同時に，事業主負担との負担の帰着をも考慮した場合には，帰着のあり方次第での負担の増減があり，不確定的ではあるが労働者の労働供給や幸福度に影響を与え得る要素となっていること

が，経済学上の先行研究により明らかとなっている。加えて，被保険者負担の名目上の増加傾向は，労働者に賃上げの効果を実感させることを困難にするとともに，これは社会保険に限らず租税関係一般にいえることであるが，たとえ賃上げが実施されたとしても，賃上げの感覚がないことで，さらに社会保険の保険料の支払いを苦痛なものとし，社会的排除や包摂についての感覚に悪影響をもたらすという効果も生み出している可能性がある。後者に関しては，第3号被保険者制度等の社会保険制度単体の影響については，既に配偶者控除が103万円という形でのより低額の壁を作っていることから配偶者控除等に比較して議論されることは少ないが，いわば第2の壁というべきものとして，機能しているということが明らかになっている。ただ同時に，第3号被保険者及び健康保険者被扶養者制度の被用者への非適用や第3号被保険者制度の廃止によっても，非正規雇用労働者の労働供給の増加も確実には見込めない上，新規の正規雇用労働者の増大が実現する可能性があるものの，現在の非正規雇用労働者に関しては必ずしも雇用の正規化にはつながらない可能性があることは，非正規雇用問題をテーマとする本書においては考慮に入れておかなかければならないだろう。

◆ 第2節　非正規雇用労働者の社会的排除・包摂

第1　社会的排除と包摂について

1　社会的排除・包摂の概念の誕生の背景と歴史，そしてその一般的意義

日本は，長く不況に苦しんできたとはいえ，世界第3位の経済大国であり，一般的には豊かな国であることを否定することはできないであろう。ホームレス人口が概数に過ぎないが公式に5534人存在すること（2017年の厚生労働省「ホームレスの実態に関する全国調査（概数調査）」）等その生活実態について調査が実施されており，絶対的な意味での貧困の存在やその問題点も主張されてはいるが，一般的に見れば，日本の現状は，ホームレスの数も年々減少し続けていることからもわかるように絶対的貧困におかれているわけではない。ただ，そのことを手放しで肯定できる状況ではないことも事実である。近年，ジニ係

数[26]や相対的貧困率[27]の高まりからもしばしば言及されるように，格差や不平等状態の拡大が問題とされるようになっている。実際，日本においては，神話という形であれ，一定の説得力があった総中流社会というかつての社会像は殆ど取り上げられなくなって久しい。もっとも，これは日本に限った現象でもなく，先進国においては，いわゆる後進国や地域における衣食住に事欠く絶対的な意味での貧困ではなく，他の先進国と同様に国内での相対的な範疇での貧困が以前より深刻になっている。それ故，貧困関係で問題となる具体的事項にも以前とは異なっており，貧困概念により表象・分析可能な対象としての社会が変化している。その顕れとして，貧困論の領域で相対的貧困という概念が用いられるようになっており，貧困と関連する問題への対処の必要性が形を変えつつ存在しているといえる。

このような状況の下で，相対的貧困概念と並んで新たに主張され始めたのが，社会的排除という概念である。グローバル化と脱工業化社会の進展の中で，欧米を中心とした先進国においては，後進国とは異なる社会状況にある。このような状況を背景にして，近年，社会的弱者救済の議論において，貧困と並んで社会的排除が取り上げられることが多くなっている。日本を含む先進諸国では，貧困にかかわる研究領域において，絶対的な意味での貧困への問題意識から，相対的な貧困状態で，衣食住のみならず社会的に人が快適かつ安心して生活していくための財・サービス・制度がどれだけ剥奪されているかを示す相対的剥奪の議論へ，そこから更に，貧困や相対的剥奪状態をきっかけとして，社会の仕組みから脱落し，社会の中での存在価値を失ってしまう状況を社会的排除と

---

[26] ジニ係数とは，特定の社会における（主として）所得分配の不平等を測る指標で，算出にローレンツ曲線が用いられ，係数の範囲は0～1で，値が大きい程格差の大きい状態を示すとされる。2016年の厚生労働省「所得再分配調査」によれば日本のジニ係数は，再分配前が0.5704，再分配後が0.3759となり，格差拡大傾向にあることを示している。

[27] OECDの定義によれば，相対的貧困率とは，必要最小限の生活水準を充足するための所得水準に達していない絶対的貧困者が釈迦で占める割合である絶対的貧困率とは異なり，特定の社会内部の格差を測る指標であり，等価可処分所得が全人口の中央値の50％未満の世帯員の占める割合をいう所得格差を測る指標である。日本については，2015年の厚生労働省「国民生活基礎調査」によれば，15.6％で，前回（2012年）16.1％よりやや改善した。

◆ 第2章　非正規雇用問題と社会保障政策についての先行研究・調査

いう形で意識化・明確化されるようになったといえる（斎藤 2017b：35-36）。従来の貧困に関する議論と最も異なる点は，経済的な困窮状態そのものだけでなく，雇用における正規・非正規，男女格差，世代間格差，世代内格差等の中で分断により疎外感を感じる状況が生じたことを社会的排除ととらえ，人々に他者とのつながりを回復して社会の相互的関係性の中に引き込み社会的包摂を目指すということが同時的な政策課題として現れてきたということである（斎藤 2017b：37）。

　このようにして現代の具体的な貧困に関連する社会問題に直面するために生み出された社会的排除・包摂という概念について，その来歴やその背景をもう少し詳しく概観しておくこととする。福原（2007：12）によれば，社会的排除という概念は，1960年代半ばのフランスで貧困者救済活動を行っていた社会カトリック運動団体「ATD第4世界」などによって使われ始め，1974年に刊行されたルノワールの『排除された人びと―フランス人の10人に1人』で注目されるようになったのがその最初である。その後，1980年代になると，完全雇用が崩壊し失業や不安定雇用が拡大するに伴い，福祉国家の主要な柱である失業保険，年金保険，医療保険などの保険体制からも零れ落ちる人々が増加した。そのような状況が高度経済成長期には予想されえなかった「新たな貧困」として把握されたのが，政策課題として機能する始まりであるとされる（福原 2007：12）。フランスでは，貧困問題の領域において，このような新しい貧困がクローズアップされ，1987年のウレザンスキ報告『極貧と経済的社会的不安定』で，貧困が生活の多面的な領域の排除の結果であることが強調された（都留 2000：31-41）。そして，同時に，社会的排除に係る問題は雇用問題の領域でも問題にされ始め，とりわけ若年失業者の増加を社会問題としてとらえた上で，社会的・職業的参入の必要性が政策上主張されたりもした（松原 2008：94-95）。フランスにおいて，このような社会的排除という新しい概念とそれに関連する問題が盛んに議論され始めた背景とその意味を歴史的に分析すれば，グローバル経済の進展の中で格差が進行するなど社会的構造が変化したため，かつては確実な仕事に就き良好な社会的ネットワークを享受していた多くの労働者が，仕事の不安定化や失業，家族や家族外の社会的ネットワークの弱体化，そして社会的地位の喪失に追い込まれてしまったこと，つまり，障害者などのマージ

◇ 第2節　非正規雇用労働者の社会的排除・包摂

ナルな人々だけではなく，多くの一般の人々がそのような苦境に追い込まれているのであり，問題が単に障害者などのマージナルな人々固有の問題でなく，誰にでも起こりうる問題として新たに認識されたことが重要であったとされている（Bhalla. and Lapeyre 2004：4）。つまり，浮浪者などのそれまでの伝統的な貧者に限定されていない人々の「社会的降格」のリスクが，家族・コミュニティの結束の弱体化とともに強く意識されてきたことが，社会的排除問題の背景にあるといえる（中村 2007：49-50）。このような背景と経緯を経て，単なる経済的な貧困の解消だけでは対処できない複合的な諸問題（斎藤 2017b：37）の表象として社会的排除の概念が用いられていくようになったのである。

　以上のような状況は，その後，1990年代以降，より普遍的な形で深刻さを増しているといえるだろう。社会的排除概念が用いられていたのは，当初はフランスが中心であったが，同様の形で，イギリスそしてEUにおいても単なる理念・理論ではなく具体的な実践のための政策目標とされるようになり，やがて日本においても取り上げられるようになった。フランスでは，反排除法（1998年6月），「社会的結束のための法律」（2004年6月），イギリスでは，1997年12月に各省庁横断的な新組織として「社会的排除対策室」を設けることになり，EUにおいては，1989年に，欧州社会憲章の序文において，社会的排除と戦うことの重要性が指摘され，社会的排除に取り組む政策に関する欧州動向調査機関が設立されたことを皮切りに，1997年に調印されたアムステルダム条約では社会的排除との戦いが主要な目標とされた。さらに，ヨーロッパ以外においても，1997年に世界銀行，1998年にOECDにおいて社会的排除問題への取り組みが開始された。日本においても，やや遅れるものの，2000年代初頭には社会的排除に大きな関心が寄せられるようになった。日本における具体的な政策関連の動きとしては，2000年に厚生労働省社会・援護局による『社会的な援護を要する人々に対する社会福祉のあり方に関する検討会報告書』が作成され，従来の社会福祉が主として貧困を対象としてきたところを，社会的排除や摩擦，社会的孤立や孤独など重複・複合化した問題を検討する必要があることを示した。そして，次第に政府も社会的排除の対策に取り組むようになり，2011年1月には，「社会的包摂戦略（仮称）」策定に向けた「一人ひとりを包摂する社会」特命チームが政府内に設置され，同年4月には内閣官房に社会的包摂推進

◆第2章　非正規雇用問題と社会保障政策についての先行研究・調査

室が設置され議論が重ねられるなど，現実の政策レベルでの考察もなされるに至った[28]。社会的排除は，日本を含めて先進諸国での貧困に関連する新たな問題状況に具体的に対峙するための政策的概念として機能してきたといえる。

2　社会的排除及び包摂の概念の特徴

次に，このようにこれまでの貧困問題とは異なった形で貧困と関連する社会問題をとらえ，かつ，1980年代以降の新たなグローバリズムの進展した世界における現実的な政策課題の概念的基礎となっている社会的排除の概念の特徴はどのようなものか，より具体的にみていくこととする。既に，貧困などの経済状況に加え，社会的構造の変動に伴う社会的ネットワークの喪失が関係するものであるということを示したが，それだけでは，具体的な社会問題に関与するための概念としては抽象的に過ぎる。そこで，社会的排除が論じられるに当たり必ず参照対象として持ち出される貧困や相対的剥奪概念との相違をも確認しながら，概念の特徴についてもう少し掘り下げることから議論を展開したい。

BhallaとLapeyre（2004：12-30）によれば，貧困が生存のための基礎的なニーズの欠如した状態を表象し，相対的剥奪がそれに加えて，標準的な生活のための資源の剥奪（物質的・社会的剥奪）された状態を表象するのに対して，社会的排除の概念は，そこに，社会的な参加・つながりの欠如を付け加えた状態を表象する。換言すれば，貧困は所得という一元的な要因で判断される傾向があるが，社会的排除は多様な形態をとる剥奪と様々な社会的紐帯の断絶とに焦点を当て，これが組み合わさり蓄積されることにより生じてくる多次元的な要因により判断されることを志向する[29]。さらに咀嚼していえば，貧困が，一時的，一面的な状況を示す概念であるのに対して，社会的排除が単なる経済的苦境のみならず，それと関連した社会的関係と関連していること，さらに，それらの各要素が単独で影響しているだけでなく，ある関係からの排除と他の関

---

[28]　日本が民主党を中心とした政権から自由民主党を中心とした政権に移行して以後は，政府関連機関等での議論はなくなった（2013年1月には，社会的包摂推進室は廃止されている）。それでも，2014年9月に日本学術会議社会学委員会・経済学委員会合同－包摂的社会政策に関する多角的検討分科会が政府に対して政策提言を行うなどの一定の活動はなされ続けている（斎藤 2017：40）。

◇第2節　非正規雇用労働者の社会的排除・包摂

係からの排除に重複的に連動する可能性が高いこと，加えて，複数の要因が介在することにより，動態的な過程の分析の必要性を示す概念ともなっている。そして，社会的排除状態をより具体的な内容面から捉えると，失業，不安定雇用，貧困などの経済的次元，仕事を通じた社会との結びつきの断絶，家族やコミュニティとの結びつきの断絶，社会的諸権利に関わる社会的小制度や政策からの排除などの社会的次元及び投票権や自らの状況を性に訴える手段が剥奪されているなどの政治的次元の3つに再分類することができ，この重複的・連動的性質を有する多次元性を有することに注意を払って，それらが互いに組み合わさり，社会的孤立や動機付けの低下などの否定的アイデンティティに人を追い込みうることの問題性をより具体的に明らかにしうる（福原 2007：15）。さらに重要なこととしては，このような多次元的で相互関係的な要素をもつ社会的な概念であることから，社会的排除は，絶対的なものというよりも相対的なものであり，その基準は，所与の社会における人々が標準的な生活に必須とみなし得る財・サービス・社会的なつながりの度合いにより決められるのであり，時代・場所によって求められるものが異なる極めて政策指向的な概念であるということも重要な特徴であるといえる[30]。

そして，社会的排除概念が持つ多次元の重複的・相互関係的で相対的な政策指向的性質は，そこから脱却して目指すべき目標というべき対概念たる社会的包摂の性質にも影響を与える。社会的排除概念は，それ自体が議論の対象となってきたが，社会的包摂はそうではなく，社会的排除が改善された状態とい

---

[29] 貧困と社会的排除の関係は，概念の発展としてのみ捉えるべきでは必ずしもないということも一応付言しておく。Lister（2004：83）によれば，貧困と社会的排除の関係は，双方が他方の原因となり結果となりうるもので相互関係を有するものといえ，貧困がその一部である社会問題が存在する状況において，貧困に該当する人，社会的排除状態に該当する人，それら双方に該当する人の三者の構成比は，どのような視点で現実を見るか，換言すれば，何を社会的排除の具体的指標にしてとらえるかによって変化すると指摘している。実際，これまでの貧困論は資源の不足を中心的に問題にしてきたのであり，そのような所得，資産という物質的要素にその関心を集中してきた。貧困に付随する要素としての孤立等に着目したことはあっても，中心的問題として具体的指標に還元して焦点を当てることは概ねなかったといってよい。社会的排除はそのような形で視野を広げ視点を変えている点に意義がある。

◆第 2 章　非正規雇用問題と社会保障政策についての先行研究・調査

う社会的排除の対概念としての抽象的な目標として位置づけられているのか一般である。「失業や若年者の不安的雇用だけでなく，単身高齢者世帯やひきこもり，孤独死，自殺等のより多様な問題を視野に入れ，地域社会における「つながり」の再構築による社会的包摂（嵩 2017：48）という表現は，定義ではないし社会的包摂の概念としての一般化に成功しているとまではいえないが，社会的包摂という目標への期待の核心を端的に表現しているといえる。Townsend は，社会的排除の一部分をなす相対的剥奪について，社会におけるメンバーシップを果たすことのできない状態（1979：32）[31]，菊地は，社会的排除を福祉国家，社会，雇用を含む経済におけるメンバーシップの喪失（菊地 2007：4）と定義しているが，この社会的包摂に係る表現は，それらの定義とも照応しているといえるだろう。そして，雇用の欠如は，排除される人々から所得に機会を奪うだけでなく，人々の社会における生産的な役割が承認されないことを意味し，そこから派生してコミュニティの生活への参加や動機・自信・尊厳の喪失につながっていく恐れがあると考えられている（福原 2007：16）ことから，このような社会におけるつながりや社会的メンバーシップを確保するためには，現代社会においては，仕事があること，それは多くの人々にとって雇用があることであるといえ，労働が社会的に重要な規範となっている日本ではとりわけよくあてはまると考えられる（益田 2012：101）。それ故，社会的排除の改善が主張される場合，その重要な包摂手段は，労働・雇用となるといえる。このように，社会的排除・包摂は，雇用問題とかかわる重要問題と考えられる

---

(30)　貧困が生活に必要なモノやサービスなどの資源の不足を概念のコアとして把握するのに対して，社会的排除においては関係の不足に着目すべきことが常に強調されている（岩田 2008：22-23）。その際，関係の不足の具体的内容としては，人々の社会的活動のあらゆる側面，あるいは地域社会全体をその視野に入れており，多面的な社会問題とその社会問題を包括的に表現しているものといえる。ただ，「排除」という文言を用いている以上，単に社会問題を関係定期側面に着目して包括的に表現しているわけではなく，一定の共同体や制度からの排除，そして帰属が不明確になったことという限定的な形で把握されるべきものであるといえる。

(31)　Townsend の議論は，相対的剥奪についてであり，社会的排除について直接に論じたものではないが，貧困を絶対的なものでなく，相対的なものとして捉え，社会的排除の核心である関係の排除を強調する先駆的な論考であるといえる。

のであるが，その点は後に詳述する。

3　社会的排除指標——主観的指標の導入と日本における指標開発のあり方

　以上のような特徴を持つ社会的排除・包摂の概念であるが，その存否・程度を実証する調査を実施する場合，貧困以上に抽象度の高い概念であることから，明確な指標化が必要になる。この点においても，Bhalla と Lapeyre. の議論が参考になる。Bhalla と Lapeyre. は，社会的排除を経済的要素・社会的要素・政治的要素の3類型から総合して判断するという方法をとっている（Bhalla and Lapeyre 2004：47-49）。社会的排除の現実における進行状況を明らかにするには，それら要素の状況を測定・観測できる基準を必要とする。そのような基準が確定していれば，それに基づき現状把握，政策効果を検証することができるようになる。もちろん，経済的要素以外のものは，必ずしも数値化して測定することには向かないが，指標を確定し概算的なものであっても観測することにより具体的な対策が可能となることから，指標化の試みには大きな意義があると考えられる。

　欧州委員会がこのような議論に基づき，社会的排除に対処する政策の実績を測定するための一連の社会的排除指標を策定した。具体的には，社会的排除に関する項目は12の第一次指標と9つの第二次指標から成るものである（「社会的保護と社会的包摂に関する報告書（Joint Report on Social Protection and Social Inclusion 2006）」）。ただ，ここでの指標の内容は，国際比較が可能であることが重要な選択基準であることから，従来の貧困・所得に関する指標を踏襲したものが多くなり，21の指標のうち11が所得をベースとする従来の貧困・不平等の指標と同様であり，その他にも長期失業率等の雇用関係の指標が多く，所得・雇用以外の指標は平均余命と学生の識字率に過ぎず，人と人や人と社会の関係に重点を置く社会的排除概念を十分に反映したものとはいえない（阿部 2007a：132）。例外的な所得・雇用以外の指標である平均余命と学生の識字率にしても，現代の日本を含め先進国の社会的排除を一般的に把握するためには，必ずしも中心的な課題とはいえないであろう。そもそも，社会的排除は社会における相対的関係を重視しており，社会的・政治的指標は文化によって特殊なものとなる傾向が強いこと（Bhalla and Lapeyre 2004：51-52）も勘案すれば，

◆第 2 章　非正規雇用問題と社会保障政策についての先行研究・調査

国際的で普遍的な社会的排除指標を目指すこと自体が困難であるともいえるし，抽象的な目標にとどめるべきものとも考えられる。

　そのような実情を踏まえ，国際比較を目的としない各地域の実情把握に特化したサーベイ調査に基づく社会的排除指標も様々に作成されてきた（阿部 2002：70-72）。その代表的なものとして，1999年に Office for National Statistics が実施した貧困・社会的排除調査（Poverty and Social Exclusion Survey: PSE）がある。この調査では，社会的排除を①十分な所得・資源の欠如（所得の貧困，社会的必需項目の欠如，主観的貧困）②労働市場からの排除　③サービスからの排除（水道・電気などのサービスからの3つ以上が金銭的理由で使えない）④社会関係からの排除（社交活動のうちいくつか欠落しているなど）と定義して調査している。また，Paugam は，経済的貧困を補完するものとして関係的貧困指標を導入した調査を提案している（Paugam 1995）。そこでは，家族関係，社会支援ネットワーク，コミュニティ生活の3項目を5段階で評価している。加えて，そこでは，労働市場からの排除を独立のものと考えず，経済的貧困・関係的貧困に直結するものとして，調査対象者を雇用状態に応じて分類し，それぞれについて経済的貧困，関係的貧困を分析しており，具体的な労働関係を把握する方法として非常に示唆的であるといえる。

　このような指標開発の中で本書の研究にとって最も重要な動きといえるものとして，主観的貧困指標の導入が挙げられる（阿部 2002：69-70）。主観的貧困指標とは，どれだけ困窮を感じているかという個人の感覚を指標化したものである。主観的指標が重視されるべきと考えられているのは，専門家が恣意的に定めた基準と比較するのではなく，人それぞれが経験し感じるものを調査すべきという考えに基づく。もともと，経済学においては主観的データに対する信頼は低い[32]ものの，社会的排除については本人が排除されている，少なくとも困窮していると感じていることは，関係的側面[33]においては特にそうであるが，決定的に重要な要素であるといえることから（もしそうでないのならば完全に自

---

[32]　もちろん，経済学においても，理論モデル上は主観の重要な役割を認識しているが，実証研究では行動のみを分析してきたという意味である（富岡 2010：75）。

[33]　「関係」自体は客観的であるが，その評価は，経済的状況以上に，主観的であらざるを得ない。

◇第 2 節　非正規雇用労働者の社会的排除・包摂

発的に孤立等をもとめていることになるし，それ自体は尊重すべき自己決定である），主観的要素を取り入れて排除されている人々そのものの意見を取り入れることができるようにすることは，有意義であるといえる。

　このような状況を背景にして，社会的排除の実態を調査するための日本における指標開発もなされ，それに基づく調査もなされている[34]。指標開発に関与してきた阿部（2007 134-135）によれば，その指標構築は以下の通りになされた。まず，欧州における先行研究に倣って，社会的排除の基本的基軸と考える 8 次元，すなわち，基本的ニーズ（衣食）の不備，物質的な剥奪，制度からの排除，社会関係の欠如，不適切な住環境，社会参加の欠如，主観的に判断される経済状況，所得ベースによる相対的貧困，を選定し，それに関連する50項目のデータを収集し，これら 8 次元について状況を総合的に勘案して社会的排除性を決定するというものである。その際，当該排除が一定の理由のために強制されたものであるか否かをも考慮されている（阿部 2007a：131-132）。そして，この調査で最終的に測定されたのは，年齢，性別，就労状況等の様々なカテゴリーの中で，社会的に排除されている人がどのくらいの割合存在しているかということである。そして，その調査結果の中で興味深いものとしては，社会的排除とライフイベントとの関係では，過去からの不利なイベント，例えば，15歳児の生活苦，解雇経験，離婚経験など，が有意に高い排除率をもたらしていること，8 つの次元の全てにおいて，他の次元での排除も同時に存在するという重複排除の実態がみられたことである（阿部 2007：144-147）。つまり，社会的排除の性質上も，その実態の解明のためにも，通時的な考慮やその把握のためのパネル分析や社会的排除に関する要素の相互関係の分析が必要であることがわかったのである。

　ただ，社会的排除の指標分析については，幾つかの因子を含む単一の指標を組み立てるためには，経済的要素，社会的要素等の構成要素について適切な加重値を選択することになるという通常採られている方法論に対して，センの議

---

[34]　厚生労働科学研究費補助金（政策科学推進研究事業）「日本の社会保障制度における社会的包摂（ソーシャル・インクルージョン）効果の研究」の一環として，2006年に実施された「社会生活に関する実態調査」

◆ 第2章 非正規雇用問題と社会保障政策についての先行研究・調査

論をも参照しつつ，BhallaとLapeyreは，いくつかの因子から成る指数は，入手された情報すべての細目と豊かな含意と表象することがきるという考えに対して疑問を投げ掛けている（Bhalla and Lapeyre 2004：47-49）。換言すれば，社会的排除指標を構成する各質問の度数を単純に合計し，平均した全体の結果をもって，社会的排除状態の現実の全体像として評価することが本当に妥当なのかどうかという問題が残るのである。細部の様々な問題を隠蔽することになるのではないかと考えられる。総合的状態については，それにふさわしい総合的概念が必要なのではないかと言い換えることもできるであろう。社会的排除問題の解決策を具体的に検討する際，とりわけ，排除を網羅的に検討することを目的とせず，雇用などの特定の側面からの検討することを目的とする本書においては，認識しておくべき問題であるといえる[35]。

第2　社会的排除と非正規雇用問題

1　社会的排除と労働・雇用のあり方・質

社会的排除された人々を包摂する場合の包摂の手段としては，現実の政策上も講学上も，労働による包摂が中心的な検討対象となってきた。つまり，労働

---

[35]　このような指標に基づく統計分析については，以下のような批判がある。排除がもっともラディカルに顕れるのが，ホームレス問題であり，共同体における住居やそれに基づく社会関係から遠ざけられ，福祉国家の提供する制度的保護を受けることのできないホームレス達は究極的に排除された存在である（岩田 2008：57-106）。そして，社会的排除の実証研究においては，「排除されたもの」が研究の対象である以上，そして，社会的排除という定義に完全に適合する存在であるホームレスの実態の把握はその本質上避けて通れないはずである。しかし，ホームレスの実態は，日本の厚生労働省の調査においても概数把握がせいぜいであり，その存在自体の把握ですら，非常に困難である。実際，このホームレスを含め社会的に排除された人々は，社会関係から遠ざけられ帰属が不確かな人々の問題であることから一般の調査対象，実証的な研究対象とするには困難な要素がある（岩田 2008：58）。つまり，社会的排除の概念の性質上，統計的集計によりその質・量を計測するのは困難なのではないかという批判もあるのである。ちなみに，このような趣旨から，注(46)の「社会生活に関する実態調査」も対象選択を住民基本台帳から行っていることなどを問題点として挙げ，実態把握は不十分なものにとどまるだろうことを予め断っている。

◇第2節　非正規雇用労働者の社会的排除・包摂

市場への統合の質が社会的排除・包摂アプローチの核心に存在してきた（福原2007：16）。雇用の欠如は排除された人々から所得の機会を奪うだけにとどまらず，社会における人間としての生産的な役割が承認されないということも意味している（Bhalla and Lapeyre 2004：19）。そして，雇用の欠如が，政治的，社会的，経済的な多次元にわたるさまざまな種類の社会的排除へと帰結してくことにつながると考えられている。現実の政策レベルでも，例えば，EUにおいては，アムステルダム条約136条の「高水準の雇用との継続と社会的排除の撲滅のための人的資源の開発」137条で「労働市場から排除された人々を労働市場に統合すること」の2つが具体的な目標として明記されていることから，労働を通じた社会的包摂が社会的排除概念の政策的活用の中心としてあったことがうかがえる（志賀 2016：80）。EUの欧州委員会が用いている社会的排除の概念は，「通常の労働市場からの排除」に限定されていく傾向を帯びており，そのため社会的排除の対概念であるところの社会的包摂も労働市場への包摂を中心に組み立てられている（中村 2007：66）。欧州では，このような労働参加を重視するか否かの視点から社会的排除対策に係る政策を分類する際には，概ね以下の3つに分けている（Levitas 2005：7-28）。第1には，市民権の不平等や資源の不平等に注目し，労働参加を重視しない再分配主義，第2には，社会的排除を周縁層のモラル欠如や文化に焦点化し，福祉依存を排して労働市場への参加を求めるモラル主義，第3に，社会的排除を労働参加の欠落に焦点化し労働参加を求めることで経済的効率と社会的包摂を結び合わせようとする社会統合主義というようにまとめうる。労働を欠いた所得補償による包摂の試みは単なる同化やモラルハザードに過ぎない帰結をもたらしかねないため，第2や第3の方向が欧州の主流となっていった。

　このように，社会的排除・包摂に係る問題意識は，雇用関係と強い関係を持つものとして議論されてきた。本書でも既に言及してきたように，雇用関係は，重要な経済的関係であることに加え，同時に，継続的な組織関係等多面的な関係と関連付けられ，社会参加の一種としての性質を有しているからである。このことが最も顕著に現れるのは，失業の場面であろう。失業が経済的貧困をまねき，貧困が孤立を招く，というような個々の領域における排除が相互に連鎖的な関係を形成しうることが明白であるからである（永吉 2013：80-81）。失業

◆ 第2章 非正規雇用問題と社会保障政策についての先行研究・調査

は，それ自体が労働市場からの排除であるだけでなく，他の領域での排除を引き起こす重大な起点であるとみなされうる（80）。換言すれば，雇用は社会的排除に対する最良のセーフガード（80）ということである。このメカニズムは，2つの部分に分けられる。失業すると安定的な収入が失われ，経済的貧困が生じやすくなるのが第1段階，その上で職がないことにより利用できる財やサービスへのアクセスが限定されてしまうのが第2段階である（80-81）。つまり，就労には，経済的メリットだけではなく，社会的地位を与える，集合的な目標に向けた活動に貢献する機会を与える，社会関係を形成する場を提供するなどの潜在的メリットがある（81）ということがいえる。

　先程，EUにおける社会的排除概念に関する議論について，雇用の重要性を簡単に示したが，日本においてはその重要性はより高いと考えられる。東京大学社会科学研究所の希望学プロジェクトによる「仕事と生活に関するアンケート調査」（2006）によれば，希望（将来実現してほしいこと，もしくは実現させたいこと）の有無についての質問に対して，何らかの希望を持っていると答えた割合が78.3％であったが，その希望の内容の内訳として，仕事を挙げる者が66％に達している（玄田 2009b：132-133）。また，別の調査（「地域の生活環境と幸福感に関するアンケート」）においても，70％が希望を有するところ，2006年の調査に比べて減少してはいるが，その内容として仕事に関する希望を42.8％が有している（玄田 2014：169-171）。希望を有する人自体の割合は国際的な比較によれば相対的には小さいものの，仕事に関しては希望を有している割合が小さいとはいえないこと（182-185）も勘案すれば，相対的に仕事の希望における重要性は高いといえる。日本では労働に重きを置いた規範的価値観が生成されていて，将来の希望も仕事面に求める傾向が強いと考えうる（森山 2017：123-124）。以上のことから考えても，日本の社会的排除を考察する上で，労働・雇用の重要性は大きいと考えられる。

　雇用と社会的排除の密接な関係性について具体的に議論を進める前に，社会的排除に関連してどのような雇用関連政策が検討・実施されていたかを概観しておきたい。経済的不況が深刻化する中で，現実の政策立案の場においては，政策の有する雇用確保力が重視され，その方法としてワークフェア（workfare）やアクティベーション（activation）が注目されてきた。前者は，就労義

◇第2節　非正規雇用労働者の社会的排除・包摂

務を所得保障の条件とする政策，後者は就労促進のための社会サービスを所得補償と並列して行っていく政策と定義できる（岩田 2008：167-168など）。労働者の福利を重要視する立場からは，アクティベーションを遂行すべきと考えられるが，日本においては従来，ワークフェア以前の所得保障なき就労支援としての自立支援策が社会的排除に対処する主要な政策となってきた（岩田 2008：169）。より正確にいえば，ワークフェアですらなかったのであるが，次第に，そこに所得保障を加える形で，母子家庭自立支援策，生活保護受給者等就業奨励事業の導入などにみられるような労働を通じた自立支援が行われるようになり，ワークフェアが実行されるようになってきた。ただ，労働を通じた自立支援を所得保障でバックアップするという考え方であり，それ自身は批判されるべきものではないものの，労働による包摂を現実に進めようとする際には，より弱い立場にいる労働者の多くにとって，質の良い労働を見つけることは困難であり，労働の不安定さや劣悪さは重視されることなく，とにかく働くことのみが追及される傾向がある。実際，例えば，日本のホームレスの3分の2は，路上と支援センターや労働宿舎を行き来するような劣悪な就労を介してのみ社会と接合するようになってしまっている（岩田 2008：173-174）。労働を通じた包摂の問題点は，提供される労働の質次第では，その肝心の労働自体が排除を生み出しかねないということがいえるのである。労働による包摂を実質的に実現するためには，以上のような現状を鑑みて，労働市場への包摂自体は重視しつつも，どのような労働でも良いというのではなく，労働の質を伴った形での包摂を考えるべきという方向での議論が進められなければならない。

2　労働・雇用の質と非正規雇用問題

　労働市場からの排除を改善することが社会的包摂の第一歩であるが，質の伴わない労働への包摂はそれ自体が社会的排除となりうるのであり，質の伴った労働市場への包摂のための具体的方策が求められる。その具体的方策の検討に移る前に，質の伴わない労働・雇用とそれに伴う問題の中でも，本書のテーマである非正規雇用問題と関連付けて，もう少し具体的に検討したい。

　雇用自体が完全に失われた失業とは異なるが，標準的雇用を部分的に欠いている点で通常の労働市場から排除されているといいうる非正規雇用に係る問題

◆第2章　非正規雇用問題と社会保障政策についての先行研究・調査

をこの観点から考察することができる。そのような観点から見れば，非正規雇用問題は，質の伴わない雇用に無理矢理に包摂された労働者たちの実質的排除の問題であると述べることができる。1における表現を用いれば，差し詰め，どのようなものであれ雇用を確保するということが最優先されて，労働市場のフレキシブル化や不安的雇用の拡大を生み出してきた結果であるといえるだろう。換言すれば，労働の質を蔑ろにし，近年の雇用の非正規化を進行させ，社会的排除状態をかえって悪化させてしまっているといいうる。

　そして，ここまで述べてきたとおり，組織内での疎外の存在などにみられうるように，労働の質が経済的側面に限られないことに，とりわけ日本の非正規雇用問題に関しては，注意が必要である。その点について，有田（2017：252）は，「雇用契約期間や就労時間の面で正規雇用と区別されるだけでなく，報酬や訓練機会等の面でも正規雇用とは明確に区別される，従業員間の一種の「雇用上のステータス（身分）」のちがいとなっている」と述べている。正規雇用が会社の人事制度上の標準的雇用のステータスを有しており，職種，企業規模，年齢，学歴，労働時間を統制しても，非正規雇用というだけの相違で賃金の低廉さが生じているとしている（252-253）。

　さらに重要なことには，本来弱者のために機能すべき社会保障からステータスを有さず排除されている社会保険の被保険者資格と同様に，労使関係，すなわち，本来社会的弱者としての個別の労働者が使用者と対等な存在となるために形成されてきた労働組合の組織化からも非正規雇用労働者はステータスを有さず排除されている。非正規雇用労働者の雇用は不安定であり低賃金である故，本来は労働組合への加入が必要であるが，ほとんど労働組合に加入できていない現状がある（小野 2017：21-22）のである。2017年現在の推定組織率は17.1％（厚生労働省 2017d）と全労働者についても低下傾向にあるものの，それでも増加傾向にあるパートタイム労働者の推定組織率7.9％とは大きな格差がある。そもそも，非正規雇用労働者に組合加入資格自体が認められていないことも多く，2017年の厚生労働省「労使間の交渉等に関する実態調査」によれば，パートタイム労働者 35.2％（平成28年調査32.3％），有期契約労働者 37.0％（同35.6％），派遣労働者7.4％（同11.1％），嘱託労働者38.4％（同30.7％）となっており，改善傾向は認められるものの，資格自体から完全に排

◇第2節　非正規雇用労働者の社会的排除・包摂

除されてしまっているという状況が現在でも継続している。労働政策研究・研修機構（2017）のアンケート調査においても，回答した3227の組合のうち，非正規雇用労働者に組合員資格を与えていないばかりか，将来的にその予定もない組合は，56.3％にも上る。このような排除を継続する理由としては，非正規雇用の待遇の改善には，「既得権益層」（有田 2017：263）たる正規雇用労働者の待遇のあり方とかかわらざるを得ないことから，利害の衝突があることがその背景にある（192）。労働組合活動にも影響があり，日本では正社員と同様の仕事をする非正社員が増えたにもかかわらず，賃金は正社員よりもかなり低いため，非正社員の低賃金を意識し，その影響を受けて既得権益層の正社員への留保賃金も同時に低下し，正社員によって主として構成される組合自体もその賃上げ要求の抑制を余儀なくされているということである（川本・篠崎 2009：20）。そもそも労働組合とは，労働者が団結し，労働条件の不満や職場上の問題について，労働者の代表として，会社側と話し合う組織と，実質的に定義できる（有田 2017：192）。それにもかかわらず，非正規雇用労働者は，正規雇用労働者から警戒され，労使が台頭となるための労働条件の交渉や労働者の団結を目指すべき弱者の代表であるべき組合という場から予め排除されているわけである。組合という労働者の代表が真に全従業員の代表であるならばこのような事態にはならない。非正規雇用労働者は代表され保護されるべき労働者のメンバーシップからすらも制度的に排除されていると考えられるのである。

　このような経済的であり，かつ，組織的・階層的な排除は，より幅広い社会関係上の排除に非正規雇用労働者を追い込みうる。それは以下のようなメカニズムによると要約しうるだろう。日本の非正規雇用労働者については，既に述べたように，労働市場のコア層（企業における中核的・専門的労働者）から逸脱している。そのような状況に置かれた非正規雇用労働者は，将来への希望を見出しにくく（山田 2004：199-201），労働による自立を果たして一人前という社会規範に縛られて，非正規雇用労働者自身が自らの働き方を逸脱と考える傾向があることが明らかになっている（益田 2012：101）。換言すれば，非正規雇用労働者が自らの雇用形態を原因とする葛藤，疎外感の存在をも示唆している（森山 2017：123-124）。このような状況は，単なる経済的貧困ではない，社会的な関係性においても疎外された有様を明らかにしており，ここまで論じてき

◆第2章　非正規雇用問題と社会保障政策についての先行研究・調査

た社会的排除状態そのものであるといえる。雇用は単なる経済問題ではなく，労働者を企業組織の一員として社会関係に組み込む等多面的な性格を有している故に，社会的包摂の方策として適しているが，それ故に，その包摂の質が低いものであるとき，多面的な排除に直結してしまうのである。その結果，非正規雇用労働者については，正規雇用労働者との賃金格差，正規雇用との移動障壁，結婚格差が存在しており，非正規雇用労働者は労働市場においてその中核部分へのアクセスから排除されているばかりか，結婚や安定した生活というライフチャンスからも多次元的に排除された状態を強いられることとなる（佐藤 2013：18-23）。また，職場での決定に参加できる道が少なく，雇用関係における弱者に寄り添うべき労働組合にも排除されてしまっている（岩田 2008：174）。つまり，労働を通じた包摂の問題点は，提供される労働の質次第では，その肝心の労働自体が排除を生み出しかねないということが，この非正規雇用問題においては，非常に明確な形で示されているのである。

　以上のように，雇用形態は，労働・雇用の質を規定しつつ，その社会への帰属，関係からの排除に密接に関わっている。また，社会的排除の概念がもともと複合的な不利な状況の連鎖を問題の対象にしており，労働・雇用関係における問題がそのような社会的排除の概念に適合的であることから示唆されるように，単なる経済的な観点から労働による包摂だけで全てが解消するものではないの至極当然ともいえ，労働に焦点を絞るのであれば，どのような労働によりどのように社会的に包摂しようとするかを具体的に考察することが重要となる。その具体的な包摂のための方策としては，雇用の正規化を挙げることができるだろう。非常に単純な方策であり，現実の政策としても重視されているが，その重要性は，雇用形態を原因とする葛藤，疎外感に苦しむ非正規雇用労働者自身が示している。それというのも，後述するように正社員登用自体は比較的稀であり，その可能性は小さいにもかかわらず，正社員登用が実際に運用されている企業に属する非正規雇用労働者の方がそうでない企業に属する場合よりも，将来への希望をより有しているということを示した調査[36]がある（森山 2017：149-151）。つまり，正規雇用，あるいは，質の良い雇用の可能性は，小さくともその可能性が存在するだけでも希望となるのである。ここまで，雇用・労働自体が希望の源泉ではありうるが，同時に，その質が劣悪な場合には希望を頓

◇第2節　非正規雇用労働者の社会的排除・包摂

挫させ，葛藤・疎外感を生じさせ得ることを示してきたが，そのような状況に対し，雇用の正規化は，労働・雇用の質の回復ともいうべき希望となりえ，社会的包摂の可能性をもたらしうるものと考えられるのである。

3　企業組織内における非正規雇用労働者
(1) 非正規雇用労働者の社会的排除の実態分析の前提

ここまで，非正規雇用問題と社会的排除・包摂の関係の概略を労働・雇用関係の一般的性質とも関連付けながら示してきた。この概略自体は，現在の労働研究においては，当然の議論の前提となっているが，このような概略については，非正規雇用労働者が普段活動している企業という組織内でのより具体的な実態とそれが形成される経緯を把握していないと，問題となる社会的排除状態の改善や社会的包摂の実現に具体的につなげていくことはできない。そこで，雇用の非正規化の経緯とその実情を企業組織と関連付けながら考察し，社会的排除・包摂の視点からの視点から非正規雇用労働者の現状をどのように改善すべきか，法政策の限界をも踏まえて，既に言及した雇用の正規化を含め，可能な施策を改めて検討していくこととする。

(2) 雇用の非正規化の傾向と日本的雇用システムとの関係

日本的雇用システムにおいては，その基本要素としての長期安定雇用・年功賃金制度を享受する正規雇用労働者が中心的存在であり，非正規雇用労働者は景気変動に対応するための調整要素としての役割を有してきたこと（久本2008：13-18，仁田 2008：47-48，野田 2010：182など）は，既に述べてきたとおりである。そして，その調整要素である非正規雇用労働者の割合が，本書冒頭

---

(36) 上記調査において，このような関連性は，パートタイム雇用者については有意な結果が認められなかったことも含め，それ程顕著というわけではない。但し，過去1年間に正社員登用された実績が1件あれば，正社員登用に熱心であるかのように取り扱われているという調査であり，正社員登用自体がそれ程多く実施されている状況での調査ではないので，正社員登用自体がそれ程顕著な効果を示さなかったこと自体でその効果を過少に評価することはできない。むしろ，正社員と非正社員を比較して将来の希望に関して調査すべきであるし，その上で，より正社員登用に関連したより詳細な調査を実施した場合には，より顕著な結果が認められる可能性はあると考えられる。

◆第2章　非正規雇用問題と社会保障政策についての先行研究・調査

において述べたように，1990年代以降増加してきたものの禁煙は36～37％前後において横ばい状態で安定しているが，1985年（2月）16.4％，そして，2004年に31.4％だったことを併せて考えれば，長期的な視点からみて，その増加は急激かつ着実であるといえる（総務省 2017）。

　もっとも，このような傾向自体は日本だけのものではない[37]。2002年の段階で既に，OECDがアメリカ，イギリス，フランス等の各国に見られる傾向として摘示している（OECD 2002：129-185）。国際的に，各企業が直面する需要の不確実性が大きくなったことなどがその要因として挙げられている（森川 2010：2）。このような状況の下で，世界中で，需要変動に対して素早い調整が可能な労働力が必要となっていると考えられている（浅野・伊藤ほか 2011：64）。日本の労働問題解決のための参考資料としてドイツ・フランス・アメリカ・イギリスを取り上げた比較研究においても，過去20～30年の間にどの国も一様に非正規雇用が増加していることが示されている（天瀬・樋口 2010：1-12）。先行研究上，その直接的原因としては，主として以下の4つにまとめられている。つまり，(1)正規雇用と非正規雇用の賃金格差を利用したコスト削減目的，(2)企業の製品等に対する需要変動に対応することを目的として季節・時間に応じて労働投入量を調整するため，(3)経済状況に応じた雇用調整といった事情，(4)労働者が長期安定的な雇用を望んでいない（永野 2017：136-137など）の4つである。この4つは，もちろんすべての雇用の非正規化を網羅的に示したものではないが，(1)～(3)は企業側，すなわち需要側の要因，(4)は労働者側，すなわち供給側の要因であり[38]，これら4つで一連の雇用の正規化の要因を概ね代表しているといって良い。企業側の要因による雇用の正規化の原因としては，概ね(1)のコスト削減と(2)と(3)の需要変動の2つに分類することができる。

　ただ，このような雇用の非正規化の原因とされる上記の(1)の前提には，正規雇用と非正規雇用の賃金格差の存在がある。そして，賃金格差そのものの発生

---

[37] 既に第1章第3節で述べたように，日本の非正規雇用労働者は呼称によっても定義されており，諸外国のような労働時間や契約期間等に基づくものとは異なっている。国際的比較の場面では，労働時間による定義によるパートタイム労働者や契約期間に基づく有期雇用労働者という限定された定義に基づき行うことにならざるを得ない（樋口・佐藤 2018：43）。

◇第 2 節　非正規雇用労働者の社会的排除・包摂

原因には既に示したように日本に特有な正規雇用と非正規雇用の間のステータス・呼称に基づく雇用管理区分（有田 2016：227）であり，日本的雇用の特徴が，中核的な正規も雇用をあくまで守り，非正規雇用を調整要素とする傾向が著しく強い点である。日本的雇用システムの中では，長期的な信頼関係を維持することで正規雇用の従業員のやる気を引き出し，それによって利益を得ていると考えられている。それに加え，労働法制上は一定の解雇規制があることなどから，（法を遵守した場合には）正規雇用労働者の雇用調整コストが著しく大きい。これらの要因によって，正規雇用の雇用調整に手を付けることが著しく困難であり，実際，長期にわたる不況の中でも，日本的雇用システムの中核である新卒採用の男性正社員の雇用調整は行われていない（Kato and Kanbayashi 2009：254）。これに対して，採用や訓練に経費をかけて丁寧に労働者を育てていく正社員についての育成方法がとられていない非正規雇用労働者については，雇用区分上，厳然と低廉労働者として処遇されているのであり（川口 2017：395-399），その結果，一時的な生産需要の変動に対しては，非正規雇用労働者を雇用し，その後，解雇・雇止めすることで対処する傾向が強くなっている（浅野・伊藤ほか 2011：88-89）。このような傾向は，厳しい解雇規制が，全ての労働者に対して均一な影響を与えずに，若年男性及び高齢労働者の就業率を下げ，女性について労働参加を妨げる効果を持つことにより実証的に示されてもいるし（大竹・奥平 2006：178-180），企業の意識においてもそのような傾向が顕著に窺える。企業へのアンケート調査（三菱総合研究所 2010）によれば，51.2％の企業が「長期雇用を重視し，人材の定着と育成を図っている」と回答すると同時に，時間当たりの賃金が 1 割増となった場合，非正規雇用の削減を

---

(38) これは永野（2017：136-137）の概括であり，様々な論者の概括化の一例に過ぎない。例えば，厚生労働省「就業形態の多様化に関する総合実態調査」では，非正規雇用という雇用形態を選んだ理由としては「自分の都合のよい時間に働けるから」「家計の補助，学費等を得たいから」「通勤時間が短いから」「家庭の事情（家事・育児・介護等）や他の活動（趣味・学習等）と両立しやすいから」が自らの生活スタイルに合わせた働き方として選択されていることを示す理由（厚生労働省 2014c：201）として上げられているが，概ね正規雇用として長期継続雇用を望まないことを様々な面から示したものと考えられ，本書の議論では(4)とほぼ同種のものと考えて差し支えないので，これ以上の詳細な具体的理由の検討には踏み込まない。

◆ 第2章　非正規雇用問題と社会保障政策についての先行研究・調査

挙げる企業が38.2％に上るなど，守るべき人材である正規雇用労働者と調整要素たる非正規雇用労働者を厳然と区別している。また，別の視点からは，日本において，中核的な正規雇用労働者は不況の際にも保護されてきたことの裏付けとして，正規雇用労働者の数自体は，近年においても大きな変動はなく，非正規雇用の割合の増加は，従来の雇用労働者以外の自営業者が非正規雇用労働者として雇用労働者に包含されるようになったに過ぎないという研究も示されている（神林 2017：185-186）。そして，その一環として，このような中核雇用としての正規雇用労働者を過剰に保護しつつ，非正規雇用労働者を雇用の調整弁としての過剰に配慮のなく利用し（上記非正規雇用増大原因の(2)・(3)が該当する），時には解雇・雇止めを繰り返しながら，日本的雇用システムの中核以外の部分において労働者の雇用の非正規化の傾向を促進してきたといえる。

　もちろん，これまででも，女性労働者が有期雇用労働者やパートタイム労働者という形で男性正規雇用労働者の雇用のバッファーとして機能してきた（Houseman and Abraham 1993：47-50）ことなどから，このような傾向は以前から変わらず存在していたことも事実である。ただ，このような傾向が，近年，日本的雇用システムが長期にわたる経済的不況によって危機に瀕してきたため，防衛的に強く発現し，現実的な問題となったと考えられる（浅野・伊藤ほか 2011：80等）。実際，非正規雇用労働者の増加のうち，就業者の人口構造の変化や産業構造の変化といった要因で説明できるものは4分の1程度であるに過ぎず，それ以上の説明は，経済的不況を要因と考えざるを得ない（浅野・伊藤ほか 2011：80）というのが実情であるといえる。また，近年の日本においては，逆に，景気が回復傾向にあり，人材不足が顕著であるにもかかわらず，賃金が上がらないことが問題となっている（玄田 2017：vii-xiii）。この賃金が上がらないことに関し，名目賃金の引き下げには労働者の心理的抵抗が大きく，景気が減速してもなかなか引き下げることが困難であることから，景気回復期でもその裏返しとして引き上げることのできない賃金の上方硬直性が存在するためであること（近藤 2017：10-13, 山本・黒田 2017：77-81）などが議論されている。名目的賃金の引き下げに抵抗のある労働者とは，賃金について下方硬直性のある保護された正規雇用労働者のことであり，雇用区分上保護された正規雇用労働者へのこれまでの過剰な厚遇の裏返しとして賃上げがなされていないだ

けともいえるのである[39]。つまり，不況等により問題状況が大きく現実化してしまうか否かの違いはあるものの，雇用形態に係る構造的状況はそれ程変わっていないといいうる。

　総括すれば，日本における雇用の非正規化は，日本的雇用の中核的労働者としての正規雇用労働者をステータス上区分して雇用の確保を含めた労働条件上保護するために，周縁的存在である非正規雇用労働者の雇用の確保を含めた労働条件を劣悪なものにし，コストの削減や雇用調整を可能にしながら，進行してきたものということができ，その点に変化はない。そして，このような階層的といってもよい体制は，報酬水準が個人の属人的な能力に基づくというよりは，就業機会というポジションに結び付けられているという有田（2016：43-44）の議論と整合的であり，その是正は日本的雇用システム全体のあり方の変化を伴わざるを得ず，企業を通じた労働法政策による直接的な変化は，すでに言及した通り，望むべくもないといえよう。むしろ，これまでは，2で既に示した通り，労働条件の劣悪な質の悪い労働・雇用さえも受け入れて労働法政策以外の手段を通じて政策的に非正規雇用労働者を社会的排除に追い込んできたという側面もあったと考えられるので，何らかの修正・対策が必要なことは明らかであろう。

(3) 非正規雇用の機能 ── 正規雇用との代替性・補完性の実態

(2)では，日本においては，中核的な正社員は比較的雇用・労働条件上保護されており，その周縁部分にいる非正規雇用労働者が労働需要に応じて雇用と解雇・雇止めを繰り返されてきたというこれまでの雇用の非正規化の経緯をその原因とともに掻い摘んで叙述した。それによれば，雇用の非正規化といっても，構造の変化というよりは，従来からの正規雇用と非正規雇用の階層的構造において特に中核的といえる正規雇用労働者のみを保護し他の者への保護を中止するという形での階層的分化・格差をより進化させただけのように思われる。この雇用上の身分を形成する従業員カテゴリーを有する構造を変更することは，

---

[39] もっとも，この賃金の上方硬直性に関しては，非正規雇用における賃金の低廉さも影響しているとされる。つまり，低賃金の非正規雇用労働者の構成割合が増えたため，保護されてきた正規雇用労働者の待遇も一定の影響を受けているということでもあり（玄田 2017：294-296），雇用区分を超えた新たな動きであると考えることも可能である。

◆ 第2章　非正規雇用問題と社会保障政策についての先行研究・調査

　日本的雇用システムの全体に関わるため困難であるとしても，近年の階層的分化・格差の進行を少しでも是正することはできないであろうか。その検討の前提としては，このようにして形成されてきた正規雇用労働者と非正規雇用労働者の階層的分化・格差を是正しようとするに当たり，それを不当であると考えることはできたとしても，日本の雇用システムの中核的存在である正規雇用労働者と雇用調整の手段とされる非正規雇用労働者は，その提供するべき労働の内容も異なるため，正規雇用を補完することはあっても，基本的には相互に代替的なものであるとは考えられないし，実際に考えられてこなかったという問題がある。雇用の調整弁であるから，あくまで補完的なものと考えるのが確かに自然である。

　ただ，(1)に示した研究とは異なり，非正規雇用労働者の増加とともに，正規雇用労働者のリストラ等が時期的に並行して行われてきたことから，日本的雇用システムの中での正規雇用労働者の中核的地位は変わらないものの，非正規雇用労働者による正規雇用労働者の置き換えが同時に一定程度進んだと考える論考も多い（例えば，仁田 2008：71）。この点に関する実証分析を概観してみると，正規雇用労働者と非正規雇用労働者の代替関係には，否定的なものがやはり多い。「雇用動向調査（1991～2000年）の事業所レベルの個票データに基づくパートタイム労働者・フルタイム労働者の雇用創出・雇用喪失の計測をしたところ，フルタイムの雇用の80％以上がパートタイム労働者の増加と関わりなく失われ，パートタイムの雇用の50％以上はフルタイムの雇用喪失を伴わずに増加しているとしているもの（石原 2003），2000年代以降の日本の雇用調整に関する研究を網羅的に調査した結果に基づき，近年の企業を取り巻く環境変化により雇用の調整速度が高まっているが，少なくとも個別事業所レベルではパートタイム雇用がフルタイム雇用を奪っているという関係がデータ上確認されないというもの（太田・玄田ほか 2008），経済産業省「企業活動基本調査」の個票データ（1994～2006年）を使用した企業レベルのパネルデータに基づき，フルタイム雇用とパートタイム雇用などの雇用形態間での粗雇用創出，粗雇用喪失等の代替・補完関係を測定したところ，フルタイム雇用とパートタイムの雇用の関係は，正規雇用労働者を減少させて非正規雇用労働者を増加させた企業はサンプルのうち24.0％に過ぎず，雇用変動の相関係数も弱い負相関がある

　　　　　　　　　　　　　　　　　　　　◇第2節　非正規雇用労働者の社会的排除・包摂

に過ぎないとするもの（森川 2010），経済産業省委託調査「税・社会保険料等の企業負担に関する意識調査」と経済産業省「企業活動基本調査」をマッチングしたデータセットに基づき，過去5年間の社会保険料負担の増加，将来の社会保険料負担増加，将来の法人実効税率増減などに際しての企業の対応について実施された多角的な検証において，「正規雇用労働者の雇用削減」について「パート比率」の係数が有意に負となっており，正社員とパートは依然として補完的であるとするもの（小林・久米ほか 2015）などがある。また，既に言及したように，非正規雇用の増大は正社員からの代替によるものが中心ではなく，自営業者の減少分が非正規雇用労働者となったためであるという研究（神林 2017：166-178）もある。

　他方，これらの研究に対しては，経済全体における代替性を肯定する反論もある（山口 2011）。実際，非正規雇用による正規雇用の全面的な代替を肯定することは困難であるとはいえ，全く代替性がないということは実情に反するだろう。「平成18年パートタイム労働者総合実態調査」（厚生労働省 2006）[40]によれば，正社員とパートなどの非正規雇用労働者の両方を雇用している事業所のうち，以前正社員が行っていた業務に充てた事業所の割合をみると，パートについて，「ほとんど又は全く充てなかった（1割未満）」とする事業所が30.9％，「半分以上の労働者を充てた」が22.3％となっている。パート以外の非正規雇用労働者については，「半分以上の労働者を充てた」とする事業所が35.2％，「ほとんど又は全く充てなかった（1割未満）」が24.0％となっている。上記の正規労働と非正労働の代替性を否定するかに見える研究でさえも，マクロレベルでの正規労働と非正規労働の部分的な代替関係の存在を完全に否定しているわけではない。石原（2003）も，裏を返せば，個別企業レベルにおいても，パートタイムの雇用創出の4割がフルタイムの雇用減少を伴っており，パートタイム雇用拡大の要因の一つとして認めているのであり(14)，個別企業レベルにおいては，必ずしも全般的に正規雇用と非正規雇用の代替性が大きいとはいえないことを主張しているに過ぎない。また，森川（2010）にしても，正規

---

(40) 少し古い調査結果であるが当該調査項目についての結果としては最新のものであり，厚生労働省の調査として貴重であることから引用した。

◆ 第 2 章　非正規雇用問題と社会保障政策についての先行研究・調査

雇用労働者を減少させて非正規雇用労働者を増加させた企業のサンプルのうち 24.0% について，代替性を認めているのである。つまり，相対的な代替性・補完性の程度についての議論はともかくとして，一定の代替性そのものの存在までは否定していない。

　それ故，これらの先行研究・調査から，各企業において正規雇用に対する非正規雇用の強い代替性を見出すことができず，相対的に補完的関係の方が強いとしても，各企業それぞれに濃淡があり，異質性（石原 2003：15）が存在しているという形での非正規雇用による正規雇用に対する一定の代替性は否定できず，実証されているとはいえる。これまでのマクロ的な雇用の非正規化は，全面的な正規雇用労働者の雇用の非正規化ではないことは間違いないが，同時に，単なるリストラの結果で正規雇用が減少したなどというだけでもない。このような異質性に基づく代替性を基礎に特定の部分的分野で非正規化が進んできた側面もあったといえ，十分に多様なのであり，直線的に変化が生じてきたわけでもない。このような限定的な意味においてではあるが，「1 つの職場で非正規雇用比率が高まるということは，正社員比率が低まることと同義であり，正社員の働き方や雇用制度，管理が変わらなければ実現が難しい」（馬 2017：32）のであり，実際にその範囲では雇用の非正規化で正社員の働き方や雇用制度，管理が変わったと考えられるのであり，非正規雇用労働者が単なる補完でないことはもちろん，全面的に代替しているわけでもないが，一定程度の代替の存在は否定できないと考えられるのである。

⑷　非正規雇用における職務・業務の代替性について

　雇用の非正規化で，一定の正規雇用労働者と非正規雇用の代替が認められる場合（以下，このような代替のある非正規化を「狭義の雇用の非正規化」という。），その実態はどのようなものなのかが問題となる。すべての企業が同じように対応するわけではなく，企業の異質性，すなわち，各個別企業・業種の個別具体的事情に基づいて，非正規化を進める直接的理由は異なるとはいえ，一定の傾向は存在していると考えられるからである。この点について，小野は「多様な就業形態とポートフォリオに関する実態調査」（JILPT 2014 年 1 月）という比較的新しく規模の大きい統計データを改めて企業の事業特性と非正規雇用の雇用特性から詳細に分析することにより，雇用の非正規化の原因を考察している

◇ 第 2 節　非正規雇用労働者の社会的排除・包摂

(2017a：32-61)。その調査結果のポイントとして，重要な事実が 3 点明らかとなった。第一には，繁閑の差がある事業においては，柔軟な労働力として非正規雇用が利用され，その際，短期的な繁閑にはパート・アルバイトのニーズが高く，季節的な変化や臨時的な雇用調整には契約社員を活用する傾向がある。第二には，専門技術の必要な事業については，雇用の非正規化は小さい傾向がある。第三には，年功序列などの日本的雇用の特徴を有する企業では，非正規雇用の割合が小さく，利益に基づく要員管理を行っている場合には，コストのかからない就業形態の雇用であるパートタイムをはじめとする非正規雇用の割合が高くなる傾向がある。以上のような分析から考えてみれば，非正規雇用が増大しており，非正規雇用と正規雇用に一定の代替が生じているのは，繁閑の差がある事業の企業や日本的雇用が実施されておらず，利益に基づく要員管理がなされている企業であるということとなる。この分析結果は，業務の繁閑や利益に基づく要因管理の必要性など，各企業が直面する需要の不確実性が大きくなった場合（森川 2010：2）や需要変動に対して素早い調整が可能な労働力が必要となった場合（浅野・伊藤ほか 2011：64）には正規雇用の非正規雇用化が実施されてきたと考える先行研究の知見とも合致している。

　実際，非正規雇用が拡大してきたこの20年，職場の様相も変化し，日本の産業構造は大きく変化した。小野（2017：10）は，製造業中心からサービス産業中心に変わり，技術革新はグローバル化を進展させ，経済の不確定化も相まって，固定費となるコストを削減する方向に向かっていること，それが非正規雇用の割合の増大を吸収していることとも関連しているとしている。つまり，非正規雇用化に関しては，サービス産業における利益に基づく要員管理に起因するコスト削減が最も顕著な原因であると考えられる。

　この点，厚生労働省の「平成26年就業形態の多様化に関する総合実態調査」(2014e)によれば，正社員以外の労働者（非正規雇用労働者）の活用理由（複数回答）が，「賃金の節約のため」(38.6%)，「 1 日，週の中の仕事の繁閑に対応するため」(32.9%)，「即戦力・能力のある人材を確保するため」(30.7%)という順に挙げられている。本書のテーマである社会保険に関連する「賃金以外の労務コストの節約のため」については，22.4%あり，最重要とは言わないまでも，重要な理由と考えられていることがわかる。これを雇用形態別にみたと

◆ 第2章　非正規雇用問題と社会保障政策についての先行研究・調査

きには，パートタイム労働者では「賃金の節約のため」(41.1%)，「1日，週の中の仕事の繁閑に対応するため」(39.5%)，「正社員を確保できないため」(24.8%) という順で，「賃金以外の労務コストの節約のため」は23.7%となっており，契約社員（専門職）[41]では，「専門的業務に対応するため」(49.3%)，「即戦力・能力のある人材を確保するため」(36.0%)，「賃金の節約のため」(28.1%) の順となっている。社会保険の適用拡大をテーマとする別の調査によれば，パートタイム労働者について，「1日の忙しい時間帯に対応するため」(36.3%)，「賃金が割安だから」(29.6%) の順となっており，「社会保険の負担が少なくて済むから」は18.7%で5位となっている（労働政策研究・研修機構 2013d：5）。

　この点，厚生労働省の「平成22年就業形態の多様化に関する実態調査」の二次分析（労働政策研究・研修機構 2013a：33-39）によれば，産業別にみた場合の非正社員の割合の大きい業種である飲食・宿泊サービス業（72.7%）では，非正社員を活用する理由として，パートタイム労働者については，「1日，週の中の仕事の繁閑に対応するため」(63.6%)，「賃金の節約のため」(57.9%)，「景気変動に応じて雇用量を調節するため」(41.6%) の順，契約社員については，「専門的業務に対応するため」(73.7%)，「即戦力・能力のある人材を確保するため」(47.8%)，「賃金の節約のため」(36.3%) の順となっている。これに対して，非正社員の割合の小さい業種である電気・ガス・熱供給・水道業（8.3%）では，パートタイム労働者については，「正社員の育児・介護休業対策の代替のため」(45.1%)，「臨時・季節的業務量の変化に対応するため」(42.7%)，「賃金の節約のため」(17.8%) の順，契約社員については，「専門的業務に対応するため」(51.3%)，賃金の節約のため」(30.9%)「即戦力・能力のある人材を確保するため」(27.9%) の順となっている。

　以上からは，正規雇用労働者との間の賃金格差が大きい非正規雇用労働者（厚生労働省 2014c）は，雇用の調整弁として正規雇用労働者を補完する存在と

---

[41]　厚生労働省「平成22年就業形態の多様化に関する総合実態調査」では，特定の専門的職種に従事し，専門的能力の発揮を目的として雇用期間を定めて契約する者と定義しているので，単なる有期雇用労働者でない。この点については，労働政策研究・研修機構（2013a）においても同様である。

◇第2節　非正規雇用労働者の社会的排除・包摂

して位置づけられながらも，業種により異なる理由・形態で，また，パートタイム労働者，契約労働者など就業形態によっても異なる理由で，補完的ではありつつも一部には代替的であることが窺わせるような形で，業種ごとに共通性を持ちつつも幅広い多様な形で，労働力の非正規化が進展してきたのであることが，既に示してきた先行研究の議論通り，実態的に明らかであるといえる。

　このように，雇用の非正規化は，各個別企業・業種において異なる理由で進められてきたが，どのような理由で非正規化がなされてきたかにより，すなわち，非正規雇用労働者の活用理由により，いずれの雇用の非正規化が代替性を有する狭義の雇用の非正規化であるのか否かを判別することが可能である。例えば，厚生労働省の「就業形態の多様化に関する実態調査」の活用項目に係る通例の質問項目において，「専門的業務に対応するため」，「即戦力・能力のある人材を確保するため」というものであれば，雇用の非正規化の意欲は小さく，正規雇用労働者と非正規雇用労働者の職務が異なっているか，異なるものにしようとしていることがわかり，補完的な要素が強く，狭義の雇用の非正規化である可能性が低いと予想できる。これに対して，「1日，週の中の仕事の繁閑に対応するため」「景気変動に応じて雇用量を調節するため」というものであれば，非正規化の意欲は大きいが，非正規雇用労働者に，職務の同一性があるとしても，補完的な役割が求められていることがわかり，必ずしも狭義の雇用の非正規化である可能性が高いとまでは予想できない。しかし，「賃金の節約のため」「賃金以外の労務コストの節約のため」などのコスト削減を目的とした雇用の非正規化に関しては，正規雇用労働者と非正規雇用労働者の間の賃金格差を前提に，非正規化の意欲は大きいばかりではなく，正規雇用労働者と非正規雇用労働者の職務が代替可能なものとして取り扱われており，狭義の雇用の非正規化である可能性が高いことを示しうる（脇坂・松原 2003：160-161）。このことは，賃金格差が，職務内容の変更がないままに，労働コストの削減を目的として，正規雇用から非正規雇用への代替を促すこととなっていることと整合する雇用の非正規化のあり方（仁田 2008：47）を示しているといえる。

　既に正規雇用労働者と非正規雇用労働者の格差の存在という形で言及しているが，非正規雇用問題の根本において，同一価値労働同一賃金が問題となってきたことからも明確なように，雇用形態間における大きな是正すべき賃金格差

がある。その平均的賃金において、非正規雇用労働者の賃金は正規雇用労働者の賃金の65.5％であるに過ぎず、男女別、年齢別の比較でも大きな格差がみられる（厚生労働省 2017）。そして、賃金カーブのシミュレーション上も勤続年数が経過すればするほど大きな格差が生じており、縮まることはない（Houseman and Osawa 2003：183-185）。日本の企業における管理職に対して実施された雇用の正規化が進行し始めた頃の過去の調査によれば、人事管理における社員間の賃金格差は20％前後が適当である旨回答していること（日本労政調査会 1998）から鑑みれば、この賃金格差は、重大であるが、もし、格差が仕事の質の差や労働力の質の差に拠るのであれば、雇用形態間に賃金格差が大きいことが、一概に不合理・不公正ということはできない（仁田 2008：60）。例えば、一人当たりの研究開発の高い企業程、従業員に高い技能水準が要求されるため、正規従業員比率が高いという研究結果（樋口・新保 1999：130-132）があるが、そのような技能水準故に、正規雇用労働者がより高い処遇を受けることは合理的・公正といえるだろう。ただ、これは逆にいえば、雇用形態間に賃金格差がある以上、それに合理性がなければ労働者の納得が得られず（労働政策研究・研修機構 2014b：18）、不当なものとならざるを得ないということである。少なくとも、仕事や労働力の質の差とまでいかなくとも、少なくとも、職務内容における差異はなければ不合理・不公正といえるだろう。

　このような賃金格差自体の原因については、既に多くの研究がなされている。それらによれば、賃金格差の原因としては、学校教育を通じて形成される一般人的資本と仕事を通じた技能・知識の習得を通じて形成される特殊的人的資本によって、生産性が向上することにより賃金が上昇するという人的資本の相違や雇用主の偏見等による差別的取り扱い（Becker 1975：81-117）、また仕事要因や企業の制度要因が考えられている（馬 2017：62-64）。これらの要因について、経済学では、要因分解に基づく実証研究が用いられてきた。イギリスやアメリカの研究では、人的資本等の各要因の量的差異に基づく属性格差よりも各要因の量の差異によって説明できない非属性格差の方が大きいという研究結果が出ており（Barret and Doiron 2001 Baffoe-Bonnie 2003）、日本でも、正社員とパートタイム労働者との間には属性要因をコントロールしても賃金格差が残ること（永瀬 1997：305）、非正規雇用労働者に対する非属性要因あるいは差別的

取り扱いが賃金格差の一要因であり，とりわけ人的資本要因である勤続年数とそれについての評価についての差別的取り扱いがあること（馬 2017：94）などを示した研究がある。これらの先行研究を鑑みれば，正規雇用労働者と非正規雇用労働者の間の労働市場の相違に基づく構造的な処遇の相違がある（西村 2007：34），換言すれば，雇用上の身分というものに近い従業員カテゴリーの差異が存在する（有田 2016：227）というしかないのであり，一般従業員にとって労働自体の内容との関連性での合理性や公正性があるといえるものではない。このような非属性要因，雇用上の身分あるいは雇用形態に基づく不合理な差別的取り扱いによる賃金格差については，同一価値労働同一賃金原則の厳格運用や人事運用の公平化，職務給・職種給の導入などが望まれるし，そうなれば差別的状況の是正には有効性はあるが（馬 2017：95）。それ自体非常に困難であり，それについて実現を可能とする政策は，具体的なものとしては顕れていない。それというのも，企業と労働者間の契約締結や企業経営のあり方の決定は私的自治に基づくものであり，強制が不可能な部分が多く，かつ，強制可能な部分があるとしても，その実務において不合理性は明確に分かりやすい形で存在するのではなく，法的解釈を経たものとならざるを得ない故，解決はそう簡単ではない。

　実際のところ，不合理な差別を生み出すこのような状況は古くからあり，いわゆる「疑似パート」のように仕事も労働時間もほとんど同じなのに雇用上の地位の違いにより大きな賃金・待遇の格差をつけられた労働者が相当数存在するといわれている（菅野 1997：10）。正規雇用労働者と非正規雇用労働者の職務に代替性があり，賃金が異なるというまさにその場合である。そういう場合，格差の合理性は疑問が生じ，労働者間に不満が生じうる。実際，ほとんど同じ仕事をしている正社員と比較して，非正規雇用労働者が自身の賃金についてどのように認識しているかに関する調査（労働政策研究・研修機構 2014b：18）では，「低い」と感じている者が39.3％，「かなり低い」と感じている者が21.8％に上る。

　そのような疑似パート・基幹パート等の増加としても指摘されるように，近年の非正規化により生み出された，正規雇用労働者とほぼ同様の職務の非正規雇用労働者も多い。厚生労働省の「平成28年パートタイム労働者総合実態調

◆第2章　非正規雇用問題と社会保障政策についての先行研究・調査

査」(2016b) によれば，正社員と職務が同じパートタイム労働者の割合は6.5％，このうち，人事異動等の有無や範囲が正社員と同じパートタイム労働者の割合は1.5％となっている。「平成23年有期契約労働者に関する実態調査」(2011c) によれば，正社員同様職務型の有期契約労働者は24.9％となっている。そして，「平成28年パートタイム労働者総合実態調査」によれば，正社員と業務の内容と責任の程度が同一のパートタイム労働者について，賃金水準についての意識を調査しているところ，「正社員よりは賃金水準は低く，納得していない」が33.8％，「正社員よりは賃金水準は低いが，納得している」が30.8％，「わからない（考えたことがない）」17.8％，「正社員と同等若しくはそれ以上の賃金水準である」11.7％の順となっているという結果であった。また，「平成28年パートタイム労働者総合実態調査」によれば，正社員と業務が同じパートタイム労働者の1時間当たりの基本給を正社員と比較すると，「正社員より低い」が61.6％と最も多く，「正社員と同じ（賃金差はない）」は22.2％であった。正社員より低いと答えた事業所の基本給の水準は，「正社員の8割以上」が30.6％，次いで「正社員の6割以上8割未満」が22.7％となっている。「平成23年有期契約労働者に関する実態調査」によれば，正社員同様職務型の労働者の中でも，「正社員と同じ（賃金差はない）」は23.8％，「正社員の8割以上」が30.6％，次いで「正社員の6割以上8割未満」が26.5％，「正社員の4割以上6割未満」7.4％，「正社員の4割未満」0.9％の順となっている。他の調査（労働政策研究・研修機構 2011b：61-64）でも，正社員と同じ仕事に従事している非正規の従業員が一人でも存在している事業所は，パートで32.6％，有期社員で30.4％となっている。そして，そのような非正規雇用労働者の賃金水準については，パートでは「正社員の8割程度」が25.5％，「7割程度」が18.9％の順で，有期社員では，「ほとんど同じ」が29.4％，「8割程度」が24.5％の順となっている。同じ職務内容や責任の程度であるにもかかわらず，非正規雇用労働者は，正規雇用労働者に比較して低廉な賃金での労働を余儀なくされているといえるという実態が存在していることは明らかであるといえる。

　さらに，「平成28年パートタイム労働者総合実態調査」（厚生労働省 2016b）によれば，同じ仕事に従事しているパートと正社員との間に賃金格差がある理由として，企業は，「パートは勤務時間の自由が利くから」が49.0％，「パート

は残業の時間数，回数が少ないから」30.9％，「そういった契約内容でパートが納得しているから」が35.2％と回答している。なお，「正社員は企業への将来的な貢献度の期待が高いから」が26.6％となっており，青の他の結果と合わせて考えれば，正社員の中核的労働者としての地位を認めつつ，パートタイム労働者については，労働者の労働時間についての制約につけこんで，不当に安価な賃金を甘受させているように感じられる。同様に，他の調査（労働政策研究・研修機構 2011b：61-64）でも，同じ仕事をしている正規雇用労働者と非正規雇用労働者の間の賃金格差の理由についての事業所の回答としては，「責任の重さが違うから」が68.3％，「中長期的にみた役割期待が違うから」が33.6％の順となっている。「勤務時間の自由が利く」「企業への将来的な貢献度の期待が高い」「そういった契約内容でパートが納得しているから」「責任の重さ」「役割期待」のいずれも，客観的な職務内容を理由としたものではない。この中では，「責任の重さ」は，客観的な基準にみえるが，「平成28年パートタイム労働者総合実態調査」で正社員と業務の内容と責任の程度が同一のパートタイム労働者について，「正社員よりは賃金水準は低く，納得していない」と意識している者が33.8％もいることからしても，それ程納得できる理由となっていないと考えられる。結局のところ，賃金格差は，企業における地位，換言すれば，正規雇用労働者が企業の正規雇用という標準的でコアな雇用区分上のメンバーシップを有するということに起因するものであり，非正規雇用労働者にはどれ程大変な客観的職務内容をこなしていたとしても与えられないものであるといえる。

つまり，賃金格差は，客観的な職務内容そのものに起因するわけではなく，職務内容に関連してはいるが，「責任の重さが違うから」「中長期的にみた役割期待が違うから」あるいは，そのような理由付けさえない差別的取り扱いでしかない事情に基づく，まさしく継続的雇用契約上の地位・身分に起因するものなのである。日本の雇用システムの中での基本的要素である正規雇用労働者とそうでない非正規雇用労働者の間には，労働生産性の差に還元できない長期勤続に伴う賃金上昇度が異なる賃金体系の違いによって，煎じ詰めれば，雇用上の身分ともいうべき従業員カテゴリー（有田 2016：227）に基づき賃金格差が生じている（Houseman and Osawa 2003：183-185）。正規雇用労働者の地位に伴

◆第2章　非正規雇用問題と社会保障政策についての先行研究・調査

う「責任」や「役割期待」などこそがその労働生産性に還元できない格差の源泉と考えることが可能であろう。

　そして，賃金格差はあるものの，契約・組織上の地位以外の客観的な職務・業務の内容それ自体においては同様である場合には，いやその場合にのみという形で限定すれば，正規雇用労働者と非正規雇用労働者の職務内容から見た代替可能性があるといえ，コスト削減のため正規雇用労働者の非正規化が可能であり続けたと考えられる。ただ，逆に考えれば，直接雇用カテゴリー区分の改革といった階層性そのものの是正などの根本的解決が困難であるとしても，代替性の存在に注目すれば，間接的な社会保険の被保険者資格の無制限化という法政策等により，非正規雇用労働者の相対的コストを上げることを契機とした正規化の可能性があると考えられる状況ではあるといえるのである。

(5) 非正規雇用の正規化の可能性とその試み

　正規雇用労働者と非正規雇用労働者の間に賃金格差があり，それに加えて，社会保険の被保険者資格の有無により，社会保険料の事業主負担が正規雇用のコストとして加わる。コストのかかる正規雇用からコストが小さい非正規雇用に置き換える動きは，企業経営上合理的であり，職務の内容が同じで代替性があればもちろん，そうでない場合でも職務の補完的な部分のみを非正規雇用労働者に割り当てることによって，置き換えは容易であるといえる。これとは反対に，非正規雇用から正規雇用への移行は，コストを増大させる移行であり，正規雇用労働者と非正規雇用労働者の職務が同一である場合でも，実施することには困難があると考えられる。そのような状況を反映して，これまでの研究においては，代替性という場合，正規雇用の非正規雇用への代替を意味し，このような一方向でのみ認識されている。そして，非正規雇用労働者が顕著に減少する状況が近年ないこともあって，本来の代替性の意義にふさわしくその逆が認められるかは，必ずしも明確ではなく，解明が必要な問題として残っている。しかし，2016年に厚生労働省が「正社員転換・待遇改善実現プラン」を策定するなど，政策的にも数値目標が掲げられるなど，近年の非正規雇用問題の社会問題化の中で，雇用の正規化の可能性を探る正社員登用は重大な課題となっている。非正規雇用から正規雇用の置き換え，すなわち，本書の目的で帰着としての正規化の前提として，正規化自体が現実にどれ程可能なのか，可能

であるとして実際に現在どのような態様でどの程度なされているのかについての現状を把握し，考察する必要がある。

　そもそも，これも既に述べた通り，非正規雇用と正規雇用の相違は，単なる労働時間や契約期間にあるだけではなく，企業における呼称としての区分が重要であり，労働時間や契約期間と結びつきながらも階層的・身分的な様相を強く持った区分である。このような身分としての相違に関連して，労働時間や契約期間に加え，(3)で示される「責任」や「役割期待」などという完全に客観的とはいいがたい曖昧な要素，身分的な従業員カテゴリーに起因する要素が重要な要素となってきた。そのために，雇用の非正規化の動機としてコスト削減が主たるものであったとしても，一端，身分的階層構造に非正規雇用と組み入れられてしまった以上，逆説的ではあるが，単なるコスト上の考慮だけでは，正規化は企業組織上の問題として依然として困難なのではないかと考えられる。実際，日本では一度非正規雇用労働者になるとその状態が長期にわたり続き，正規雇用に転換することが難しい状況にあるといわれる（樋口 2018：94）。厚生労働省『平成26年版　労働経済白書 ── 人材力の最大発揮に向けて』(2014c) でも，過去の「就業形態の多様化に関する総合実態調査」を用いて，正規雇用労働者になりたい非正規雇用労働者（不本意非正規雇用労働者）の割合を時系列で比較し，一貫して増大していることを示しており，労働者側からみた正規雇用への転換の困難とその必要性を議論している (205-207)。

　このようなコスト増大を招きかねず，呼称が異なる契約・組織上の地位の変動を伴う非正規雇用から正規雇用への移行は，形式的には2つに分類することが可能である。異なる企業間の転職によるものと企業内部での正規登用との2つである。ただ，いずれの場合においても，上記の場合と同様，移行は困難であるとされている。一方の転職による移行は，「平成26年版労働経済の分析」によれば，過去5年以内に離職した者で，前職非正規雇用から転職した者のうち，正規雇用に移行した割合は，23.4％であり，離職しないでそのまま非正規雇用に従事している者も存在することを考え合わせれば，データ上もその割合は高いとはいえない (2014e：208-209)。他方，企業内部での正社員登用については，非正規雇用労働者から正社員への移行者比率が2006年及び2007年の平均で7.1％であるところ，その内24.9％が内部登用という調査結果があり（小杉・

◆ 第2章　非正規雇用問題と社会保障政策についての先行研究・調査

原 2009：26），同様に高いとはいえない。また，正社員への転換に成功した場合であっても，特に女性については，その後の定着が困難で離職が発生してしまう傾向がみられる（髙橋 2017：187-188）。

　もっとも，これらの割合は，それが高いとまではいえないのはもちろんであるが，同時に，非正規の正規化が不可能というわけではないことを示しており，転職あるいは企業内部でのいわゆる正社員登用という2つの形での正規雇用への移行を一定程度期待し得るものであると考えることは可能である。厚生労働省「平成28年パートタイム労働者総合実態調査」(2016) によれば，パートタイム労働者の正社員転換推進策を実施している事業所は44.2％あり，「平成23年有期契約労働者に関する実態調査」(2011c) によれば，正社員転換制度がある事業者は52.0％で，少ない場合も含めて実績がある事業者が42.9％ある。他の調査でも，正社員への登用制度，慣行，及び実績を含めれば，パート労働者については66.2％，有期労働者については71％の割合の企業において，その数の多寡は問わず，正社員の移行の可能性が制度上存在するとされている（労働政策研究・研修機構 2011b：68-69）。これらの調査結果は，企業に内部における正社員登用の意思が一定程度あることを示している。

　そして，転職であれ，内部の正社員登用であれ，どのような場合に正規化が可能になりうるのかについていえば，若年であること，高学歴であること，男性であることが，共通して正規化に際しての有利な条件ということが明らかになっている（厚生労働省 2014c：210-212，小杉 2010：56-57など）。加えて，企業内部からの登用の場合には，職種の同一性も重要とされ，企業外からの転職の場合には，正社員としての経験も重視されているということである（厚生労働省 2014c：210-212，小杉 2010：56-57など）。また，有資格者やスキルが求められる職業で正社員への移行が比較的容易であることもわかっている（厚生労働省 2014c：212）。つまり，年齢・性別以外に関しては，一定の人的資本 (Becker 1975) の具備を示すことが要求されているといえる。

　この点，個々の労働者に関する分析であるが，2009年の「労働力調査」の集計に基づく分析によれば，前職が正規雇用だった人123万人のうち正規雇用に就いた人は76万人，非正規雇用に就いた人は46万であったのに対し，前職が非正規雇用だった161万のうち，正規雇用に就いた人は34万人，非正規雇用に就

◇第2節　非正規雇用労働者の社会的排除・包摂

いた人は127万人であり，正規雇用への就きやすさのオッズ比を見ると(76/46)/(34/127)＝6.17となっており，前職が正規雇用の人が非正規雇用の人より6倍以上正規雇用に就くチャンスがあることが示されている（佐藤 2013：21)。つまり，非正規雇用から正規雇用への移動障壁[42]が存在するといえる。この分析が同一の企業内における労働者に関するものでない故に，雇用上の身分が関わらないことから，このような移動障壁が存在するのは，学歴や職業経験といった人的資本の蓄積がなされていないからという理由が考えられている（佐藤 2013：21-22)。つまり，雇用上の身分という点を無視した場合であっても，雇用の正規化が困難なのは，賃金格差のみによるのではなく，非正規雇用労働者に対する企業の人的資本上の疑念もあると考えられるのである。実際，企業側にも，正社員として管理的機能を果たし生産性向上に寄与してほしい等の要望はあり（労働政策研究・研修機構 2014d：17），企業が非正社員活用における問題点と考える「良質な人材確保」や「仕事に対する向上意欲」（厚生労働省 2014e）等の不足・不満等を克服できるだけのメリットというべきものがあれば，正規化の可能性は高まるといえるのである。

　今後の対策という見地からは，雇用上の身分や賃金格差に起因する問題の根本的解消ということはとりあえず棚上げしたとしても，人的資本充実・蓄積のための教育訓練が重要なものとなること，一定の就業継続の実績が労働者の定着意欲のシグナルとして機能していることなどが参考となりうるだろう（玄田 2008：74-75)。とりわけ，教育訓練は重要であると考えられ，非正規雇用労働者に対する企業内の教育訓練が行われている企業程，正規化の確率が高いという調査結果もある（原 2011：171-178)。しかし，厚生労働省の「平成29年度能力開発基本調査」（2017b）が示すように，計画的OJTを行っている事業所は，対正社員で63.3％，対非正社員で30.1％，OFF-JTについては，対正社員で75.4％，対非正社員で38.6％であり，非正規雇用労働者には教育訓練がなされていないことが多いことが示されている。とりわけ，計画的OJTについては，

---

[42]　このような移動障壁には，親が非正規雇用労働者であれば，子も非正規雇用労働者となりやすいという世代間移動障壁と一旦非正規雇用労働者になると正規雇用労働者になりにくいという世代内移動障壁があるが（太郎丸 2009：42)，本書では，世代内での正規化を考察していることから，世代内移動障壁のみを対象として考える。

減少傾向にある。これはもちろん，雇用区分上の周辺的存在である非正規雇用労働者に人材育成上のコストをかけることができないということと関連している。教育訓練は労働者の人的資本を高めるものであるから，その欠如は非正規雇用労働者の代替性を低下させ，正規化を妨げる一因となっているのはもちろんであるが，そもそもこれまではそのような育成・有効活用の対象でなかったのだとも考えられる。社会保険の被保険者資格と同様，非正規雇用という身分も，その状況改善に必要な保護が状況を規定する身分そのものによって妨げられるという二重の差別的状況が問題になっているともいえる。

転職という形での採用は，中途採用という形での制度化はあり得るが，年齢，学歴等を含めて総合的考慮の下で成されるため，正規化という観点からの企業の非正規雇用労働者に特化した形での制度的対応はそれ程検討されていないし，その実施自体が困難である。しかし，非正規雇用労働者の内部登用については，一定程度制度化されており，一定の業務継続の前提の下で，若年であること，高学歴であること，職務の同一性，教育訓練がなされていること等の人的資本上の一定の条件を有していれば有利といえるような状況があることが明らかとなっている。正規登用の制度化が実施されており，非正規雇用労働者自体に教育訓練やそれに相当する経験があること等の企業が求めている人的資本上の条件を充たすことがあれば，賃金格差による障害がある中でも，正規化の可能性はあるということが示されている。このような状況に対応した施策を行えば，運用次第では一層の正規化促進の可能性もあるといえる。

非正規雇用の正規化を促進するという点からみれば，企業内部での正社員登用制度を充実させることはもちろん，非正規雇用労働者の教育訓練の充実も重要なテーマとなりうる。そういう意味で，政府によるジョブ・カード制度を用いた有期実習型訓練制度の試みは意義があると考えられる[43]。

(6) その他の折衷的な試み —— 雇用の正規化と多様な正社員制度の関係

昨今，非正規化が進行する中で，正規雇用労働者のワークライフバランスの実現とともに，非正規労働の雇用の安定化に寄与し得る施策として多様な正社

---

[43] 小杉（2011：200）によれば，ジョブ・カード利用企業の75％が訓練を終了した訓練生のすべてを正社員として採用したというような成果も上がっている。

◇第2節　非正規雇用労働者の社会的排除・包摂

員という雇用形態への関心も高まっている（厚生労働省 2010a：26）。多様な正社員とは，勤務地，職種等に限定のある正社員，あるいは限定正社員のことをいう。日本的雇用システムにおいては，正規労働者は，年功賃金に基づく労働条件による雇用保障を享受する中核的な構成員であり，非正規雇用労働者はいわばその補完的・周辺的存在であった。しかし，近年，人事管理・労務管理の新しい展開として，このような単純な二分法に帰結しない雇用区分の多様化・多元化が進んでおり，非正規労働の内部における区分や上記の正規雇用労働者の内部における区分が設けられるようになっている（平野 2009：5-6）。そして，契約上は有期雇用であっても実態として無期雇用と同様に長期間にわたって就労している労働者を，正規雇用労働者と非正規雇用労働者の中間的な存在として位置付けることにより，厳然と分離されてきた雇用形態上の区別を緩和するという効果が期待できるとして，多様な正社員制度は非正規雇用問題への対処として政策上主張されている（守島 2011：219）。このような期待通りに，雇用区分の多様化・多元化と関連付けて，多様な正社員制度の下での非正規雇用から正規雇用への転換が現実にも行われてもいる（労働政策研究・研修機構 2012b：8，渡辺 2009：53-56）。非正規雇用労働者の活用が進んだ結果，正規労働と非正規労働の仕事領域が重なり合うようになり，その仕事領域のあり方を再整理し，それにふさわしい処遇を兼ね備えた新たな雇用区分を設けて転換させる必要が生じ，その結果，従来の正社員よりも拘束性が緩く人的投資が低い中間形態への転換がなされているのであるともいえる（平野 2009：6）加えて，このような雇用区分の多様化・多元化を通じて，非正規雇用の正規化を推進することは，非正規雇用労働者のインセンティブを高めること，使用者による労働者のスクリーニングを助けることなどの意義があるといわれている（平野 2009：15-16）。

　非正規雇用労働者の正規化と多様な正社員という雇用区分の多様化に，どのような関係があるのかについての調査としては，労働政策研究・研修機構（2013c）がある。それによれば，同じ限定正社員であっても，非正規雇用労働者の登用先として期待できるものと期待できないものとがある。限定正社員と非正規雇用労働者の担当業務の重なり合いがなく，かつ個別の非正規雇用労働者が管理的業務を行うことも求められている場合には登用の期待ができず，他

方で，限定正社員と非正規雇用労働者の担当業務の重なり合いがあり，かつ非正規雇用労働者には管理的業務は求められない場合に登用の期待ができるというのが調査結果である（労働政策研究・研修機構 2013c：195-210）。このことから，非正規雇用労働者が限定正社員となる傾向が高いのは，比較的定型的で業務の重なり合いが認められる場合であり，管理的業務まで任されてしまうような非定型的作業化の傾向が小さい場合であるといえる。

実際，多様な正社員制度の中には，正規雇用労働者のみを対象として，その効率的活用を目指し多様な人事管理を行うことを目的とするため，非正規雇用労働者の正規化を実施しないもの，あるいは，殆ど期待できないようなものも多くあることが明らかになっている（労働政策研究・研修機構 2013c：174-194）。多様な正社員制度自体が，非正規雇用労働者の正規化のルートを作るために活用されることがあるとはいえるが，その存在が必然的に非正規雇用労働者の内部登用につながるとまではいえず，必ずしも非正規雇用の正規化を目的として検討すべき制度であるとはいえないだろう。もちろん，多様な正社員制度のある企業は，そのような制度のない企業に比べて，非正規の人材・外部人材などの積極活用に関し，前者は73.6％，後者は59.9％，非正規社員の社員への登用に関し，前者は55.9％，後者は46.5％というように，少なくとも，相対的には，非正規雇用労働者の正規化に積極的であることを僅かながらであるが示していると肯定的に考えうる制度であるとはいえるが（守島 2011：227），非正規雇用問題への対応策として特段の重要性を持つ制度ではない。

4　小　括

社会的排除状態を包摂に導くための施策として，労働・雇用政策は欠かせない。それというのも，労働・雇用は，経済的な意味で生活を支えるのみならず，企業の組織の一員としての社会関係が生み出される場であり，個人の社会参加の礎ともなりうる場でもあるからである。ただ，常に良質な労働・雇用が供給されるとは限らない。それ故，政策上も，また，個別の労働者行動としても，劣悪な質の労働・雇用が包摂の場となる傾向が生じ，階層的に包摂された結果，実質的な排除状態の発生につながっていった。その日本における一つの現れが，非正規雇用問題であるといえる。企業，政策の双方が協働して，ここまで議論

◇ 第 2 節　非正規雇用労働者の社会的排除・包摂

してきた正規雇用と比較して質の劣悪な非正規雇用を多くの労働者に供給することになり，経済的，関係的な意味で社会的排除に追い込んだといえる。

　より具体的にいえば，非正規雇用労働者は，いわゆる日本的雇用慣行・システムが妥当する企業において，雇用区分上中核的な従業員として雇用・労働条件上保護されている正規雇用労働者のバッファーあるいは雇用の調整弁として存在する企業組織における周辺的な存在であり，企業の雇用上のステータスの主要部分からは排除された存在であることがあらためて明確になったといえる。企業組織も社会あるいはその一部であるという意味であれば，既に雇用の質の劣悪さと標準的雇用のステータスの欠如のみによって，非正規雇用労働者は社会的に排除されているということもできるであろう。そして，そのような労働の場面での排除が，労働を重視する日本社会の中で非正規雇用労働者の社会（全体）における排除をも促進しているのではないかと考えられる（佐藤 2013：29-31など）。

　そのような排除された存在である非正規雇用労働者の割合が近年増加しその状態のまま安定している。それは，産業構造の変化や経済的不況の影響により，雇用の調整弁としての補完的な労働力として増加してきたのみならず，コスト削減のために労働条件の低劣な非正規雇用を正規雇用の代替としてある意味構造的に差別的な取り扱い[44]の下に用いてきたという現象でもあった。日本的雇用システムでの階層的分化・格差を根本的に維持し変えることなく先鋭化させてきたものといっても良い。

　このようなコスト削減目的の代替的で差別的取り扱いともいえる非正規雇用の拡大は，その源泉である日本的雇用システムの雇用上の身分を生み出す従業員カテゴリーを有する構造を是正して抜本的な社会的排除構造を改善することはできなくとも，標準的雇用身分である正規雇用への移行を可能することで，標準的雇用身分からの排除を取り除き，社会的排除を改善し包摂へつなげ，問題を抜本的にではないが相対的な解決に近づけていくことは可能であると考える。そのための具体抵抗策として，教育訓練の充実化や正社員登用制度の実施

---

[44]　ここで「差別」的というのは，あくまで不合理・不公正な意味に過ぎず，法的な意味で差別が存在していると主張しているわけではないことを一応付言しておく。

◆ 第2章 非正規雇用問題と社会保障政策についての先行研究・調査

促進等の施策という企業組織のメンバーシップへの包摂の努力により雇用の正規化という逆方向の企業の雇用行動を促進することにより抑止・反転させることが現実としてなされているし，さらに推し進めることも可能であると考えられる。加えて，このような形における雇用の正規化を通じて，企業組織内外における非正規雇用労働者の社会的排除状態の改善も，少なくとも雇用の正規化が可能な範囲ではあるが，可能になっていくのではないかという期待も持てると考えられる。そして，雇用政策で抜本的に解決が困難な点については，つまり，雇用の正規化によっても救われない非正規雇用労働者等に対しては，社会保険法制度による包摂を期待することになろう。

第3　被用者保険としての社会保険の被保険者資格と社会的排除

1　社会保険と社会的排除

　社会的排除をいくつかの要素に分けて分析する際，制度からの排除はその中心に位置づけられてきた。社会的排除は政策指向性の強い概念であり，制度は政策により改変可能な最たるものだからである。加えて，社会的排除は，貧困政策などの弱者救済の社会政策との関連が強いことから，様々な制度の中でも社会保障制度が特に注目され関連付けられてきた。実際，20世紀に形成された福祉国家における中心的制度の一つは社会保障制度であり，既に述べたように，日本では，1961年以降においては，国民皆保険・皆年金体制の下で，すべての国民について，社会保険を通じて，疾病・障害，老齢，失業，労働災害による貧困を回避できる仕組みが成立しており，社会保険を中心とした社会保障制度は，社会的弱者にとってのセーフティネットとして機能していることから，そこからの排除は弱者にとってダメージが大きいものとなる。それ故，日本における社会的排除の代表的な事例として無年金・無保険の実情が取り上げられる（吉中　2007：170-173）など社会保障問題は社会的排除を考察する場合には避けて通れないテーマとして存在する。

　社会保障法制度の機能については，社会給付と社会規制に分類しうる（武川 2007：6）。社会規制とは，既に言及したところでは，労働関係でいえば，労働基準法や非正規雇用に関する同一価値労働同一賃金などに関する法制が挙げ

◇第2節　非正規雇用労働者の社会的排除・包摂

られる。ただ，このような社会規制が必ずしも効果を有しない場合や逆効果になることがしばしばあることも既に言及した通りである[45]。本書で非正規雇用問題に対して社会保障法政策で対処するというのはこのためであることは既に述べた。他方，社会給付とは，再配分を行う制度であり，社会保険もその一部であり，受給者の経済的資源を増やすことに貢献するものである。この社会給付は，狭義の社会保障であり中核的な社会保障であるといえ，この場合の社会保障とは，人々の生活の安心・安全・健康を確保するために国・公共団体が現金給付・現物給付を行うことである（斎藤 2012：56）。ただ，社会的排除を考える上では，その給付水準だけではなく，受給資格が問題となる（永吉 2013：82）。それ故，この社会給付の受給資格の欠如により，社会保障が役割を果たせないばかりか，逆に人々の置かれた状態を固定してしまうことやリスクを拡大させることがありうる。一般に，社会保障政策を検討する場合においては，社会規制と社会給付の双方が実施されるが，本書では，労働関係の私的自治的性格や日本的雇用慣行・システムの変更困難性を鑑みて，労働法分野の議論が中心となる社会規制的な方法をとりあえず断念して，強行的性格の強い社会給付制度である社会保険を規制的に用いることができないかを考察しているというのが，本書の冒頭において示された方針を社会保障制度の機能面から改めて言い換えたものであるということができるだろう。

　本書の議論の対象としての狭義の社会保障である社会給付は，一般報償性原理に基づく場合と個別報償性原理に基づく場合の2つに更に分類されうる（斎藤 2010：67）。一般報償性原理とは，不特定多数の一般の給付のために金銭を負担する原理であり，個別報償性原理とは，特別の給付のために金銭を負担する原理をいう。社会保障制度においては，社会福祉，公的扶助，公衆衛生の他の3分野においては一般報償性原理に基づき，社会保険においては個別報償性原理に基づく。日本においては国民皆保険・皆年金体制の下で，すべての国民について，社会保険を通じて，疾病・障害，老齢，失業，労働災害による貧困

---

[45] 長時間労働を防ぐための割増賃金規制や（一部の論者の主張ではあり，その実情には争いはあるが）労働契約法18条の有期雇用労働者の無期雇用への転換規制などが挙げられる。

◆ 第2章　非正規雇用問題と社会保障政策についての先行研究・調査

を回避できる仕組みが成立しており，第一のセーフティネットとして個別報償性原理に基づく社会保険がその中心的な機能を果たしている。個別報償性原理に基づく社会保険の長所としては，一定の負担を負うことを前提とした互助・共助の仕組みが基本となっており，一方的な扶助をうけることとなっておらずミーンズテスト（公的扶助における厳密な資産調査）やインカムテスト（所得調査）を伴わないため，公的扶助における生活保護のようなスティグマが発生しないという点が挙げられている。ただ，同時に，その裏返しとして，社会保険についていえば，保険に加入し保険料を支払うことが，その保護の要件であることから当然に，その保護を享受することができない人々を発生させることになり，負担能力の弱い人・ない人を排除することになるという意味で批判もされている（斎藤 2010 67-68）。

　もっとも，この社会保険の適用からの排除が制度的な排除であることは明らかであるが，社会的排除としてどのような性質・機能を有するのかは必ずしも明確ではない。厚生労働科学研究費補助金政策科学推進研究事業「日本の社会保障制度における社会的包摂（ソーシャルインクルージョン）効果の研究の一環として実施された「社会生活における実態調査」では，社会保険からの排除は，正規雇用労働者は排除されにくく，中卒者及び高卒者の低学歴者が排除されやすいという結果，さらに，50歳代以下に限定した場合には，女性や既婚者は排除されにくい一方，18歳未満の子のいる世帯は排除されやすいという結果がそれぞれ見られた（菊地 2007：10）。このような調査結果に鑑みても，既に述べたように，制度的排除は，指標作成の際に，社会的排除を8つの要素に分類した場合の1つの要素に該当するものであるとともに，もう一つの性質上の見地から見た分類である政治的・社会的・経済的次元という分類における経済的次元と関係することにとどまらず，社会保険の被保険者資格という福祉国家での一定の社会的身分，福祉国家における社会的メンバーシップの証という意味で社会的次元にも影響を与えうる要素であるということが実証されたともいえる（Jones and Wallace 1992：48-49）。このことから，この経済的次元及び社会的次元での排除性の大きさが，社会保険非適用による制度的排除の重大さ・程度を示しうると考えられる。

◇第2節　非正規雇用労働者の社会的排除・包摂

2　非正規雇用と社会保険に係る制度的排除に伴う社会的排除の関係

　社会保険制度は，一種の等価交換を前提とする有償の双務契約関係により法的には成り立っているものであることは既に述べた。そして，歴史的な経緯もあり，医療・年金・労働全ての分野にわたって，社会保険関係は，従業者が被保険者であることが基本として成立している。それというのも，被保険者の雇用が安定し保険料を拠出し続けて，リスクが現実になった時に相互に支えあうことが想定されており，安定した雇用と雇用者所得はその財政的存立の前提とされているからである（田中　2016：198）。それ故，雇用の非正規化はまさしく安定的雇用・所得を不安定なものとしてしまい，社会保険制度の財政的基礎を揺るがすものとして，問題となっている。雇用の非正規化の問題点は，雇用の不安定，賃金の低廉さだけではない。社会保険の被保険者資格が限定されていることから，非正規雇用労働者が増えると社会保険料の支払いが減る可能性が増大し，社会保険の財政を危険にさらす可能性もある（201）。つまり，非正規雇用問題の重要部分が全て社会保険の運営に関連しているといってよい。

　そして，社会保険の運営面での危機と並んで，いやそれ以上に重要なことは，本書で繰り返し言及しているように，社会保険の被保険者資格が限定されていることにより，非正規雇用労働者の一定程度が，社会保険の被保険者資格である労働時間や契約期間の要件を充足することなく，被用者であるにもかかわらず，被用者保険としての社会保険の適用を受けることができない状態に陥っており，社会保険制度から事実上制度的に排除されてしまっていることである。このこと自体が，働く低賃金層を主たる対象と考えていた立法時の日本の社会保険制度の制度趣旨（清水　1940：3）に適合しておらず，社会保険・社会保障の立法時の制度趣旨に著しく反した状況を形成していると考えられる。とりわけ問題なのは，呼称上の正規雇用労働者及び非正規雇用労働者の区別と社会保険の被保険者資格は完全に重なり合うわけではないが，実質的な重なり合いは大きく，加えて，「常用性」を充足することを基本的なメルクマールにしており，企業における階層的な身分形成と緊密に関連している。そのため，日本では，一般に労働条件の劣悪な正規職の身分を有さない非正規雇用労働者にセーフティネットの恩恵を受けるべき身分・資格も同時に享受できないという二重の身分的排除が生じてしまい，その結果，「正規職労働者と生活保護受給者の

◆第2章　非正規雇用問題と社会保障政策についての先行研究・調査

『狭間』に多数存在するワーキング・プア層への所得『補償』措置が取られていない」(埋橋 2007：12)という弱者に対する無保障状態が生じてしまっているのである。

　このような非正規雇用労働者の社会保険に係る階層的な排除は，具体的には制度的排除と実質的排除という2つの形で問題となっている (斎藤 2017a：226)。第一には，本書で問題にしている社会保険に係る被保険者資格に関する制度的排除である。社会保険の被保険者資格を法的に充足していないため，労働時間や雇用契約期間について要件を充足していない非正規雇用労働者は，被用者保険としての社会保険に加入できない。もちろん，被用者保険に加入できなくても医療保険については地域保険には加入でき，厚生年金保険に加入できなくとも国民年金保険の被保険者ではありうる。確かに，職域保険・被用者保険としての健康保険と基本的には地域保険としての（市町村の）国民健康保険との間に給付での顕著な相違はなく，せいぜい健康保険にのみ傷病手当金の支給があるといった差異があるくらいである。しかし，各社会保険のそれぞれ保険料の負担は労使折半で50％の負担にとどまるし，年金に関しては，厚生年金保険に加入できないということは，事業主と折半の保険料支払いのみで得られる将来の厚生年金受給の可能性が不可能になる点で将来にわたる経済的損失になりえ，雇用保険については被用者保険として加入しない限り失業保険の基本手当等の受給の可能性はなくなるなど，被用者としての保障に大きな違いがある。第二には，社会保険の被保険者資格はあるものの，保険料を支払わない，あるいは，支払えないことにより，被保険者たりえないという実質的排除である。これについては，低賃金のために社会保険料負担の大きさが実質的な壁となって社会保険の未加入・未納者の増加を招いていると考えられている (宮本 2009：7)。このことは特に国民年金について顕著であり，社会保険庁の「国民年金被保険者実態調査」のデータを分析した齋藤 (2012：57-59) によれば，被用者であるにもかかわらず非正規雇用労働者の国民年金法1号被保険者が増加しており，かつ，その滞納者の割合が大きくなっていて，低所得者には大きな負担となっていることが示されている。

　このように，非正規雇用労働者は，社会保険から制度的・実質的に排除される状況にある。それ自体が社会的排除の一内容を示す制度的排除であり大きな

◇第2節　非正規雇用労働者の社会的排除・包摂

問題であることは間違いない。しかし，制度的排除については，とりわけ社会保険制度が社会的弱者をセーフティネットで支えるそれ自体社会的包摂のための制度であることから，社会保険制度からの排除やそこへの包摂が社会的排除の他の要素にどのような影響を与え，社会的排除・包摂状況にどのように寄与しているかも同時に重要である。それにもかかわらず，社会保険に加入することが非正規雇用労働者のその他の要素に係る社会的排除状態にどのような影響をもたらしているかについてはそれを直接調査した研究はない。もっとも，社会的排除の重複排除についての分析で，それ程高い相関とまではいえなくとも（0.1～0.2程度），生活の基本ニーズ，物質関係，社会関係，主観的貧困などほかの社会的排除要素と制度的排除の間に有意な正の相関は認められていることを示した研究がある（久米・大竹ほか 2013）など，付随的に調査された先行研究はあり，そのような先行研究を参照しながら，そこで認められた関連性をより詳細に研究すべきであるといえるだろう。

　ここまで議論してきた非正規雇用労働者の社会保険制度からの排除に関連して，参加的保障型社会保険の提案がなされている（菅沼 2010：77-102）。その内容は細かい点を含めれば多岐にわたるが，齋藤（2012：67-68）の要約によれば，参加的保障型社会保険とは，労働市場に参加するすべての人が加入できる社会保険を意味し，1961年に成立した「国民皆保険・皆年金体制」を修復し，再編成するものであるとのことである。そして，その内容をより具体的に示すとするならば，参加保障型社会保険の原則は2点あり，第一に「1時間の就労であっても，報酬が発生した場合には社会保険料を徴収すること」で，第二に「求職・職業訓練活動に従事する者に社会保険を適用すること」である。この第一の点については，本書の議論に完全に適合している。ただ，第二の点は，求職・職業訓練活動に従事する者に失業給付や（新卒者等の場合に設定される）仮想報酬から保険料が支払われるとするなど，過剰に複雑で社会保険適用の中立性の範疇を超えてしまっており，あまりにも現状の法制度と乖離があるといえるであろう。そのような問題点に加えて，その法政策実施の影響・効果に関する実証的検証がなされていないこと，企業行動や労働法制・労働慣行などその他の要素に対する考察・考慮がなされていないことなどの問題点はあるものの，非正規雇用の社会的排除・包摂を社会保険の側面から検討し，立法論を提

◆ 第2章　非正規雇用問題と社会保障政策についての先行研究・調査

起するほぼ唯一の先行研究として非常に参考に値するものといえる。

3　小　括

　社会保険は，一定のリスクに備えて社会全体で構成される一定の負担を負うことを前提とした互助・共助の仕組みとして日本の社会保障制度における中心的な機能を果たしている。それ故，この社会保険制度は，稼得能力のある被用者を基礎とする相互扶助的な要素を持つが，実際にその被保険者資格を有する被用者が常用性のある者に限られていることから多くの非正規雇用労働者が社会保険の適用から制度的・階層的に（一部は低賃金のために実質的に）排除されている。この制度的排除は，社会的・経済的な次元での社会的排除とも関係している可能性が大きく，非正規雇用労働者の社会的排除における社会保険の適用の重要性の高さをも示していると考えられる。

　このような非正規雇用労働者の社会保険制度からの排除及び一般的な社会的排除状態を是正すべく，これまでしばしば行われてきた社会保険の適用の拡大を一歩進めて，被用者であれば被保険者資格が認められる社会保険制度の創設を本書では考察しているところであるが，先行研究においてもそのような制度をも含む新たな社会保険制度が提案されてもいる。それは，参加保障型の社会保険として，被用者であれば被保険者資格が認められるのみならず，求職・職業訓練活動に従事する者にも社会保険を適用するものである（菅沼 2010：77-102）。この提案は，非正規雇用労働者を不当な社会的排除から救済するための非常に理念的・理論的研究成果として素晴らしい成果であるとはいえる。ただ，求職・職業訓練活動に従事する者を被用者と同様の扱いにすることを始め，全体にあまりにも現状の実務と異なり理念的な傾向が強く，それが現実な施行可能か，加えてどの程度の社会的排除の改善等が可能なのかは全く明らかにされていない。本書では，このような先行研究の理念的な長所を引き継ぎつつ，より現実的で実証的な裏付けのある非正規雇用の社会的包摂につなげることのできる社会保険に係る法政策を考察したい。

◇第2節　非正規雇用労働者の社会的排除・包摂

第4　社会的包摂の再定義 ── 社会的排除の対概念としての位置付けを超えて

1　目標としての社会的包摂と状態としての社会的包摂

　社会的排除は，社会的包摂の対概念としてセットにされて用いられてきた。この点，社会的排除の概念は具体的指標により計測可能なものとする試みが多く行われてきたが，社会的包摂については，非・社会的排除という対概念として社会的排除の総和という形での機能か，あるいは，抽象的な最終目標としての機能を与えられてきた（嵩 2017：48）。このように，社会における抽象的な目標として概念化されている時点で，社会的包摂の議論は，単に排除をなくす＝非・排除でだけでなく，非・排除を通じて社会を統合させ，安定させていくというような統治戦略と関わっているといってよい（岩田 2008：166）。つまり，社会的に排除されていない状態と社会的に包摂された状態は，現実に照らせば，同じとは限らないということとなる。別の視点からいえば，社会的排除は，これまでの先行研究で考察されている限りでは，多元的な要素に分割されている分析的概念であるのに対し，社会的包摂は，そのような性質とともに，社会的排除要素を総合的に評価した場合の総合的概念として捉えられうるといえる。岩田自身（2008：166）は，具体的な定義として，社会的包摂を「帰属の喪失にまで至るような究極の排除を阻止して，参加の平等をなるべく多くの人々に保障していくこと」と示しているが，これ自体は，そこから，分析的な包括指標に議論を進めない限りにおいてではあるが，総合的な概念にとどまるし，その場合には，社会的包摂概念が，非・社会的排除としての総合的概念として機能するものといえる。そもそも，社会的排除状態を構成する多次元の多様な各要素自体の重要性は，社会的排除概念が主観的かつ相対的なものであることもあって，それぞれの個人の状態・価値観によって変わりうる。社会的排除指標の各要素が示し得ることは，その要素の要素の社会的排除の見地からの問題点の摘示であり，かつ，社会的包摂への否定的影響の存在の可能性に過ぎず，それ自体が社会的包摂の程度あるいは社会的包摂への影響度を必ずしも示し得るとはいえない。個別概念の集積と総合的概念を同視することへの疑問は既に言及した（Bhalla and Lapeyre 2004：47-49）。これまで，社会的排除自体は一定の

◆ 第2章　非正規雇用問題と社会保障政策についての先行研究・調査

　先行研究の蓄積により，その有無等について計量的に研究されている（阿部2007等）。ただ，そこで示されていることは，排除されているか否か，どれほど排除されているかが判定されている（阿部 2007a：149-150）。ただ，それだけでは，どのような状態が包摂であるかはつかめない。このように考えれば，社会的排除状態の多元的な各要素を分析的に考察することに加え，社会的排除を構成しうる指標たる要素を完全に網羅できていない現状では，社会的排除あるいは包摂についての総合的検討が，政策の成否を分析的・部分的にではなく総合的に把握するためには必要であると考えられる。社会的包摂の実現度という形で，社会的排除の各要素が改善された結果としての社会統合のあり方についての具体的状況を示す議論（岩田 2008：166）が可能になるといえる。

　総合的概念としての社会的包摂概念を用いる意義は大きい。既に，社会的排除の包摂への手段として，労働への包摂の重要性，そして，雇用の非正規化を念頭に労働の質の重要性について考察した。ただ，阿部（2007b：35）の調査によれば，社会的排除の比率としては，勤労者の方が非勤労者に比較して社会参加からの欠如，制度からの排除が大きいという結果がみられている。阿部は，この点について，日本では，非勤労者の多くが定年後の退職者であったり，専業主婦であったりすることから，勤労者は非勤労者に比べて社会参加の欠如，社会制度（公共施設や公共サービス）を楽しむ機会が少ないと考えられるし，日本では勤労することは会社を通した社会的包摂でありうるが，その他の場所における社会的包摂の度合いが小さくなっているのではないか等と解釈している（阿部 2007b：35）。つまり，労働による社会的包摂も，個人の立場や社会的排除指標たる要素の特殊性により異なった形で実現しているのであり，社会的排除指標の各要素のみを検討するだけでは，社会的包摂のための総合的政策効果を測れず，総合的社会的包摂概念を用い，機能させる意義は大きいといえる。

2　社会的包摂指標としての主観的厚生・幸福度 ── 総論
(1) 社会的包摂指標の意義

　社会的包摂のための総合的政策効果を測るためには，社会的包摂指標に相当する社会的包摂指標なるものが欠かせない。しかし，先行研究上，社会的排除状態の的対概念として以外には社会的包摂概念は存在しないし，その指標は開

◇第2節　非正規雇用労働者の社会的排除・包摂

発されていない。それ故，存在するのは，各社会的排除指標の度数を合計しその総量を計測して総合的な社会的排除度・排除率，裏返せば，社会的包摂度を把握するという研究である（阿部 2007a：148-150）。ただ，このような社会的排除指数や排除率は既に述べたように客観的なものでもないし，まだ完全に研究者間で確立されたものでもなく，研究目的に応じて調査を実施するために定められたものであり，当該研究という限定において有効なものである。もちろん，社会的排除指標の大まかな特徴については，先行研究上一定の共通認識があるといっても良いが，「排除されている状態」が具体的にどのような状態を指すのか，それが細部にわたって共通認識が得られているとまではいえない（阿部 2007a：148）。また，アンケート調査の解釈に際し，どこから排除されていて，どこからが排除されていないかの線引きについては，貧困率等の一応の客観的基準のあるものは存在しているとはいえ，相対的かつ主観的な指標については特に，研究者の厳密な意味における恣意を排除できないものとなっている（阿部 2007a：149）。排除の線引きの恣意性に関しては，完全に相対的な分析に徹することで解決できるが，社会的排除の要素の網羅性については，完全に解決することは不可能である[46]。要するに，社会的排除概念自体が網羅的に絶対的に社会全体の像を示す手段ではなく，社会的排除概念の根本的性質である相対性を重視して社会における問題点を局所的にではあっても鮮明に抉り出す概念としての機能を期待すべきものであると考えられる。

　このような背景に鑑みるとき，社会的排除の度数や排除率による総合的状態の表象にこだわる必要はない。加えて，社会的排除の対概念たる社会的包摂は，概念の機能のあり方として異なっており，局所的状態の集積である社会的排除概念の規定に必ずしも従わなければならないものではないであろう。社会的排除改善のための政策目標達成の目安である総合的概念としての社会的包摂の総合的指標を独立に設けることは政策達成判断を適切に行うために有意義なものたりうると考えられる。そして，そのように明示的に指摘している先行研究こ

---

[46]　もちろん，学会等で基準を確立することは可能で一定の客観的比較研究は可能であるが，貧困概念などと比較しても，社会の変動や文化の相違による変化等には全く太刀打ちできない基準はある。

そないものの，社会的排除・包摂としばしば暗黙の裡に同一視されて解釈・取り扱われている類似の概念が存在する。それが主観的厚生・幸福度の概念である。

(2) 社会的包摂指標としての主観的厚生・幸福度概念利用の実践的意義

　心理学，社会学，政治学など多くの学問で人々の意識のあり方が分析の対象とされてきたが，経済学においては，理論モデル上，主観の重要な役割を認めつつも，実証研究では人間の行動のみを根拠として分析してきたこと（富岡2010：75）については既に言及した。しかし，近年，多様なマイクロデータが収集され，かつその公開性が増し，コンピュータと統計解析ソフトが発展したため，利用価値と可能性が増大し，主観的データの有用性が経済学においても認められるようになってきたという（富岡 2010：76）。

　主観的データの中でも，近年政策上も取り上げられるようになっているのが，総合的厚生の指標としての幸福度指標である。経済成長率では十分に把握することのできない単なる経済的状態を超えた総合的な指標としての幸福度指標の提案（Commission on the Measurement of Economic Performance and Social Progress et al 2010：10-11）がなされている。そこでは，幸福度は実質的にみて複数の多様な次元から構成されているとし，「物質的な生活水準，健康，教育，仕事を含む個人的な諸活動，政治的発言と統治，社会的なつながりと諸関係，環境，経済的および物理的安全度」のすべての次元が幸福度を形作るとしている（15）。Commission on the Measurement of Economic Performance and Social Progress の勧告として，主観的な幸福という概念からは，暮らしの質に関して鍵となる情報が得られるとしている（93）。ここで示されている幸福度を形成する各項目は，社会的排除指標と重なり合いがみられるものであり，政治的・社会的・経済的次元という3分類にも，指標の8分類にも重なり合いが大きい。その上，客観的幸福度とともに主観的幸福度の重要性についても強調が置かれている（18）。つまり，実質的には，社会的排除指標の総合的な指標とみなされているといいうる。また，経済的な意味での貧困に視野を限定せず，剥奪の多次元性や関係的側面に着目している社会的排除・包摂概念と，経済的な意味での貧困に視野を限定せず剥奪の多次元性や関係的な側面に着目する主観的厚生についての一見解である Sen の福祉 well-being に対するケイパ

◇第2節　非正規雇用労働者の社会的排除・包摂

ビリティアプローチとの間には親近性はあるといえ（中村 2007：65），社会的排除と Sen の潜在的アプローチによるウェルビーイングの調査の対象・方法にも共通性がみられる（後藤・阿部ほか 2004：389-391，阿部 2004：404）。以上から，社会的排除の総合的な指標としての社会的包摂と主観的厚生・幸福度の類似性・関連性は密接であると考えられるのである。

　ここで，一点問題があるとすれば，社会的包摂は必ずしも主観的な要素に還元できない多次元性を含んだものであるのに対して，主観的厚生・幸福度は多次元性のある要素を前提とした完全に主観的な要素ではないかという点である。しかし，そのこと自体は問題ではない。そもそも，伝統的経済学においては，幸福度・幸福感に当たる基準それも客観的と考えられている基準として効用が用いられてきたが，効用自体が満足とほぼ同義であり，究極的には主観的なものとも考えられる。実際経済学において，経済学史上，満足について分析がなされており，それによれば，満足を効用と称して，効用を最大化することが経済行動の目的であるとの前提の下，経済学が発展してきたということができ，効用を満足，満足を幸福と理解すれば，経済学は効用を通じて幸福に大きな関心を寄せてきたといえるのである（橘木 2014：3-4）。現実に，主観的厚生概念は，近年，現実に特定の経済理論の検証のために用いられていることも多く，効用と同一視されているといえる（富岡 2010：78）。加えて，既に述べたように，近年になって経済学者による主観データの利用が増えたこととも関係するが，多様なマイクロデータが収集され，その公開性が増し，パーソナルコンピュータと統計解析ソフトを使用することにより関連研究が充実してきていること（78），心理尺度に拠る主観的厚生の調査の精度を増すことに貢献しており，主観的な要素が調査の信頼性を損なうことが無くなったことも挙げ得るであろう。これらは，主観的要素により構成されているにしても，それを通じて客観的な状況をも正確に反映しうることを含意しており，経済学的効用をも示していると同視できることから，その反映・観測精度は問題となるにしても主観的要素であることは幸福度・主観的厚生の社会的包摂の指標としての有効性・有用性の否定の根拠とはなりえない。加えて，総合的概念は，主観により総合されるのであり，主観的であることは瑕疵にはならないと考えられる。

　以上のような本質的な有用性のみならず，調査・研究上の実利的な有用性も

幸福度・主観的厚生には存在する。既に指摘したところでもあるが，それは経済学上の概念としての先行研究や理論の豊富さである。幸福感・主観的厚生という形で効用の代理変数という形で既存の経済理論の検証に用いられており，後に言及することとなるが，社会的排除・包摂に密接にかかわる事象についても参照可能な多くの研究がなされている。

　このような幸福度・主観的厚生に関する指標としては，総合的な指標（幸福度ないし生活満足度）と個別的な指標（仕事満足度など）がある。個別指標については，主観的ではあるが，社会的排除指標とほぼ同様の性質を持つが，総合的な指標は，個別指標の単なる集積でない点が重要である。それというのも，総合的な幸福度がそれを決定する要因によりどのような影響を受けているかはそれ程明瞭ではないからである（白石 2010：14）。例えば，幸福度を効用の代理変数とみたとき，幸福度は所得ないしは消費の増加関数となることが期待されるにもかかわらず，所得や一人当たりのGNPの上昇といった経済的変数で幸福度が上昇しないこと（いわゆる幸福のパラドックス，イースタリン・パラドックス）[47]。Easterlin（2001）に対する批判として，1972-1994年の21カ国データを使い，この間に平均的な幸福度は上昇していることを示しつつも，所得と幸福度が時系列でどのように変化するかについてはマイナスの相関はないが，無相関の国が多く，国の幸福度が上昇するのは所得の低い国のみであること（Hagerty and Veenhoven 2003），個人の一人当たり所得についても，所得が増加するにつれて幸福度が高くなるという傾向はみられるものの，年間700万円以上の層になるとむしろ低下するという傾向がみられること（筒井 2010：41-42）等，所得に一定の飽和点があることは推察されるものの，それ程明確な関係が認められているわけではない。つまり，総合的な幸福度は，かならずしも経済的な満足度を含めた個別的指標と相関するかどうかは明確ではないということができ，総合的な指標としての幸福度・主観的厚生を個別指標としての幸福度や社会的排除とは別に考察する意義があるといえる。また，社会的排除概念は，単なる貧困との相違でも重要な概念であるが，主観的厚生も所得との相関が必ずしも認められないこと（Easterlin 2001），単に所得・物質的状況

---

[47] Easterlin（2001）参照。

◇第2節　非正規雇用労働者の社会的排除・包摂

の改善がそれぞれの状況や福祉の改善とはいえないことでも共通している。

　もっとも，主観的厚生や幸福が非常に不明確で，定義が困難な概念であることは否定できない。幸福自体が歴史的，文化的，社会の組織的相違などに起因する態様を有する。そのため，幸福の内容自体を問う研究も多くある。それというのも，内容を問わなければ殺人などの悪行から得られる幸福も追求すべきものとされ問題であるし，人間としての成長，温かい人間関係等が幸福の基準となるべきだという考えもあるからである（大石 2009：44-45）。また，もし内容を問わないのであれば，様々な文化・価値観により幸福のあり方が異なるという現実があることは確かであろう。しかし，そのような多様性が存在することは念頭に置きながらも，それに対処することは，本書のテーマに照らして事実上不可能であることもあり，本書ではこの点に深入りはしない。多くの先行研究におけるように，個人が主観的に幸福と感じられれば幸福であるという，最も明確で恣意的ではない基準に拠る定義に基づくこととしたい（太田 2014：55）。実際，主観的厚生・幸福度についての先行研究において，明確にいえる事実がある。幸福は人間にとってその全生活・人生における究極の目標であり，その単純な事実だけで，GDPなどの物質的な指標だけでは十分に測れず，精神的な要素に由来する部分を含んだトータルな状態を示すことが可能である[48]（筒井 2010a：263）。さらに，このような幸福度は，他の多くの個別的指標と複雑な関連性を持っている。心理学者の長年の研究成果として，例えば，微笑の頻度，睡眠の質，主観的健康状態，周囲の人々の観察による幸福度調査，社交性，経済力，信仰心などと強い正の相関を持っていることが既にわかっている（富岡 2010：77）。これらの指標は，物質的，社会関係的，主観的等の総合的な側面での社会的排除状態がない肯定的状態を示す指標であることから，それらのいずれとも正の相関をもつ単純な概念としての幸福度は，偏りのない総合的な社会的包摂状態を示しているといえ，社会的包摂の変数あるいは代理変数として機能しうることを強く示していると考えられる。

---

[48]　もっとも，統計上の幸福度・主観的厚生を上昇させることを直接目的とする政策を実施するべきかどうかは別問題である。目的によるというしかないであろう。

◆ 第2章 非正規雇用問題と社会保障政策についての先行研究・調査

(3) 小　括
　社会的排除が経済的・社会的，政治的な各側面の個別的な要素に係る問題点あるいはその原因を明らかにする概念であるのに対し，社会的包摂がその対概念として目指すべき政策目標としての理想的状態を示す概念であると考えられてきた。しかし，社会的包摂概念を単なる社会的排除の対概念であることを超えて，社会的排除概念のみでは示しえない総合的な状態を示す別個の概念として活用すべきである。そして，その際には，社会的排除とは別個の概念として指標を開発し実証的な調査を実施し，現状を把握することができなければならない。ただ，社会的包摂には先行研究上明示的に該当する指標はない。そこで，実質上，同様の内容と機能を有する幸福度・主観的厚生を代理的な指標として用いるべきであると考える。それというのも，幸福度・主観的厚生は，個別的な社会的排除状態を包含・総合するものでありうるし，人間の総合的な福祉に適う究極的な目標であるといえるからである。
　このように考えた時，総合的な見地からは，社会的排除状態から包摂状態への移行は，主観的厚生・幸福度の低い状態から高い状態への移行とパラレルと定義上言ってよいと考えられる（浦川 2011：4－5）。社会的排除概念は修正すべき問題の原因を特定し，その原因から見た因果関係の過程に関心を持つのに対し，社会的包摂，主観的厚生・幸福度は状態としての結果に関心を持つものであると言い換えることもできる。まとめれば，何によって社会的排除をされているかを社会的排除指数により判断し，社会的包摂状態にあるかは主観的厚生の度合いで判断することが可能なのではないかと考えられる。
　そこで，主観的厚生・幸福度は，先行研究との関連性からも，変数としての調査の便宜上からも，また概念の性質上の類似性からも，社会的包摂と近い概念といえ，社会的包摂状態の計測に調査上使用するのみならず，社会的包摂の理論的解明のためにも用いていくこととする。

3　社会的包摂指標としての主観的厚生・幸福度 ── 各論
(1) 非正規雇用と主観的厚生・幸福度
① 労働関係と主観的厚生・幸福度
　労働と幸福度については，多くの議論がなされてきた。通常は，賃金が高い

◇第2節　非正規雇用労働者の社会的排除・包摂

ほど労働者は幸福で，労働時間が長いほど不幸であると考えられている（佐野・大竹 2010：105）。伝統的経済学の理論上も，余暇と賃金が労働者にとって効用とされ，労働そのものは幸福とはみなされていない。ただ，社会的排除の関する議論においてもそうであったように，労働は社会参加の一形態でもあり，社会的包摂の鍵でもあることから，単なる経済的利益を得るための手段であるにとどまらない意味もある。そのことは，幸福度と失業の関係に関して明確になる。ドイツのパネルデータを用いて，個人の幸福度に関する固定効果を除去しても，失業が幸福度に負の影響を与えることを示したこと（Winkelmann and Winkelmann 1998），高失業地域における失業は，低失業地域における失業よりも幸福度に与える影響は小さいという結果が認められたこと（Clark and Oswald 1994）などを初めとして多くの研究がある。Helliwells（2003）によれば，貧しい国に比べ，裕福な国において，失業が幸福に与える負の影響が大きいことから，失業が幸福度を引き下げる要因は，労働所得の減少により生活に必要な財の獲得が困難になるという現実的な不安があることに加え，自尊心や生きがい・やりがいが失われるという精神的ダメージによるところが大きいと指摘している。また，仕事を持つことが強い社会規範となっている国や地域ほど，失業が人々により大きなダメージを与えることを示している（Frey and Stutzer 2002：153）。ただ，失業経験は幸福度に負の関連性を有するものの，非就業は幸福度を高めている結果や失業と幸福度の関係に男女差が存在し，男性のみに負の影響があるという結果（佐野・大竹 2010：124）を鑑みれば，労働そのものは直接に幸福につながるとは必ずしもいえないが，社会規範などの社会的要素とも関わりつつ，労働あるいは職に関与している自体には，経済的価値を超えた幸福に寄与する影響力を有していることがわかる。

　このような労働自体の幸福度への影響は，就業していることを前提にしたときには，労働条件が幸福・不幸を決定づけているといえる。労働条件に関しては，既に挙げた賃金，労働時間があるが，本書では雇用あるいは就業の形態が問題となる。先行研究においては，自営業は，労働時間を選択することができるという利点故に，低賃金であっても，幸福度が高いとされている（神林 2017：335-349）。さらに，雇用形態に関しては，パート労働者は失業者よりも幸福度は高いが通常の労働者や非労働者に比べて幸福度は低くなっている（佐

◆ 第2章　非正規雇用問題と社会保障政策についての先行研究・調査

野・大竹 2010：124）。そして，一般に非正規雇用の方が正規雇用に比較して幸福度が低くなる傾向がみられることが言及された上で，幸福度・満足度の高い仕事には，裁量性，上司の面倒見の良さ，給与・福利厚生の良さ，仕事のスキル・技量を得る機会がある，雇用の安定性などの特徴などの労働の質との関連性が指摘されている（浦川 2011：11）。しかし，雇用形態毎の幸福度・主観的厚生についての先行研究では，正規雇用労働者が必ずしも非正規雇用労働者を上回っている調査ばかりではない。総合的な指標ではないが，労働に関する重要な主観の厚生に係る指標としての仕事満足度にフォーカスしている先行研究においては，逆の結果も多く認められている。正社員の仕事満足度が33％であるのに対し，非正社員については41％であるというもの（奥西 2008：56），同様の別の調査（労働政策研究・研修機構 2006b）でも，正社員の仕事満足度が32％であるのに対し，非正社員については35％であり，個別の項目に関する満足度としても，雇用の安定性・昇進・昇格については正社員が高く，労働時間・教育訓練・現在の賃金については，非正社員の方が高いという通常想定される結果と異なる結果が出ている。もっとも，これら調査ばかりでなく他の調査においても，パートタイムの満足度が高いという結果は多いものの，同じ非正規雇用でも派遣社員の満足度が高いという結果は認められていない（浦川 2014：87）。以上のように，様々な調査結果があるが，概ね幸福度と仕事満足度の関係に関していえば，先行研究上，必ずしもそれぞれが一致する結果は出ていない。このように一致する結果は出ていないのは，生活全般を対象とする幸福度については，雇用形態ごとによるその幸福度に対する予めの期待の差はそれほどないのに対し，仕事上では非正社員，特に家計補助的なパートタイム雇用者については，仕事自体に対する予めの期待がそもそも相対的に低い可能性がある等事前の期待の差が存在していると考えられている（奥西 2008：67）。

これに関連するが，女性と就業そして幸福度との関係についても，様々な調査がなされている。白石小百合・白石賢（2010：245）によれば，所得，年齢，学歴等をコントロールしても，無配偶者の場合を除いて，女性の場合，就業者よりも非就業者の方が幸福度が高いという結果が認められている。とにもかくにも，失業と有配偶者女性の就業とその他の就業という3つの形態の相違がどのように幸福度に影響しているかについては，確たる所見はまだないが，これま

での先行研究の結果から推測すれば，何らかの社会規範等の社会的影響により有配偶者女性への失業の影響は相対的にその他の人の就業への影響より小さくなる可能性はある。この点を含め労働と幸福度・主観的厚生の関係については，調査・研究すべき事項は多く残っているといえるだろう。

② 格差の主観的厚生・幸福度への影響 —— 相対所得仮説と参照点のあり方

失業と幸福度の関係について，高失業地域における失業は，低失業地域における失業よりも幸福度に与える影響は小さい（Clark and Oswald 1994）という調査結果について①で言及した。その際には，労働と幸福度の関係の複雑さを示すために言及したのであるが，この研究には本書のテーマと密接にかかわる別の重要な知見も含まれている。それは，幸福度は，周りの他者との比較により大きな影響を受けるということである。そういう意味で，格差が幸福度に大きな影響を与えているのではないかという推論がなされることとなる。

非正規雇用問題もその一つに含まれうる格差問題においては，そこに階層性があることもあり（樋口・石井ほか 2018：ⅱ），不当性が含意されており（有田 2016：241），社会的公正の観念と密接に結びついている（大渕 2013：332）。多くの先行研究においても，公正感が集団や組織へのコミットメントを高め向社会的な行動を促す一方で，不公正感は人々の怒りや不安を増大し，反社会的な行動を促進することが確認されてきた（川嶋・大渕 2013：312）。とりわけ，一般的な意味で世界が公正であるか否かというよりも，自分自身が公正に取り扱われているという信念がより主観的幸福感と結びついているとされている(313)。公正に取り扱われていないということは，社会あるいは組織から排除されているという感覚と同義とはいえないまでもそれにつながりうるものであるといえる。

確かに格差には不公正の含意があるが（有田 2016：241），格差について人々がどのように感じているかに関しては不明瞭な点も多い（大竹・富岡 2010：149）。それ故，格差と幸福度の関係は，不公正と幸福度の関係程，明快なわけではない。経済的格差と幸福度・主観的厚生の関係については，Alesina and MacCulloch（2001）が，欧米の比較研究において，欧州では，低所得者層と政治的左派に属する人々について，格差の増大と幸福度に負の関係があったものの，アメリカ合衆国では低所得者層にはそのような関係はみられないことを示

◆ 第2章　非正規雇用問題と社会保障政策についての先行研究・調査

しており，アメリカ合衆国では機会の平等が信じられているためこのような結果になったと解釈している。換言すれば，一定の格差を公正と考えるか否かに関し，文化的要因が差異を生じさせているということである。ただ，すべてが文化に還元できる訳ではない一定の関連性も認められることも事実であり，この格差と幸福度の関係はより複雑である。ジニ係数で測った所得格差・不平等度や経済状態についての格差の存在の一般的認識と幸福度に正の関係が認められるという調査がある，つまり，所得格差と幸福度には正の相関があるとされる調査が複数ある一方で，正社員・非正社員間の格差拡大や出身家庭環境に由来する格差の拡大をその当事者として実感することと幸福感との間には，負の関係が認められるという調査がある（大竹・富岡 2013：158-160）。このように，格差については，文化的な影響を受けている可能性がある故に普遍的だとは必ずしもいえないが，公正の観念の影響があり，一般的な格差の存在自体というよりも，低所得者や当事者として自らが格差あるいはその不利益を受ける可能性があると感じる立場に具体的にいるか否かが重要であることが示唆されているといいうる。

　低所得者や当事者として自らが格差の拡大を実感する立場に具体的にいる場合に，格差が幸福感を下げるということは，社会的に劣後した状況に自身が置かれている者は，他者を意識し幸福度を下げているというようにも解釈しうる。もちろん，格差自体が比較に基づくのであるから当然ではあるが，当事者の立場になることで他者との現実的な比較を意識するようになるのであるから，現実的な比較の意識が，単なる公正の観念以上に，幸福感に影響を与えているのではないかと考えうる。この点，これまで，幸福度の研究においては，他者との相対的比較の重要性が主張されてきた。とりわけ，所得の絶対量だけでなく，他者と比較した場合の相対所得が重要であることについては，これまで多くの実証研究があり，その妥当性が認められてきた。その他者が，米国における州内の平均賃金という場合もあれば（Blanchflower and Oswald 2004），特定の準拠集団の平均所得との差である場合もある（Ferrer-i-Carbonell 2005）。Ferrer-i-Carbonell（2005）では，出生年，居住地域，教育年数において自分と類似した属性の類似集団と比較して自分の所得が高いときに，生活満足度が有意に高くなることが示されている。日本においても，出生年，教育水準等において自分

◇第2節　非正規雇用労働者の社会的排除・包摂

と類似した属性を持つ類似集団との相対的な所得格差が，個々人の幸福度に影響を与えているという結果がパネルデータの分析で明らかになっている（浦川・松浦 2007）。このような見解は相対的所得仮説と呼ばれ，ある個人の効用は自らの所得のみならず他人の所得に影響を受けるということを意味する（小塩・浦川 2012：42）。この相対的所得仮説は，幸福度は所得ないしは消費の増加関数となることが期待されるにもかかわらず，所得や一人当たりのGNPの上昇といった経済的変数で幸福度が上昇しないという統計的事実（いわゆる幸福のパラドックス，イースタリン・パラドックス）を説明しうる代表的な仮説と考えられている（筒井 2010：271-272）。つまり，一定の集団の中で，所得が増大する場合，幸福度も上昇すると通常考えられるが，同一集団の他の構成員の所得も同じように上昇しているため，絶対所得が変化しても相対所得が変化しないために幸福度も変化しないというように考えられるからである（小塩・浦川 2012：42）。また，自分とあまり類似性のない集団の平均所得との関係の場合には，幸福度とは無相関という結果も認められており（Ferrer-i-carbonell 2005），自分が意識する他者の所得がとの関係で大きく幸福度が影響を受けるということが示されている。さらに，相対所得と絶対所得の関係についても，所得の絶対水準よりもが所得の相対水準に幸福度が依存するという調査結果が認められること（筒井 2010b：57-59），日本における国民の平均的な幸福度は，絶対的所得の増加の半分程度の影響しか受けないこと（筒井 2010a：273-274）など複数の調査において一定程度相対的所得仮説の妥当性が実証されている。

　この相対的所得仮説は，もちろん狭義の所得のみならず生活水準にというより主観的で一般的な経済状況の比較において用いられており，やや拡張的な形においてもその妥当性は確認されている（筒井 2010b：57-59）。相対的所得仮説の「所得」よりもむしろ「相対的」に注目し，他者との比較，他者への意識の重要性を示すものといえる。こちらの視点を強調し，人は賃金の絶対水準のみならず，他人との比較によって効用を得るということから，いかなる参照点で人の幸福度が影響を受けるのかについても研究されている。それらの研究によれば，労働者は，同僚，近所の住人，国民全体といったある参照点を設定し，その参照点よりも高い生活水準にあると効用が高い，あるいは高く感じるということが明らかになっている（佐野・大竹 2010：107）。さらには，どのような

◆第2章　非正規雇用問題と社会保障政策についての先行研究・調査

比較対象が参照点として機能し，何故それが参照点として機能するかが検討されるようになり，幸福度・主観的厚生のあり方についての研究がより深められている。何が参照点となりうるのかということについての一般的な判断材料としては，その比較対象以上の所得等であれば公正であり，そうでなければ自分が公正に取り扱われていないという感覚となる対象であり，公正の観念と関係があると考えられている（友野 2006：167）。その際，どのような比較対象の時に公正性を感じたり，感じなかったりするのか，その理由がいかなるものなのかについても，研究がなされている。相対所得に関するリファレンスグループ[49]についてのアンケート調査によれば，最も多いのが職業・年齢が共通しているか，あるいは，近い人々であり，とりわけ自分よりやや所得が高いと予測できる人々であり，次いで，日本人全体の平均値などの統計値も参照点とされやすいことが明らかになっている（飯田 2009：147，飯田 2011：18）。

さらに重要なことには，このように何らかの他者を参照すること自体が，幸福度へ影響しているとも考えられる。日本では，米国とは異なり，他人を気にしている人の幸福度が低く，自分の方が他人よりも低い程度にあると考える場合の幸福度の低下がより著しい（佐野・大竹 2010：125）。そのような日本の状況が反映しているのか，一般的に，男性は女性に比べて幸福度は低く，その要因としては，男性は社会的な競争の下で目標の設定水準が高く維持されるため，その分未達成の落胆が大きいと考えられるからという説明がなされ，実際に，女性の社会進出によって男女の幸福度の差異は小さくなってきているといわれている（大竹・富岡 2010：154）。これは，単に労働自体の幸福度への負の影響というばかりではなく，労働あるいは職場が他者との比較にさらされる場であることをも示している。周りの比較対象よりも社会的に望ましくないと相対的に考えられる場合，幸福ではなくなるし，同時に社会的に包摂されていないという感覚を得るということは十分に考えられるところではある。

③ 非正規雇用労働者の参照点と主観的厚生・幸福度

[49] （行動）経済学での参照点と同様の機能を果たしている集団のことを社会学では準拠集団として議論しているが，本書では参照対象を所属集団より幅広い意味で検討しているので，経済学上の先行研究に基づき議論を進めているものの，経済学理論と社会学理論に実質的な差異はないと考えられる（橘木・高松 2018：55-75）。

◇ 第2節　非正規雇用労働者の社会的排除・包摂

　非正規雇用労働者の幸福度・主観的厚生自体は，労働者一般・労働一般の議論を参照し，その特殊な形態として考察すれば十分であるようにも思える。しかし，「非正規」というしばしば議論になるその名称・呼称をみれば明らかであるように，非正規雇用は単なる特殊な労働の形態ではない。非正規雇用は，その存在自体において正規雇用を参照点として生じている雇用形態である。それ故，非正規雇用の幸福度・主観的厚生を考察する際には，正規雇用への参照のあり方を確認することが不可欠となる。もちろん，②の議論を踏まえれば，非正規雇用労働者の参照点は同じ職業にあり共通性の強い同じ非正規雇用労働者であるとも考えられることから，必ずしも明確とは言えない。実際，非正規雇用労働者が公正でない格差を感じる可能性がある比較対象を明確にすることは，その主観的厚生・幸福度の改善ひいては社会的包摂の実現に大きく影響するといえる上に，もし正規雇用労働者を参照点にしているのであれば，正規雇用・非正規雇用の区分のあり方・実情の考慮がより一層重要なものとなるからである。そこで，以下においては，非正規雇用労働者にとって参照点とされる存在は何なのか，雇用者としては同じ非正規雇用労働者なのか，標準的雇用者であるところの正規雇用労働者なのか，その理由について，先行研究を参照しつつ考察していくこととする。

　非正規雇用労働者の参照対象については，奥西（2008）が様々な視点から興味深い議論を展開している。社会的比較の理論に基づき，正社員は正社員同士，非正社員同士の賃金比較に重要性を見出しているという主張（Baron and Kreps 1999：102-104）を引き合いに出しながら，自らの実施した調査においてもBaron and Kreps（1999）の主張する事実が認められたとしている。しかし，奥西（2008）の調査の内容を子細に見れば，総合職の正社員の比較対象は，勤務先が同じで同じ仕事の正社員が45.7％で，勤務先が同じで同じ仕事の非正社員が0.5％であるのに対し，パートタイマーの非正社員のうち，勤務先が同じで同じ仕事の正社員が12.1％，勤務先が同じで同じ仕事の非正社員が26.5％，契約・派遣社員の非正社員のうち，勤務先が同じで同じ仕事の正社員が25.0％，勤務先が同じで同じ仕事の非正社員が21.9％であり，正社員にとって非正社員は比較関心の対象に殆どないことは間違いないが，対照的に，非正社員は，少なくとも相対的には，正社員・非正社員の双方を比較対象，つまり参照点にし

ている可能性があることを示しており，非正社員の意識のみならず，正社員との非対称性が明らかになっている点で非常に興味深い結果であるといえる。なお，この調査では，正社員と非正社員の賃金格差についての納得度及び仕事全般に関する満足度も調査している。前者については，パートタイマーがその半数程度が納得しているが，契約・派遣社員については，30％程度でやや少なく，後者については，5件法による平均点をとったものであるが，パートタイマーが最も高く3.4，正社員3.0，契約・派遣社員2.9となっている。これらの調査で興味深いのが，非正社員の賃金納得度は，正社員を参照点としている場合や雇用形態での区別を意識している場合には，有意に低くなっているということである。このような結果は，相対的所得仮説や参照点モデルの重要性を改めて示すものとして重要であるといえるとともに，典型雇用としての正規雇用が通常の状態であることを意味し，非正規雇用が，非典型雇用として雇用形態上排除されたものとして，労働者自身の意識を規定してしまっているのではないかと考えられる。

　以上から，非正規雇用の問題点は，必ずしも非正規雇用の処遇が絶対的に劣悪で不安定であるからだけではなく，むしろ，正規雇用が標準（有田 2017：255）であり，その標準を下回る不公正な労働条件を余儀なくされていることに格差と意識させられていることにもあるのではないかと考えられるのである。つまり，非正規雇用の幸福に関して参照点が正規雇用となっており，それ自体が不幸感や社会的排除感を生み出していると考えられる。

　④ 小　括

　非正規雇用と主観的厚生・幸福度の関係を考察する際には，2つの要素を検討しなければならない。1つは，非正規雇用を含む上位概念である労働一般と幸福度・主観的厚生の関係，もう1つは，参照点の幸福・主観的厚生一般における機能の下での比較対象・参照点として位置づけられる正規雇用との関係及びそれに対する意識が有する非正規雇用の幸主観的厚生・幸福度に対する影響である。

　まず，労働そのものは，幸福度に負の影響を持つが，労働が単なる経済的利益を得る手段にとどまらない社会的規範と関係したものであり，かつ，日本は労働を重んじる社会規範が強いこともあることから，失業が幸福度を著しく下

◇第2節　非正規雇用労働者の社会的排除・包摂

げる要素であり，労働自体が社会生活を送る上での幸福度上昇に不可欠な要素となっている。その当然の帰結として，労働条件あるいは労働の質が幸福度に影響を与えるものとなっている。そのような労働条件の一つとして就業形態・雇用形態が存在しており，正規雇用労働者の方が幸福度についてより高いという先行研究の調査結果がある。但し，それは全ての先行研究に認められているわけでもなく，特に幸福度・主観的厚生の個別領域である仕事満足度については，非正規雇用のパートタイム雇用者の方が正規雇用労働者より高いという結果が多くある。雇用形態と幸福度の関係については，特にパートタイム労働が女性就業と関わりが強く，一般的な労働との相違もあるため，その理由を含め，先行研究が提示するこの疑問に関して，更なる検討が必要であることが分かった。

　ただ，非正規雇用問題は単なる労働に関する問題ではない。非正規雇用問題を議論する際には，正規雇用との階層的格差というような格差の観点からの議論を避けることはできない。一般に格差は公正の概念と関係しており，それが一般的な格差にとどまらない自分に関係する格差となるときに，比較・参照を通じて，幸福感に大きな影響を与えるとされる。この格差は，相対的なものであり，所得だけを考慮した場合においても，主観的厚生・幸福度の性質として，絶対的所得のみならず，相対的所得も大きな影響を与えることが分かっている。そして，このような自分の幸福感に影響を与えうる比較対象としての参照点との比較が，所得以外の事項に関しても，主観的厚生・幸福度に影響を与えうるということはほぼ経済学・社会学を含め先行研究上確立した見解となっている。そして，非正規雇用労働者の場合には，その参照点が必ずしも準拠集団とはいえない正規雇用であることも多く，格差や社会的排除の問題は，このような参照点との比較を通じた幸福感の低下と関係しているとも考えられている。非正規雇用労働者の福祉増大のための政策においては，特に考慮をすべき問題として調査に基づく考察が必要であることが明らかになったといえる。

(2) **社会保険加入と幸福度・主観的厚生**

　社会的排除の観点からは，社会保障・社会保険という法制度からの排除・包摂の一形態として社会保険の被保険者資格は取り上げられており，社会的排除に関して開発されてきた様々な指標のほぼ全てにおいて，主要な制度からの排

◆ 第2章　非正規雇用問題と社会保障政策についての先行研究・調査

除とみなされており，重要な社会的排除指標となっている。そのために，社会的排除・包摂の観点からは，社会保険の適用が欠けたときの問題点を始めとして，その制度的存在意義等について多くの先行研究があることは既に示した通りである。これに対して，社会保険に係る制度的包摂・社会的包摂が実現されたときの効果，換言すれば，幸福度・主観的厚生と社会保険の適用との関係は，それ程論じられることはなかった。その理由としては，社会保険の存在は，人の福祉にプラスになることは自明であると考えられてきたからであると考えられる。しかし，社会保険は単なる受益をもたらすだけでなく，保険料という出捐が必要であり，かつ，さまざまな種類の社会保険が存在しており，一括して議論することが適切でないこともあって，現実には必ずしも明確な効果・影響が実証されているわけではないことはそれほど多くない先行研究からも明らかとなっている。

　そこで，社会保険の適用・加入をより分析的に検討し，社会保険の適用・加入の効果を具体的に考えてみたとき，社会保険の被保険者資格という地位の側面，受給（あるいはその見込み）という経済的利益の側面及び社会保険料の支払という経済的損失の側面の三側面が存在するということができる。これらの3側面のうち，社会保険の被保険者資格という地位の側面，受給（あるいはその見込み）という経済的利益の側面については，社会的排除や社会保障・福祉政策関連の研究対象であったし，受給（あるいはその見込み）という経済的利益の側面及び社会保険料の支払という経済的損失の側面はあわせて，社会保険賦課に係る経済学的分析の対象となっており，それらの分野での先行研究は豊富であった。ただ，この三側面全体を包括する幸福度・主観的厚生の先行研究については，幸福に関心の強い経済学・社会学においても，少なかったといえる。

　もちろん，少ないながらも幾つかの先行研究は存在しており，興味深い調査結果を示している。伊野波（2014：94-95）によれば，2012年実施の調査において，所得や年齢などの社会経済的要因をコントロールした上で，被用者年金である厚生年金と共済年金[50]の加入者の方に比べて国民年金加入者の方が，幸福度が低いことや国民年金加入者の中でも保険料免除者・猶予者・未納者の幸福度がより低いことなどが指摘されている。より詳細な幸福度の高さを示す順序

◇第2節　非正規雇用労[...]

としては，第3号被保険者，共済年金加入者，厚生年金加[...]
者という結果であった。その他の先行研究に関しても，他[...]
て相対的に幸福度の低い2類型である国民年金未加入者と[...]
ついては，年金保険未納者の方が，幸福感が高いという伊[...]
の調査と異なる結果もみられるものの（佐々木 2012：30），[...]
いても結果は共通している。このような結果については，年[...]
済的利益の側面から，収入と幸福度の一般的な正の相関に鑑み[...]
の高収入が予想される共済年金や厚生年金の加入者の幸福度が[...]
未加入者と年金保険料未納者については将来の老後の低年金・[...]
収入が予想されるからその幸福度が低いのであろうと解釈され[...]
2012：30-33）。

　ただ，調査には，このような解釈に完全には適合しない結果を[...]
る。それは第3号被保険者に関わる問題である。このことに関連[...]
の調査でもう一つ特徴的な点として，男女の差がある。どの調査[...]
女性の幸福度が高く，全般的に幸福度の低い国民年金加入者や保[...]
猶予者・未納者についても女性の幸福度は高い。より具体的には，[...]
福状態を10とし0～10で幸福度を回答してもらう調査（伊野波 2014[...]
第3号被保険者の平均値が約7.6（女性7.7，男性7.2）であるのに対し[...]
金加入者が約7.0（男性・女性でほぼ変わらず），国民年金納付者が約[...]
7.4，男性6.5）となっており，比較的に大きな差が認められたといえ[...]
主因子分析により幸福度を構成する要因を抽出する調査（伊野[...]
103-108）では，女性の第3号被保険者の幸福度の高さと男性の公的年[...]
入者の幸福度の低さは，その他の要因と関係なくそれ自体が幸福度を低下させ[...]
る要因となっていることも分かった。

　以上を総合すれば，女性で第3号被保険者の幸福度が高いことが明らかに
なっているのであるが，既に本書においても示した通り，第3号被保険者は，

⑸0　この調査は，2015年10月の公的年金の一元化が実施される前の調査（2012年実施）で
　　ある故に，共済年金加入者が存在しているが，被用者年金一元化法施行後は，各共済保
　　険の加入者は厚生年金保険の加入者になった。

◆第2章 非正規雇用問題と社会保障政策についての先行研究・調査

配偶者が厚生年金加入者でかつ年収130万円未満の者で，年金保険料を負担せず，国民年金を受給できる資格を有する。そういう意味で，他の年金加入者に比べて負担を上回る受益が期待できるといえるし（伊野波 2014：109），女性で第3号被保険者は，いわゆる専業主婦かそれに準ずるものであり，近年では少し変わってきたとはいえるかもしれないが，長い間日本の家族の基本イメージを構成する存在として社会規範に沿う地位を有しているということも幸福の高さに影響している可能性がある。つまり，第3号被保険者自体の社会保険の被保険者資格という地位の側面及び社会保険料が免除された形で一定の受給を得ることができるという経済的利益・損失の側面の総合的効果のみならず，「夫は外で仕事，妻は家庭」という性別役割分業の存在（橘木・高松 2018：146-148）が社会規範として第3号被保険者の幸福度を上昇させていると考えられるだろう。

これに対し，幸福度と社会保険料の負担の関係については，日本では寡聞にして見つけることができなかった。海外においても，Weber and Schram（2016：2190）が言及するように，社会保険制度と同様な効果が考えられる税制度の効果による労働供給の変化等についての研究はあるものの，幸福感と社会保険料の負担について直接考察する研究はない。そのような状況の下で，Weber and Schram（2016）は，税金（社会保険料と同様に考えられる）が事業主負担か労働者負担であるかによって，労働者の幸福度にどのような影響を与えるかについて，実験室実験を実施することにより明らかにしている。その実験結果によれば，同様な実質的課税が行われる場合においては，額面上の賃金と手取り賃金の差が大きい場合の方が，つまり，明確に労働者に対して課税する方が，労働者の幸福度は低くなりうるということがわかった。つまり，額面上の賃金が参照点として機能し，それとの比較により実質上は同じであっても，額面上賃金との差が大きい方が，幸福度が低くなると考えられる。このように考えると，社会保険料の保険料も将来の年金受給，医療に係る現物支給，失業時における基本手当の受給可能性という利益があり，実質的な出捐金額について変わりがない可能性があっても（あるいは，それが可能性に過ぎないことで一層），その社会保険料の負担が被保険者にとって幸福度を毀損する要因となりえると考えられる。そして，そのことが，既に述べた年金の受給や性別役割分

業の社会規範の問題に加えて，第3号被保険者の幸福度の高さと大いに関係しているのではないかと考えられる。このことは，社会保険料の賦課・徴収のあり方と幸福度ひいては社会的包摂の関係について考えるヒントとなりうるであろう。

第3節　フランス・ドイツにおける雇用政策と社会保険制度

第1　非正規雇用と社会保険に係る法制度についての比較研究の意義

　日本あるいは世界における非正規雇用の増大の状況，そして，その理由や原因については既に述べた。ただ，そのうちの一つとして挙げられている要因の中に，最低生活保障的な色彩の強い雇用政策がある（天瀬・樋口 2010：8）。その一般的な例は，失業の代わりに非正規雇用を提供するというものであり，既に述べた質の伴わない労働への包摂政策と類似しているともいいうる。その現代における代表例は，ドイツにおけるハルツ改革により導入された僅少労働政策である。これは，後で詳述するが，労働者負担の社会保険料を減免することにより，労働者の負担を減少し，失業を回避して非正規雇用であっても就業を選択することを促す政策である。この政策は，非正規雇用の拡大を意図するというわけではないが，より望ましくない状態である失業状態を回避するために，労働者・失業者を雇用・労働に誘導することを目的に実施された。

　このような失業対策に非正規雇用を積極的に導入したドイツの社会保険料の労働者負担に注目する雇用政策とほぼ同一の目的を達成するために，1990年代のフランスでは，全く逆の方法で，つまり，使用者負担に注目して，使用者をパートタイム雇用という企業行動へと積極的に奨励することにより失業対策を行った。元来，フランスは，現在に至るまで本書で議論の対象にする政策以外でも使用者負担に着目する政策を実施してきたという伝統はあるが，失業対策としての非正規雇用政策については，フランスの場合には，パートタイムに関しては使用者負担を減免するという方法で，ドイツの場合には，僅少労働（その内容については後述）に関して労働者負担を減免するという方法でそれぞれ特定の雇用形態の利用を促進することにより，失業問題の改善を達成すること

◆第2章　非正規雇用問題と社会保障政策についての先行研究・調査

を目的としたものであった。ただ，このような社会保険の適用における中立性を損なう政策は，標準的で良質の労働を増加させるために実施されるのであれば別段，非正規雇用化という帰着を生み出す形では，質の低い雇用を増加させた上でその状態を固定化し，社会的排除状態を悪化させる可能性があり，失業を含む雇用に係る社会問題を解決するのには不適切なのではないかという疑問が，雇用の非正規化の末に固定化・安定化した雇用形態にかかる状況にある現在の日本の視点からは生じざるを得ない。そこで，過去のフランス及び現在のドイツの政策の意義を，それらにおける社会保険適用の中立化，社会保険料の使用者負担・労働者負担の影響度の検証を通じて，社会保険の適用の雇用形態に関する中立化の意義の如何を社会的排除・包摂の観点を踏まえて確認することにより，本書での日本に関する議論の参考に供したい。

第2　フランスにおける社会保険料の使用者負担軽減政策

1　フランス社会保険制度の概要

　フランスの社会保障制度は，大きく社会保険制度と社会扶助制度に分けられる。本書で議論の対象とする社会保険制度は，保険料によって賄われる制度であり，日本の医療保険に当たる疾病保険，年金保険に当たる老齢保険，家族手当等に分けられている。フランスの社会保険制度は，職域に応じて分立し複雑な制度となっているが，本書では，加入者数が多く代表的な社会保険制度である民間の給与所得者を対象とする一般制度における保険料の使用者負担（日本での事業主負担に相当）について考える。

　フランスの社会保障の使用者負担保険料[51]は著しく高い。2018年10月1日現在で，社会保障[52]の使用者負担保険料として，疾病保険（Assurance maladie）に関しては給与全額につき13.3％，老齢保険（assurance vieilleuse）に関しては一定の上限報酬限度月額の報酬につき8.55％（被用者6.90％），給与全額につき

---

[51]　本書では社会保険料の使用者負担を議論の対象とするが，フランスにおいては，社会保険という場合，狭義において労働災害補償や家族手当が除かれたものを示すことがある。そこで，混乱を避けるべく，川口（1995）に倣い，社会保険料の使用者負担について，社会保障の使用者負担保険料と表記することとする。

◇第3節　フランス・ドイツにおける雇用政策と社会保険制度

1.90％（被用者0.40％），家族手当（allocations familiales）に関しては給与全額につき3.45％（一部の者につき5.25％，被用者負担なし），住宅支援手当基金（contribution dialogue sociale）への拠出に関しては給与全額につき0.016％（被用者負担なし），労災保険（accidents du travail）に関しては給与全額につき事業所ごとに一定割合（被用者負担なし）が，それぞれ賦課されている（URSSAF 2018）。労働者負担に比した場合の負担は大きく，社会保険料については，既に論じたように帰着・転嫁という形で対処可能であると経済学上は議論されているが，解雇規制を含めフランスでは労使自治の妥当範囲が小さいため，賃金・労働条件の下方硬直性が存在しており，簡単に転嫁・帰着させることは困難であり，国民負担率に比しても税・社会保険料の割合が大きいことも重なって，企業にとって社会保障の使用者負担についての負担感が大きいのが実情である[53]（松村　2007：74）。

　社会保険の被保険者資格は，報酬の額・性質，労働契約の形式・性質・有効性に関係なく，被用者である限り，全ての者に同様に認められる。つまり，社会保険適用の中立性が原則となっている。それ故，日本のように正規雇用労働者とパートタイム労働者の間の被保険者資格における差異はなく，原則として，使用者負担における差異もない（社会保障法典 L.311-2条）。

　以上が原則であり，この原則が維持されている限り，社会保障の使用者負担が過重であっても，その雇用形態に係る転嫁・負担が困難であり，それが雇用の非正規化を生みさすことはないと考えられる。

2　社会保障の使用者負担保険料軽減政策とその背景としての社会的排除

　フランスにおいては，1970年代初頭までは，失業率は低く概ね完全雇用に近い状態であったが，第一次オイルショックの頃から失業率は上昇し始め，1980

---

[52]　フランスの社会保障には，雇用保険（Assurance chômage）は含まれていない。フランスにおける雇用保険は日本における公的扶助に近いものであり（志賀　2016：103），本書の議論と対象ではない。

[53]　フランスについての本書の議論の対象は，1990〜2000年代に限定されるがその当時の英・仏・独・米・日の社会保障負担についての国際比較によれば特にフランスの企業の負担が大きいことがわかる（労働政策研究・研修機構　2006a）。

◆ 第2章　非正規雇用問題と社会保障政策についての先行研究・調査

年には6％を超える水準となった（藤本 2007：77）。そこには，経済的な停滞はもちろんのことであるが，厳しい解雇規制があるため，日本的雇用における新卒採用とは全く異なり，使用者は新規採用については比較的慎重であり，職業経験の浅い者，特に若年者雇用には非常に厳しいという事情があった。そのため，とりわけ，若年者層の失業率は日本などと比べて非常に高い。このため，無資格者，低資格者，および若年者を対象とした職業訓練施策や社会（再）参入支援措置として，様々な制度が用意されてきた。このような状況が本章第2節第1の1で既に述べたようなフランスにおける社会的排除の議論を生み出したといえるだろう。このように社会的排除の防止を国の政策の根幹に据えているフランスにおいては，1990年代以降現在に至るまで，連帯制度，参入最低限所得（RMI）などの創設に見られるように，社会的排除対策が行われてきた。ただ，このような社会的排除に対処する政策においても，最終的には，社会的地位を付与してくれる職業に就くこと（Bhalla and Lapeyre 2004：121），すなわち，雇用が要求されることになる。換言すれば，社会の排除された者の包摂のための方法・手段が労働・雇用であることから，具体的な政策における最終目的は，とにもかくにも（たとえそれがとりあえずのものであっても）失業の減少，雇用の改善に向かうことにならざるを得なかった。実際，この排除という観念が社会問題を語る上で重要な役割を持つようになったのは，まさしく1992年にフランスの失業者数が300万人を超えたことがきっかけの一つであるという見解もある（Castel 2004：35）。そして，その際の問題解決のための具体的な手段として選択されたのが，雇用復帰への金銭的奨励策と労働コストの削減策であった（松村 2007：61）。前者は，失業保険制度上，雇用復帰支援政策を導入し，その政策の重点を，失業後の所得保障から雇用復帰のための求職支援へと移すことであり，積極的に求職活動を行わない失業者には失業手当の削減を行う等，いわゆるワークフェア的な政策である。後者は，低賃金層を対象とした雇用政策であり，企業の雇用・採用意欲を刺激することを狙って，1992年以降実施され始めた，社会保障の使用者負担の軽減を手段とした雇用刺激を内容とする雇用政策のことである（松村 2007：61）。具体的には，低賃金雇用促進や労働時間短縮実現等のための社会保障の使用者負担の減免であり，対象等を変えつつ，失業の抑止という形を通じた社会的排除状態の改善等をその目的とし

◇ 第3節　フランス・ドイツにおける雇用政策と社会保険制度

つつ、様々な形で現在まで行われ続けている。

3　パートタイム雇用に係る社会保障の使用者負担保険料軽減政策

本書で取り上げるパートタイム雇用の奨励としての使用者負担保険料の軽減は、上述した労働コスト削減を通じた失業抑止のための雇用政策の一つである。社会的排除改善のための政策という性質も持つ。具体的には、1992年から2003年にわたるパートタイム雇用の奨励策としてのパートタイム雇用に係る社会保障の使用者負担保険料の軽減規定の制定とその廃止[54]である。この政策は、パートタイム雇用を有利にする形で使用者負担に差異を生じさせ、企業にパートタイム雇用を積極的に促したものであるが、このパートタイム雇用奨励政策は継続されることなく、約10年後には、使用者負担におけるそのような差異は消滅させられたのであり、短期間のうちに、社会保険適用の中立性が破られ、そして回復した非常に稀少なケースであるといえる。

現在においては、フランスにおいては、パートタイム労働とフルタイム労働の平等が保障されているため、日本と異なりパートタイム労働は必ずしも待遇の悪い労働ではないが、たとえ現実に平等な労働条件であったとしても、労働時間が少なくなり、収入が減少することになることから、基本的には労働者にとって望ましい就職先とはいえなかった（シュピオ 1999：87、伊藤 2004：15など）。しかし、経済的不況が続く中、失業者の増大の中、雇用を確保するために、ワークシェアリングの趣旨をも含めつつ、企業にとっての負担の小さい雇用であるパートタイム雇用へ誘引するため（Caire and Kerchen 1999：283）、パートタイムの雇用について、企業にとって重い負担[55]であった社会保障の使用者負担保険料の軽減が行われた。具体的には、1992年12月31日の法律により、雇用創出を目的として、期間の定めのないパートタイム労働契約に基づき新たな雇用が行われた場合、または、契約の労働時間短縮分を補填する別の労働者

---

[54] パートタイム雇用奨励政策そのものは廃止されたものの、社会保障の使用者負担軽減政策そのものは別の形で続けられた。非正規雇用問題との関連が小さいため、本書ではこれ以上は論じない。

[55] 1990年1月1日時点で、疾病保険につき12.60％、老齢保険につき8.20％家族手当7.00％というように現在と変わらぬ高負担であった（Dupeyroux et al 2011：814）。

◆ 第2章　非正規雇用問題と社会保障政策についての先行研究・調査

の雇用を伴いつつ，期間の定めのないフルタイム労働から期間の定めのないパートタイム労働への転換がなされた場合に，社会保障の使用者負担保険料を軽減するというものであった（労働法典L. 322-12条）。その軽減幅としては，この法律制定前に，1992年8月26日の雇用局通達により，既に1992年9月1日から同年12月31日までに新たに締結されたパートタイム労働契約について，社会保障の使用者負担保険料は30％軽減されており，それが更に本法律により50％の減額幅となった。その後，1993年12月20日の雇用5ヶ年法43条及び1994年4月5日デクレ238号1条により，同年4月8日以降のパートタイム労働契約について軽減幅は30％に戻された[56]。この政策の適用を受けるパートタイム労働者の労働時間は，所定外労働時間を含めず週16時間以上，所定外労働時間を含め32時間以内でなければならない。年単位のパートタイム労働の場合も，1年を基礎として算定される週平均労働時間が上記範囲内でなければならない。しかし，1997年6月6日に，パートタイム労働者に対する差別の禁止と自由意思に基づくパートタイム労働の促進を目的とした欧州枠組協定が締結され，1997年12月15日EU指令（97/81）を国内法化した2000年1月19日の法律第37号（第二オブリ法）によって，パートタイム労働を完全にコスト中立化するために（川口 2002：10），この保険料軽減制度が，段階的に廃止されることとなった（従業員20人を超える企業では2001年1月1日，従業員20人以下の企業では2003年1月1日施行）（第二オブリ法13条）。ちなみに，この法改正の前は，パートタイム労働は，フルタイム労働の労働時間の5分の4以下の労働とされ，最大週32時間の労働のことを指すという規定がなされていたが，EU指令に基づく本法改正の結果，パートタイムの定義が現状の「フルタイム労働者の通常の労働時間よりも短いもの」とされた（労働法典L. 212-4-2条）。

---

[56]　このとき，適用を受ける労働者の労働時間の算定方法を，年単位のパートタイムの労働時間法制の導入に伴い緩和し，補填的雇用義務の例外を拡大した。なお，この一連の法の制定・改廃の経緯については，水町（1997：60-65）に詳しい。

◇第3節　フランス・ドイツにおける雇用政策と社会保険制度

4　パートタイム雇用に係る社会保障の使用者負担保険料軽減規定の関係
(1)　社会保障の使用者負担保険料軽減規定の効果に関するこれまでの評価
　パートタイム雇用に対する社会保障の使用者負担保険料の軽減は，基本的に雇用を維持することを目的とする政策であり，パートタイム労働者を雇用する使用者とフルタイム労働者を雇用する使用者の負担の均衡化にとどまらず，一定の要件のもとで，パートタイム労働者を雇用する使用者の社会保障負担を，フルタイム労働者を雇用する使用者の負担よりも軽減する，積極的なパートタイム労働の誘導・促進政策である（川口 1995：115）。使用者負担に関する政策の実施された1992年以降，フランスでのパートタイム労働人口及び全雇用者中での割合は大きく伸び（OECD 2015a），の雇用者による22万人のパートタイム労働者の雇用の創出にそれぞれつながっており（Liaisons sociales 1995），当初の政策目的は，少なくとも企業との関係での効果を見る限り，明確な成果を挙げたと評価されている（シュピオ 1999：87）。つまり，失業状態から労働者を雇用に包摂できたとして評価されているといえる。

(2)　社会保険適用の中立性とパートタイム雇用の割合の関係
　このようなフランスの1992年から2002年（2001・2002年は，従業員20人以下の企業のみ）まで行われたパートタイム労働に対する社会保障の使用者負担保険料軽減政策について，1992年から2000年までのパートタイム雇用に係る負担軽減の効果と2001年以降のパートタイム雇用に係る相対的な負担増大の効果が，日本での社会保険料の事業主負担の雇用形態に係る企業行動への影響を検討するためのいわば社会実験的なものとして参考にしうるだろう。
　先行研究においては，政策目的であるパートタイム労働への誘導が主として論じられてきた。その点，上述のように，使用者負担保険料の軽減により，パートタイム労働者は大幅に増え，成果があったということである（シャピオ 1999：87など）。しかし，このパートタイム雇用への誘導政策が廃止され，フルタイムとパートタイムが平等に取り扱われるようになった点については，あくまでEU指令に基づくパートタイム雇用とフルタイム雇用の取扱いの平等の徹底化策と考えられ，正規雇用あるいはフルタイム雇用への誘導政策として議論されることはなかった。実際，パートタイム雇用誘導に係る規定が廃止される頃には，パートタイム雇用のコスト中立性を図る趣旨以上の特段の意味はな

◆第2章　非正規雇用問題と社会保障政策についての先行研究・調査

かった。ただ，現在からみたとき，パートタイム雇用への誘導策がなくなったという点だけに着目すれば，企業のパートタイム雇用への誘因がなくなり，使用者負担保険料の賦課割合の中立化・平等化による正規雇用あるいはフルタイム雇用への誘導の性質を実質上持っていると考えることも可能である。本書の文脈でいえば，日本の社会保険の被保険者資格の無制限化とフランスにおける使用者負担保険料率の平等化が同様の政策的意義を持つという視点で分析することが可能ではないかと考えられる。

そこで，パートタイム労働者の割合を被説明変数とし，パートタイム雇用に係る使用者負担保険料の軽減率を控除した賦課割合を説明変数とし，その他にパートタイム労働者の割合に影響を及ぼすと考えられる変数をコントロール変数として，社会保障の使用者負担保険料の軽減政策の5年前である1987年から当該政策の廃止後5年後の2003年までのデータに基づき，パートタイム雇用に係る使用者負担保険料の軽減とパートタイム労働者の雇用との関係について重回帰分析を行う。また，社会保障の使用者負担軽減政策は，本来，失業対策として実施されたものであることから，その目的達成と関連性があったかを確認するために，被説明変数を失業率とした同様の重回帰分析も実施する。

パートタイム労働者の割合に影響を及ぼす可能性のある主要なコントロール変数としては，以下のものを取り上げる[57]。まず，雇用者数や雇用形態の選択に経済状態が影響を及ぼす[58]という研究（Houseman and Osawa 2003a：7，Careé 2003）があることから，経済状態を示す代表的指標たる実質経済成長率

---

[57] 本書でコントロール変数として取り上げるもののみが，パートタイム労働の割合の変化に影響したり，原因となっていたりするということではない。また，コントロール変数として取り上げるものが，確定的にパートタイム労働の割合の変化に影響したり，原因となっていたりするとも主張したいわけでもない。この点については，経済のグローバル化や法制度等も要因であるなどとする多くの先行研究があり，確定した見解があるとはいえない（Houseman and Osawa 2003a, Careé 2003など）。この点を詳細に研究するには，別の大規模で詳細な歴史的・社会的・経済的研究が必要であり，それは本書の目的・趣旨を逸脱するものであることから，本書では，仮説の検証に最低限必要で取り上げることが可能な先行研究上代表的とされているもののみを取り上げる。

[58] 非正規雇用の拡大傾向は景気変動の循環的な変化にかかわらず続いているという見解もある（European Commission 1999：47）。

◇ 第3節　フランス・ドイツにおける雇用政策と社会保険制度

を取り上げる。さらに，パートタイム労働の増大には，女性の労働者の増加や産業構成の変化により小売業・飲食業を含むサービス業等の第三次産業の比重の高まりが関係している[59]との研究（Houseman and Osawa 2003a, Careé 2003）があることから，女性労働者比率及び第三次産業雇用者比率をもコントロール変数とする。

　それぞれの変数並びにその具体的データ及びその出所は，以下の通りである。まず，被説明変数たるパートタイム労働者の割合については，この政策の適用を受けるパートタイム労働者の労働時間が，所定外労働時間を含めず週16時間以上，所定外労働時間を含め32時間以内とされていることから，正確な適用対象のパートタイム労働者の割合を確定することは困難である。そこで，実労働時間30時間未満のパートタイム労働者であれば，概ね使用者負担軽減政策の適用対象となり，その政策効果の有無を見ることができると考えられるので，一貫してパートタイム労働者の定義を実労働時間30時間未満の労働者としているOECDの統計データ（2018）に基づくこととする。また，参考の被説明変数の失業率及びコントロール変数たる実質経済成長率については，IMFの統計データ（2018a, 2018b）に基づく。また，1980年代のフランスの女性労働者数及び第三次産業雇用者比率のデータは存在しない。ただ，それぞれについて，フランスの都市部のデータについては，1987年から2007年まですべて揃っている。企業活動や雇用は，都市部が中心となっており，その動向の影響力が大きいことから，都市部の女性労働者比率と第三次産業雇用者比率は，フランス全体における女性労働者比率と第三次産業の変化を強く反映していると考えられる。そこで，この2変数については，都市部の女性労働者比率と第三次産業雇用者比率を代理変数として採用する。それぞれ INSEE のデータ（2018a, 2018b）に基づくこととする。また，以上の各変数のデータが全て取得可能なのは，年単位のデータであるため，年単位のデータによる。

---

[59] パートタイム労働者の増加に産業構造の変化が寄与しているという見解に対しては，当時のEUに関するシフト・シェア分析（Walwei 1998：105等）が示すように，そのような効果が全くないとはいえないが，パートタイム労働者の増加は産業構造や就業構造の変化によるというのではなく，全ての産業・職業部門において見られているとする研究もある。

◆ 第2章 非正規雇用問題と社会保障政策についての先行研究・調査

(3) 分析とその結果
① 分析の趣旨

本書においては，社会保険の被保険者資格の制限により，企業が社会保険料の事業主負担のコストの帰着・転嫁の一環として，社会保険の適用されない労働者の多い非正規雇用を進めている可能性についての考察が主要なテーマの一つとなっている。フランスにおけるパートタイム雇用に係る使用者負担保険料の軽減とパートタイム労働者の雇用との関係を分析するにあたり，このような可能性の存在が事実であれば，使用者負担保険料の軽減の廃止，換言すれば，正規雇用（典型雇用）[60]と非正規雇用の間の使用者負担のパートタイム雇用に有利な賦課から平等化・中立化することと非正規雇用の割合は負の関係が認められることが予測される。以下ではその予測通りの結果が認められるか否かを重回帰分析の実施により確認する。

重回帰分析を行うに際し，被説明変数であるパートタイム労働者の全労働者に占める割合，説明変数たるパートタイム雇用に係る社会保障の使用者負担保険料の賦課割合（法定の負担率から減軽の割合を控除したもの），コントロール変数たる第三次産業雇用者比率，女性雇用者比率及び実質経済成長率，参考の被説明変数たる失業率の変化は，表1のとおりである。

(表1)

年	パートタイム労働者の割合(%)	使用者負担の賦課割合[61](%)	第三次産業雇用者比率(%)	女性雇用者比率(%)	実質経済成長率(%)	失業率(%)
1987	12.5	100.0	66.4	41.9	2.6	9.2

---

[60] フランスにおいては，パートタイム雇用を含む非正規雇用は，特殊形態雇用（formes particulieres d'emploi）あるいは非典型雇用（emploi atypique）と呼ばれており（藤野 2012：45），正規雇用が emploi typique という用語が充てられており，典型雇用という方が正確であるとはいえるが，正規雇用と非正規雇用に（その程度はともかくとしても）一定の格差が存在している点では共通しているといえる（ミション 2010：85）ので，先行研究の一般的な用語法に倣い，正規雇用・非正規雇用という用語をここでも使用することとする。

◇第3節　フランス・ドイツにおける雇用政策と社会保険制度

1988	12.6	100.0	67.0	42.0	4.7	8.8
1989	12.1	100.0	67.0	43.0	4.4	8.7
1990	12.2	100.0	67.5	43.3	2.9	8.4
1991	12.0	100.0	68.4	43.8	1.0	8.6
1992	12.6	90.0	69.4	44.3	1.6	9.4
1993	13.2	50.0	70.7	44.9	-0.6	10.3
1994	13.8	64.7	71.3	45.0	2.3	10.7
1995	14.2	70.0	71.7	45.2	2.1	10.5
1996	14.0	70.0	72.3	45.5	1.4	10.8
1997	14.8	70.0	72.8	45.6	2.3	10.9
1998	14.7	70.0	73.4	45.6	3.6	10.7
1999	14.6	70.0	74.0	45.6	3.4	10.4
2000	14.2	70.0	74.1	45.6	3.9	9.2
2001	13.8	92.0	74.4	45.6	2.0	8.5
2002	13.8	91.4	74.9	46.1	1.1	8.3
2003	13.0	100.0	75.3	46.4	0.8	8.5

(61) 他の変数が全て年単位のデータに基づくため、パートタイム雇用に係る使用者負担の賦課割合についても、年単位の変数として取り扱う。そのため、使用者負担の賦課割合が年度中に変動した場合（1992年・1994年）には、1年の平均の法定賦課割合を示している。また、従業員20人以下の企業についてのみ賦課割合の30％の減軽が維持されている場合（2001年・2002年）には、企業全体に対する平均の賦課割合が示されている。但し、2001年と2002年のフランス企業の規模別分布については、統計資料（INSEE 2004：314, INSEE 2005：354）に、従業員数20人未満の企業に属する労働者数と従業員数20人以上の企業に属する労働者数の情報しかなく、従業員数20人の企業に属する労働者数の情報がないことから、本書の分析においては、やむを得ず、従業員数20人以下の企業に属する労働者数に対し、従業員数20人未満の企業に属する労働者数を用い、従業員数20人を超える企業に属する労働者数に対し、従業員数20人以上の企業に属する労働者数を用いる。よって、表1の1991年と1992年の使用者負担の賦課割合には（極めて小さいとはいえるが）若干の誤差が存在していることになる。

◆ 第2章 非正規雇用問題と社会保障政策についての先行研究・調査

2004	13.3	100.0	75.7	46.6	2.8	8.8
2005	13.2	100.0	76.0	46.7	1.6	8.9
2006	13.2	100.0	76.3	47.0	2.4	8.8
2007	13.3	100.0	76.6	47.3	2.4	8.0

(出所：(5)に記載の通り)

次に、被説明変数のパートタイム労働者の割合と説明変数のパートタイム雇用に係る使用者負担保険料の賦課割合（法定の負担率から減軽の割合を控除したもの）、コントロール変数の第三次産業雇用者比率、女性雇用者比率及び実質経済成長率のそれぞれの変数間での相関分析を行った。その結果は、表2のとおりである。

（表2）相関分析

	使用者負担の賦課割合	第三次産業雇用者比率	女性労働者比率	実質経済成長率	失業率
パートタイム労働者の割合	-.680**	.577**	.547*	.039	.641**
使用者負担の賦課割合	―	-.066	-.135	.203	-.855**
第三次産業雇用者比率	―	―	.972**	-.226	-.058
女性労働者比率	―	―	―	-.333	.011
実質経済成長率	―	―	―	―	-.053

＊＊ $p<0.01$　＊ $p<0.05$

さらに、パートタイム労働者の割合を被説明変数、パートタイム雇用に係る使用者負担保険料の賦課割合（法定の負担率から減軽の割合を控除したもの）を説明変数、第三次産業雇用者比率、女性雇用者比率及び実質経済成長率をコントロール変数とする重回帰分析を行った。その結果は、相関分析などにより、多重共線性の疑いがあることから、コントロール変数から、第三次産業雇用者比率を取り除いて、再度、重回帰分析を行った。引き続き、当初の全てのコン

◇第3節　フランス・ドイツにおける雇用政策と社会保険制度

トロール変数から，次に女性労働者比率を取り除いて，再々度，重回帰分析を行った。これらの結果は，表3・表4のとおりである。

（表3）重回帰分析（被説明変数：パートタイム労働者の割合）：モデル1

説明変数	β	SE
使用者負担の賦課割合	－.677**	.006
第三次産業雇用者比率	－	－.
女性雇用者比率	.579**	.066
実質経済成長率	.369**	.081

注）β：標準偏回帰係数　SE：標準誤差
　　**p＜0.01　*p＜0.05

R^2	.791**
Adj. R^2	.754**
N	21

注）R^2：決定係数　Adj. R^2：自由度調整済みの決定係数
　　**p＜0.01　*p＜0.05

（表4）重回帰分析（被説明変数：パートタイム労働者の割合）：モデル2

説明変数	β	SE
使用者負担の賦課割合	－.705**	.005
第三次産業雇用者比率	.603**	.025
女性雇用者比率	－	－
実質経済成長率	.318**	.069

注）β：標準偏回帰係数　SE：標準誤差
　　**p＜0.01　*p＜0.05

R^2	.840**
Adj. R^2	.811**
N	21

◆第2章　非正規雇用問題と社会保障政策についての先行研究・調査

注）R^2：決定係数　Adj. R^2：自由度調整済みの決定係数
　　＊＊ $p<0.01$　＊ $p<0.05$

　表2によれば，パートタイム労働者の割合との相関係数は，パートタイム雇用に係る使用者負担保険料の賦課割合及び第三次産業雇用者比率（有意水準1％），そして女性雇用者比率（有意水準5％）について有意であり，使用者負担の賦課割合との間でのみ負の関係が認められた。

　次に，表3によれば，自由度調整済みの決定係数は，0.754となっており，有意（有意水準1％）となっていることからも，モデル1に説明力は一定程度あるといえる。標準偏回帰係数は，パートタイム雇用に係る使用者負担保険料の賦課割合，女性労働者比率及び実質経済成長率について有意（有意水準1％）で，パートタイム労働者の割合との関連性がそれぞれ認められる。

　また，表4によれば，自由度調整済みの決定係数は，0.811となっており，有意となっていることからも，モデル2に説明力は一定程度あるといえる。標準偏回帰係数は，パートタイム雇用に係る使用者負担保険料の賦課割合，第三次産業雇用者比率及び実質経済成長率について有意（有意水準1％）で，パートタイム労働者の割合との関連性がそれぞれ認められる。

　また，このような社会保障の使用者負担軽減政策の実質的目的が失業対策であることから，参考として，被説明変数を失業率として，同じ説明変数で重回帰分析を実施した。結果は表5の通りとなり，説明変数たる使用者負担の賦課割合に関し，有意（1％水準）という結果が出て，失業率との負の有意な関連性が認められた。

（表5）重回帰分析（被説明変数：失業率）

説明変数	β	SE
使用者負担の賦課割合	$-.862^{**}$	.007
第三次産業雇用者比率	$-.115^{**}$	.034
女性雇用者比率	―	―
実質経済成長率	―	―

　注）β：標準偏回帰係数　SE：標準誤差

◇第3節　フランス・ドイツにおける雇用政策と社会保険制度

**p＜0.01　*p＜0.05

R^2	.743**
Adj. R^2	.715**
N	21

注）R^2：決定係数　Adj.R^2：自由度調整済みの決定係数
　　**p＜0.01　*p＜0.05

② 分析の結果について

　これらの重回帰分析によれば，モデル1・モデル2の双方の場合において，パートタイム労働者の割合に対して，パートタイム雇用に係る使用者負担保険料の賦課割合の一定程度強い関連性が有意に認められる。負の関係であることから，使用者負担の賦課割合が大きくなる程，パートタイム労働者の割合は小さくなるという関係があると考えられる。このことにより，パートタイム労働者の割合に，パートタイム雇用に係る社会保障の使用者負担保険料の賦課が負の影響を有していることが認められるといえ，パートタイム雇用に有利な賦課状態から雇用形態に中立的な賦課へとなればなる程，非正規雇用たるパートタイム雇用の割合は低下するという関係が示されていることになる。これは事前に予測していた結果に合致するものといえる。また，参考として，追加的に失業率との関係も分析したが，有意に負の関連性が認められた。これによれば，使用者負担の賦課割合と失業率の間には有意な負の関係があるといえることになり，使用者負担の賦課割合を下げること，すなわち，社会保障の使用者負担軽減政策を実施することにより，失業率が上昇するという関係が認められることとなり，必ずしも社会保障の使用者負担軽減政策は，失業対策としては機能していなかったと考えられる。

(4) 小　括

　フランスは，企業にとって社会保障の使用者負担が重く，雇用コストを増大させて雇用の促進の足枷となっていると考えられてきたため，その負担軽減策が伝統的に雇用政策にも用いられてきた。その中で，パートタイム雇用という非正規の雇用形態を直接的にターゲットにした政策が，1990年代失業者が増大し，国内の格差が大きくなり，社会的排除への対策の必要性が主張されていた

頃に，失業対策であり社会的包摂を目的とした政策として実施された。日本においても，社会保険料の事業主負担の負担感は大きいため，本書において検討している法政策は，広い意味では，社会保険料の賦課の増減による企業の雇用行動への影響を活用しようとするものであり，法政策その影響が雇用行動に現れている点と究極的には社会的包摂を目指す点では共通している。しかし，フランスでの政策目的は失業を非正規雇用により代替すること，本書では日本の非正規雇用の増大を防止することを目的にしている点では対照的な政策ではある。ただ，一見対照的ではあるが，その廃止は非正規雇用の増大の防止という意味を持ちうることを重視すれば，本書における日本の政策が参照可能な政策たりうる。そこで，非正規雇用労働者たるパートタイム労働者の割合を被説明変数，社会保障の使用者負担の賦課率を説明変数としたときの関連性を通じ，社会保険料の賦課の中立性の効果を検証したところ，社会保険の賦課を雇用形態に中立にする程，非正規雇用の割合は減少するという，フランスの政策に批判的な本書の立場に整合する想定通りの結果が認められた。日本での検証に先立ちフランスで一定の妥当性を有することが明らかになったことで，少なくとも，企業行動に関係する本書の議論に一定の普遍化の可能性があると考えることができるであろう。加えて，本来の目的の失業対策との間で有意な関連性が認められていないことにより，失業対策にパートタイム雇用促進などの非正規雇用への帰着を安易に活用すること一般の妥当性にも疑いを投げかける結果であるともいいうる。

第3　ドイツの社会保険制度と僅少労働政策 ── 非正規雇用問題と関連して

1　ドイツ社会保険制度の概略

ドイツにおいては，1881年「皇帝詔勅」に基づきビスマルクにより社会保険政策が世界に先駆けて実施されて以来，社会保障の中核として社会保険制度が整備され，発展してきた。このような歴史を背景にして，現在の社会保険制度は，社会保障の総合法典たる「社会法典（Sozialgesetzbuch：SGB）に規定されており，主として，失業保険（Arbeitslosenversicherung），公的年金保険（Ges-

◇第3節　フランス・ドイツにおける雇用政策と社会保険制度

tzliche Rentenversicherung), 公的医療保険 (Gestzliche Krankenversicherung), 公的労災保険 (Gestzliche Unfallversicherung), 社会介護保険 (Soziale Pflegeversicherung) の5つからなる非常によく整備されている制度であるといえる。基本的には，もちろん，日本の方が参考にしたのではあるが，日本と同様の制度設計となっている。日本のような国民皆保険・皆年金を建前とはしていないものの，国民の90％が社会保険に加入しており，社会網 (SocialesNetz) と呼ばれており文字通り，加入者の病気，失業，恒例，労働災害のリスクに対応するセーフティネットとしての役割を担っていると評価されている（正井 2011：60）ただ，具体的な制度内容は日本や上述のフランスとは異なっている部分も多く，例えば，医療保険・年金保険でも皆保険が成立しているわけではないし，公的年金保険においても，原則として被用者は強制加入ではあっても，例外があること，任意加入が認められていること等，日本のような厳格な加入資格制限があるわけでもないが，フランスのように被用者全てが対象になっているというわけでもないという特徴がある。より複雑なことに，ドイツにおいては，社会保険に加入していない人々の中には，加入する必要がない富裕者も含まれており，必ずしも貧困問題と直結しているわけでもない。それでも，一般的には，通常の雇用には社会保険加入義務があり，そうでない僅少労働 (geringfügigeBeschäftigung) と対比されてその社会保障上の保護の欠如の故に議論されている（橋本 2014；55）。僅少労働は日本にはない雇用形態であり，労働条件に問題のある非正規雇用の典型となっている。本節において，社会保険加入義務のない雇用として，議論のテーマとして取り上げることとする。

　なお，ドイツにおいても，社会保険の社会保険料は，比較的に高負担[62]であり，経済的な競争力が失われてしまうとの批判があるが，失業保険については使用者の負担はなく，公的労災保険については使用者100％負担，その他は労使折半であり，フランスのような使用者負担が全般に著しく重いとされる状況とは異なる。そのため，フランスでは使用者負担の減免が経済的・社会的に大

---

[62] 現時点での公的年金保険の一般保険は18.7％（労使それぞれ50％），医療保険の一般保険料率は14.6％（労使それぞれ50％），介護保険は2.55％（労使それぞれ50％），失業保険は，3％（労使それぞれ50％）である。

◆第 2 章　非正規雇用問題と社会保障政策についての先行研究・調査

きなテーマとなり，かつ重要な政策手段となってきたが，ドイツでは，むしろ主として年金保険と医療保険における労働者負担が問題にされてきたが（倉田 2016：72），このような負担のあり方の相違がその一因であるといえる。

2　僅少労働──ハルツ改革による社会保険料の労働者負担免除措置による雇用政策について

　上記のように，ドイツにおいては，被用者全てが被用者保険の被保険者資格を有するわけではないが，国民の90％が社会保険に加入しており，概していえば，通常の雇用で労働する被用者については社会保険加入義務を負うということはできる。主要な例外としては，公的雇用と僅少労働があり，社会保険加入義務が免除されている。公的雇用については通常の社会保険と異なる十分な保護があるので，ここでの議論の対象とはならないが，僅少労働は，そのような保護のない社会保険加入義務を免除されている雇用形態として注目すべきものといえる。もともと僅少労働制度は，1977年に施行された社会法典第 4 編 8 条に規定された雇用形態に関する制度で，低賃金または短時間の就業については，社会保険の適用から一定の要件において除外するというものであった（坂井 2013：85）。その制度趣旨・目的としては，ハルツ改革以前においては，僅少労働は，少額あるいは短時間の雇用にみられるヤミ労働の解消を主として目指す雇用形態であった（吉田 2007：57）[63]。その後，一旦は，正規雇用と非正規雇用の間の格差防止，社会保険財源の強化などを目的として，僅少労働抑制のために，使用者に保険料納付義務を課すなど僅少労働の利用への誘因を減らす法改正が1999年に実施されるが（Bundestages-Drucksache 14／280, S. 10），2003年以降のハルツ改革においては，失業問題の改善を図るために，社会保険料の負担のない僅少労働の範囲を拡大することにより，その質を問うことなく雇用を促進し，失業状態の改善を図ろうとしたことから，僅少労働の重要性が増した。

---

[63]　これに加えて，生計の維持に貢献しない就業については，社会保険による保護に適さないこと，給付及び保険料の公平性という見地から，わずかな保険料負担により給付請求権を付与することには不均衡があることなどが考慮された（Griese et al 2013：115など）。

◇第3節　フランス・ドイツにおける雇用政策と社会保険制度

　正規雇用と非正規雇用の分裂の阻止，社会保険財源の強化などの内容を持つ1999年改正後，何故ほぼ逆の効果を持つ政策がハルツ改革で行われたかを把握するためには，ハルツ改革の内容と意義について概観しておかなければならない。ハルツ改革は，1990年代以降ドイツを苦しめていた経済的・社会的危機を背景として実施された。もともと，2度のオイルショックを経て，1880年代に失業率が上昇していたところ，1990年の再統一による旧東ドイツ再建のための財政負担，高齢者の人口比率増大，不況による失業者の増加，非正規雇用の増大などの労働市場の変化といった様々な要因によって社会保障制度は財政的危機を迎えていた（正井 2011：66）。その解決のためには，グローバル化時代にも耐えうる国際競争力を維持し経済的豊かさを保ちつつ，社会的保障制度の長期的機能維持を実現することを可能とする構造改革が必要であると考えられた。そこで，ドイツ連邦政府は就労促進を目的とする規制緩和や失業給付の見直しなどの内容を持つ2002年8月16日に発表された労働市場改革案に基づく，一連の労働市場改革を実施した（ゾンマー 2014：50など）。それが，当時のシュレーダー首相の顧問を務めていたハルツにちなんで，ハルツ改革と呼ばれている。その一部として僅少労働についての改革が実施されたのである。

　このような僅少労働の内容そのものの変化に応じて，その具体的適用要件[64]も変化してきた。その報酬上限としては，ハルツ改革前の僅少労働がミニジョブと俗称されるようになる前の時期については，1999年3月31日以前においては，標準労働報酬の7分の1＝月額630マルク（西部ドイツ，東部ドイツでは530マルク）であった。その後，1999年4月1日以降，使用者の保険料負担導入以降は，月額630マルク＝325ユーロと設定され，社会保険加入義務があった週労働時間の制限（上限15時間）内に限定されていた。この頃までは，むしろ，既に述べたように，通常の社会保険加入義務のある職場から僅少労働の職場に移行することを制限する方向で実施されていた（戸田 2007b：40）。しかし，ハルツ改革に際し，低賃金労働分野において社会保険料の労働者負担を引き下げて，労働市場を柔軟化することによって，僅少賃金労働の雇用創出効果と失業の減

---

[64]　現在までの僅少労働制度の具体的要件の変遷については，毛塚（2017b：22-23）を参照。

◆第2章　非正規雇用問題と社会保障政策についての先行研究・調査

少を測る効果を意図した制度（吉田 2007：57）に変わった。その目的に従い，ハルツⅡ法[65]（2003年1月1日施行）に基づき，2003年4月1日以降においては，僅少労働の範囲が，月額400ユーロに引き上げられ（2013年1月1日以降，450ユーロ），週労働時間の制限（上限15時間）も解除され，時給の下限を事実上廃止し，その範囲が大きく広げられた。それに加えて，報酬が400.1ユーロから800ユーロまでのミディジョブが，社会保険料が段階的に徴収される月収ゾーンとされ，僅少労働から社会保険加入義務のある雇用への移行を妨げることがないように配慮された[66]（使用者の社会保険料については，通常の負担である）。ただ，日本の配偶者特別控除のように，段階的に徴収されるミディジョブという月収ゾーンの存在が社会保険加入義務のある通常の雇用に戻ることをかえって困難にしているとも考えられている。

　この僅少労働の制度は，現在においても，基本的には根幹部分は継続しているといえる[67]。現行の規定（社会法典（SGB）第4編8条）では，僅少労働者とは，月収450ユーロ以下の就業者（1号）[68]をいい，労働時間数に関係なく，所得税と社会保険料の労働者負担分を免除する制度となっている。ただし，使用者の社会保険負担は免除されず，1999年以降，僅少労働の乱用の防止のために，失業保険・介護保険以外の社会保険料として賃金の30％程度[69]の負担が課されている[70]。社会保険加入義務以外については，最低賃金や休暇など通常の労働者と同様の労働の権利が認められる。当然ではあるが，社会保険加入しない場

---

[65] Zweites Gesetz fur modernre Dienstleistungen am Arbeitsmarkt（BGBl. I 2002 S. 4621）
[66] なお，2013年1月1日以降，僅少労働が月額450ユーロとされたことに伴い，ミディジョブも450.01ユーロ以上，850ユーロ以下となった。
[67] これまで，僅少労働の適用範囲は，基本的には拡大の方向で変動してきた。具体的には，
[68] 例外的に2号として，就労活動の性質上，年間の労働日数が2ヶ月あるいは50日まで（2015年1月1日から2018年12月31日までは3か月以下若しくは合計で70日まで）に限定されている短期労働者で，月収450ユーロ以下であるか，職業として行われない場合（例えば，副業として行う場合）にも僅少労働として認められる。
[69] 労災保険の保険料が保護責任主体により異なるなど確定することはできないが，概ね30％程度となる。

◇第3節　フランス・ドイツにおける雇用政策と社会保険制度

合においては，もともと使用者負担が100％の労災保険は適用されるが，その他の社会保険（医療，介護，公的年金）は適用されず，受給資格もないということが，労働者の社会的保護が欠如するという点で，デメリットとして挙げられる。ただし，ハルツ改革の当初とは異なり，2013年1月1日からは，新たに就労する僅少労働者については，公的年金保険に強制加入することとなった[71]（社会保険料の負担率は，労働者が賃金の3.5％で，使用者15％とされ，収入が月額175ユーロ未満の場合には，175ユーロの18.7％と使用者の定率負担額の差額を労働者が負担する）。さらには，2015年1月1日の法定最低賃金（時給8.5ユーロ）の導入に伴い，僅少労働もその適用を受けて再び時給の下限が設けられた。なお，2017年1月1日には，最低賃金時給が8.5ユーロから8.84ユーロへ引き上げられている。そういう意味で，社会的保護のない雇用形態としての特徴は，現在においても大部分は残存しているとはいえ，幾分改善しているとはいえる。

3　ハルツ改革における僅少労働への誘導政策の影響・効果について
(1) 一般的評価

ハルツ改革に際しての僅少労働の拡大の目的について，低賃金労働分野において社会保険料の労働者負担を減免して労働市場を柔軟化することによって，僅少賃金労働の雇用創出効果と失業の減少の効果として意図した制度と述べた。実際，経済学的に考えた場合，社会保険料の賦課の調整を通じた労働者側へのインセンティブ政策となっている。そういう意味で，使用者側へのインセンティブ政策を実施しているフランスとは方向性は逆であるが，企業への安価な労働力の提供と労働者への雇用の供給を直接の目的とする経済的な雇用刺激策

---

[70]　この点，法的構成としては，医療保険と公的年金保険では若干異なる。医療保険については，被保険者資格を得た時に完全な給付が発生することから，僅少労働者が給付請求権を取得することはないが，公的年金保険については，使用者が負担した保険料についても僅少労働者の年金給付の算定基礎となる報酬点数に反映されることとなっている（坂井 2013：719-721）。

[71]　但し，従来から（1999年以降），公的年金への加入は任意であれば可能であったこともあり，2013年1月以前からの僅少労働者については，公的年金保険への加入は任意のままとなっている。この規定後において，僅少労働者のうちの公的年金加入者の割合は，2017年3月時点で，18.3％の労働者にとどまっている。

◆ 第2章　非正規雇用問題と社会保障政策についての先行研究・調査

としては共通している。それ故，ドイツの場合においても，労働者に対する政策効果の反射的効果に過ぎないというべきであろうが，所得税と社会保険料の労働者負担分を労働者が払う場合の手取り賃金に相当するだけの安価な賃金総額を使用者は支払うだけで労働力を得ることができるという意味で使用者にとってのメリットもあるといえる（ザイフェルト　2010：30）。また，社会保険料の負担そのものは，通常の雇用よりも使用者にとって大きいが，法律上上限がある極めて低い賃金で僅少労働者を雇用することによって埋め合わせることができているともいえる（吉田　2007：61）。このような労働者・企業へのインセンティブ政策が，現実に労働市場の改善に社会的排除・包摂の見地から，つながっているといえるかが問題となる。

　そもそも，ハルツ改革は，僅少労働の拡大以外にも数多くの労働市場改革を内容としているが，全体として，ドイツの労働市場の効率化により，景気回復と相俟って社会保険加入義務を負う就業が回復傾向にあり，長期失業者の割合を低下させることができているとして，肯定的な評価も受けている（Klnger et al 2013：3-7，ゾンマー　2014：57など）。これに対して，労働市場における労働の質が低下し，僅少雇用の低賃金と雇用不安が深刻なまま残り，格差拡大を食い止めることが政策の課題となっており（毛塚　2017b：45-53，ゾンマー　2014：57），良好な雇用の確保ができていないとする否定的評価も数多くある（ザイフェルト　2010：27など）。これらの否定的評価の中には，労働者負担の免除という手法そのものにも及んでおり，保険料の免除による優遇が僅少労働者の低所得期間を長期化させることにつながっており，社会保障の周辺的領域にとどまる労働者を増やしただけで，社会保険加入義務ある正規雇用への誘因・架け橋になっていないという厳しい見解もある（Gleise et al 2013：119，ゾンマー　2014：57など）。このように，社会的排除・包摂の見地からは，雇用政策としての評価は割れているというのが現状である。実際のところ，失業率自体は2003年が9.64％であったのが2017年においては3.75％に明確に改善が認められている。ただ，そのことが僅少雇用の拡大によるものかどうかについては確かには実証されていない。加えて，失業率の改善が僅少雇用拡大の効果であるとしても，その改善が質の低い労働によるものであれば，社会的排除状態が続いており，社会的包摂は実現されていないという評価になっても奇異ではない。

◇第3節　フランス・ドイツにおける雇用政策と社会保険制度

そして，歴史的な見地からみれば，ドイツにおいては，伝統的に社会扶助の充実による生活保障のおかげで，失業者の多くは，社会的排除に陥っておらず，就労を通じた社会統合がなされてきたと考えられている（庄屋・布川 2002：46-49）。ただ，この就労を通じた社会統合は，提供される労働の質を問わなくなる結果，低賃金の就労の場を提供することとなり，労働者に質の低い就労を強いることになってしまうことが2002年当時既に危惧されていた（53）。上記の否定的評価は，そのような危惧が現実化してしまっていることを示しているようにもみえる。

　実際，一連の社会保険料の労働者負担に係る政策により，僅少労働に従事する者は，Wirtschafts- und Sozialwissenschaftliches Institut in der Hans-Böckler-Stiftung（以下，「WSI」という。）によれば[72]，副業として僅少労働に従事する者[73]を含め，2003年の約564万人から2011年には約756万人へと急増した。このこと自体は，社会保険料の労働者負担の減免による僅少労働への誘導が実施されたのであるから，当然の結果であり，驚くべきことでもない。ただ，僅少労働は，最近の公的年金加入の強制化など一定の考慮を示しているものの，老齢などのリスクに対する社会的保護が不十分である。それ故，ドイツにおける他の非正規・非典型雇用が，社会保険の適用において正規雇用と同じ前提を有しているのとは異なっていて社会保険制度からの制度的排除が予定されていることから，僅少雇用拡大政策が他の正規雇用をはじめとした社会保険加入義務ある雇用への架け橋となりえていないのであれば，社会的排除・包摂の意味でも問題である。ドイツにおいては，実情として均等待遇が実現しているかどうかはともかくとして，社会保険の適用を含めて全ての雇用形態における雇用が一定の共通の基盤での労働市場を形成しているとはいえるが，僅少労働につ

---

[72]　ドイツにおいては相互の調査方法の異なる統計を参照しているために同一事項についても統計ごとに結果が異なることが多く，本書ではその相違を厳密に検討して論じる意義はないので，別段の記載のなき限り，僅少雇用について定期的に調査をしているWSIの調査によることとする。

[73]　副業として僅少労働に就く場合においても，労働者は僅少労働による所得分について税・社会保険料を負担しなくても良い。実質的に節税対策となっていることが批判されてもいる。

◆第2章　非正規雇用問題と社会保障政策についての先行研究・調査

いては，社会保険の非適用及び僅少労働の要件に伴うその収入の絶対的低さ等の点において，経済的意味・制度的意味での社会的排除の可能性が高く，他の雇用形態とは極めて異なっているといえる。そのような雇用形態への社会保険料の負担免除という形での誘導，換言すれば，社会保険料賦課の中立性を損なう手段によるハルツ改革の僅少労働拡大がどのような影響をもたらしたのかを社会的排除・包摂の視点から，単なる失業率などの個別的記述的統計の解釈を超えて，改めて実証的に評価する必要があるといえる。

　詳しい考察に入る前にドイツの労働市場，雇用形態のあり方の特徴を簡単にではあるが示しておく必要はあるだろう。ドイツにおける雇用形態に係る概念は，まず，標準雇用と非典型雇用に分けられる。前者が日本その他の国における正規雇用に相当し，後者が日本その他の国における非正規雇用に相当する。そして，非典型雇用は，さらに，「僅少労働」，「パートタイム労働」「有期雇用」「派遣労働」の4つに分類される（天瀬・樋口 2010：3-4 など）。標準雇用は，日本における正規雇用の定義とは異なり，無期契約で，直接雇用のフルタイムの社会保険加入義務者の雇用者のことをいう（ザイフェルト 2010：28）との大きな違いは，社会保険加入義務の存在であり，社会保険制度への包摂が雇用のあり方の根幹を形成するという認識があるといえる。それ故，標準雇用でない非典型雇用については，日本における契約期間・労働時間により雇用形態を分類したものと類似するものとなっているが，僅少労働以外の非典型雇用については，標準雇用と並んで社会保険加入義務者（Sozialversicherungspflichtig Beschäftigte（SVB））により構成されており，僅少雇用と区別して考えられている。一般的に，僅少労働は社会保険加入義務がないことが特徴となっており，ドイツでは社会保険制度への包摂が，日本以上に雇用制度上の重要性を有しているといえる。そのため，標準雇用・非典型雇用という分類だけでなく，安定雇用・不安定雇用という分類が用いられるようになっている（毛塚 2017a：2-3）。この不安定雇用には，非典型雇用よりも明確な否定的価値評価が含まれており，低賃金と社会保障の欠落により，家庭生活と将来生活を展望できない不安定さを内包している雇用形態を意味し，一般的には，低賃金でかつ社会保険制度に（任意加入は可能であるため排除されているとまではいえないが）包摂されていない僅少労働を意味する[74]（2）。近年のドイツ，つまり，ハルツ改革以

◇第3節　フランス・ドイツにおける雇用政策と社会保険制度

後のドイツにおける雇用形態別の労働者数の変遷であるが，連邦統計局のミクロセンサス統計（Statistisches Bundesamt 2017：358）によれば，2016年時点で，標準雇用労働者（Normalarbeitnehmer）は，雇用労働者の77.0％，それ以外の非典型労働者（Atypische Beschäftigte）としては，全体として，23.0％，有期雇用労働者が，8.0％，パート労働者が14.4％，僅少労働者が6.6％となっており，近年においては，ほぼ全ての雇用形態において，ほぼ横ばい状態であるといえ，安定し固定化した状態が続いているといえる。

　上記のような雇用形態のあり方そしてその構成が安定し固定化している状態がどのように評価できるかが問題となる。そこで，本書における議論の対象である僅少労働者の労働条件の実情についても確認しておきたい。僅少労働についても，法律上，フルタイムの仕事に対し同一の仕事には同一賃金という原則が妥当する（パートタイム・有期労働契約法（TzBfG）第4条）。しかし，実際には，僅少労働の収入上限額の縛りもあり，かつ，フルタイム雇用者と同じ仕事をしている場合でも，税・社会保険料の負担を回避でき手取賃金額全部を受け取ることができることもあり，労働者側が法の求める賃金額を下回る賃金でも良しとして受け入れる場合が多いとされ，僅少労働者の平均収入は，月額282.03ユーロであるが，2010年の税込時間的賃金の中央値は，社会保険加入義務ある雇用者では15.53ユーロであるのに対し，僅少労働では8.22ユーロであり，大きな差があることがうかがえ，絶対的にも相対的にも賃金条件は低いといいうる（毛塚 2017b：25）。このような状況の下，よりコスト削減したい企業が僅少労働に雇用を移行することは自然ともいえ，使用者が意図的にフルタイム労働の職場を僅少雇用に切り替えたり，建設現場では，僅少雇用で雇用した

---

(74)　有期雇用・派遣労働についても，契約期間や労働条件の面からみて，不安定雇用と定義されることは多いし，パートタイム雇用については労働条件格差が比較的小さい（20％程度）こともあり通常は不安定雇用とみなされていないが，女性労働者が多いことからジェンダー格差の問題をはらみ不本意労働を含めて検討されることもある（毛塚 2017b：43）。本書では，ドイツの非典型・不安定雇用全般の研究を目的としておらず，社会保険適用の中立性と非典型雇用の関係に絞って考察をすることから（日本の場合には非正規雇用問題そのものを対象としているのと異なり）僅少労働以外の非典型雇用については，別段の必要性がない限り，議論の対象としない。

◆第2章　非正規雇用問題と社会保障政策についての先行研究・調査

上で，僅少雇用の賃金月額の上限である450ユーロを上回って働くときには現金で支払ったりするような闇労働が横行するなどの問題も生じている（毛塚2017b：52）。

　以上のように，賃金に格差が存在し，社会保険に代表される社会保障の保護からも排除されている僅少労働ではあるが，雇用維持という点については，少なくとも明確に意義を有すると考えられている。近年の経済状況が安定している中では，雇用形態ごとの労働者の割合は固定的かつ安定的であるものの，既に述べたように，ハルツ改革以後，僅少労働者数は増加したのみならず，2008年から2009年にかけての経済危機において，標準雇用の減少と比較して，パートタイム雇用と並んで僅少労働は雇用者数を増やしてもいる（ザイフェルト2017：48）。どのような業種・人々が僅少労働に従事しているかについては，僅少労働者の多い業種は，小売業，飲食業，医療福祉業である。性別を見ると，圧倒的に女性が多く，若年及び高齢層に多いというのが大まかな特徴である（毛塚 2017b：23-24）。この点では，それを含むパートタイム雇用の特徴を同様に持っており，社会保険加入義務を除いた（事実上賃金の安い）パートタイム雇用としての性質を有し，ジェンダー・年齢問題をも含むものと考えうる。

　このような僅少労働のはらむ問題を，労働市場全体を俯瞰しながら，橋本（2016：52-53）は，ドイツにおける労働市場の改革としてのハルツ改革が，労働市場を3つに分類して考察・対応してきたことを示している。労働市場における第1の集団が「社会保険加入義務を負う就業」に従事する者[75]，第2の集団が社会保険加入義務を負わない「僅少労働」に従事している者であり，第3の集団が失業者および無業者である。第3の集団である失業者および無業者の受け入れ先として雇用増を促すために第2の集団の存在意義があるのだが，そのこと自体は一般的な雇用の非正規化の拡大と同様に単に質の低い労働にとりあえず包摂したというだけである。ハルツ改革の目的としては，それだけでなく不安定雇用から安定雇用への橋渡しとなる措置であることが重要であり失業

---

[75] 社会法典では就業者（Beschäftigte）という用語が用いられているが，労働法の適用対象である労働者（Arbeitnehmer）とほぼ同義であり，この用語の区別は本書では特段に意味を持たないと解してよい。

◇第3節　フランス・ドイツにおける雇用政策と社会保険制度

の減少のみならず，標準雇用あるいは社会保険適用義務雇用の増大が実現されることが要求されている。この点のハルツ改革の成果の有無については肯定・否定の両面の評価に争いがあり，確認を要することは既に述べた。

　以上を総合すると，ハルツ改革及び僅少労働の拡大が，社会的排除状態の改善や社会的包摂の実現という意味で有効であったかを検討するためには，失業の減少分を標準雇用あるいは労働市場の第1集団の増加をもたらしたことが不可欠であるといえる。ドイツの代表的労働組合であるDGBは1ユーロからの労働，つまり，全ての労働について社会保険加入義務を課すべきと主張しているが（中村 2017：60），事実上の社会保険からの制度的排除を促進しているだけの僅少労働の拡大であれば，労働市場の質の向上とそこへの包摂であるとはいえないであろう。

(2) 僅少労働拡大政策と社会的排除状態の関係 ── 社会保険加入義務雇用と僅少労働

　本書では，社会保険料の労働者負担減免の就業行動・雇用行動への影響について考察をするために，ドイツの社会保険制度及び僅少労働とそれに関連するハルツ改革を含めた諸状況について概観してきた。これまで述べてきた諸状況の下で，ドイツの僅少労働という社会保険料の労働者負担が免除される雇用形態へ誘引する政策が，どのようにドイツの労働市場における雇用形態のあり方及び雇用形態に係る社会的排除に影響を与えたのかについて，日本における社会保険適用の雇用形態に係る中立化の是非を検討する際の参考のためにも，更に進めて実証的な検証とそれに基づく分析をしたい。

　もっとも，このような分析を行う際，僅少労働の要件拡大という法制度の導入と僅少労働の全雇用者における割合あるいはそれを含む非典型雇用の割合との関係に短期的な明らかな影響が出ることそれ自体は，極めて当然のことであり，取り立てて論ずるに値しないことは強調しておかなければならない。むしろ，僅少労働自体が非典型雇用であっても，それが失業から社会保険加入義務のある標準的雇用への移行を促すことができることが法政策自体の目的である故，長期的には，僅少雇用の拡大と失業の減少及び社会保険加入義務就業の増加との関係を問題としなければならないだろう。2005年の段階において，失業者の労働市場への統合という視点からみれば，要件を拡大した僅少労働から標

◆ 第2章　非正規雇用問題と社会保障政策についての先行研究・調査

準的雇用への移行は12.5％に過ぎず，逆に雇用創出に寄与せず，標準的雇用から僅少労働に移行したのであり，社会保険料収入を落ち込ませることになったという分析もなされていた（コンラット 2006：68-69）。そして，既に言及したことではあるが，さらに現在に近い，2014年においてすら，ハルツ改革の評価の中でも，僅少就業は社会保険加入義務のある就業への架け橋としては適していないこと，労働者の所得税の免除，社会保険料の免除・段階的な軽減措置が，僅少就業者が増加することにより，社会保険の収入を減少させ，保険料を基礎とする社会保障制度を長期的には弱体化させる恐れがあることなどの見解も示されており，（ゾンマー 2014：57），短期的にも長期的にも望まれていた社会保険制度からの社会的排除状態の改善とは評価されづらい状況であるようである。

　ただ，これらの分析は，社会保険の労働者負担の免除が直接に僅少労働の拡大に寄与していることを含め，失業者や標準的雇用・社会保険加入義務就業の増減との関係を明確に統計的に分析したものではない。社会保険適用の中立性を害した上，不安定雇用たる僅少労働に誘導し，社会保険について制度的排除を促進する政策自体が望ましからざる政策であるという認識も先行研究上なされているが，ハルツ改革による僅少労働の要件拡大それ自体が，他の要素の介在なしに，失業から標準的雇用政策への移行を助けるという政策目的を実現できているかどうか，あるいは，そのために一定の有効性を持っている政策であるかどうかは実証されていない。ハルツ改革に含まれるその他の失業対策の効果等が複雑に影響しているにもかかわらず，そのことを考慮せず，かつ，僅少労働適用の要件拡大そのものを説明変数とする先行研究は行われていないのである。そのような統計的な分析を確認した上で，社会保険料の労働者負担の減免に係る僅少雇用の要件拡大を内容とする政策が，失業問題を改善することのできた政策であるか，あるいは，社会保険適用の中立性を損ない社会的排除を促進してきた政策であるかがわかり，特定の雇用形態につき社会保険の労働者負担を減免する失業対策が公的的・否定的のいずれの評価が下されるべきかを判断したい。

　そこで，以下において，ドイツの僅少労働拡大政策を社会保険適用の雇用形態に係る非中立化政策としてその意義を統計的に再検証することとする。ただ，フランスの場合には，パートタイム雇用への誘導策がなくなったという点だけ

◇第3節　フランス・ドイツにおける雇用政策と社会保険制度

に着目すれば，企業のパートタイム雇用への誘因がなくなり，使用者負担保険料の賦課割合の平等化による正規雇用あるいはフルタイム雇用への誘導の性質を実質上持っていると考えることができたが，ドイツの僅少労働政策については，現在も継続されており，同様に考えることはできない。そこで，社会保険料の労働者負担の免除に係る僅少雇用の要件拡大と失業の減少及び社会保険加入義務就業の増加との関係を直接に比較考察した上で，社会保険料の労働者負担の免除に係る僅少雇用の要件拡大が，失業の減少と社会保険加入義務就業の増加のそれぞれにどのような影響を与えているのかについて検証したい。

　具体的には，社会保険加入義務就業者及び失業者の割合を被説明変数とし，社会保険の労働者負担の保険料の免除が適用される僅少雇用の要件の中でも最も主要な要件である月額賃金額を説明変数とし，その他に僅少雇用の割合に影響を及ぼすと考えられる変数をコントロール変数として，ハルツ改革に基づき僅少労働の要件拡大による誘導政策実施の2003年から一貫してデータ取得の可能な最新年である2016年までのデータに基づき，重回帰分析を行う。また，参考として，もう一つの被説明変数として，僅少労働者の割合についても検証する。ハルツ改革以降，僅少労働者数が増加しているのは確かであるが，増加率が著しいのは副業としての僅少労働者数であり，専業・副業のそれぞれを合わせた僅少労働全体への影響をも確認しておくこととする。使用するデータについては他の被説明変数と同様の出所に基づく。

　社会保険加入義務就業者の割合に影響を及ぼす可能性のある主要なコントロール変数としては，以下のものを取り上げる[76]。まず，雇用者数や雇用形態の選択に経済状態が影響を及ぼすという研究（Houseman and Osawa 2003a：7）があることから，経済状態を示す代表的指標たる実質経済成長率を取り上

---

[76] フランスの社会保障の使用者負担減免政策とパートタイム労働者の割合に関して述べたように，ドイツに関する分析においても，本書でコントロール変数として取り上げるもののみが，社会保険加入義務就業者及び失業者の割合の割合の変化に影響したり，原因となっていたりするということではない。また，コントロール変数として取り上げるものが，確定的に社会保険加入義務就業者及び失業者の割合の変化に影響したり，原因となっていたりすると主張したいわけでもない。本書では，検証に最低限必要で取り上げることが可能な先行研究上代表的とされているもののみを取り上げる。

◆第2章 非正規雇用問題と社会保障政策についての先行研究・調査

げる。さらに，パートタイム労働の一種でもあり，既に述べたように僅少労働者の多い業種は，小売業，飲食業，医療福祉業であり，性別を見ると，圧倒的に女性が多いということ（毛塚 2017b：23-24）を踏まえて，僅少労働に係る政策の効果に関しては，女性の労働者の増加や産業構成の変化により小売業・飲食業を含むサービス業等の第三次産業の比重の高まりが関係していると考えられることから，女性労働者比率及び第三次産業雇用者比率をもコントロール変数とする。

それぞれの変数並びにその具体的データ及びその出所は，以下の通りである。まず，被説明変数たる社会保険加入義務就業者及び失業者の割合に関しては，前者については，統一的な基準で明確なデータとして提示しているのが，2003年から2016年までのWirtschafts - und Sozialwissenschaftliches Institut in der Hans-Böckler-StiftungのAtypische Beschäftigung in Deutschlandだけであることもありそれに拠り，後者については，失業者の割合は，OECDの統計データ（2018）に拠る。また，コントロール変数たる実質経済成長率については，IMFの統計データ（2018）に基づく。女性労働者数及び第三次産業雇用者比率のデータも，2003年から20016年までWirtschafts- und Sozialwissenschaftliches Institut in der Hans-Böckler-StiftungのAtypische Beschäftigung in Deutschlandにはすべて揃っており，それに拠る。以上の各変数のデータが全て取得可能なのは，年単位のデータであるため，年単位のデータによることとする。

(3) 分析とその結果

① 分析の趣旨

本書においては，社会保険を労働者の雇用形態に関し非中立的に適用することが，雇用形態と社会保険適用自体の両面における悪影響をもたらし，社会的排除を生み出してしまっているのではないかと考えてきた。ドイツにおける社会保険料の労働者負担の免除に係る僅少雇用の要件拡大と社会保険適用義務雇用・失業・僅少雇用との関係を分析するにあたり，このような非中立的な社会保険料賦課の非中立化が，雇用への包摂，換言すれば，社会的包摂，という政策目的に照らして肯定的な効果が認められているとするためには，説明変数たる社会保険料の労働者負担の減免に係る僅少雇用の要件拡大と被説明変数であ

◇第3節　フランス・ドイツにおける雇用政策と社会保険制度

る社会保険加入義務雇用の割合とは正の関係，失業率とは負の関係が有意に認められることとなり，否定的な場合には，逆の関係が有意に認められることとなる。以下では上記基準に照らしてどのような結果が認められるか否かを重回帰分析の実施を通じて確認することとなる。

重回帰分析を行うに際し，被説明変数である社会保険加入義務雇用の割合，失業率，説明変数たる社会保険料の労働者負担の減免に係る僅少雇用の要件（制限額）としての賃金月額，コントロール変数たる第三次産業雇用者比率，女性雇用者比率及び実質経済成長率，加えて，参考としての僅少雇用の割合，の変化のは，表6のとおりである。

(表6)

年	社会保険加入義務雇用の割合(%)	失業率(%)	僅少雇用の要件（制限額）としての賃金月額（ユーロ）	女性雇用者比率(%)	実質経済成長率(%)	第三次産業雇用者比率(%)	僅少雇用の割合(%)
2003	85.2	9.64	381	45.2	-0.72	65.2	30.1
2004	83.6	9.79	400	45.2	0.70	65.7	32.1
2005	83.6	11.17	400	45.4	0.87	66.1	32.8
2006	83.3	10.25	400	45.3	3.89	66.6	33.9
2007	83.5	8.66	400	45.0	3.37	66.8	34.3
2008	83.9	7.53	400	45.0	0.81	68.0	34.3
2009	83.7	7.74	400	45.7	-5.56	68.4	34.5
2010	83.8	6.97	400	45.8	3.94	69.1	35.6
2011	84.2	5.83	400	45.8	3.72	69.2	34.9
2012	84.6	5.38	400	45.9	0.69	69.4	38.9
2013	84.7	5.23	450	46.1	0.61	69.6	38.4
2014	84.9	4.98	450	46.2	2.18	69.8	38.9
2015	85.6	4.62	450	46.4	1.48	70.2	39.3

◆ 第2章 非正規雇用問題と社会保障政策についての先行研究・調査

| 2016 | 85.9 | 4.12 | 450 | 46.4 | 2.16 | 70.6 | 39.6 |

(出所：(2)に記載の通り)

次に，被説明変数の社会保険加入義務雇用の割合及び失業率，説明変数の社会保険料の労働者負担の減免に係る僅少雇用の要件（制限額）としての賃金月額，コントロール変数の第三次産業雇用者比率，女性雇用者比率及び実質経済成長率，更に参考の被説明変数としての僅少労働者の割合のそれぞれの変数間での相関分析を行った。その結果は，表7のとおりである。

（表7）相関分析

	失業率(%)	僅少雇用の要件（制限額）としての賃金月額（ユーロ）	女性雇用者比率(%)	実質経済成長率(%)	第三次産業雇用者比率(%)	僅少雇用の割合(%)
社会保険加入義務雇用の割合(%)	-.704**	.645*	.718**	-.034	.564*	.575*
失業率(%)	―	-.736**	-.839**	-.103	-.952**	-.895**
僅少雇用の要件（制限額）としての賃金月額（ユーロ）	―	―	.813**	.127	.740**	.829**
女性雇用者比率（%）	―	―	―	.036	.704**	.858**
実質経済成長率（%）	―	―	―	―	.124	.176
第三次産業雇用者比率（%）	―	―	―	―	―	.930**

◇第3節　フランス・ドイツにおける雇用政策と社会保険制度

　　＊＊p＜0.01　＊p＜0.05

　さらに，社会保険加入義務雇用の割合及び失業率，加えて，参考としての僅少労働者の割合を被説明変数，社会保険料の労働者負担の減免に係る僅少雇用の要件（制限額）としての賃金月額を説明変数，第三次産業雇用者比率，女性雇用者比率及び実質経済成長率をコントロール変数とする重回帰分析を行った。相関分析と照らして，回帰モデルが有意でない場合等を排除して，それぞれの被説明変数について得られた結果は，表8～表10の通りである。

（表8）重回帰分析（被説明変数：社会保険加入義務雇用の割合（％））

説明変数	B	SE
僅少雇用の要件（制限額）としての賃金月額	.204	.013.
第三次産業雇用者比率	—	—
女性雇用者比率	.555	.633
実質経済成長率	-.080	.075

　注）β：標準偏回帰係数　SE：標準誤差
　　　＊＊p＜0.01　＊p＜0.05

R^2	.533*
Adj. R^2	.393*
N	14

　注）R^2：決定係数　Adj. R^2：自由度調整済みの決定係数
　　　＊＊p＜0.01　＊p＜0.05

（表9）重回帰分析（被説明変数：失業率）

説明変数	B	SE
僅少雇用の要件（制限額）としての賃金月額	-.071	.013
第三次産業雇用比率	-.900**	.076
女性雇用者比率	—	—
実質経済成長率	—	—

　注）β：標準偏回帰係数　SE：標準誤差

◆第2章 非正規雇用問題と社会保障政策についての先行研究・調査

　　＊＊p＜0.01　＊p＜0.05

R^2	.909**
Adj. R^2	.892**
N	14

　注）R^2：決定係数　Adj. R^2：自由度調整済みの決定係数
　　＊＊p＜0.01　＊p＜0.05

（表10）重回帰分析（被説明変数：僅少雇用の割合）

説明変数	B	SE
僅少雇用の要件（制限額）としての賃金月額	.305	.021
第三次産業雇用比率	.692**	.346
女性雇用者比率	.051	1.461
実質経済成長率	.007	.126

　注）β：標準偏回帰係数　SE：標準誤差
　　＊＊p＜0.01　＊p＜0.05

R^2	.911**
Adj. R^2	.871**
N	14

　注）R^2：決定係数　Adj. R^2：自由度調整済みの決定係数
　　＊＊p＜0.01　＊p＜0.05

　表7によれば，社会保険料の労働者負担の減免に係る僅少雇用の要件（制限額）としての賃金月額との相関係数は，失業率及び僅少雇用の割合（有意水準1％），社会保険加入義務雇用の割合（有意水準5％）について有意であり，失業との間でのみ負の関係が認められた。
　次に，表8によれば，自由度調整済みの決定係数は，0.393となっており，有意（有意水準5％）であり，モデルに説明力は一応あるといえる。しかし，標準偏回帰係数には，有意なものはなかった。
　また，表9によれば，自由度調整済みの決定係数は，0.892となっており，

◇第3節　フランス・ドイツにおける雇用政策と社会保険制度

有意となっていることからも，モデルに説明力は一定程度あるといえる。しかし，標準偏回帰係数には，有意なものはなかった。

最後に，また，表10によれば，自由度調整済みの決定係数は，0.871となっており，有意となっていることからも，モデルに説明力は一定程度あるといえる。標準偏回帰係数は，第３次産業雇用比率のみ有意（１％水準）で，その他に有意なものはなかった。

② 分析の結果について

これらの重回帰分析によれば，関心の対象である説明変数たる社会保険料の労働者負担の減免に係る僅少雇用の要件（制限額）としての賃金月額と有意な関係をもつ被説明変数はなかった。この結果からは，社会保険料の労働者負担の減免に係る僅少雇用の要件（制限額）としての賃金月額の上昇，つまり，僅少雇用の拡大政策は，究極的な政策目的とされる失業率の改善や社会的に包摂されている雇用である社会保険加入義務雇用の割合の上昇に有意な影響があるとはいえないばかりか，直接の目的である，専業・副業双方を含む僅少雇用の増大にすら有意な関連性が認められないことが分かった。もっとも，僅少雇用の拡大政策に対する否定的な評価に示されるような失業対策に効果なく，社会的に包摂されている雇用である社会保険加入義務雇用を減少させる効果も認められなかったということはいえ，当該政策の肯否については，先行研究でその評価が割れていることを反映するかのように，本分析の範囲内においては，確たることがいえないことも明らかとなったといえる。

(4) 小　括

ドイツにおいては，ハルツ改革という労働市場の効率化・活性化を目指す政策の１つとして，僅少労働という労働者の社会保険負担を免除あるいは軽減（ミディジョブ）する雇用形態の用件を拡大することにより，労働そのものへの意向を促進し，失業から雇用へ，そして，最終的には社会的に包摂されているといえる社会保険加入義務雇用への包摂を目指した。これまで，政策実施と同時期に少なくとも直接の目的である僅少雇用の拡大と失業率の改善の傾向は，明確に見られたことを理由として，社会保険加入義務雇用の増大という最終的・理想的目標はともかくとしても，政策は成功であるという見解から，社会保険適用義務のない質の劣悪な労働に従事する僅少雇用労働者の数が増大して

いることをもって，社会保険制度から排除された労働者の増大を憂い，政策は失敗であったという見解まで，当該政策の評価は大きく分かれていて，確定的な評価がなされていないのが実情であった。そして，本書における統計的分析は，このような論争に決着をつけるには至らなかった。つまり，僅少雇用の拡大政策は，究極的な政策目的とされる失業率の改善や社会的に包摂されている雇用である社会保険加入義務雇用の割合を上昇に有意な影響があるとはいえないばかりか，直接の目的である，専業・副業双方を含む僅少雇用の増大にすら有意な関連性が認められないことが分かった。僅少雇用の拡大自体が，想定されてきた目的との関連性が認められていないということを考えれば，成功とは言い難いと考えられる。しかし，逆の効果についても同様のことがいえるのであり，成功をもたらしたといえないゆえに失敗とはいいうるとしても，既に本節第2において分析したフランスの社会保障の使用者負担軽減政策のように社会的排除のみを促進する害悪のある政策とまではいえないということも明らかになったとはいえる。もっとも，労働者の社会保険負担を減免することによる雇用促進政策は，社会的包摂に肯定的な評価を有すると実証的にいえない以上，それ自体による逆効果が有意に認められないというだけでは肯定できないであろう。なぜなら，この政策は，基本的に社会保険の担い手を減らす方向の政策であり，社会保険の財源を危機に陥れる可能性があるばかりでなく，低収入者の社会保険加入を妨げる効果を持ちうるからである。つまり，ドイツのこの僅少労働拡大政策は，法政策として社会的排除・包摂に視点からは少なくとも望ましいとはいえず，社会的排除状態を改善しようとする立場からは，日本の政策に取り入れて参考にする必要はないというのが本書としての態度となる。

第4　まとめ ── フランス・ドイツの社会保険に係る政策の意義

　日本における社会保険の被保険者資格の雇用形態に関する非中立性を雇用の非正規化と非正規雇用労働者の社会的排除の促進要因と考えその改善策を考察する本書において，フランスのパートタイム雇用に対する社会保障の使用者負担軽減政策及びドイツの僅少労働者に対する社会保険の労働者負担免除の拡大政策は，本書で検討している政策と逆方向であるが，社会保険の適用を非中立

◇第3節　フランス・ドイツにおける雇用政策と社会保険制度

化することにより失業問題の解決などの一定の他の目的を実現する政策が，非正規雇用や社会保険の適用に係る社会的排除・包摂にどのような影響を与えるかを把握し，中立化の重要性を知るための参照可能な事例であると考え，取り上げて分析した。その結果，フランスのパートタイム雇用に対する社会保障の使用者負担軽減政策は，パートタイム雇用の割合と正の関連性を有し，その廃止，つまり，社会保険の適用を中立化することによりパートタイム雇用の割合を減少させることができ，非正規雇用の問題をその限度で改善させたということがわかり，他方，ドイツの僅少労働者に対する社会保険の労働者負担免除の拡大政策は，社会保険加入義務雇用及び僅少雇用の増加にも減少にも関連性を有していないこともわかった。同時に，双方に関し，失業率との関連性は有していないといえることから，非中立化政策はその目的達成の合理的手段とはいえないと考えられることもわかった。もっとも，双方の分析を通じて，フランスの社会保障の使用者負担軽減政策は企業の雇用にかかる企業行動を雇用の非正規化に向かわせるという本書の視点からは否定的にしか見ることのできない効果を有しているのに対して，ドイツの社会保険の労働者負担が免除される僅少雇用拡大政策については，それ自体として必ずしも企業や労働者に雇用形態に係る悪影響を生じさせているわけではないと考えられる点で若干の相違があることも明らかとなった。

　ただ，社会保険の被保険者資格の制限，社会保険の非中立的適用は，制限される人々を社会保険・社会保障から排除する機能を有することは確実にいえる。それ故，以上の結果は，社会保険料の賦課の非中立化を推進すべき根拠が積極的に認められないことを示しているといえる。換言すれば，非中立的状況を是正し，中立化することにより，社会的排除の改善・包摂の実現に向かうことが重要であることが，ドイツ・フランスという正反対の社会保険料賦課政策を実施している国の政策を概観・分析することにより明らかになったといえる。つまり，雇用形態に関して非中立的な社会保険適用・賦課は，雇用の非正規化という方向性で，フランス・ドイツにおいて実施されてきたが，悪影響が認められる場合があるにもかかわらず好影響は有意に認められないことからも，雇用の非正規化という形での非中立化政策は，労働者の社会的排除・包摂の視点から見て，日本とフランス・ドイツの間の社会や労働・雇用の実情の差異を勘案

161

◆第2章　非正規雇用問題と社会保障政策についての先行研究・調査

した場合でも，望ましい政策でないことが示されたと考える。もちろん，フランス・ドイツの事例のみとの比較で，結果が普遍化されたということはできないが，フランス・ドイツという日本とは社会的にも歴史的にも背景を異にする国においても妥当することが明確になったということは，日本でこの結果に基づく検討の価値があると考えた上での考察を行うにあたり，積極的な方向に導きうるものであるといえるだろう。そこで，日本でもそのことは妥当する可能性があり，参考にすべきであると考え，この知見をもとにさらに考察を進めていきたいと思う。

◆第4節　非正規雇用と社会保障法政策をめぐる先行研究を概観して

　本書では，日本の社会保険の被保険者資格が雇用形態に関し非正規雇用に不利な形で非中立的であり，そのことが，非正規雇用労働者に単に社会保険の利益を享受できない状態を強いるというだけの問題にはとどまらず，そのことが誘因となり，企業による社会保険料の事業主負担の帰着・転嫁を促し，雇用の非正規化を生み出しており，同時に，雇用の正規化の促進と社会保険からの排除を通じ，労働者の社会的排除を促進，その包摂を阻害してきたと考えられることを示してきた。加えて，社会保険料の被保険者負担についても，有配偶者の女性パートタイム雇用者に多い第3号被保険者に係る保険料負担の免除制度という社会保険料の賦課に係る非中立的政策が就業抑制を惹起し，非正規雇用へのジェンダー的固定化や労働者間での社会保険料の負担の不公平感・年金制度への不信感をも生み出してしまっている実情を示し，社会保険の被保険者資格の無制限化，社会保険の適用の完全な中立化により，以上の問題が解決に導かれうるのではないかと考えるに至った。

　このような社会保険の適用の雇用形態に関する非中立化に伴う問題は，日本だけにとどまる問題ではない。フランスとドイツに関しても類似した問題が見られ，失業問題等の改善のために特定の雇用形態に誘導する社会保険の適用の一種としての非中立的な保険料の賦課を実施していたことが，フランスではパートタイム労働の増加，ドイツでは社会保険加入義務のない僅少労働の増加

◇第4節　非正規雇用と社会保障法政策をめぐる先行研究を概観して

を招いていたという議論がなされてきたが，本書の検証において，フランスに関しては，非中立化政策が所定の目的を達成しておらず，雇用の質を悪化させる効果をもたらしたことだけが確実な効果といえ，当該主張が一定の妥当性を持つことが確認できたが，ドイツに関してはそのような否定的評価が確定したとはいえないが，肯定的評価もできないことから，社会保険の適用の雇用形態に関する非中立化そのものは望ましい政策でないことが比較研究からも示しえたと考える。

　ここまで，先行研究の知見を基礎に，社会保険制度が事実上雇用形態と関連付けられていること，社会保険料の事業主負担の雇用の非正規化・正規化に対する経済的機能・影響，社会保険料の被保険者負担が第3号被保険者制度や健康保険の被扶養者制度を通じて，有配偶者女性の就業抑制を進めてしまっていること，雇用形態の企業組織における意義，企業における雇用の正規化の可能性・条件，雇用形態のあり方及び社会保険の適用の有無が，労働者の社会的排除の改善，ひいては幸福度の増進に現れる社会的包摂の実現へどのような影響度を持つかなど，社会保険法制度と非正規雇用問題に関連する事項について考察してきた。これらの考察を通じて，当初は単なる茫漠とした疑い・可能性に過ぎなかった社会保険法制度と非正規雇用問題の関連性が，次第に明確な問題意識に変化してきたように思われる。つまり，社会保険の被保険者資格を雇用形態に関して非中立化し，制限していることが，雇用の非正規化及び非正規雇用労働者の社会的排除を促進し，悪影響を与えてきたことが明確になってきたといえ，非中立化・制限化の是正こそが，雇用の非正規化の抑止，社会保険制度への非正規雇用労働者の包摂等を実現し，労働者の社会的排除の改善と社会的包摂の実現につなげていく可能性がある方策であることが示されたと考える。

　本章で示してきた議論を勘案した上で，次章以降においては，雇用の非正規化を抑止し，正規化を進め，労働者の社会的排除の改善，ひいては幸福度の増進に現れる社会的包摂の実現するためには，どのような社会保険の被保険者資格及び社会保険料の賦課のあり方が望ましく，そのためにはどのような政策が具体的に可能なのかを，さらに具体的に考える。その上で，エビデンスに基づく政策決定（川口 2017：402-404）の理念に則り，望ましい具体的な社会保障法政策についての仮説を定立し，その検証へと向かいたい。

第3章 非正規雇用問題への対処としての社会保障法政策に係る仮説の定立

◆ 第1節 企業に向けた実施すべき法政策

第1 合理的選択理論に基づく企業行動

　第2章において示された先行研究・調査によれば，社会保険料の事業主負担の転嫁・帰着として，正規雇用と非正規雇用の代替が企業のありうべき行動として一定程度生じうることがわかった。そこで，そのような前提に基づき，非正規雇用（直接雇用としてのパートタイム雇用・有期雇用）から正規雇用への移行を実現するための社会保障法上の法政策が可能かどうかをまずは理論的に考察する。具体的には，社会保険の被保険者資格（必要な雇用（見込み）期間・労働時間等）及び社会保険料の事業主負担に係る法政策上の選択肢とそれに対する企業による雇用形態に係る合理的選択について考察し，仮説を定立することとする。

　本書で企業行動において関連呈することとなる理論である合理的選択論とは，人々の行為を合理的に選択されたものとして説明することを通じて，人々の行為の結果として生じている社会現象を説明する，という形式を持つ理論的試み一般のことをいう（盛山 1997：137）。この合理性は既に言及したとおり伝統的経済学においては効用の最大化と考えるのであり，個人の行動や相互行為についてはともかくとしても（飯田 2004：41），少なくとも，一定の法政策に対する企業の行動であれば，合理的な行動が選択されることになるであろう（八代 2006：229）。そして，企業であるが故に，その合理的行動は，利潤の最大化に向けた行動であるといって差し支えないであろう（太田 1994：281-282）。

　このような利潤の最大化に向けた企業の合理的行動を前提としたときに，企業が非正規雇用労働者の正規化を進めるよう促すことのできるインセンティブ

◆第3章　非正規雇用問題への対処としての社会保障法政策に係る仮説の定立

規整（太田 1994：284）としての社会保険に係る法政策は具体的にはどのようなものなのであろうか。換言すれば，既に述べた非正規雇用問題を改善するような方向に企業が行動することが，企業にとって合理的選択であるといえるための法政策はどのようなものなのか。既に示されたように，社会保険の被保険者資格に労働時間や雇用（見込み）期間による制限があるために，社会保険料の事業主負担の賦課により，帰着として，正規雇用から非正規雇用への代替がなされている可能性がある。そうであれば，第2章において社会保障政策の候補として示したように，このような制限を撤廃・無制限化することにより，非正規雇用への代替を抑止し，これまでとは対称的に正規雇用への転換がなされることが企業の合理的選択であるというように導くことが考えられる。ただ，パートタイム労働者等の非正規雇用労働者に対する社会保険への加入を認めることにより，非正規雇用に係るコストが増大し，企業の保険料負担が単に増大すれば，正規雇用労働者が増加することなく，単にパート労働者のみが削減される可能性（古郡 2007：68）も，正規・非正規を問わず雇用全体が削減される可能性も，企業の合理的選択としてありうる。そこで，正規雇用労働者・非正規雇用労働者双方について雇用の削減を防止するために，社会保険料の事業主負担自体の軽減を同時に行うという手段をとることが考えられる。社会保険料の事業主負担の増加そのものがその帰着として雇用の削減を生むことから（三菱総合研究所 2010など），それを防止することにより，これによって，雇用の削減が企業にとって合理的といえなくなり，雇用の正規化を進めつつ，同時に，非正規労働を含む雇用の維持を実現することが，合理的な企業行動の選択たりうる。

　もっとも，このような法政策を実施することによる社会全体の利益のバランスや法体系全体の整合性を損なう可能性も考えられる。しかし，少なくとも企業行動に関連する限度では，以下のように大きな問題はないと考える。まず，社会保険料率の引き下げについては，被保険者資格の無制限化による保険料増大を補う範囲で行うのであれば，財政的には問題ないと考えられる。また，被保険者資格の無制限化に関しては，特に将来の給付との関係で年金財政における不安が問題となりうるが，適用対象でなかった非正規雇用労働者が保険料を支払うこともあり，年金水準の維持は財政的に十分可能であると算定されて

◇第1節　企業に向けた実施すべき法政策

いる⁽¹⁾（厚生労働省 2014a）。もともとは，あくまで社会保険の適用拡大の限度での議論ではあるが，年金制度の支え手を増やし，年金運用の財政収支を好転させるということまで期待されていたのではあるが，シミュレーション上，そこまでは必ずしも期待できないという研究があるものの（山本 2003など），適用の無制限化を含む適用拡大が社会保険の財政収支自体を悪化させるものではないことは概ね認められうるといえる。さらに，社会保険の被保険者資格の無制限化については，セーフティネットを構成すべき社会保障の重要な部分を形成する社会保険から非正規雇用労働者を排除してしまう結果となっている不当な現状の社会的排除状態の改善という意味で極めて望ましいものといえる一方で（この点については労働者行動についての議論の際に詳述する），収入に対する保険料負担が過大になるのを防ぐために，厚生年金の標準報酬の下限を下げると，パートタイム労働者等の国民年金法7条1項2号被保険者が国民年金法7条1項1号被保険者より安い保険料で高い給付を受けうるという逆転現象が起こるなどの法制度上の整合性の問題は生じうる（島崎 2011：225など）。しかし，厚生年金保険は，国民年金保険とは一応別個の制度であり（厚生労働省 2014b：27），被用者として報酬比例部分に関して一定の有利な給付を受けること自体は予定されており⁽²⁾，逆転現象自体が必ずしも不当とはいえないし，被用者であるにもかかわらず，報酬比例部分の年金を受給できないことの不当さと比較して深刻な問題とはいえない。さらにいえば，年金制度の内部には，労働者行動の面でも問題となることであるが，既に本書でも就業抑制などと関連付けて議論してきた第3号被保険者の存在というような，比較にならないほど不当な負担と給付の不均衡も制度的に許容されており，現存する，あるいは生じうる一切の不均衡を解決しない限り非正規雇用労働者の社会的排除等の重大な問題でも改善しないというのは，正当ではないということができるであろう。さら

⑴　社会保険の財政については，保険料の未納問題など様々な要素が問題となりうるので，確実なことはいえないが，適用拡大のみによって破綻することなどはないことを，厚生労働省の資料は示しているといえる。

⑵　島崎（2011）自身，被用者でありながら，被用者保険から排除され，国民健康保険・国民年金の被保険者とならざるを得ないのであれば，負担と給付の不均衡が大きいといわざるを得ない旨述べている（223）。

◆ 第3章　非正規雇用問題への対処としての社会保障法政策に係る仮説の定立

にいえば，これも後述すべき事項であるが，社会保険資格の無制限化を実施すれば，第3号被保険者制度も存在し得なくなり，女性の社会進出という理念上の利点のみならず，社会的公平性，被用者の平等という点ではより望ましい制度になるといえる。もちろん，以上の主要な問題点以外にも細かい点について調整すべきことは他にもあろうが，そのような技術的側面についてはどのような制度改正の際にも問題となりうることであるし，重要度が相対的に低い細かい技術的事項については，ここではこれ以上検討しない。

　ただ，雇用保険に関しては，健康保険や厚生年金保険とは異なる論点がある。それは，非正規雇用労働者への適用を拡大することによって，非正規雇用労働者が短期間に就業と失業を繰り返し，失業保険の受給を狙うというモラルハザードが生じうるという懸念である（濱口 2010）。この懸念自体は，過去の季節労働者に対する失業保険の濫給が問題視され，常用労働者に限定されることになった1955年の失業保険法改正の際に議論されたものであり，正当であるといいうる。ただ，モラルハザードを防ぐことは，必ずしも被保険者資格の限定ではなく，受給資格や受給金額の検討で十分であるといえるし，2010年改正による雇用保険の適用拡大に際しても，実証研究によれば，モラルハザードを推認しうる自発的離職がしやすくなったという結果は認められてもいないし，企業の雇止め誘発の恐れについても非正規雇用労働者に非がないことはもちろんのこと，メリット制の採用[3]等により防止可能であることから（戸田 2018：63-64），被保険者資格を限定すべきという根拠とはなり難いと考えられる。

　そこで，社会保険の被保険者資格の無制限化による雇用形態に基づく差異の撤廃・中立化と社会保険料の事業主負担の保険料率の減少の2つの施策が，企業に合理的行動として，雇用量を維持させながら非正規雇用の比率を減少させ，正規雇用の比率を増大させることになるかどうかを検討することとなる。しかし，社会保険料の事業主負担の変動や社会保険の被保険者資格のあり方が，企業行動にどのように影響するかは，既に確認した通り，先験的には，一義的に確定することはできない。企業は合理的行動として，賃金，雇用量，雇用形態，

---

(3) 雇用保険の保険料を解雇・雇止め等の一定の事実の発生により変動させるというような（戸田 2018：64）過去の実績に応じて保険料を増減させる制度のことである。

◇第1節　企業に向けた実施すべき法政策

製品価格等様々な生産要素に手を付けることも可能であり，各企業の業種・組織上の形態等の個別的異質性も帰着等の企業行動に影響しうる。実際に，このような全ての要素が具体的にどのように関係し得るのかを検証するためには，実証的調査により検証するほかない。ただ，企業はその存立目的として利潤を生み出すために，生産要素としての労働力を多かれ少なかれ用いざるを得ないことは一般的・抽象的に明らかである。そこで，上記施策の現実社会における妥当性・有効性についての実証的調査を行うための大前提として，生産要素としての労働力のみに着目して，社会保険の被保険者資格の無制限化と社会保険料の事業主負担の減少を一括して行う場合の正規雇用と非正規雇用の代替のあり方についてミクロ経済学に基づく理論的な観点から検討し，上記施策が抽象的・理論的なレベルでの合理性を有するかどうかの確認を行いたい。

このような合理性の確認を行った上で，それにより確認できない多様な要素を含む現実における法政策の合理性，そして，具体的場面における正規化可能性について，企業の業種，正社員登用制度，多様な正社員制度等，重要と考えられる事情がどのように機能し得るのかを勘案しつつ，実証的調査によって検証することとする。

第2　ミクロ経済学に基づく理論的確認：正規労働と非正規労働の代替及び社会保険料の事業主負担の帰着の問題

1　概　略

これまで，社会保険料の帰着に関しては，その理論的確認として，労働の需要曲線と供給曲線を用いた研究がなされ，そこでは，社会保険料の賦課により市場の均衡点が変わり雇用量と賃金に係る決定がどのように影響を受け，帰着が生じるのか，そして社会保険の適用を受ける正規労働の需要曲線・供給曲線と適用を受けない非正規労働の需要曲線・供給曲線はどのような関係にあるのか等が論じられてきた（金 2015：38-42等）。ただ，社会保険料の事業主負担の賦課やその増加・減少が企業活動に及ぼす影響だけに関していえばこれで十分であるが，社会保険適用の基礎としての被保険者資格について雇用形態に係る差異を撤廃・無制限化するというような政策の影響について考察する場合には，

◆ 第3章　非正規雇用問題への対処としての社会保障法政策に係る仮説の定立

十分とはいえない。このような政策が正規雇用と非正規雇用の活用にどのような影響を与えるか，換言すれば，正規雇用から非正規雇用への代替関係を分析するためには，代替関係に焦点を絞り理論的確認を行うこと（酒井 2009：79）が必要である。ただ，このような分析を行うに当たっては，具体的な確認対象となる法政策がなければならないが，本書では第2章及び本章1で政策候補として示した社会保険の被保険者資格の無制限化と社会保険料の事業主負担の軽減を一括して行うという確認を要すべき法政策が存在する。そこで，正規雇用と非正規雇用の要素代替の観点から当該法政策の抽象的・理論的な合理性の確認を行いたい。

2　要素代替のあり方

　非正規雇用問題を正規労働と非正規労働という2種類の生産要素の代替に関する問題として考える。ただ，正規労働と非正規労働は，同じ労働という範疇に収まる生産要素に過ぎないのではないかという疑問があるかもしれない。しかし，第2章で示したように，同じ労働としての性質を有するとはいえ，その価格には大きな格差があり，その提供する労働内容についても，異なることも多く，代替性があって重なる場合でも，責任や職場での将来の役割期待等というような具体的な仕事の場での重要な要素において差異が存在すると考えられることから，生産要素としての相違は一定程度あるため，限界生産物価値が等しくなったときに代替される通常の異なる生産要素間の関係が妥当するといえる。

　そこで，国によって，a 被保険者資格の無制限化，b 企業の事業主負担の軽減という2つ施策が行われるのに際し，労働生産要素として，正規労働と非正規労働の2種類を措定したい。その上で，この国の施策に対する企業の対応として，㋐非正規雇用の割合の減少，㋑正規雇用と非正規雇用を合わせた総雇用の維持がなされるかどうかを理論的に確認したい。先行研究・調査との関係でいえば，国による施策 a は，正規雇用と非正規雇用の代替性，事業主負担の転嫁・帰着の両面に関わり，施策 b は，専ら事業主負担の転嫁・帰着に関わることとなる。なお，以上の施策による不可避的変動及びコストにより不可避的に変動せざるをえない生産・利潤の量を除いて，その他の要素・状況は一定と

◇第1節　企業に向けた実施すべき法政策

仮定して分析を行う。

　この要素代替については、以下の①〜③で示される3つの場合に分けられる。

①　一定の代替性あるいは補完性が認められる場合（図1）

　生産要素を正規雇用労働（Lf）と非正規雇用労働（Lp）の2種類とした場合の生産関数 Y＝PF（Lf, Lp）を検討する。この生産要素による生産による利潤 π を考えると、π＝PF（Lf, Lp）−｛(Lf・Wf＋Lp・Wp)＋F｝（W：賃金，F：その他固定費用）となり[4]、特定の状況での企業の生産力を一定のものとして仮定したときには、費用 C＝(Wf・Lf＋Wp・Lp)＋F を最小化すれば、利潤は最大化することとなる[5]。それは、図においては、上記の仮定された生産力を示す等量曲線 Q に等費曲線（ア）Lf＝−Wp／Wf・Lp＋C−F が点 A で接するときであるといえる。

　この状況において、施策 a を行うと、コスト増により生産量そして利潤は減少して、Q を下回り（Q′）、相対的に価格の上昇した非正規雇用の比重が減少した傾きの等費曲線（イ）と減少した生産量 Q′ の等量曲線が点 B で接する。つまり、相対的に価格の減少した生産要素たる正規労働への代替が進むことになる。

　さらに、施策 b を行うことにより、コスト減により生産量そして利潤は、等量曲線 Q′ から Q へと回復し、等量曲線と価格の上昇した非正規雇用の比重が減少した傾きの等費曲線（ウ）が点 C で接する。このときには、正規労働と非正規労働の相対的な価格比に変化はなく、代替には変化がない。

　このように、施策 a・b の結果として、点 A から点 C へと正規雇用の比率が改善すると見込まれ、企業の利潤・生産を減らすことなく、換言すれば、そ

---

[4]　PF は生産関数ではあるが、同時に、売上関数（PF＝単価×売り上げ数＝単価×生産数：生産数は全部売れたという仮定が暗黙のうちにある）となっているといえる。生産関数と売上関数を同一視するこのような仮定は、経済学的にみて妥当といえるかが問題となりうるが、生産物に関しては与えられた価格で（完全競争市場における価格受容者の仮定）で売れ残りなく売ることができる（売れなければ市場が価格を下げる）と考えられるので問題はない。

[5]　経済学の分析であれば、本来ここから生産関数を確定し、そのうえで利潤を最大化するように生産量を決定することになるが、本書では、生産要素の代替関係だけが重要なので、ここでは代替関係のみに着目することとする。

◆ 第3章　非正規雇用問題への対処としての社会保障法政策に係る仮説の定立

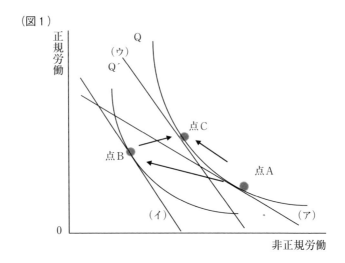
（図1）

のような利潤・生産に必要な生産要素の総量たる総雇用を減らすことなく，正規雇用の比重を増加させることができると考えられることから，企業としては上記㋐㋑の対応が合理的であるということとなる。

　もっとも，正規雇用と非正規雇用の一定の代替性・補完性及び社会保険料の事業主負担の一定の転嫁・帰着を仮定しているが，実際の代替・補完性，転嫁・帰着のあり方は一般論レベルでは不明であらざるを得ず，具体的な生産構造，図1でいえば等量曲線の形状，つまり代替の弾力性，に依存することとなる（酒井 2009：79）。図1でいえば，代替の弾力性が大きければ等量曲線が平坦になり，代替の弾力性が小さければ等量曲線の曲がり具合が大きくなる。

　② 完全な代替性が認められる場合（図2）

　正規労働と非正規労働が完全に代替可能である場合，正規労働と非正規労働の限界代替率は一定で，等量曲線は直線となる。この場合，等費曲線は（図2の）（ア）となり，生産あるいは利潤が最大化するのは，等量曲線と等費曲線の接する点Aとなる。

　このようなときに，施策aを行うと，生産量そして利潤は減少して，Qを下回り（Q´），相対的に価格の上昇した非正規雇用の比重が減少した傾きの等費曲線（イ）と減少した生産量Q´の等量曲線が点Bで接する。相対的に価格

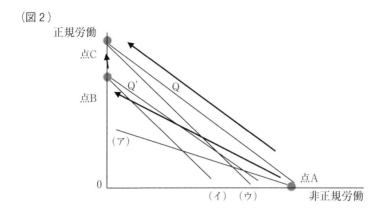
（図2）

比の減少した生産要素たる正規労働への代替が進むことになる。

　さらに，施策bを行うことにより，生産量そして利潤は，等量曲線Q′からQへと回復し，等量曲線と価格の上昇した非正規雇用の比重が減少した傾きの等費曲線（ウ）が点Cで接する。このときには，正規労働と非正規労働の相対的な価格に変化はなく，代替には変化がない。

　このように，施策a・bの結果として，点Aから点Cへと正規雇用の比率が改善すると見込まれ，企業の利潤・生産を変化させることなく，正規雇用の比重を増加させることができると考えられることから，企業としては上記㋐㋑の対応が合理的であるということとなる。

　もっとも，正規労働と非正規労働という労働の2形態のみを生産要素とする場合，このようなことが生じることはあり得ないといってよい。ただ，相対価格比の変動に対し，生産要素の投入に変化が生じる点では，①の場合と同様なので，本書で議論する法政策の意味は同様にあるといえる。

　③　代替性が全くなく，完全な補完性が認められる場合（図3）

　正規労働と非正規労働が代替可能でない場合，その比率はある決まった比率でなければならず，それを超えて一方のみ増やしても，生産あるいは利潤には全く貢献しない。正規労働と非正規労働という労働の2形態のみを生産要素とする場合，先行研究・調査に鑑みても，一般的には，このようなことが生じることはあり得ないといってよい（もちろん，一応，検証してみる必要はある）。何

◆第3章　非正規雇用問題への対処としての社会保障法政策に係る仮説の定立

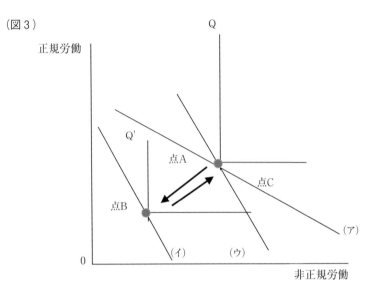

(図3)

より，相対価格の変動に対し，生産要素の投入に変化が生じないので，本書において法政策を検討する意味はない。

よって，このような場合は，本書の議論の対象とはならない。

第3　企業行動に係る仮説の定立

先行研究・調査及び第2で示したミクロ経済学的見地からの理論的確認によれば，社会保険の被保険者資格を無制限化すると，非正規雇用の相対価格が上昇するため，企業はその比重を高める必要性が減少し，代替性のある正規雇用の比重を高める可能性が高まるが，それと同時に，企業全体の負担増を回避するため，負担の転嫁・帰着として，正規雇用・非正規雇用を問わず雇用コストの削減のために総雇用を減らす可能性がある。しかし，そのとき，企業の負担すべき社会保険料の事業主負担を軽減すれば，企業の負担全体を増加させなくなり帰着を防止できるため，正規雇用の比重も全体の雇用も維持されうると考えられる。ただ，被保険者資格の単なる拡大が実施されるのであれば，なお社会保険適用の対象にならない非正規雇用労働者（例えば，ごく短時間のみ働く非

正規雇用労働者）が残ってしまい，同じ生産要素たる非正規労働について，社会保険の対象になる非正規労働と社会保険の対象にならない非正規労働の2種類が依然として残存して，その場合には限界生産物が同じなら後者の非正規雇用労働者を雇うことになる（駒村 2008：231など）。つまり，被保険者とならない非正規雇用労働者の雇用を増大させ，被保険者となる非正規雇用労働者の雇用を減少させることになる。それ故，社会保険の被保険者資格に係る法政策においては，完全に無制限とすることが要求されるといえる。

そこで，本書においては，先行研究・調査及び理論的確認に基づき，社会保険の被保険者資格を無制限なものとすると同時に，社会保険料の事業主負担の保険料を軽減させるという社会保障法政策により，雇用の喪失なく非正規労働の正規化を促進することが可能となるという仮説を定立しうるだろう。しかし，本書の議論の対象は，非正規雇用問題，換言すれば，非正規雇用労働者の社会的排除，を社会保障法政策により雇用の正規化及び社会保険の完全適用を通じて解決可能ではないかというものであることから，企業側の視点から見た場合の実現可能性のみならず，労働者側の視点からの社会的排除の改善，社会的包摂の実現への効果も考慮しなければならない。

それ故，労働者の行動・視点からみて仮説の有効性が前提とはなるが，それが認められるのであれば，この仮説が妥当・有効であるかどうかを第4章以下で検証していくこととしたい。その際，仮説の妥当性を支え得る条件について，換言すれば，具体的場面における雇用の正規化可能性について，企業の業種，正社員登用制度，教育訓練等，先行研究上重要と考えられる事情がどのように機能し得るのかに関して，適宜検証していくことになるであろう。

◆ 第2節　労働者に向けて実施すべき法政策

第1　概　説

企業行動を雇用の正規化を現実的に可能とする政策として，社会保険の被保険者資格を無制限なものとすると同時に，社会保険料の事業主負担の保険料を軽減させるという社会保障法政策により，雇用の喪失なく非正規労働の正規化

◆ 第3章　非正規雇用問題への対処としての社会保障法政策に係る仮説の定立

を促進することが可能となるという仮説が候補となりうることは既に示した。ただ，この仮説候補は本書の目的に鑑みて不十分なものである。それというのも，雇用の正規化は，非正規雇用労働者にとっての望みの一部あるいは望み実現のための手段に過ぎず，かつ，どのような政策によっても全ての非正規雇用労働者の雇用を正規化することが不可能であるばかりでなく，雇用の正規化を全く望まない労働者も一定程度存在すると考えられるからである。本書において問題とされるのは，非正規雇用問題であり，雇用の正規化そのものではない。究極的な目標は，格差などの非正規雇用問題に伴い生じている社会的排除の改善，そして社会的包摂の実現に一歩でも近づくことである。つまり，企業行動の規制は重要であるが手段に過ぎず，労働者の社会的包摂が目的であり，法政策は目的実現に適合的なものである必要がある。上述の仮説候補にしても，その点を確認・検討した上で，本書における先行研究の分析等に基づいて，雇用の正規化と社会保険の適用が労働者の社会的排除状態の改善・社会的包摂の実現に対し効果を有する可能性があることが理論的に認められてはじめて，本書の仮説として調査により検証するに値するといえる。ただ，この仮説候補が本書の目的に適合し，調査検証に値するといえるかについて，概ね既に第2章で議論されている。それ故，リサーチクエスチョンとして適切かつ重要であることが明らかとなっていると思われるが，理論的にかつ先行研究に照らして確認しておくべき事項が幾つか残っている。

　そもそも，仮説候補の法政策の労働者への影響としては，社会保険の被保険者資格の無制限化や雇用の正規化の進展が社会的排除状態の改善に寄与し，その幸福感を高め，社会的包摂を実現することができるかという主要な問題に加えて，副次的であるが法政策上重要な4つの考慮すべき問題点がある：①既に社会保険が適用されている被保険者の保険料自体は現在より減少しうるということ，②現時点で社会保険の被保険者資格のない非正規雇用労働者の社会保険負担は，社会保険の適用と引き替えに，増えざるを得ないこと，③第3号被保険者[6]については，厚生年金保険や雇用保険の適用を被保険者本人として適用されるようになるものの，それまで保険料を支払うことなく国民年金や健康保険の受益者であったのが，保険料を他の被保険者と同様に支払わなければならなくなること，そして就業抑制する必要がなくなること，④本書仮説候補の法

◇第2節　労働者に向けて実施すべき法政策

政策を実施する場合，(健康保険の被扶養者制度のように被扶養者全体を保護する制度は別段)，第3号被保険者制度のように，被用者となった時点でその資格を喪失し，就業しない専業主婦のような被扶養配偶者のみに著しい利益を与えることとなってしまう第3号被保険者制度は廃止すべきであると考えるが，そのような第3号被保険者制度廃止に法的整合性があり社会的に妥当といえるのかどうかということ。

　まず，主要な問題であるが，ここまでで議論したことでほぼ網羅していると考えられるので，簡単に言及しておくこととする。社会保険の被保険者資格の無制限化や雇用の正規化の進展が社会的排除状態の改善に寄与し，その幸福感を高め，社会的包摂を実現することができるかという点については，社会保険の適用は，社会保険というセーフティネットに係る制度への包摂という意味で社会的排除・包摂の判断に直結するだけでなく，それによりその他の社会的排除状態が改善し，先行研究上も，社会的包摂指標である幸福度・主観的厚生の上昇に寄与していると考えられること，雇用の正規化については，それにより賃金をはじめとした労働条件が上昇するのであればもちろんのこと，そうでない場合でも，正規雇用であるという地位そのものが参照点モデルに基づき幸福度を上昇させ，企業の組織内での社会的排除を防止する効果を有する可能性があることなどから，この点で仮説として検討する価値は，先行研究上も理論的にも明らかに存するといえる。

　次に，副次的な問題の①であるが，これは労働者にとって通常好ましい変化であり，社会的排除・包摂の面から見ても好影響を与えうるものであることは明らかに予想できる。先行研究上も，社会保険料上の優遇を受けている第3号被保険者の幸福度が高い原因が社会保険料の免除にあると考えられている（伊多波 2014：109）。②は，①とは逆に，社会保険料の負担増自体が社会的排除の経済的側面についてマイナスの効果があることは明らかである。そして，手取り賃金について減少するため，各労働者の幸福度が下がると考えられる

---

(6)　本書第2章でも言及したが，第3号被保険者は，年金保険における被保険者の呼称であるが，以下においては区別の必要のある別段の事情がない限り，同じ要件で適用される健康保険の被扶養者をも含む概念として使用する。

◆ 第 3 章　非正規雇用問題への対処としての社会保障法政策に係る仮説の定立

(Weber and Schram 2016：2211-2213)。しかし同時に，事業主負担の帰着等のほかの影響がない限り，額面上の賃金自体は変わらず，手取り賃金にのみ減少が生じることになり，労働供給については，税引き前金額の賃金が参照点になる傾向があるため，仮説候補の法政策の影響のみにより減少することはなく，維持されうると考えられる（Weber and Schram 2016, Crawford and Meng 2011 など）。また，これはあくまで伝統的経済学上の議論ではあるが，労働者が社会保険の給付を受給することが期待される場合には，同額の民間の保険を購入する必要が無くなるので，社会保険の負担は給付を意識している場合には労働条件に変更はない（岩本・濱秋 2006：206）という見解もある。民間保険の購入額と社会保険料の被保険者負担を同等に負担するとの仮定が妥当であるかはともかくとしても，給付による一定の便益を期待しうることは確かであり，社会保険料の被保険者負担増大分の悪影響は縮小されうることは予測される。これらを考え合わせると，通常は社会保険料の増大は労働供給にも幸福度にも悪影響があると考えられがちではあるが，本書の議論の対象に関しては，社会保険の適用による医療，介護，雇用，将来の不安解消による社会的包摂指標たる幸福度上昇が期待されることから，社会保険料負担増による幸福度下降分は相殺されうるし，労働供給意思が少なくとも減少しないことは，労働の長時間化に結び付きフルタイム労働への阻害要因とはならないことから，労働者の正規雇用への意思，労働者の意思による雇用の正規化の傾向を阻害する方向にはならないと考えうる。そうであれば，雇用の正規化・社会保険の適用の双方を通じて社会的排除・包摂の視点でプラスの効果があると考えられるので，この②に関し仮説候補の政策の有効性に対するマイナスの影響はそれほどないと考えられ，仮説としての妥当性判断には大きな影響はないと考えられる。しかし，③の問題点は，有配偶者女性の多い第3号被保険者の企業行動や経済活動そのものに影響する労働供給のあり方と社会的包摂と関係する幸福度という経済・社会上の重要問題に関わり，仮説の政策の実施によりどのように変化するのか自明ではない。④の問題点についても，第3号被保険者制度の廃止が社会保障法制度・社会保険法制度全体の中で整合性を有するものであるのか，その他公平性，社会的妥当性などの問題がある。そこで，この③と④の問題は，いずれも第3号被保険者制度に関連することから（③については，健康保険の被扶養者

◇第2節　労働者に向けて実施すべき法政策

制度も関連する），先行研究・理論に基づき，以下で改めて詳細に議論することとする。

第2　第3号被保険者制度・健康保険被扶養者制度と社会保険の被保険者資格の無制限化との関係

1　経済的影響──労働供給・幸福度について

　仮説候補の法政策を実施した場合には，社会保険の被保険者資格が無制限なものとなり，すべての被用者が被保険者本人として強制的に加入させられることとなる。つまり，仮説候補の法政策の実施は，被用者全体への第3号被保険者制度・健康保険被扶養者制度の非適用を意味し，それに伴い第3号被保険者に生ずる影響は，①厚生年金保険，雇用保険，企業の健康保険に被保険者本人として加入する，②年金給付の基礎となりうる厚生年金保険についてはもちろんのこと，国民健康保険と給付のほぼ変わらない[7]企業の健康保険とこれまで支払う必要のなかった国民年金の保険料を支払う必要が生じる，③社会保険料を考慮した就業調整を行う必要がなくなる，という3点が挙げられる。このうち，①については，これまでの議論に付け加えるものはなく，②・③との利益衡量等という関連性において考慮する必要があるに過ぎないが，検討の必要はない。しかし，②及び③については，改めて議論が必要である。そして，②があるが故に，③が生じることから，この2点については一括して検討する必要がある。

　まず，有配偶者女性を中心とした就業調整に関しては，先行研究において，現状の第3号被保険者制度が就業抑制の効果を一定程度有していることは少なくとも示されている。しかし，現実は複雑であり，2017年の税制改正後でも，所得税の非課税限度額などの社会保険制度以外の制度が残存している上に，第3号被保険者制度・健康保険被扶養者制度の被用者への非適用が実行された場

---

[7]　相違点とすれば，病気休業中に被保険者とその家族の生活を保障するために設けられた制度で，被保険者が病気・負傷のために休業し，事業主から十分な報酬が受けられない場合に支給される傷病手当金（健康保険法99条）の受給の可否がある。

◆第3章　非正規雇用問題への対処としての社会保障法政策に係る仮説の定立

合には，（たとえ第3号被保険者制度が廃止されたとしても）就業をやめて完全な（健康保険上の）被扶養者となるという選択をとる可能性があることから，確実な予測は困難である。より具体的には，社会保険料賦課がなされる境界であるところの年収106万円あるいは130万円の壁，換言すれば，就業調整の壁が無くなった場合にも，労働供給が増大するかは確実には予測が難しい。ただ，最も低額で強力に機能してきた就業抑制の103万円の配偶者控除の壁が消滅した以上，第3号被保険者制度・健康保険被扶養者制度の意味・機能は増大する可能性は十分にある。

そこで，仮説候補の法政策により第3号被保険者制度・健康保険被扶養者制度の被用者への非適用が実施される場合，それに対する第3号被保険者の労働者行動の可能性・選択肢について考えてみると，(1)就業抑制をやめて，労働供給を増やす，(2)現状を維持して労働供給を変えない，(3)保険料の負担をできるだけ減らすために，労働供給を減らす，(4)社会保険料の負担を完全に避けるために，仕事自体をやめ，労働供給をゼロにするという4つの対応に分類可能である。そこで，予め，いずれの対応が理論的に想定されるのかを簡単にではあっても検討しておく必要がある。

労働供給に関しては，一般に生産者理論や消費者選択の理論と同様に，消費と余暇という相互に代替可能な2つの選択肢がある場合に，どのようにその選択が可能になるかという比較静学に基づく基本的モデルあるいはその応用的モデルを用いて検討することが行われてきた。このようなモデルによれば，消費と余暇という2つの選択肢の組み合わせでどの程度の効用を得ることができるか，賃金や非労働所得の変化に対してどう反応するか等を考察することができ，労働供給のあり方を理論的に明らかにすることができる。このことは，単一の条件で変化のない場合については特段意味がないが，賃金に限らず条件の変化に反応する際の変化を分析することについては，意味がある方法である（川口2017：28-32）。そこで，このような基本的モデルに当てはめて，検討する。

社会保険の被保険者となることは，労働者にとってそれまで負担しなくてもよかった保険料について新たに負担が生じるということを意味し，増税と同様に，額面上の賃金が変わらない場合には手取りの賃金が減少するという効果をもたらすことになる。労働供給の基本的モデルにおける条件の変化の一つとし

◇第2節　労働者に向けて実施すべき法政策

ての賃金減少を意味する。そのような場合に、労働時間の増減の決定は、賃金増減の代替効果と所得効果のいずれが大きくなるかに依存し、代替効果が所得効果を上回る場合には、賃金の下落により、労働時間の減少を招き、所得効果が代替効果を上回る場合には、賃金の下落により、労働時間の増加を招くことになる。このどちらになるのかについては、一概に断定することはできず、人や状況によって変動しうるのであり、経済学的にいえば、所得制約線及び雇用の無差別曲線の形状に依存する。この関係は、労働供給曲線の型を決定し、賃金率が低い領域では、代替効果が所得効果を支配し、供給曲線は賃金率に関して上方に傾斜するが、この領域を超えると、所得効果が優位に立つ（兼清1983：58）。実証研究では一般的には、長期的に賃金率が上昇し労働時間が減少してきたという関係がみられ、多くの男性労働者については、所得効果が支配的であることを示しつつも、既婚の女性労働者については、逆の現象が観察され、代替効果が支配的であることが示されている(44)。現在アメリカの合衆国においても、男性については賃金上昇につき労働供給は減るが、女性については逆であり、代替効果が大きいという概括が可能であるとされている（Borjas 2016：45-54）。日本においては同様の調査・研究が少ないことから普遍化は困難であるが、1997年の就業構造基本調査のデータから推計したところ、男性でも欧米諸国と異なり賃金上昇の際にも労働供給は増加するという結果がみられたものの（Bessho and Hayashi 2011：406-441）（あくまでそれとは別のデータからの推計ではあるが[8]）、女性と比較すれば、労働供給増大傾向は小さい（Yamada 2011：544-546）。そういうことからも、男性の労働供給が課税後賃金率に対して比較的に非弾力的であるのに対して、女性の労働供給は課税後賃金率に対して非弾力的と考えられているので、税・社会保険料の負担増により影響を受けやすく、労働供給を減少させるとされている（足立2018：60）。

　さらに、税制、社会保険、配偶者手当といった制度が、収入によって非連続的に変化する場合、個人の収入をその非連続点のぎりぎりのところに抑えようとすると、時間当たり賃金が上昇した時に労働時間を減らすというような所得効果の方向に近い行動をしていると考えられる（安部・大竹 1995：131）こと

------

(8) 1993年から2002年までの「消費生活パネル調査」（公益財団法人家計経済研究所）。

◆第 3 章　非正規雇用問題への対処としての社会保障法政策に係る仮説の定立

から，本来代替効果が強い状況であるにもかかわらず，制度的に所得効果の方向に近い行動を余儀なくされていたと考えることができるだろう。そういう意味で，就業抑制の原因が撤廃されたとしても，必ずしも労働供給量が増加するとはいえず，社会保険料の負担増を反映して賃金の減少分の代替効果が働き，働くこと自体をやめることを含め，労働供給が減少する可能性がある。

　これに対して，行動経済学的観点から見れば，労働供給のレベルでは，参照点が影響を与えているとされる（大竹 2017：371）。社会保険料の文脈においては，税・社会保険料が控除される前の賃金が参照点として機能し，労働時間の長短や就業選択という労働供給に影響を与えているという議論である。仮説候補の法政策が実施されることにより，第 3 号被保険者については社会保険料の負担は増大することになるのであるが，第 3 号被保険者を含めた非正規雇用については，増加した社会保険料分つまり実質的な賃金減少分を埋め合わせるために，労働時間を延長するなどして労働供給を増加するモティベーションが高まると考えられる。つまり，もともとの実質所得を参照点として労働時間を決定する可能性がある。このような労働供給は確実に実証されたわけでもないが理論的には可能であるし，一定程度その可能性があることはタクシー運転手に関するデータに基づき実証されている（371-373）。

　以上の経済学上の議論を考慮すれば，仮説候補の法政策により新たに社会保険に加入することになる非正規雇用一般について，社会保険料増加分の労働供給については，新たな社会保険加入の利益があり，かつ，その社会保険料の負担自体が現状の負担より小さいこともあって，労働者が労働供給を参照点に基づき調整することは割増賃金の存在を考えると可能なことから，労働供給や幸福度について特に問題とする必要がないといえる。これに対して，第 3 号被保険者の場合には，既に社会保険料の負担なしに年金や健康保険に加入できているという利益が消滅する，つまり非正規雇用一般の場合に比べて，既得権益の喪失が伴うが故に，労働供給にしても幸福度についても一般の非正規雇用労働者に比較すればマイナスの方向での移行が予測される。具体的には，既に言及したように健康保険・介護保険に関しては給付がそれ程変わらないのに保険料を新たに負担しなければならない[9]こと及び厚生年金保険に関しては，基礎年金たる国民年金の保険料の負担が増えることについては，対価である新たな給

◇第2節　労働者に向けて実施すべき法政策

付もなく，もちろん，厚生年金及び雇用保険の被保険者になることができるという大きな利益はあるものの，他の非正規雇用労働者と比較すれば，完全な保険料負担の増大といえるのである。加えて，第3号被保険者は，第2号被保険者の妻である女性が多く，日本の性的役割分業が残存するとされる日本では，仮説候補の法政策が実施されてしまうと就業自体をやめてしまう可能性はより大きいとさえいえる。もちろん，既に言及している通り，この点については，社会保険以外の所得税の非課税限度額，配偶者控除・特別控除など税法上の制度，企業の社会福利厚生受給資格の制度も存在しうることを勘案すれば，就業調整の傾向に変化がない可能性もある[10]。

　第3号被保険者に対し，仮説候補の法政策がどのような効果を有するかについては，以下のようにまとめることが可能である。社会保険料以外の税法上・企業の福利厚生上の規制があることから，それらによる就業調整の可能性がある上で，社会保険料の負担の大幅増により，ただでさえも代替効果の影響の大きいと考えられる女性が大多数を占めるために，労働供給減少の可能性があり，かつ，幸福度の減少の可能性は比較的に大きいといえる。つまり，経済的な観点から予測すれば，厚生年金保険等の被保険者本人となることの利益と比較してマイナスの効果となる可能性が否定できない。ただ，経済的な意味以上に，社会的な意味で肯定できる点がある。そもそも，健康保険の被扶養者制度は別段，第3号被保険者制度は現行の社会保険被保険者資格のハードルによる排除性の高さの中での保険料優遇という誘導性が強いこともあり（埋橋 2010：10），女性の労働・社会進出を就業量の観点から事実上抑制してしまっているという批判があり（菊地 2018：202-203），より多く働く意欲のある女性の社会進出を

⑼　介護保険については，満40歳以上のみ被保険者となる（介護保険法第10条）。
⑽　現実化していない仮説上の議論であることもあっても，社会保険の適用拡大を含む第3号被保険者制度等の機能縮小であれば，すでに言及してきたように，一定の先行的調査もあることから，それに基づいて，適用回避のための労働供給の減少の可能性があること，社会保険の完全適用の場合の非就業の決定については十分に可能性があるということはいいうる。しかし，非課税限度額，配偶控除・特別控除等他制度を現状のままとして社会保険の完全適用のみを仮定した就業調整のあり方については，これまで調査がこれまで行われてこなかったこと，直近での税制改正の効果が必ずしも明瞭でないことなどから，それ以上の確実な予測は，困難であるといえる。

◆ 第3章　非正規雇用問題への対処としての社会保障法政策に係る仮説の定立

阻害する要因の一つであることはほぼ否定できないことである。要するに，本書の仮説候補の法政策は，第3号被保険者に関してのみに注目した場合には，女性の社会進出のための事実上の枷を取り除き幅の広い労働供給者にさせられた経済構造を構築していくことを選択する意義は，今後の日本がどのような社会・経済構造を選択して，進むべきかの価値判断の問題といえることから，非常に大きなものといえる。それ故，調査において実証的に第3号被保険者の現状の労働供給と幸福度の減少と社会保険の被保険者本人となることの利益状況の比較を実証的に確認すべきであろうと考える。調査による実証の結果を確認した上で，是非を検討することとしたい。

2　第3号被保険者制度の廃止の法的側面 ── 法的整合性と公平性・社会的妥当性

第3号被保険者制度は，法的観点からも批判されている。それは，相互に関連性があるとはいえ，制度的整合性の問題と公平性・社会的妥当性の欠如の問題の2つの批判に分けることができる。前者としては，社会保険料を拠出することなしに国民年金（基礎年金部分）を全額受給できることが，均衡を逸した優遇であり，制度的整合性を欠いているという批判である。所得が政令で定める金額以下になるか，保険料を納付することが困難になった場合の保険料全額免除規定に該当した場合でも（国民年金法90条・90条の2）年金給付が2分の1しか受給できないにもかかわらず（27条1項8号），また学生についてまで保険料を負担しなければならないにもかかわらず，従来年間130万円未満の収入というだけで第3号被保険者は同様に納付がない場合でも全額給付を受けられることが，制度的不整合といわれているのである（本澤1998：29）。これに対しする反論としては，第3号被保険者については，自分自身が保険料を負担はしないものの，配偶者たる（第2号）被保険者が加入していることを通して被用者保険から支払われているのであり，それについて給付があっても当然であるという見解や学生と第3号被保険者は，世帯単位の所得保障という観点から見れば，第3号被保険者は第2号被保険者を中心とした世帯内の存在であるのに対し，学生はそこから独立する存在であるが故に取扱いが異なるのは当然であるという見解がある（倉田 2010：46）。この対立については，個人単位の社会

◇第 2 節　労働者に向けて実施すべき法政策

保険の賦課を原則と考えれば，制度的整合性を肯定する見解の論理は脆弱で無理な擁護であるように見える。しかし，第 3 号被保険者制度の来歴を概観すれば，必ずしもそうとばかりはいえない。それというのも，もともと世帯単位で設計されていた被用者年金と個人単位で設計されていた非被用者年金との間に年金給付の不均衡があるという問題点が指摘されており，そのような指摘への対応として，公的年金制度の一元化として基礎年金制度が1986年から実施された。この制度発足により，被用者の被扶養配偶者は第 3 号被保険者として国民年金に強制加入されることとなり，それまで被保険者名義でかつ世帯単位で支給されていた厚生年金の支給額のうち，定額部分と加給部分を夫妻の基礎年金部分として再構成する必要があった。そこで，財源をそれ以前と同様に被用者保険が負担すべきであると考えられ，かつ，強制加入とされたからには，妻の負担能力を考慮すべきと考えられて，現状のような形とされたのである（山崎1984：105）。このような来歴を見る限り，第 3 号被保険者制度自体は，それ自体としては一応，（守旧的に見えるとしても）国民の世帯単位での把握や被扶養配偶者の実質的に弱い立場などを考慮した制度といえ，その視点から一貫して解釈すれば整合性が認められるといっても良い。つまり，第 3 号被保険者制度は，法体系全体の中で制度的に整合するか否かについては，伝統的家族観や個人主義的人間観などのいずれのイデオロギー的立場に立つかに応じて，肯定的にも否定的にも見ることができるといえる。

　しかし，たとえ解釈により一定の整合性を取り繕うことができるにしても，後者の公平・社会的妥当性の欠如に関する問題は残る。女性の就業という観点からは，第 1 号被保険者として保険料支払い義務を負う自営業者の妻や被用者として自ら保険料負担義務を負う第 2 号被保険者女性と比較して不公平であることは明白である。このような不公平・社会的不当性については，自営業者と被用者では保険料賦課の原理が異なるので比較できないという見解（堀 2004：11）などが示されてきたが，働く第 2 号被保険者と第 3 号被保険者の不公平は，否定し難く残る。そのような相違に基づく不公平・社会的不当性を是正しようとしてきたのがこれまでの年金改革・社会保険改革であったこと（菊池 2018：202-203）を考え合わせれば，たとえ公正や社会的正当性が根本的にはす解釈次第であるとしても，不公平・社会的不当性として第 3 号被保険者制度廃止を

◆ 第3章　非正規雇用問題への対処としての社会保障法政策に係る仮説の定立

すること自体が現在の社会状況から見て妥当ではないとはいえないだろう。

　仮説候補の社会保障法政策により，上記の整合性に係る問題と不公平・社会的不当性は解決する。第3号被保険者制度を廃止することは，世帯の単位での賦課・受給から個人単位での賦課・受給への移行を完成することになる。つまり，被用者であれば被保険者になり，かつ，社会保険料を負担しなければならないのであり，法体系への整合性は失われない。また，被用者である限りにおいて，公平で社会的妥当性はある[11]。実際のところ，これまで社会保険料の負担なしに被保険者たりえた第3号被保険者の既得権の喪失は，政治的な問題とはいいうるが，法的公平性・社会的妥当性の問題とはいえない。事実上，不公平であり，公平という観点に限ってみたとき，社会的妥当性がないことは社会的には明らかだったのである。第3号被保険者制度の改正・廃止についての議論には歴史がある。厚生労働省は，2000年以降，検討会を設置し，「女性のライフスタイルの変化等に対応した年金の在り方に関する検討会報告書」をまとめ，その後は，社会保障政策審議会などで検討が続けられている。その結果，これまでに実施された実質的な改正は，社会保険の被保険者資格の拡大のみであるといってよいくらいであり，議論がなされてきた割には，進展はなかったといえる（倉田 2010：47-48）。換言すれば，政府の方針レベルでは，制度の見直し・縮小の方向で一定の合意がなされていると考えることができるが，具体的な進展はないというのが実情である（48）。このような状況にあるのは，法的公平性・社会的妥当性の問題とはいえない政治的な問題であったからに他ならないであろう。

　この第3号被保険者制度の廃止に関しては，概ね2つの視点から議論がなされており，一つは3号被保険者を専ら被扶養配偶者とみなし一種の優遇措置として議論する視点，もう一つは，第3号被保険者制度により非正規雇用労働者が被用者保険に加入できなくなっているということを問題とする視点であるとされる（倉田 2010：48）。第1の観点からは，不公平の是正という方向からの議論が生じるし，第2の視点からは，非正規雇用労働者の社会的排除の

---

[11] 非被用者保険との相違については，ここで論ずべき範疇にない。本書では，あくまで社会保険制度，被用者保険制度の存在を前提に議論しているにすぎない。

◇第2節　労働者に向けて実施すべき法政策

解決という方向からの議論が生じる。こういう議論の中で，本書仮説候補は，第2の視点を重視するが，性的役割分業やそれに基づく家族観をも否定する（神尾 2014：48と同旨）故に，第1の問題の解決も同時に目指すという立場である。これが絶対的に正当な見解と客観的に主張することは，一定の政治的立場を肯定しない限り，困難である。それというのも，日本の法体系[12]の中では，社会保障立法自体が広範な立法裁量に委ねられており（菊池 2018：201），法的には廃止すべきか否かを決定すべき根拠自体はほぼありえないからである。ただ，本書の社会的妥当性・公平性を最大限に重視するものであり，現在の法制度を非正規雇用問題解決・女性の社会進出促進という社会的利益に寄与するものであることを考えれば，本書の議論がそれ自体，立法裁量を行使する際に法的整合性に悖るものではないとはいえるだろう。第3号被保険者制度廃止の可否については，労働者の社会的排除・包摂の観点から妥当性を調査において検証して判断するべきといえるだろう。

第3　労働者の意識・行動に係る仮説について

社会保険の被保険者資格を無制限なものとすると同時に，社会保険料の事業主負担の保険料を軽減させるという社会保険に係る社会保障法政策により，雇用の喪失なく非正規労働の正規化を促進することが可能となるという企業行動に関する仮説の法政策は，企業の合理的選択に基づく行動に適合しており，かつ，国の財政や既存の法制度とも不適合を起こさない故に，適切な法政策で検証に値することを第1において論じた。第2においては，その企業行動に関する仮説の示す法政策が，非正規雇用労働者の社会的排除の改善，社会的包摂の実現に寄与するのかを改めて検討した。仮説の法政策が可能とする雇用の正規化については，プラスの効果が大きいことが明らかに見込まれることから特に問題はないが，社会保険の被保険者資格の無制限化は，いくら企業の雇用維持のために社会保険料率を一定程度引き下げたところで，それまで社会保険が適用されていなかった労働者にとっては，社会保険料の負担の増加を一定程度招

---

[12]　判例に拠る（最大判昭57・7・7民集36巻7号1235頁（堀木訴訟））。

◆ 第3章　非正規雇用問題への対処としての社会保障法政策に係る仮説の定立

くことは避けられないので，その点を特に検討した。検討の結果，一般の非正規雇用労働者については，社会保険料負担の増加のマイナスはあるものの，社会保険適用の恩恵や労働供給が必ずしも減少しない可能性があることなどを考えれば仮説候補の法政策の有効性は高いと考えられる。そして，仮説候補の法政策による社会保険の被保険者資格の無制限化により，第3号被保険者については，経済的には，社会保険料の負担増と非就業化を伴う労働供給減少の可能性が比較的に大きく，幸福度の減少の可能性も否定できない。ただ，第3号被保険者制度・健康保険被扶養者制度は，それがなければより一層の就業の可能性がある女性の社会進出や非正規雇用問題解決の枷となっており，このような状況の改善を目指すべきという立場からは，就業調整の解消による労働供給の増加の可能性もあることから，第3号被保険者制度と健康保険の被保険者資格の非適用を含む仮説候補の法政策は適切なものでありうるという価値判断は成立し，仮説としての検証価値の有無に関しては，肯定的に判断しうると考える。

　そして，この価値判断に基づき更に検討すれば，第3号被保険者制度は，1985年の国民年金法改正の際に，それまで任意加入であった女性専業主婦の年金権保障の観点から導入された（菊池 2018：202）。しかし，近年，女性のあるべきライフスタイルについての見解が変わり，見直しを求める機運が高まっていることは，既に述べた。この制度自体は，既に本書でも言及したように，単純に専業主婦及びその世帯を優遇する不公平な制度である。但し，この不公平を是正するためには，その抜本的改正は困難なので，厚生年金の適用拡大などにより第3号被保険者を縮小することが現実的だという見解もある（202）。政治的交渉手段としては，そのような見解は有用である。しかし，単なる適用拡大では，その範囲内での就業調整は残存してしまい，問題は依然として残ってしまう。そもそも，社会は変化しているのである。日本的雇用制度が立脚してきた，男性正社員を中心とした雇用が継続し，その男性が世帯主で，女性は専業主婦という家族像が標準である社会（濱口 2015：211）においては，そのような第3号被保険者制度は不公平であっても維持されるべきであったというが，そうでないならばそのような必要は全くないであろう。本書の主張する仮説の法政策たる社会保険の被保険者資格の無制限化は，非正規雇用問題に対する批判として，不当な階層的格差・社会的排除を社会的包摂に導くためのも

◇第2節　労働者に向けて実施すべき法政策

のであると同時に，不平等や女性の抑圧への批判として，第3号被保険者制度の廃止を目指すことをも伴うべきといえる。

　以上から，第3号被保険者制度の廃止を伴う仮説候補の法政策は，その実効性を検証すべき法政策として，調査による検証に付すべきと考える。そこで，非正規雇用問題の解決のために，社会保険の被保険者資格を無制限なものとすると同時に，社会保険料の事業主負担の保険料を軽減させるという第3号被保険者制度の廃止を含む社会保険に係る社会保障法政策は，雇用の喪失なく非正規労働の正規化を促進するすることが可能となり，それによって可能となる雇用の正規化と社会保険の完全適用により非正規雇用労働者の社会的排除状態の改善，ひいては，社会的包摂の実現が可能となるという仮説を提示し，以下でその調査検証を行うこととする。

第4章　仮説の検証方法

◆ 第1節　概　要

　社会保険の被保険者資格の無制限化と事業主負担の軽減という法政策により，現実に雇用の非正規化を抑止し，正規化を促進することができ，それによって可能となる雇用の正規化と社会保険の完全適用により非正規雇用労働者の社会的排除状態の改善，ひいては，社会的包摂の実現が可能となるという本書の仮説を検証するに際しては，先行研究・調査で問題となることが明らかになっている懸案事項を調査事項として，このような調査を実施することにより，先行研究・調査で不明確であることについて，より具体的な状況を把握することを通じ仮説を検証したい。その際，企業行動・労働者行動においては，それぞれ調査事項・調査対象が異なるので，別個の調査を実施する必要がある。

　企業調査については，どのような状況にある企業が，仮説の法政策の実施に対し，どのような行動をとるかを明確にできるような調査を行うことが必要である。どのような状況にあるかについては，具体的には，業種，従業員規模，正社員登用制度等が挙げられ，これらの重要と考えられる事情・状況がどのように関係し機能し得るのかということに関する検証が不可欠である。また，仮説の法政策は，社会保険の適用の有無と社会保険料の事業主負担の多寡の2要素に分かれるが，それぞれについても調査する。

　労働者調査については，どのような状況にある労働者が，仮説の法政策の実施に対し，どのような社会的排除・包摂状況になるのかを明確にできるような調査を行うことが必要である。但し，仮説の法政策の2つの効果である雇用の正規化と社会保険の被保険者資格の無制限化を希望するか否か等に関しては，社会保険料の負担増大と将来の年金給付の増大など比較考量すべき要素を熟考し，どのような意識に基づきどのような対応を示すのかを実証的に確認することは重要ではあるが，そのことは調査の中心とはしない。企業の場合には，経

◆ 第4章　仮説の検証方法

済的合理性という明確な基準は利潤の最大化であるという（基本的には）明確な前提があり，そのための手段としてどのような対応を選択するかということが問題となり，それ自体が非常に現実的で重要な選択となる。事業主負担への対応は企業それぞれの具体的状況に応じて非常に複雑な要素が絡み合い，その対応手段についても，賃金，雇用量，その態様など，単純ではないことから，仮定的な選択それ自体のあり方を検証する価値は大きい。これに対して，労働者にとって，仮説の法政策を希望するか，直接どのような意識で対応するかは重要ではあるが，その知見そのものの重要性は，企業調査の場合と比較して小さい。それというのも，本書の仮説の法政策に関しては，企業は一定の行動を能動的に実行することが要求される。何もしないという場合でも，それは能動的な不作為というべきものであり，その内容が調査対象となる。これに対して，労働者の場合，仮説の法政策に対し，特段の行動をすることは予定されず，企業行動に対し受容を強いられ受動的に対応することからスタートする。それ故，雇用の正規化という企業の方針に応じうることや社会保険の適用を受けうること等の様々な所与の条件を通じて，どのような社会的排除・包摂状況に置かれるかが調査対象となる。つまり，企業調査の場合と異なり，労働者調査においては，労働者の行動ではなく，置かれた状態が調査の対象となる。具体的には，雇用形態，社会保険適用状況，その他の関連要素と社会的排除・包摂状況に係る各労働者の現状を把握し，相互の関連性を把握することが調査の内容となる[1]。換言すれば，実際にどのような雇用形態で雇用されているか，社会保険に関してどのような適用状況にあるのかが，現実の社会的排除，社会的包摂状態のあり方とどのように関連しているかを中心に，正規雇用や正規雇用労働者正規雇用労働者との比較を踏まえつつ，仮説の法政策が実施された場合とされない場合を仮定的に比較することを通じて，非正規雇用労働者の現状の認識・行動に照らして調査することで，仮説の法政策の効果を調査することを目指したい[2]。

---

[1] もちろん，仮説の法政策を実施することによる各労働者の社会的排除・包摂状況の変化を把握することができれば望ましいのではあるが，本書では，同じ調査対象者を時系列に沿って複数回調査することをしないことから，次善の調査内容を選択した。

また，労働者調査においては，仮説の法政策実施に必然的に伴う第3号被保険者制度の廃止を含めた第3号被保険者制度・健康保険被扶養者制度の非適用の影響を検証することも重要であり，基本的には一般の非正規雇用労働者についての調査と同様の手法をとることにより，第3号被保険者の社会的排除，社会的包摂の状況とその際に社会保険料の賦課・免除がどのように関連するか，それが女性の被用者あるいは配偶者としての地位・状況とどのように関わっているか等の関連する重要な問題についても明らかにしていきたい。

第2節　調査方法と調査対象

1　企業調査

　企業調査に関しては，仮定的な法政策に対する企業行動を明らかにすることを目的とすることから，企業に対し，現状においては仮定なものに過ぎない仮説の法政策及びその施行に関連する事項についての質問により構成されるアンケート調査を実施し，そのような質問に対する回答から企業行動を明らかにするという方向をとる。この方法以外には，実験を行うことも考えられるが，企業に対して行う場合，困難でかつ費用が莫大なものとなることから，このようなアンケート調査が最善の方法と考える。

　調査対象としては，日本全国に存在する全企業の実態把握が本書の目的であることから，日本全国に存在する全企業を母集団とし，そこから無作為抽出した企業を標本として，調査を行うべきである。ただ，企業については，一般の個人を対象とする調査の場合のような選挙人名簿や住民基本台帳ほどの網羅的

---

(2) 企業調査と労働者調査の調査内容の相違に関しては，以下の点をも考慮に入れた。労働者を含む個人は，事前に合理的と考えている通りに行動することが必ずしもできるわけではなく，現実にはそれと異なる事前に合理的と考えている判断に基づき行動することが困難なことが，企業と比較して多いと考えられる（大竹 2018：388）。それ故，仮定的に雇用の正規化や社会保険の適用自体の望ましさに関する質問の回答を得ることは，社会保険法政策を検討するにあたっては，価値はないとはいわないまでも，企業調査と同様の重要性を持つことはなく，それだけでは不十分であるといえる。そのような調査内容・方法は，人の嗜好や行動様式についての研究方法としては完全であるとしても，社会保障法政策上の問題については十分ではないと考える。

◆ 第4章　仮説の検証方法

な名簿などは存在しない[3]。そこで，次善の方法として，多数の企業情報を有する大手民間信用調査機関が所有する日本に所在する企業（147万社）に関する事業所データベースを標本抽出枠，母集団とし，そこから無作為抽出された企業に対してアンケート調査を行うこととする。

　ただ，本書のような雇用形態に関連する雇用政策についての企業調査の場合，後に示すように企業行動に差異を生ぜしめる特別に重要な要素が存在する。ただ単純に無作為抽出した場合には，重要な要素が勘案されることなく，母集団における当該要素の構成比率と標本における構成比率が異なってしまうことにより，代表性の低い調査結果が生じる危険が高くなる。そこで，先行研究に鑑みて，産業・従業員規模という重要な要素ごとに層化し無作為抽出することとする。

　実際のところ，個々の企業には，雇用に係る行動に関しそれぞれ「異質性」（石原 2003：15）がある。ただ，企業行動においては，単なる個別的特徴ではなく，その中でも，多くの業種・規模に基づく特徴が重要なものとして存在している（労働政策研究・研修機構 2014a：1-3）。実際，非正規雇用の増大や割合に関しては，「労働力調査」に基づく推計によれば，業種の影響が非常に大きく，卸売・小売業，飲食店等のサービス産業で顕著であるという特徴がある（浅野・伊藤ほか 2011：75-77）。例えば，正規雇用労働者の比率が高く，非正規雇用労働者自体が非常に少ない業種（情報通信業等）と非正規雇用労働者の中でもパートタイム労働者の比率が高い業種（宿泊・飲食業等）あるいは，非正規雇用労働者の中でも有期契約労働者の比率が高い業種では，同じ法政策であったとしても企業行動に対する影響が異なると考えられる。また，企業規模別の異なった雇用管理をしていることも考えられる。とりわけ，正規雇用を重視する年功序列賃金・長期雇用・労使協調を主たる特徴とする日本的雇用は，伝統的大企業については，より妥当している面が多いと（久本 2008：24）から，企業規模に応じて非正規雇用のあり方等についても，異なる状況にあると考え

---

(3)　例えば，総務省は，経済センサス等の調査において，事業所母集団データベースを作成しているが，それは，経済センサスなどの各統計調査の結果と行政記録情報（労働保険情報，商業・登記情報等）を統合し，経常的に更新を行い，すべての事業所・企業情報を捕捉するというものであり，一般的な学術調査で活用できるものではない。

られる。実際,「平成26年就業形態の多様化に関する総合実態調査」(厚生労働省 2014) によれば,非正規雇用労働者[4]の割合について,1000人以上の大規模事業所が29.3%と最も小さく,概ね事業所規模の大きい方が小さいとはいえるが,300～999人34.6%,100～299人で38.2%,30～99人で39.5%,5～29人で38.5%,となっており,企業・事業所の規模による影響もありうると考えられる。

　そこで,企業全体を母集団として,15産業分類のすべて及び企業の人員規模別にわたって十分なサンプルを層別に無作為抽出して,本書の目的に沿った質問票に基づくアンケート調査をすることにより母集団を代表する企業行動の特徴を調査する。

　企業行動に関しては,社会保険の被保険者資格の無制限化と社会保険料の事業主負担軽減の2つを組み合わせた法政策が,社会保険料の事業主負担賦課に際しての企業の合理的行動とあとがきして,雇用維持と非正規雇用比率の減少の両立を可能とするという仮説の検証のために,以下のように,企業に対するアンケート調査を実施した。そのサンプル数としては,大手民間信用情報会社の有する日本に所在する147万社の企業データから,経済センサス(総務省 2016：11-12)に基づく割付表にしたがって従業員規模及び業種に基づき層化無作為抽出された5000の企業に依頼して実施した。主要な質問内容は,仮説の2つの社会保障法政策が実施された場合に想定される雇用の正規化を含む企業の雇用行動の如何に関連するが,その回答内容と企業の業種,規模,労働者構成(雇用形態・社会保険適用状況等),正社員登用制度や教育訓練制度の存否等の企業の属性に関わる関連事情がどのように関係し,どのような条件が仮説の法政策との関係で雇用の正規化を促進しうるのかを示すため,企業のその他の現状についての質問も実施する(具体的質問内容[5]については,議論の対象となる際に適宜示すとともに,あとがきを参照のこと)。その関連項目の概要は以下のとおりである。

---

(4) 呼称ではなく,労働時間・雇用期間に基づく定義による。
(5) 先行研究との比較可能性等を勘案し,質問の文言作成に関し,既に言及した税制と社会保障に関する研究会(2006),労働政策研究・研修機構(2013b, 2018)におけるアンケート調査の質問文言を参照した。

◆ 第4章　仮説の検証方法

(1) 会社概要について
(2) 企業の業種・従業員規模
(3) 正社員及び非正社員（パートタイム労働者・有期のフルタイム労働者）の割合
(4) 非正社員雇用の理由
(5) 非正社員の処遇のあり方（正社員と非正社員の格差，正社員の賃金・福利厚生・社保険の適用状況・教育訓練の実情について）
(6) 正社員登用の実施について
(7) 社会保険の被保険者資格の無制限化について
(8) 社会保険料の引き下げ及び引き上げについて
(9) 仮説の法政策について

そして，調査結果の統計的分析等を通じて，仮説の社会保障法政策に対する企業の意識・評価のあり方及びそれを通じて予想される企業行動等を一般的な形で示し，仮説に係る社会保障法政策の実施と雇用の正規化の一般的な関連性に関しマクロ的に検証する。

2　労働者調査
(1) 概　略

本書においては，仮説の法政策に対する労働者意識を明らかにすることを目的とすることから，労働者に対し，現状においては仮定的なものに過ぎない仮説の法政策及びその施行に関連する事項についての質問のみならず，対象者各個人の現状についての質問によっても構成されるアンケート調査を実施し，そのような質問に対する回答から，仮説の法政策及びそれに関連する現状に関する労働者の意識，行動様式等を明らかにするという方法による。この方法以外には，より望ましい方法として実験を行うことも考えられるが，企業に対して行う場合に不可能と考えられる程ではないにせよ，困難でかつ費用が莫大なものとなり，幅広い事項への調査が不可能になる。本書では雇用の正規化及び社会保険の適用の社会的排除・包摂との関連性を中心にそれと関連する限定された事項を調査すればよいのであるが，それらをすべて対象とする実験は不可能であることから，このようなアンケート調査が最善の方法と考えられる。

◇第2節　調査方法と調査対象

　調査対象としては，日本全国に存在する全労働者の実態把握が本書の目的であることから，日本全国に存在する全労働者，全非正規雇用労働者を母集団とし，そこから無作為抽出した労働者を標本として，調査を行うべきである。一般の個人を対象とする調査の場合，選挙人名簿や住民基本台帳ほどの網羅的な標本抽出枠が日本には存在しており，そこから標本抽出することが考えられる。確かに，無作為抽出された標本に対して調査票を送付するという方法が理想ではあるが，本書の調査対象は就業者の中の非正規雇用労働者という限定的な種類の個人であり，調査予算の限定がある場合には，非正規雇用労働者の標本を十分に確保するためには莫大な費用が必要となり，標本数の問題が生じざるを得ない。それ故，次善の策として，労働政策研究・研修機構（2013b など）の調査方法に倣い，十分な非正規雇用労働者数を確保するために，無作為抽出された企業で働く労働者の実態調査として，企業調査の対象企業に対し，それぞれにおいて就業している非正規雇用労働者3人ずつにアンケート用紙を配布することを依頼して，配布を受けた当該非正規雇用労働者に対し実施することとした。その際，正規雇用労働者のみを雇用している企業・事業所が一定程度存在していることも考慮し，その場合には正規雇用労働者に配布することを依頼することにより，正規雇用労働者と非正規雇用労働者の比較をも可能とするように設計した。具体的には，本書における企業へのアンケート調査対象各企業5000社にそこで雇用されている非正規雇用労働者3人に合計15000人分の労働者対象の調査票を交付して，本書仮説の法政策に関連する事項に対する非正規雇用労働者の意識・行動・生活状況を把握することに努め，副次的に，非正規雇用労働者3人に交付できない企業に対しては正規雇用労働者に調査票を幸福るよう依頼して，正規雇用労働者との比較も可能となるように調査を実施した（この調査を，以下，「郵送調査」という。具体的質問内容[6]については，議論の対象となる際に適宜示すとともに，あとがきを参照のこと）。

　ただ，調査予算との関係でやむを得なかったとはいえ，上記の調査では非正

---

(6) 質問文言の作成については，注(5)と同様に，労働政策研究・研修機構（2013b, 2018），「大学非常勤職員のワークライフバランス」研究会（2014）におけるアンケート調査を参照した。

197

◆第4章　仮説の検証方法

規雇用労働者の意識・行動・生活状況を把握することを主たる目的としており，その目的に応じて作成された質問を比較のために正規雇用労働者に対しても転用したという事情があった。そのため，非正規雇用労働者と正規雇用労働者の比較という視点からの調査という点では不十分なものと考えられた。そこで，あくまでインターネット調査会社の登録モニターを標本抽出枠における無作為抽出に過ぎないため，母集団の性質が不分明であり，分布等の把握を目的とはできないが，正規雇用労働者及び非正規雇用労働者のそれぞれについて同数の500人の回答をサンプルとして回収するという形で，比較を目的の中心に据えた調査をも追加的・補充的に実施した（この調査を，以下，「インターネット調査」という。具体的質問内容[7]については，議論の対象となる際に適宜示すとともに，あとがきを参照のこと）。

　もっとも，郵送調査と異なりインターネット調査であることから，抽出枠である登録モニター自体の代表性に疑いがあることからより，少しでも代表性を高めるために，企業調査の場合と同様に，先行研究に鑑みて，重要な要素ごとに層化し無作為抽出した。本書の仮説の法政策において，有配偶者女性が中心である第3号被保険者が重要であることにも鑑み，フルタイム雇用者・パートタイム雇用者（アルバイトを含む）や男性・女性の各割合が重要であることは明らかなので，フルタイム雇用者・パートタイム雇用者（アルバイトを含む）や男性・女性のそれぞれの割合に応じて十分な標本を，平成29年就業構造基本調査（総務省 2018）に基づいた割付表に従い層別に無作為抽出して，本書の目的に沿った質問票に基づくアンケート調査をすることにより正規雇用労働者・非正規雇用労働者，フルタイム雇用者・パートタイム雇用者（アルバイトを含む）や男性・女性ごとの代表性ある特徴を把握できる調査を実施できるように努めた。このような方針をインターネット調査でとったことから当然ではあるが，正規雇用労働者・非正規雇用労働者等の雇用形態や性別等の分布自体については検証の対象とはならない。

　以上のような調査方法に拠り，労働者の意識・行動・生活状況に関しては，社会保険の被保険者資格の無制限化と社会保険料の事業主負担軽減の2つを組

---

(7)　注(6)と同様。

み合わせた法政策が，雇用の正規化を促し，社会保険の完全適用を実現することにより，非正規雇用労働者の社会的排除の改善，社会的包摂の実現を可能とするという仮説の検証のために，労働者に対するアンケート調査を2つ（郵送調査・インターネット調査）を実施した。

　主要な質問内容は，仮説の2つの社会保障法政策が実施された場合に想定される非正規雇用労働者の社会的排除・包摂状況の如何に関連するが，その社会的排除・包摂状況に関する回答内容と在籍の業種，規模，調査対象者自身の雇用形態・社会保険適用状況，正規雇用労働者と非正規雇用労働者との関係等それに関わる関連事情がどのように関係し，どのような条件が仮説の法政策との関係で社会的排除の改善や社会的包摂を実現しうるのかを示すため，労働者のその他の現状についての質問も実施する。その関連項目の概要は以下のとおりである。

(1) 正社員・非正社員該当性と関連情報
　賃金，就業年数等の労働条件，就業状況
(2) 就業の理由，処遇のあり方（正社員と非正社員の格差，正社員の賃金・福利厚生・教育訓練の実情，正社員登用の実施について等
(3) 在籍企業の業種・従業員規模
(4) 社会的排除状況
(5) 社会的包摂状況
(6) 仮説の法政策について
(7) 個人の状況（性別，年齢，収入，学歴，婚姻状況，家族状況）

そして，企業調査の場合と同様に，調査結果の統計的分析等を通じて，現在の社会保障法制度非正規雇用労働者のにおける非正規雇用労働者の意識・評価のあり方及び仮説の法政策への反応を一般的な形で示し，仮説に係る社会保障法政策の実施と被正規雇用労働者の社会的排除状態の改善，社会的包摂の実現との一般的な関連性に関しマクロ的に検証する。

(2) 社会的排除・包摂指標に係る質問項目について

　本書における調査は，非正規雇用労働者の社会的排除の改善，社会的包摂の実現のための現状把握を目的としている以上社会的排除・包摂状況を明らかにしうる質問項目が必要である。しかし，社会的排除・包摂は，抽象的概念であ

◆第4章　仮説の検証方法

り，それ自体では不明確さを免れない。それ故，上記質問内容の項目のうち，(4)社会的排除状況及び(5)社会的包摂状況は，当然にその質問内容がその概略から示されるものとなっていない。いうまでもなく，非正規雇用労働者が日本の雇用において問題がある状況におかれている点をもって，非正規雇用労働者全てを社会的に排除されているとして判断するべきではない。そこで，社会的排除・包摂が確定的・明確な概念とまではいえないことから，その実情の検証に先立って，社会的排除・包摂とは何かを明確に定義し，検証方法であるアンケート調査における質問に具体化する必要がある。換言すれば，既に第2章で繰り返し述べたように，貧困のような絶対的・客観的側面のみならず，主観的・相対的状況における各個人の苦境を適切に考察するために，雇用の正規化あるいは社会保険の被保険者資格の無制限化との関連性のある社会的排除・包摂指標に基づく質問内容を通じた測定が求められることとなる。その際，阿部(2007a：129-132)が強調するように，調査の信頼性確保のためには，指標の選択が適切であることは非常に重要である。そして，同時に，探究すべき問題に応じて，何に焦点を絞るかも劣らず重要である。そこで，分析の対象を明確に限定して，雇用の正規化及び社会保険の被保険者資格の無制限化やその他の関連事項が，非正規雇用労働者の社会的排除・包摂にどのように影響するのかを統計的に分析することができるようにするために，労働者に対する調査（郵送・インターネット）の質問内容策定の際に取った指標選択・策定の基準を，以下に示しておくこととする。

　本書の対象項目の内容である社会的排除とは，「社会生活を送る上で共通に必要となる財や社会関係を（他人と比較して）を相対的に欠くこと」（久米・大竹ほか 2013：100）と要約的に定義できる。その指標としては，基本ニーズ，物質的剥奪（情報・娯楽・アメニティ），物質的剥奪（通信・移動手段），社会関係，社会制度，適切な住環境，主観的貧困など（久米・大竹ほか 2013：100-115 等）あるいは，基本ニーズ，物質的剥奪，制度からの排除，社会関係の欠如，適切な住環境の欠如，レジャーと社会参加の欠如，主観的貧困（家計の状況），所得ベースの相対的貧困（阿部 2007a：136-137）等が指標における主要要素として挙げられている。先行研究上は，ここまで示した通り，社会的排除概念の全体像はともかくとして，細部については論者ごとに差異が一定程度存在して

おり，必ずしも統一されてはいないものの，一般的には，以上の7，8要素に分類されている。本書でどのような社会的排除指標を用いて調査を実施するかを検討するに際して，実際に，「社会生活に関する実態調査[8]」で日本社会における社会的排除状態の存在とその態様についての網羅的調査を行っており，先行研究の中でも最も多様で網羅的な指標を作成している阿部（2007a：136-137）の示す8要素より構成される指標を参照して検討したい。

　もっとも，本書においては，非正規雇用及び社会保険適用をテーマとしている以上，上記参照指標全てを用いる必要はないし，そうすべきでもない。その理由は2つある。第一に，上記のような網羅的に社会的排除指標を用いる調査は，雇用などというあるテーマ・視点から特殊的に社会的排除を論じているというよりは，一般的な視点から，日本社会全体におけるとし社会的排除・包摂状況を測定することを目的としており，その意味では適切な調査であると思われる。例えば，基本ニーズ，物質的剥奪（通信・移動手段），適切な住環境等の経済的要素の中でも非常に基本的であり，それを欠くことが生活自体を困難にする意味での社会的排除概念は，一般的な貧困や社会からの疎外を把握するためには適切であり，ホームレス等最低限の生活資源を欠き，経済的にも社会的にも排除されているといいうる人々を含めた（ホームレスのみを対象にしたものとしては，既に述べたように不適切であるといえるが）総体的分析にはふさわしいものではある。しかし，就業者として一定の地位にあり一定程度稼得していることが前提となり，むしろ労働・雇用の質が問題となる本書においては，適切ではない。何故なら，あまり重要性のない要素である。基本ニーズ，物質的剥奪，適切な住環境の欠如自体は，雇用者，就業者の地位にある個人の苦境と関係がないとまでいえないが，それが，雇用関係に関わる問題とはやや的を外しているといえるからである。そのような要素に関連性があるにしても，これらの要素を非正規雇用問題の検討にそのまま用いるべきかといえば必ずしもそれが適切とはいえない。実際，既に普及している，携帯電話やテレビの所有が

---

[8]　厚生労働科学研究費補助金（政策科学推進研究事業）「日本の社会保障制度における社会的包摂（ソーシャル・インクルージョン）効果の研究」の一環として2006年に実施された調査である。

◆ 第4章　仮説の検証方法

非正規雇用労働者の社会的排除・包摂を実質的に左右しうる指標たりうるとは，現代日本ではいえないであろう。むしろ，それらの要素は，社会的排除・包摂と関係ないわけではないものの，現代日本においては，それら要素の欠如が絶対的にな意味で生活を困窮せしめるもので，むしろ伝統的な貧困論の範疇で検討すべきであろうと考えられる。

　第二に，基本ニーズ，物質的剥奪（情報・娯楽・アメニティ），物質的剥奪（通信・移動手段），適切な住環境等の諸要素については，社会保険制度からの排除や労働市場における排除と関係がないというわけではない。しかし，これらは，個別にみれば，労働・雇用関係や社会保険に係る法政策との関係は相対的に弱く，精々経済的な関連性を認めることができる程度である。つまり，本書の研究調査におけるような，雇用の正規化及び社会保険という社会保障法制度との関係で社会的排除・包摂を問題する場合には必ずしもふさわしくないといえる。それらの諸要素に関し，社会的排除の改善・包摂を実現しようとすれば，別の経済・社会政策が要請されることになり，本書の議論の射程を完全に踏み越えることになると考えられる。基本ニーズ，物質的剥奪，適切な住環境の欠如に関しては，雇用関係とは直接の関係を有さず，あるとしても労働条件の経済的側面の影響であるといえ，経済的状況との関係という形でまとめるべきであると考える。そこで，これらの要素と主観的貧困（家計の状況），所得ベースの相対的貧困を含めた5つの要素は，いずれも経済的要素であり，主観的であるか，客観的であるかの区別は重要でありうるが，経済力さえあれば，基本ニーズや住環境などを整備することが可能であることから，経済的条件を構成する要素としてのみ捉え，それぞれ個別の具体的要素としては本研究の分析・議論の対象とせず，主観的・客観的経済的要素を示す変数により代理することが適切であると思料する。そこで，雇用形態と社会保険の適用をテーマとする本書においては，上記に示した基本ニーズ，物質的剥奪（情報・娯楽・アメニティ），物質的剥奪（通信・移動手段），適切な住環境等の諸要素等を個別の調査対象としては調査の対象から外し，一括して経済的要素として考察することとし，その上で，主観的・客観的経済的要素を総体的に調査する。

　その他の3要素，すなわち，制度からの排除，社会関係の欠如，レジャーと社会参加の欠如（阿部 2007a : 136-137）を如何に取り扱うかが次に問題となる。

◇ 第2節 調査方法と調査対象

　第一に，制度からの排除は，社会保険の被保険者資格がないことは文字通り該当するといえるし，標準的雇用関係の有する法制度上の保護の一部を欠いているといえる非正規雇用も該当するといえることから，指標としての重要性が認められる。第二に，社会関係の欠如については，非正規雇用が単なる経済的意義を有する労働条件の格差故にではなく，日本においてはとりわけ，呼称上，つまり，身分・ポジション上の劣後的地位に基づく階層的格差故に，社会的排除状態と考えられていること，そして，労働による自立を果たして一人前という社会規範が妥当していると考えられること（益田 2012：101）を鑑みれば，労働関係は社会関係全般に影響をもたらしている可能性があり，職場を含めた企業組織内であれ，企業組織外であれ，社会関係の実情は本書分析の肝となりうる重要性を持つであろう。第三に，レジャーと社会参加の欠如については，労働・雇用は，能動的な側面のある社会への働きかけの一形態であり，調査の際には，非正規雇用労働者が能動的に社会に働きかけができているかについて注目したいことから，非正規雇用がその身分的劣後を問題として有している以上，日本のような労働そのものが社会的地位における影響度が大きい国においては，社会参加における疎外も生じているのではないかと考えられるのみならず，レジャーと社会参加は，経済的要素や制度的要素，社会関係的要素と密接に関連しており，それらの要素を欠くこと自体が疎外要因になるものと考えられる。加えて，社会的排除・包摂においてはその構成要素間の相互影響，換言すれば，重複排除の現象が顕著であること（阿部 2007a：146-147），社会的排除概念の発生時から中心的要素の一つであった政治的要素も含んでいることもあることから（Bhalla and Lapeyre 2004：21-26），社会関係の欠如とともに，レジャーと社会参加の欠如に関する実情は本書分析の肝となりうる重要性を持つであろう。

　以上を総合して考慮して，仮説の法政策の実施による雇用の非正規化，社会保険の完全適用による社会的排除・社会的包摂の実現の可否とその態様を調査するにあたっては，経済的要素（主観的・客観的），社会関係（企業組織内・企業組織外[9]），社会参加（娯楽・政治参加含む），制度的要素を指標として用いることとする。その上で，既に第2章で述べたように，それら社会的排除状態の全体としての状況，換言すれば，総合的な社会的包摂状態の如何についても，

◆ 第4章　仮説の検証方法

各雇用者の主観的厚生・幸福度を指標として捉え，当該指標に照らして調査することとする。

　なお，社会的排除概念は既に述べたように相対的な概念であり（福原 2007：17），それぞれの指標による計測結果そのものが重要ではなく，あくまで相対的な程度を把握することを目的とすることは付け加えておく。

---

(9) 社会関係指標については，基本的に主観に基づく指標として策定した。例えば，友人関係の状況を調査するにあたり，友人の数を質問するとすれば，友人の定義やその関係の実質が問題とならざるを得ない。そこで，本書調査では，表面的な関係でなく，実質的な関係の実情を把握するためにも，関係の実質は，各人の主観的評価によらざるを得ないこと及び社会的排除概念が主観を重視していること（阿部 2002：69-70），調査対象の現状が強制的なものか，自発的なものなのかが社会的排除の存否については重要であるが，調査対象者の自発性は客観的に判断が困難なこと（阿部 2007a：131-132）等を鑑みて，社会関係要素については，主観的状況についての質問を実施した。

第5章　仮説の検証結果のまとめと考察

第1節　アンケート調査の結果

第1　企業調査

1　基礎的データ

　本調査では，5000社の企業の人事総務担当者宛てに調査票が郵送され，有効な回答を部分的にでも記載して調査票を返送してきた企業は739社（14.8％）であった。その業種・従業員規模別，そして本校の中核的テーマに関連する非正社員数の全従業員に対する割合別の内訳は以下の通りである。

（表11）

業種別（質問1）	N	％
1．建設業	108	14.7
2．製造業	83	11.3
3．電気・ガス・水道業	7	1.0
4．情報通信業	8	1.1
5．運輸業，郵便業	15	2.0
6．金融業，保険業	7	1.0
7．不動産業，物品賃貸業	23	3.1
8．学術研究，専門・技術サービス業	25	3.4
9．宿泊業，飲食サービス業	65	8.8
10．卸売業，小売業	129	17.5
11．生活関連サービス業，娯楽業	30	4.1
12．教育・学習支援業	31	4.2

◆ 第5章 仮説の検証結果のまとめと考察

	N	%
13. 医療・福祉業	93	12.6
14. 公務	22	3.0
15. 複合サービス業（協同組合等）	5	.7
16. サービス業（他に分類されないもの）	85	11.5
合計	736	100.0

（表12）

従業員規模別（質問2）	N	%
1．50人以下	352	47.7
2．51～100人	166	22.5
3．101～300人	103	14.0
4．301～500人	37	5.0
5．501～999人	28	3.8
6．1000人以上	52	7.0
合計	738	100.0

（表13）

非正規雇用割合（質問4）	N	%
1．10％未満	291	39.9
2．10％～25％	146	20.0
3．26％～40％	96	13.2
4．41％～55％	81	11.1
5．56％～70％	53	7.3
6．71％以上	63	8.6
合計	730	100.0

◇第1節　アンケート調査の結果

2　仮説の法政策への対応についての結果
(1) **仮説の法政策そのものへの対応**
　本書の仮説に係る法政策は，(1)社会保険の被保険者資格の無制限化と(2)社会保険料の事業主負担の減少の2つの施策からなっている。表14は，その双方の施策が実施された仮説の法政策そのものに対する企業の対応を示している。表15〜表17は，それぞれ仮説の法政策の(1)部分のみの施策，社会保険料の事業主負担の引き上げられた場合，社会保険料の事業主負担の引き下げられた場合の対応を示している。

(表14)

仮説の法政策(1)(2)[1](質問27)	N	%
1．全体の雇用量を変えずに非正社員を削減し，正社員を増やす（正規雇用の割合を増やす）	84	12.3
2．特に変化はない	453	66.2
3．全体の賃金を上乗せする。	43	6.3
4．非正社員の雇用量を減らして全体の雇用量を削減しつつ，賃金については増額する	12	1.8
6．非正社員について，現状以上に派遣労働者や業務委託などに切り換える	13	1.9
7．非正社員の賃金のみを減らして，全体の雇用量を増やす	2	.3
8．正社員の雇用量を増やして，全体の雇用量を増やす	77	11.3
合計	684	100.0

---

[1]　質問27の質問項目としては，「5．非正社員のみについて賃金を減らし，内部留保・株主還元などに他の部分に費用を充てる」もあったが，回答者数がゼロであったため，分析対象からは排除している。

◆ 第5章　仮説の検証結果のまとめと考察

　まず，仮説の法政策の2つの施策の双方が実施された仮説の法政策そのものに対する企業の対応についての質問項目の中で，雇用の正規化に寄与する結果は選択肢1と選択肢8であり，そのうち仮説が考えた通りに，企業の合理的行動に基づき，非正社員を正社員に転換する意味での狭義の正規化を示すのは，選択肢1のみである。表13によれば，仮説の法政策により非正社員の正規化を実施する選択肢1を選択した企業は，84社（12.3％）である。もっとも，雇用の喪失なく，非正社員の減少以上に正社員を増加させるという企業行動を示す選択肢8も，必ずしも想定していた合理的選択行動ではないにせよ，仮説の法政策の目的を実現するより望ましい企業行動を示していると考えられるので，選択肢8をも望ましい雇用の正規化を示す行動として参入した場合には，併せると，161社（23.6％）となる。但し，選択肢2を選ぶ企業が453社（66.2％）を占め，仮説の法政策が何の効果ももたらさない可能性のある企業が多数に上るといえる。

（表15）

仮説の法政策（1）のみ（質問26）	N	%
1．製品・商品価格を引き上げる	56	8.1
2．労働者全体の賃金を削減する	42	6.1
3．正社員・非正社員の割合を変えずに，全体の雇用量を削減する	39	5.6
4．全体の雇用量を変えずに，正規雇用の割合を増やす	57	8.2
5．内部留保を減らす	44	6.3
6．現在の非正社員について，今以上に派遣労働者や業務委託などに切り換える	24	3.5
7．原材料価格を抑える	13	1.9
8．非正社員の賃金を削減する	9	1.3
9．設備・研究開発への投資を抑制する	28	4.0
10．非正社員の雇用量を減らして，その分全体の雇用量を削減する	51	7.3

◇第1節　アンケート調査の結果

| 11. 特に変化はない | 331 | 47.7 |
| 合計 | 694 | 100.0 |

　本質問は，仮説の法政策のうちの，社会保険の被保険者資格の無制限化(1)のみが実施された場合の企業の対応であるが，本書の事前の想定では，企業の合理的な行動としては，社会保険の非正規雇用労働者への適用拡大により，正規雇用労働者と非正規雇用労働者のコスト差が縮まり，正規雇用労働者の割合が増大するものの，同時に事業主負担の増大によりコストが増えて雇用削減や賃金増が生じるというものであった。しかし，想定外に選択肢4の「全体の雇用量を変えずに，正規雇用の割合を増やす」が8.2%で最も選択する企業の数が多く，本書が求めている雇用の正規化へ向かう企業もあることは分かった。そして，コスト増の原因となる非正規雇用の雇用を減らす形で全体の雇用減で正規雇用の割合が増大するという選択肢10の選択企業が7.3%あった。もっとも，雇用と関係のない行動である「製品・商品価格を引き上げる」が8.1%であるなど，選択の散らばりが大きく明確な企業行動を促すことのできない不十分な法政策であることも明らかになったといえる。

　この質問には，枝問があり，選択肢11の「特に変化はない」を選択した企業にその理由も尋ねている。その回答は，「非正社員の賃金自体が低いので，社会保険料の負担増は重要性が小さい」を選択した企業が11.4%，「非正社員の数が少ないので，社会保険料の負担増は大きなコストとはいえない」を選択した企業が61.5%あるなど，非正社員の数が少ない場合や賃金が低い場合には，その社会保険料のコスト増はそれ程懸念材料ではないことから，法政策の効果がみられないということも示された。

　また，仮説の法政策に対する対応とその部分的な要素のみを含む政策への対応を以上で概観してきたが，仮説の法政策(1)のみへの対応と(1)(2)の双方が同時に実施される場合の対応との関連性について確認したのが下記の表16である。この相互の政策への対応の間には，統計的に有意な関連性が認められ，CranerのVは0.29である。そして，各選択肢の関係であるが，仮説の法政策(1)のみ（質問26）への対応として合理的と本書で想定していた選択肢10（質問26

◆第5章 仮説の検証結果のまとめと考察

を選択した企業が，仮説の法政策(2)の事業主負担の減額を追加した場合（質問27）には雇用の正規化に向かうと予想していた。結果は，質問26で選択肢10を選択した50の企業のうち20%に当たる10の企業が仮説の法政策の対応として想定されていた質問27の選択肢1を選択している。加えて，雇用の正規化を実施する質問27の選択肢8も，仮説の法政策(1)に事業主負担の減額を追加した場合に雇用の正規化を実施するという想定に近い望ましい企業行動なのであるが，選択肢1の場合と同様，質問26で選択肢10を選択した50の企業のうち20%に当たる10の企業が，質問27において仮説の法政策への対応として合理的に想定されていた選択肢8を選択している。つまり，選択肢1と8を合わせると50企業のうち20企業（40%）が仮説の法政策のもともとの想定に沿って行動しているといえ，仮説の理論の論理的妥当性を示している。

（表16）

質問27	質問26(2)・1	2	3	4	5	6	7	8	9	10	11	合計
1．全体の雇用量を変えずに非正社員を削減し，正社員を増やす（正規雇用の割合を増やす）	9 16.1%	11 26.8%	14 36.8%	23 41.1%	1 2.3%	3 13.6%	1 8.3%	1 11.1%	4 14.3%	10 20.0%	7 2.1%	84 12.3%
2．特に変化はない	32 57.1%	18 43.9%	14 36.8%	17 30.4%	27 61.4%	8 36.4%	7 58.3%	4 44.4%	16 57.1%	17 34.0%	292 89.6%	452 66.3%
3．全体の賃金を上乗せする	7 12.5%	7 17.1%	1 2.6%	5 8.9%	7 15.9%	1 4.5%	1 8.3%	3 33.3%	3 10.7%	2 4.0%	5 1.5%	42 6.2%

(2) 質問26については，表15を参照のこと。

◇第1節 アンケート調査の結果

4．非正社員の雇用量を減らして全体の雇用量を削減しつつ，賃金については増額する	1 1.8%	0 0.0%	2 5.3%	0 0.0%	1 2.3%	1 4.5%	1 8.3%	0 0.0%	0 0.0%	5 10.0%	1 0.3%	12 1.8%
6．非正社員について，現状以上に派遣労働者や業務委託などに切り換える	0 0.0%	1 2.4%	0 0.0%	2 3.6%	0 0.0%	5 22.7%	0 0.0%	0 0.0%	0 0.0%	5 10.0%	0 0.0%	13 1.9%
7．非正社員の賃金のみを減らして，全体の雇用量を増やす	1 1.8%	0 0.0%	0 0.0%	0 0.0%	0 0.0%	0 0.0%	0 0.0%	0 0.0%	0 0.0%	1 2.0%	0 0.0%	2 0.3%
8．正社員の雇用量を増やして，全体の雇用量を増やす	6 10.7%	4 9.8%	7 18.4%	9 16.1%	8 18.2%	4 18.2%	2 16.7%	1 11.1%	5 17.9%	10 20.0%	21 6.4%	77 11.3%
合計	56 100.0%	41 100.0%	38 100.0%	56 100.0%	44 100.0%	22 100.0%	12 100.0%	9 100.0%	28 100.0%	50 100.0%	326 100.0%	682 100.0%

Pearsonのカイ2乗検定（有意確率）＝.00　CranerのV＝..29

（表17）

社会保険料の引き上げ（質問24）	N	％
1．製品・商品価格を引き上げる	68	9.5
2．正社員の賃金を削減する	21	2.9
3．正社員・非正社員の割合を変えずに，全体の雇用量を削減する	35	4.9
4．全体の雇用量を変えずに，非正規雇用の割合を増やす	48	6.7

◆ 第5章　仮説の検証結果のまとめと考察

	N	%
5．内部留保を減らす	51	7.2
6．現在の非正社員について，今以上に派遣労働者や業務委託などに切り換える	24	3.4
7．原材料価格を抑える	26	3.6
8．非正社員の賃金を削減する	7	1.0
9．設備・研究開発への投資を抑制する	35	4.9
10．正社員の雇用量を減らして，全体の雇用量を削減する	26	3.6
11．特に何もしない	372	52.2
合計	713	100.0

(表18)

社会保険料の引き下げ（質問25）	N	%
1．非正社員の賃金を増やす	20	2.8
2．正社員の賃金を増やす	91	12.9
3．製品・商品価格を引き下げる	7	1.0
4．内部留保を増やす	72	10.2
5．株主に還元する	1	.1
6．全体の雇用量を変えずに，正社員の割合を増やす	31	4.4
7．正社員・非正社員の割合を変えずに，全体の雇用量を増やす	36	5.1
8．設備・研究開発への投資を促進する	39	5.5
9．正社員の雇用量を増やして，全体の雇用量を増やす	44	6.2
10．現在の非正社員について，派遣労働者や業務委託などの割合を減らす	5	.7
11．特に何もしない	361	51.1
合計	707	100.0

◇第1節　アンケート調査の結果

　表17と表18は，社会保険料の事業主負担の引き上げと引き下げの際の企業行動を示しており，第2章で論じた社会保険料の事業主負担の帰着・転嫁のあり方についての質問への回答である。理論上は，一定の帰着・転嫁が存在するはずであるが，「特に何もしない」という選択11の回答が引き上げ・引き下げのそれぞれで52.2％，51.1％を占めた。帰着・転嫁先としては，引き上げの場合には，「製品・商品価格を引き上げる」が9.5％，「内部留保を減らす」7.2％，「全体の雇用量を変えずに，非正規雇用の割合を増やす」が6.7％となり，社会保険料の引き上げの帰着としての雇用の非正規化は絶対的に見れば多いとはいえないが，相対的には3番目に多い帰着・転嫁先であることが示された。これに対して，引き下げの場合には，「正社員の賃金を増やす」が12.9％，「内部留保を増やす」が10.2％，「正社員の雇用量を増やして，全体の雇用量を増やす」が6.2％となり，仮説の法政策に照らして最も合理的と想定された帰着・転嫁先である「全体の雇用量を変えずに，正社員の割合を増やす」は4.4％にとどまった。但し，「正社員の雇用量を増やして，全体の雇用量を増やす」が6.2％と絶対的に見れば多いとはいえないが，相対的には3番目に多い帰着・転嫁先であることが示されたことは，引き下げの帰着・転嫁先としての雇用の正規化も一定の可能性があることも明らかになったといえる。

(2) **仮説の法政策と他の関連諸要素との関係について**

　上記のように，仮説の法政策には雇用の正規化への一定程度の効果があると評価できるとして，どのような要素を有する企業に対してその一定程度の効果があるのかが問題となる。換言すれば，仮説の法政策がより実効的となる条件を把握し，そのような条件の整備・醸成を進めていくことが次の課題となる。ここまでにおいて既に言及した先行研究調査によれば，雇用の非正規化には企業の業種や従業員規模が関係している可能性があること，雇用の非正規化を進める理由や非正規雇用労働者に対する正規登用・教育訓練の実施が正規化促進に影響を与えうること等が議論されている。そのような項目としては，業種，従業員規模，非社員比率，非正社員の雇用理由，非正社員の賃金の対正社員賃金比率，教育訓練，正社員登用・転換がある。そこで，アンケート調査における当該事項に関する関連項目と仮説の法政策の効果の関連性をも検証する。その際，それらの関連事項と仮説の法政策への企業の対応を示す質問27との関係

◆第5章 仮説の検証結果のまとめと考察

についてクロス表を作成し，カイ二乗検定を実施した。企業の基本的情報たる業種・従業委員規模及び統計上有意になった項目についてのみ，以下の通り，その結果を示す。

① 業種（質問1）

(表19[3])

	質問27[4]・1	2	3	4	6	7	8	合計
1．建設業	11	64	5	1	0	1	15	97
	11.3%	66.0%	5.2%	1.0%	0.0%	1.0%	15.5%	100.0%
2．製造業	7	56	7	1	1	0	6	78
	9.0%	71.8%	9.0%	1.3%	1.3%	0.0%	7.7%	100.0%
3．電気・ガス・水道業	2	1	1	0	0	0	1	5
	40.0%	20.0%	20.0%	0.0%	0.0%	0.0%	20.0%	100.0%
4．情報通信業	2	4	0	0	1	0	1	8
	25.0%	50.0%	0.0%	0.0%	12.5%	0.0%	12.5%	100.0%
5．運輸業，郵便業	2	8	0	0	0	0	3	13
	15.4%	61.5%	0.0%	0.0%	0.0%	0.0%	23.1%	100.0%
6．融業，保険業	0	5	0	0	0	0	1	6
	0.0%	83.3%	0.0%	0.0%	0.0%	0.0%	16.7%	100.0%

---

(3) 表記の関係で，他の表と異なり，この表のみ行と列を逆にしている。
(4) 質問27については，表14を参照のこと。

◇第1節 アンケート調査の結果

7．不動産業，物品賃貸業	1	15	3	1	0	0	3	23
	4.3%	65.2%	13.0%	4.3%	0.0%	0.0%	13.0%	100.0%
8．学術研究，専門・技術サービス業	0	18	2	0	1	0	2	23
	0.0%	78.3%	8.7%	0.0%	4.3%	0.0%	8.7%	100.0%
9．宿泊業，飲食サービス業	15	24	5	2	4	0	9	59
	25.4%	40.7%	8.5%	3.4%	6.8%	0.0%	15.3%	100.0%
10．卸売業，小売業	17	88	3	2	0	0	10	120
	14.2%	73.3%	2.5%	1.7%	0.0%	0.0%	8.3%	100.0%
11．生活関連サービス業，娯楽業	6	14	3	1	0	0	3	27
	22.2%	51.9%	11.1%	3.7%	0.0%	0.0%	11.1%	100.0%
12．教育・学習支援業	1	22	0	0	2	0	4	29
	3.4%	75.9%	0.0%	0.0%	6.9%	0.0%	13.8%	100.0%
13．医療・福祉業	13	54	8	1	0	1	12	89
	14.6%	60.7%	9.0%	1.1%	0.0%	1.1%	13.5%	100.0%
14．公務	0	17	0	0	1	0	1	19
	0.0%	89.5%	0.0%	0.0%	5.3%	0.0%	5.3%	100.0%
15．複合サービス業（協同組合等）	0	3	0	0	0	0	0	3
	0.0%	100.0%	0.0%	0.0%	0.0%	0.0%	0.0%	100.0%

◆第5章 仮説の検証結果のまとめと考察

16. サービス業（他に分類されないもの）	7	58	6	3	3	0	6	83
	8.4%	69.9%	7.2%	3.6%	3.6%	0.0%	7.2%	100.0%
合計	84	451	43	12	13	2	77	682
	12.3%	66.1%	6.3%	1.8%	1.9%	0.3%	11.3%	100.0%

Pearsonのカイ2乗（有意確率）＝.18

　表19によれば，仮説の法政策が効果を有する選択肢（1及び8）を選択した割合が高いのは，電気・ガス・水道業（60%），宿泊業・飲食サービス業（40.7%），運輸業・郵便業（38.5%）などであるが，仮説の法政策への対応と業種との間には，統計上有意な関連性は認められなかった。この点，表21の通り，非正社員の割合の多寡については，関連性が認められることと考え合わせると，上記の業種の企業に対し法政策の効果があるように見えるのは，業種自体というよりも非正社員の割合がそれらの業種に高いこと及び雇用理由に起因している可能性がある。

② 従業員規模（質問2[5]）

　企業における従業員規模と仮説の法政策に対する対応のクロス表及びその関連性は，表20の通りであり，有意な関連性は認められない。

（表20）

質問27	質問2・1	2	3	4	5	6	合計
1. 全体の雇用量を変えずに非正社員を削減し，正社員を増やす（正規雇用の割合を増やす）	37	13	15	7	4	8	84
	11.3%	8.4%	15.6%	20.0%	14.8%	17.8%	12.3%

---

[5] 質問2については，表12を参照

2．特に変化はない	217	102	59	20	20	34	452
	66.6%	66.2%	61.5%	57.1%	74.1%	75.6%	66.2%
3．全体の賃金を上乗せする	22	10	6	4	0	1	43
	6.7%	6.5%	6.3%	11.4%	0.0%	2.2%	6.3%
4．非正社員の雇用量を減らして全体の雇用量を削減しつつ，賃金については増額する	4	4	2	1	1	0	12
	1.2%	2.6%	2.1%	2.9%	3.7%	0.0%	1.8%
6．非正社員について，現状以上に派遣労働者や業務委託などに切り換える	5	3	3	1	1	0	13
	1.5%	1.9%	3.1%	2.9%	3.7%	0.0%	1.9%
7．非正社員の賃金のみを減らして，全体の雇用量を増やす	1	0	1	0	0	0	2
	0.3%	0.0%	1.0%	0.0%	0.0%	0.0%	0.3%
8．正社員の雇用量を増やして，全体の雇用量を増やす	40	22	10	2	1	2	77
	12.3%	14.3%	10.4%	5.7%	3.7%	4.4%	11.3%
合計	326	154	96	35	27	45	683
	100.0%	100.0%	100.0%	100.0%	100.0%	100.0%	100.0%

Pearsonのカイ2乗（有意確率）= .69

◆第5章 仮説の検証結果のまとめと考察

③ 正社員,非正社員の割合(質問4[(6)])

　企業における正社員・非正社員の割合と仮説の法政策に対する対応のクロス表及びその関連性は,表21の通りである。表21によれば,有意な関連性が認められ,CramerのVは,0.13であり,一定程度の関連性がみられた。

(表21)

質問27	質問4・1	2	3	4	5	6	合計
1.全体の雇用量を変えずに非正社員を削減し,正社員を増やす(正規雇用の割合を増やす)	23 8.6%	10 7.2%	15 16.7%	11 15.1%	9 18.4%	16 27.1%	84 12.4%
2.特に変化はない	202 75.4%	95 68.3%	53 58.9%	47 64.4%	22 44.9%	32 54.2%	451 66.5%
3.全体の賃金を上乗せする	9 3.4%	10 7.2%	9 10.0%	4 5.5%	4 8.2%	6 10.2%	42 6.2%
4.非正社員の雇用量を減らして全体の雇用量を削減しつつ,賃金については増額する	4 1.5%	1 0.7%	1 1.1%	2 2.7%	2 4.1%	2 3.4%	12 1.8%
6.非正社員について,現状以上に派遣労働者や業務委託などに切り換える	5 1.9%	2 1.4%	1 1.1%	1 1.4%	3 6.1%	1 1.7%	13 1.9%
7.非正社員の賃金のみを減らして,全体の雇用量を増やす	1 0.4%	0 0.0%	1 1.1%	0 0.0%	0 0.0%	0 0.0%	2 0.3%

(6) 質問4については,表13を参照。

◇第1節　アンケート調査の結果

8．正社員の雇用量を増やして，全体の雇用量を増やす	24	21	10	8	9	2	74
	9.0%	15.1%	11.1%	11.0%	18.4%	3.4%	10.9%
合計	268	139	90	73	49	59	678
	100.0%	100.0%	100.0%	100.0%	100.0%	100.0%	100.0%

Pearson のカイ2乗（有意確率）= .00　Cramer の V = .13

④　非正社員雇用の理由（質問12・質問15）

どのような理由で非正社員を雇用したかが，仮説の法政策への対応と，どのような関連性を有しているかを把握するため，パートタイムの非正社員については質問12[7]，フルタイムの有期雇用の非正社員については質問15[8]の各選択肢への回答と質問27との回答との関連性を検討した。その結果，パートタイムの非正社員については，表22〜表27のように，パートタイムの非正社員については，選択肢2（「学卒等一般の正社員の採用，確保が困難だから」）選択肢4（「1日の忙しい時間帯に対応するため」），選択肢5（「季節的な繁忙や一定期間の繁忙に対応するため」），選択肢9（「社会保険の負担が少なくて済むから」）の4選択

---

[7]　質問12は，「パートタイムの非正社員の雇用理由をお答え下さい（あてはまる番号すべてに○）。1．人を集めやすいから　2．学卒等一般の正社員の採用，確保が困難だから　3．即戦力・能力のある人を活用したいから　4．1日の忙しい時間帯に対応するため　5．季節的な繁忙や一定期間の繁忙に対応するため　6．簡単な仕事内容だから　7．責任が軽い仕事だから　8．賃金が割安だから　9．社会保険の負担が少なくて済むから　10．人員調整が容易だから　11．正社員を重要業務に特化させるため　12．専門的業務に対応するため　13．高年齢者の再雇用対策のため　14．育児・介護休業の代替のため」である。

[8]　質問15は，「フルタイムの有期雇用の非正社員の雇用理由をお答え下さい（あてはまる番号すべてに○）。1．人を集めやすいから　2．学卒等一般の正社員の採用，確保が困難だから　3．即戦力・能力のある人を活用したいから　4．1日の忙しい時間帯に対応するため　5．季節的な繁忙や一定期間の繁忙に対応するため　6．簡単な仕事内容だから　7．責任が軽い仕事だから　8．賃金が割安だから　9．社会保険の負担が少なくて済むから　10．人員調整が容易だから　11．正社員を重要業務に特化させるため　12．専門的業務に対応するため　13．高年齢者の再雇用対策のため　14．育児・介護休業の代替のため」である

◆第 5 章　仮説の検証結果のまとめと考察

肢，フルタイムの有期雇用の非正社員については，表 8 及び表 9 のように，選択肢 4（「 1 日の忙しい時間帯に対応するため」），選択肢 5（「季節的な繁忙や一定期間の繁忙に対応するため」）の 2 選択肢について，有意な関連性が認められた。

そして，この 6 つの関連性に関する Cramer の V は，それぞれ0.14，0.18，0.18，0.17，0.18，0.15となり，いずれも一定程度の関連性がみられた。

（表22）

質問27	質問12・選択肢 2・	それ以外	合計
1．全体の雇用量を変えずに非正社員を削減し，正社員を増やす（正規雇用の割合を増やす）	16	66	82
	19.0%	12.0%	12.9%
2．特に変化はない	45	369	414
	53.6%	66.8%	65.1%
3．全体の賃金を上乗せする	9	33	42
	10.7%	6.0%	6.6%
4．非正社員の雇用量を減らして全体の雇用量を削減しつつ，賃金については増額する	1	11	12
	1.2%	2.0%	1.9%
6．非正社員について，現状以上に派遣労働者や業務委託などに切り換える	0	13	13
	0.0%	2.4%	2.0%
7．非正社員の賃金のみを減らして，全体の雇用量を増やす	1	1	2
	1.2%	0.2%	0.3%
8．正社員の雇用量を増やして，全体の雇用量を増やす	12	59	71
	14.3%	10.7%	11.2%
合計	84	552	636
	100.0%	100.0%	100.0%

Pearson のカイ 2 乗（有意確率）= .05　Cramer の V = .14

◇第1節　アンケート調査の結果

(表23)

質問27	質問12・選択肢4	それ以外	合計
1．全体の雇用量を変えずに非正社員を削減し，正社員を増やす（正規雇用の割合を増やす）	39 20.1%	43 9.7%	82 12.9%
2．特に変化はない	110 56.7%	304 68.8%	414 65.1%
3．全体の賃金を上乗せする	9 4.6%	33 7.5%	42 6.6%
4．非正社員の雇用量を減らして全体の雇用量を削減しつつ，賃金については増額する	4 2.1%	8 1.8%	12 1.9%
6．非正社員について，現状以上に派遣労働者や業務委託などに切り換える	7 3.6%	6 1.4%	13 2.0%
7．非正社員の賃金のみを減らして，全体の雇用量を増やす	0 0.0%	2 0.5%	2 0.3%
8．正社員の雇用量を増やして，全体の雇用量を増やす	25 12.9%	46 10.4%	71 11.2%
合計	194 100.0%	442 100.0%	636 100.0%

Pearsonのカイ2乗（有意確率）= .00　CramerのV = .18

◆ 第5章 仮説の検証結果のまとめと考察

(表24)

質問27	質問12・選択肢5	それ以外	合計
1．全体の雇用量を変えずに非正社員を削減し，正社員を増やす（正規雇用の割合を増やす）	22 17.3%	60 11.8%	82 12.9%
2．特に変化はない	71 55.9%	343 67.4%	414 65.1%
3．全体の賃金を上乗せする。	6 4.7%	36 7.1%	42 6.6%
4．非正社員の雇用量を減らして全体の雇用量を削減しつつ，賃金については増額する	3 2.4%	9 1.8%	12 1.9%
6．非正社員について，現状以上に派遣労働者や業務委託などに切り換える	8 6.3%	5 1.0%	13 2.0%
7．非正社員の賃金のみを減らして，全体の雇用量を増やす	1 0.8%	1 0.2%	2 0.3%
8．正社員の雇用量を増やして，全体の雇用量を増やす	16 12.6%	55 10.8%	71 11.2%
合計	127 100.0%	509 100.0%	636 100.0%

Pearson のカイ2乗（有意確率）＝.00　Cramer の V ＝.18

(質問25)

質問27	質問12・選択肢9	それ以外	合計
1．全体の雇用量を変えずに非正社員を削減し，正社員を増やす（正規雇用の割合を増やす）	17 18.1%	65 12.0%	82 12.9%

◇第1節 アンケート調査の結果

2．特に変化はない	49	365	414
	52.1%	67.3%	65.1%
3．全体の賃金を上乗せする。	8	34	42
	8.5%	6.3%	6.6%
4．非正社員の雇用量を減らして全体の雇用量を削減しつつ，賃金については増額する	3	9	12
	3.2%	1.7%	1.9%
6．非正社員について，現状以上に派遣労働者や業務委託などに切り換える	2	11	13
	2.1%	2.0%	2.0%
7．非正社員の賃金のみを減らして，全体の雇用量を増やす	2	0	2
	2.1%	0.0%	0.3%
8．正社員の雇用量を増やして，全体の雇用量を増やす	13	58	71
	13.8%	10.7%	11.2%
合計	94	542	636
	100.0%	100.0%	100.0%

Pearson のカイ 2 乗（有意確率）= .00　Cramer の V = .17

(質問26)

質問27	質問15・選択肢4	それ以外	合計
1．全体の雇用量を変えずに非正社員を削減し，正社員を増やす（正規雇用の割合を増やす）	13	64	77
	21.7%	12.3%	13.3%
2．特に変化はない	27	358	385
	45.0%	68.7%	66.3%
3．全体の賃金を上乗せする。	6	31	37
	10.0%	6.0%	6.4%

◆第5章　仮説の検証結果のまとめと考察

4．非正社員の雇用量を減らして全体の雇用量を削減しつつ，賃金については増額する	3	9	12
	5.0%	1.7%	2.1%
6．非正社員について，現状以上に派遣労働者や業務委託などに切り換える	3	6	9
	5.0%	1.2%	1.5%
7．非正社員の賃金のみを減らして，全体の雇用量を増やす	0	1	1
	0.0%	0.2%	0.2%
8．正社員の雇用量を増やして，全体の雇用量を増やす	8	52	60
	13.3%	10.0%	10.3%
合計	60	521	581
	100.0%	100.0%	100.0%

Pearsonのカイ2乗（有意確率）= .00　CramerのV = .18

（表27）

質問27	質問15・選択肢5	それ以外	合計
1．全体の雇用量を変えずに非正社員を削減し，正社員を増やす（正規雇用の割合を増やす）	14	63	77
	20.6%	12.3%	13.3%
2．特に変化はない	34	351	385
	50.0%	68.4%	66.3%
3．全体の賃金を上乗せする。	5	32	37
	7.4%	6.2%	6.4%
4．非正社員の雇用量を減らして全体の雇用量を削減しつつ，賃金については増額する	2	10	12
	2.9%	1.9%	2.1%
6．非正社員について，現状以上に派遣労働者や業務委託などに切り換える	3	6	9
	4.4%	1.2%	1.5%

◇第1節　アンケート調査の結果

7．非正社員の賃金のみを減らして，全体の雇用量を増やす	0	1	1
	0.0%	0.2%	0.2%
8．正社員の雇用量を増やして，全体の雇用量を増やす	10	50	60
	14.7%	9.7%	10.3%
合計	68	513	581
	100.0%	100.0%	100.0%

Pearsonのカイ2乗（有意確率）= .05　CramerのV = .15

⑤　非正社員の処遇のあり方（正社員と非正社員間の賃金の格差・福利厚生・社会保険適用状況・教育訓練の実情等について）

上記関連項目に関しては，パートタイムの非正社員と正社員間の賃金の格差を除き，教育訓練の実施をはじめとしていずれも，仮説の法政策への対応との間で有意な関連性は認められなかった。パートタイムの非正社員と正社員間の賃金の格差に関する質問13[9]と質問27との間の関連性については，表28のように，有意な関連性が認められ，CramerのVは.13となり一定程度の関連性がみられた。

（表28）

質問27	質問13・1	2	3	4	5	合計
1．全体の雇用量を変えずに非正社員を削減し，正社員を増やす（正規雇用の割合を増やす）	1	8	26	22	22	79
	33.3%	11.0%	21.0%	10.6%	12.5%	13.6%

---

[9]　質問13は，「パートタイムの非正社員の平均的な賃金は，正社員の基本賃金（手当含む）に比較して，どれくらいの割合を占めますか（1つだけ○）。1．正社員より高い　2．正社員と同じ程度　3．正社員の約80～90%　4．正社員の約60～79%　5．正社員の約60%未満」である。

◆第5章　仮説の検証結果のまとめと考察

2．特に変化はない	1	47	75	136	118	377
	33.3%	64.4%	60.5%	65.7%	67.0%	64.7%
3．全体の賃金を上乗せする	0	4	10	14	12	40
	0.0%	0.7%	1.7%	2.4%	2.1%	6.9%
4．非正社員の雇用量を減らして全体の雇用量を削減しつつ，賃金については増額する	0	1	3	6	1	11
	0.0%	1.4%	2.4%	2.9%	0.6%	1.9%
6．非正社員について，現状以上に派遣労働者や業務委託などに切り換える	1	2	2	5	3	13
	33.3%	2.7%	1.6%	2.4%	1.7%	2.2%
7．非正社員の賃金のみを減らして，全体の雇用量を増やす	0	0	2	0	0	2
	0.0%	0.0%	1.6%	0.0%	0.0%	0.3%
8．正社員の雇用量を増やして，全体の雇用量を増やす	0	11	6	24	20	61
	0.0%	15.1%	4.8%	11.6%	11.4%	10.5%
合計	3	73	124	207	176	583
	100.0%	100.0%	100.0%	100.0%	100.0%	100.0%

Pearsonのカイ2乗（有意確率）=.03　CramerのV=.13

⑥　正社員登用の実施状況（質問21）

表29のように，質問21と質問27との間には有意な関連性が認められ，CramerのVは.19であり一定程度関連性がみられた。

◇第1節　アンケート調査の結果

(表29)

質問27	質問21. 1 (正社員登用の実施)	2. 実施していない	合計
1．全体の雇用量を変えずに非正社員を削減し，正社員を増やす（正規雇用の割合を増やす）	68	13	81
	16.6%	5.7%	12.7%
2．特に変化はない	245	172	417
	59.9%	75.4%	65.5%
3．全体の賃金を上乗せする	29	13	42
	7.1%	5.7%	6.6%
4．非正社員の雇用量を減らして全体の雇用量を削減しつつ，賃金については増額する	9	2	11
	2.2%	0.9%	1.7%
6．非正社員について，現状以上に派遣労働者や業務委託などに切り換える	9	4	13
	2.2%	1.8%	2.0%
7．非正社員の賃金のみを減らして，全体の雇用量を増やす	1	1	2
	0.2%	0.4%	0.3%
8．正社員の雇用量を増やして，全体の雇用量を増やす	48	23	71
	11.7%	10.1%	11.1%
合計	409	228	637
	100.0%	100.0%	100.0%

Pearsonのカイ2乗（有意確率）= .00　CramerのV = .19

(3) 多項ロジスティック回帰分析

　ここまで，仮説の法政策への企業の対応を示す質問27及びその一部のみを内容とする質問24～26への回答のあり方を検討して，仮設の法政策への企業の大まかな対応を把握し，法政策自体の有効性について考察した。その上で，仮説の法政策に対し望ましい対応をする企業とはどのような種類の企業なのかを探求すべく，質問27と企業の業種，従業員規模，非正社員割合，社会保険適用割

◆ 第5章　仮説の検証結果のまとめと考察

合，非正社員雇用の理由，正社員と非正社員の間の賃金格差，教育・職業訓練の有無，正社員登用の有無等の雇用の正規化と関連が議論されてきた要素の関連性を，それぞれ基礎データの記述統計表及びクロス表を作成し，その関連性についてカイ2乗検定によって確認した。その結果，上記に示した通り，非正社員割合，パートタイムの非正社員と正社員の間の賃金格差[10]，4つのパートタイム非正社員の雇用理由，2つのフルタイム有期雇用非正社員の雇用理由，正社員登用の有無については，有意な関連性が認められた。ただ，これらの要素は，他の要素の影響受けて有意になっているだけの可能性があることに加え，仮説の法政策への企業の対応として雇用の正規化というこの法政策の企図に適合する選択肢1あるいは選択肢8を選択することとの間に有意な関連性を有しているかどうかまではわからない。そこで，他の要素の影響をコントロールした固有の要素の影響を確認するために，選択肢1及び選択肢8との関係（レファレンス：選択肢2：「特に変化はない」）を把握するために多項ロジスティック回帰分析を実施した。被説明変数は，質問27の各選択肢で，説明変数は，非正社員割合[11]，（質問4），非正社員雇用の理由（質問9の選択肢2，4，5，9，質問15の選択肢4，5），正社員と非正社員（パートタイム）の賃金格差（質問13），正社員登用の実施状況（質問21の選択肢6）である。そして，企業の業種（質問1[12]）・従業員規模（質問2[13]）については，上記分析では有意な関連性が認められなかったものの，多くの先行研究でその関連性が議論されていること

---

[10]　質問13は，以下のような「パートタイムの非正社員の平均的な賃金は，正社員の基本賃金（手当含む）に比較して，どれくらいの割合を占めますか（1つだけ〇）。1.正社員より高い　2.正社員と同じ程度　3.正社員の約80％〜90％　4.正社員の約60％〜79％　5.正社員の約60％未満」という質問であるが，ダミー変数化し説明変数として投入するとモデル全体が不安定化することから，各選択肢の平均値を取るなど，以下のように量的変数に変換して投入し，分析した。その変換後の変数は，以下のとおりである。「1.50　2.69.5　3.85　4.100　5.115」。

[11]　非正社員の割合については，もともとの質問では範囲ごとのカテゴリー変数であるが，性質上も量的変数であり，分析上も便利であるため，各カテゴリーの平均値を値とする比例尺度の量的変数に変換して投入した。

[12]　表11参照。

[13]　表12参照。

◇第1節　アンケート調査の結果

に加え，企業の基本的特徴といえることから，加えて分析する。

　その結果は，表30の通りである。選択肢2の選択に比較して，選択肢1に関しては，正社員登用が実施されていること，非正社員の割合が多いことが，正の有意な関連性が認められ，選択肢7に関しては，フルタイムの有期非正社員に関し「季節的な繁忙や一定期間の繁忙に対応するため」（質問15・選択肢5）という理由で雇用している場合に，正の有意な関連性が認められ（5％有意水準），それぞれ雇用の正規化に積極的な意義を有しうることが分かった。

　ただ，仮定の法政策との関連の検討という探索的な意義をも有する調査研究であることから，仮説の法政策の有効性に関連のある企業の施策や特徴を探索するために，（誤謬のリスク増大を覚悟しつつ）10％有意水準で有意な変数を改めて検討してみると，パートタイムの非正社員に関し「社会保険の負担が少なくて済むから」（質問12・選択肢9）という理由で雇用している場合，業種が「運輸業，郵便業」，「宿泊業，飲食サービス業」「生活関連サービス業，娯楽業」（レファレンス＝「サービス業（他に分類されないもの）」）がである場合，従業員規模「51～100人」（レファレンス：「1000人以上」）である場合に，正の有意な関連性が認められ，それぞれ雇用の正規化に積極的な意義を有する可能性があることが分かった。

（表30）

	選択肢1		選択肢8	
	b	SE	b	SE
非正社員割合	.012**	.006	－.006	.008
非正規雇用理由学卒等一般の正社員の採用，確保が困難だから（パートタイム）	.518	.378	.586	.433
1日の忙しい時間帯に対応するため（パートタイム）	.548*	.336	－.011	.408
季節的な繁忙や一定期間の繁忙に対応するため（パートタイム）	－.062	.423	－.207	.496

◆第5章　仮説の検証結果のまとめと考察

社会保険の負担が少なくて済むから（パートタイム）	.177	.391	.746*	.434
1日の忙しい時間帯に対応するため（フルタイム有期）	.360	.454	.164	.541
季節的な繁忙や一定期間の繁忙に対応するため（フルタイム有期）	.721	.526	1.403**	.580
正社員登用実施	.975**	.414	.309	.409
正社員・非正社員賃金格差（パートタイム）	.012	.009	.006	.010
業種（選択肢1）	.447	.683	.716	.724
業種（選択肢2）	.369	.623	-.316	.816
業種（選択肢3）	16.996	905.850	.686	2499.015
業種（選択肢4）	1.009	1.015	.548	1.263
業種（選択肢5）	.882	.986	1.778*	.940
業種（選択肢6）	-13.331	2024.690	2.815	1.839
業種（選択肢7）	-.223	1.166	.094	1.202
業種（選択肢8）	-12.912	553.659	.426	.957
業種（選択肢9）	.438	.619	1.370*	.775
業種（選択肢10）	.326	.532	-.648	.749
業種（選択肢11）	.976	.787	1.465*	.879
業種（選択肢12）	-1.368	1.141	.619	.872
業種（選択肢13）	.235	.571	.870	.668
業種（選択肢14）	-13.258	638.203	.541	1.314
業種（選択肢15）	-13.921	1354.450	-14.215	1641.719
業種（選択肢16）（レファレンス）				
従業員規模（選択肢1）	.185	.588	1.459	.898

◇第1節　アンケート調査の結果

従業員規模（選択肢2）	-.246	.607	1.550*	.899
従業員規模（選択肢3）	.206	.589	1.419	.904
従業員規模（選択肢4）	.490	.724	1.387	1.139
従業員規模（選択肢5）	.406	.807	-.021	1.393
従業員規模（選択肢6）（レファレンス）				
N	496			
尤度統計量	212.16			
McFadden R 2乗	.19			

p＜.01＊＊＊　p＜.05＊＊　p＜.10＊

(4) ま と め

　アンケート調査の基礎的データによれば，仮説の法政策は，雇用の削減を避けつつ雇用の正規化を22.4％の企業に促しうることが分かった。つまり，ほぼ4分の1の企業に現状よりも雇用の正規化という行動に向かわせうることが明らかになった。また，そのような本書において望ましい行動の可能性を示した企業の40％が，社会保険の被保険者資格の無制限化のみでは雇用の正規化に向かわず，企業の経済活動への配慮としての仮説の法政策の一部である社会保険料の事業主負担の保険料率の軽減により，雇用の正規化を検討することになるということも示され，仮説の法政策の組み合わせが有効であることも実証され，仮説の法政策の理論的妥当性をも示されえたといえる。また，仮説の基礎となる，社会保険料のプラスの帰着とマイナスの帰着の対称性についても，社会保険料の引き上げと引き下げへの企業の対応が雇用の正規化に関して対称的であることが示され，仮説の論理構成の妥当性も検証されたと考える。

　また，仮説の法政策が有効になるための企業の特徴あるいは施策がどのようなものであるかに関して，クロス表による分析と多項ロジスティック回帰分析に基づき考察した。それによれば，直接的に雇用の正規化につながる制度である正社員登用を実施していること，非正社員の割合が大きい企業であること，フルタイムの有期契約の雇用理由が「季節的な繁忙や一定期間の繁忙に対応す

◆第5章　仮説の検証結果のまとめと考察

るため」であることが，有効となりうる要件であることが明らかになった。加えて，誤謬のリスクはあるが，パートタイムの正社員の雇用理由が「社会保険の負担が少なくて済むから」であること，業種が「運輸業，郵便業」「宿泊業，飲食サービス業」「生活関連サービス業，娯楽業」であること，従業員規模が51〜100人のような比較的小規模であることが，仮説の法政策が実効的である要件である可能性があることを，今後のこれらの法政策の実施の際に念頭に置いておくことが有用であるといえるだろう。

3　アンケート調査の結果と仮説の関係

以上より，仮説の社会保険の被保険者資格の無制限化と社会保険料の事業主負担の軽減を組み合わせる法政策は，全面的に雇用の正規化を促す効果が認められるわけではないが，一定程度雇用の正規化を促す効果を有する可能性があることが分かった。アンケート調査の仮説の法政策に係る質問27に回答した企業（684社）のうち，仮説の想定通りの選択肢1を回答した企業が12.3%，仮説の想定外ではあるがより雇用の正規化に前向きな選択肢8を回答した企業が11.3%に上り，合わせれば，22.4%の企業に雇用の正規化を促すことができることが明らかになったといえる。財政的あるいは経済的にマイナスを生じさせることもなく，雇用を減らすこともなく，少しでも雇用の非正規化を抑止し，雇用の正規化を進めることを目標とする立場から見れば，このような結果は，企業行動を望むべく方向に促す法政策としては，大きな成果，発見ということができるであろう。そのことは，仮説の法政策とその部分を構成する社会保険の被保険者資格の無制限化と社会保険料の事業主負担の軽減のそれぞれの意義と関係についても，先行研究の概観を通じて検討，想定してきた通りであることも実証されたと考える。

もちろん，法政策が効果を有するためには，それ自体が妥当なものであるだけでなく，どのような条件を有する企業であるか，あるいは，企業がどのような条件を備えればより効果的かについても検討しておく必要がある。その結果として，非正社員割合が大きいこと，正社員登用が実施されていることが重要であること，フルタイムの有期の非正社員の雇用理由が「季節的な繁忙や一定期間の繁忙に対応するため」，パートタイムの非正社員の雇用理由が「社会保

◇第1節　アンケート調査の結果

険の負担が少なくて済むから」，業種が「運輸業，郵便業」，「宿泊業，飲食サービス業」「生活関連サービス業，娯楽業」である場合により効果的である可能性があることは，本書で議論してきた1990年代以降において進行してきた雇用の非正規化を進行させてきた企業の特徴と合致する。換言すれば，それらは，正規雇用の代替として，コスト削減を中心とした目的で，非正規雇用を利用してきた企業・業種であると考えられ，これまでの帰着としての雇用の非正規化の逆方向の帰着を目指すという本書の方向性の妥当性を示しているといえるだろう。本書の調査において示された今後の企業の人事管理における雇用の正規化に向けた有効策は，当然のことでもあるが，正社員登用の実施であり，それを担保する正社員登用制度のより活発な実施を目指した制度づくりが重要である。

　なお，非正規雇用の理由に関して付言すれば，業務の繁閑を理由にする場合は，有期のフルタイム非正社員に正の有意な関連性が認められ，社会保険の負担を理由にする場合には，パートタイムの非正社員に正の有意な関連性が認められていることから，それぞれの雇用形態の特徴に応じて非正規雇用労働者を社会保険料の事業主負担の帰着として活用してきたことを示唆しているとも考えられる。つまり，社会保険料の事業主負担にかかわる仮説の法政策についてはパートタイム雇用の正規化に対し直接的に影響をしうること，また，業務の繁閑については，業務の性質上避けることができないことから，社会保険の適用が義務的なものとなるのであれば，有期のフルタイム雇用をも正規化しても差し支えないと考えられたのではないかと推測できる。また，（10%の有意水準ではあれ）有意な関連性が認められている業種については，先行研究・調査上も非正規雇用が積極的に活用されている業種であり（厚生労働省　2014eなど），やはり仮説の法政策が効果を持ちうるのはそのような業種でありうることが実証されたといいうる。

　非正規雇用労働者の人的資本の具備に関係する教育訓練については関連性が認められなかった。この点，本書第2章で示したように，これまでの多くの先行研究によれば，雇用の正規化のためには，非正規雇用労働者の人的資本充実が重要と考えられ，教育訓練が充実していれば，非正社員としてでも自らの人的資本の大きさを企業内部で示すことができ，それを評価するシステム次第で，

◆第5章　仮説の検証結果のまとめと考察

正規化は可能となると考えられてきたが，本書のアンケート調査ではその関連性は認められなかった。このことから，仮説の社会保障法政策との関連においては少なくとも，非正規雇用労働者の人的資本を充実化されることを可能にすると考えられる教育訓練が正規化に直接結びつかないことが示されたとも考えられる。もっとも，教育訓練の質・量を厳密に測定しそれとの関連性を検証したわけではないので，非正規雇用労働者への企業の教育訓練の質・量自体に問題がある可能性も先行研究では確認されているのであり（原 2014：137-139），更なる検証が必要である。

以上をまとめれば，仮説の法政策は，非正社員の割合の高い企業で，かつ，有期のフルタイムの非正社員の雇用理由が業務の繁閑にある，あるいは，パートタイム雇用の雇用理由が社会保険の負担を理由にしている企業で一定程度妥当・有効でありうることが，調査から明らかになったといえる。また，企業組織上の問題として，雇用の正規化には，当然のことながら，企業内部では正社員登用制度の実施と直接に関連していることから，正社員登用制度の整備等の企業組織上のあり方も法政策の効果発揮に影響を有するといえるだろう。

以上から，アンケート調査の結果は，全体として，全面的とまではいえないが，仮説を一定程度裏付ける調査結果であるといえる。

第2　労働者調査

1　分析の基本方針

仮説の法政策の目的は，社会的排除・包摂に係る実情とその排除状態の改善や包摂の実現のためには何が必要であるかを把握することであるといってよい。既に述べたように，労働者個人が，あくまで仮定に過ぎない仮説の法政策，雇用の正規化や社会保険の被保険者資格の無制限化に対して，利潤最大化を合理的に追及するべき企業ほど現実的な合理的な判断に基づくとるべき対応を事前に把握していることを求めることはできない。それ故，仮説の法政策に対する直接的な反応を把握することを求める質問も実施するが，それに加えて，例えば，非正規雇用や正規雇用のという雇用形態にあること及び具体的な社会保険（健康保険・年金保険・雇用保険）に適用されていることあるいは適用されてい

◇第1節 アンケート調査の結果

ないなどというような，説明変数とされるべき各労働者の実情に関する質問を実施し，各労働者の置かれた状況を踏まえた比較等を通じて，仮説の法政策が社会的排除の改善，包摂の実現にどの程度寄与できる効果・影響を持ちうるかを把握することを目指したい。

分析の際には，社会的排除や包摂を示す状態を表象する指標を被説明変数とすることになる。具体的には，経済的満足度などの主観的経済的要素，生活程度・年収等の客観的経済的要素，企業組織内の社会関係（人間関係），企業組織外の家族・近隣・友人に係る社会関係（人間関係），娯楽や共同体参加などの社会参加といった社会的排除状態を示す変数，総合的な主観的厚生・幸福度といった社会の包摂状態を示す変数が，被説明変数となる。

注記しておかなければならないのは，通常これまでの先行研究・調査においては，社会制度の主要な構成要素としての社会保障法制度は，制度からの排除として社会的排除状態を示す指標として被説明変数とされてきた。しかし，本調査の趣旨からもわかるとおり，本書では重複排除の重要な要素としての制度的排除の影響度の大きさに関心を持っており，社会的排除状態あるいは結果としての状態というよりも，他の社会的排除状態あるいは包摂状態に導きうる原因として取り上げる。換言すれば，社会保障法法制度からの排除を説ね明変数として分析の際の所与の要素として捉え，仮説の法政策による社会的排除・包摂の実現を測る指標としては取り上げない。

なお，企業調査においては，どのような説明変数が仮説の法政策の実効性に影響を持つかについて探求することが重要な調査目的の一つであり，コントロール変数というものは予め措定はされていなかった。これに対して，労働者調査においては，先行研究上も，雇用形態や社会保険適用以上に，社会的排除・包摂に明らかに影響度の大きい要素，変数やその可能性のある要素，変数が存在していることは明らかになっている。例えば，性別，年齢，学歴，年収等である。とりわけ，性別では女性は男性に比べて，ほぼ例外なく，先行研究上，社会的排除状態として小さく，社会的包摂度が大きい（阿部 2007a 139-142等多数）。それ故，これらのような影響度の大きい変数の影響をコントロールすることは，必須であると考えられる。例えば，女性の多い第3号被保険者の社会的排除状態について，社会保険の被保険者資格という地位の影響な

◆ 第5章　仮説の検証結果のまとめと考察

のか，女性という性別の示す地位あるいは状態の影響なのかは，明確に区別して，確認しておかなければならないからである。

　また，変数としての年収は，それ自体が経済的排除を客観的に示す社会的排除指標たりうるので，被説明変数にすべきとも考えられる。ただ，正規雇用と非正規雇用は年収の格差があり，一般に正規雇用の多い社会保険の被保険者（第2号被保険者及び健康保険被保険者）の年収自体が高い可能性があり，年収自体を要因として概ね社会的排除の程度が低く，社会的包摂の程度が高くなる可能性がある。それ故，本書では，雇用形態及び社会保険の被保険者資格の社会的排除・包摂への影響を明らかにすることを研究目的にしていることから，先行研究でも同様の取り扱いをしていることに倣い，年収はコントロール変数とし，客観的経済的要素としては年収の代わりに生活レベルを用いる。生活レベルを用いる理由としては，一般に，年収が高くとも生活レベルが高くないこともありうるし，また，その逆もありうること，社会的排除・包摂の観点からは，生活レベルが直接に排除・包摂の程度に関連しているといえることが挙げられうる。

　さらに，先行研究，とりわけ，心理学などの影響を受けて発展してきた主観的厚生・幸福の経済学の先行研究においては，個人のパーソナリティ，とりわけ，誠実性，情緒不安定性，創造性，非協調性，内向性といういわゆるビッグ・ファイブと呼ばれるものの主観的厚生・幸福度への影響を考慮して，その影響をコントロールすることがしばしば行われている。本書でも個人のパーソナリティをコントロールすることは理想ではあろう。ただ，調査予算やより重要な事項の調査の必要性を勘案して，本書では，雇用形態，企業における社会的地位，社会保険の被保険者資格という社会的・経済的・法的地位の影響を重視し，回答者個人のパーソナリティについては，相対的所得仮説や参照点モデル等理論的な重要性を有する事項である他の人への生活水準への意識についてのみ調査の対象とし，コントロール変数として用いることとする。

　各質問と社会的排除・包摂の具体的な関係は以下の通りである。郵送調査においては，主観的経済的要素としては，生活満足度（質問22）及び経済的満足度（質問25），客観的経済的要素としては，生活レベル（質問26），社会関係要素（企業組織内）としては，職場孤独感（質問24），職場人間関係（質問28），職

◇第1節　アンケート調査の結果

場役割満足度（質問30）及び仕事内容満足度（質問32），社会関係要素（企業組織外）としては，私生活孤独感（質問23），近隣人間関係満足度（質問27），家族関係満足度（質問29）及び友人関係満足度（質問31），社会参加要素としては，社会活動・社会参加時間（質問40），総合的要素（社会的包摂指標）として，主観的厚生・幸福度（質問62）を準備した。インターネット調査においては，郵送調査の結果を踏まえて若干変更して，主観的経済的要素としては，生活満足度（質問18-1）及び経済的満足度（質問19），客観的経済的要素として，生活レベル（質問20），社会関係要素（全体）としては，孤独感（質問23），社会関係要素（企業組織内）としては，職場人間関係（質問22-2），職場役割満足度（質問18-2）及び仕事内容満足度（質問18-3），社会関係要素（企業組織外）としては，近隣人間関係満足度（質問22-1），家族関係満足度（質問22-3）及び友人関係満足度（質問22-4），社会活動・社会参加要素としては，社会活動・社会参加時間（質問30-2），総合的要素（社会的包摂指標）として，主観的厚生・幸福度（質問48）を準備した。

　仮説の法政策に対する対応を直接尋ねる質問や第3号被保険者等のほかの重要事項に関する質問については，それぞれの分析の際に示すこととする。

2　郵送調査
(1) 基礎的データ

　今回のアンケート調査において，返送されてきた有効な調査票は，合計1368で，そのうち，正社員547（40.7％）非正社員798（59.3％）であった[14]。企業5000社にそれぞれ在籍の3名の雇用者（原則非正社員で，不在の場合に，正社員）に交付することを依頼したことから，合計15000名に依頼したことになり，その場合，回収率は，9.0％となる。もっとも，企業調査における回答が739社のみであり，そのような企業しか在籍した雇用者に交付しないと考えれば，回収率は，61.1％であるといえるが，いずれにしても高い回収率とはいえない。

---

[14]　本書調査においては雇用形態に関し，講学的な色彩の強い「正規雇用労働者・非正規雇用労働者」という文言を使用せず，原則として，代わりに実務上より使用頻度の高い「正社員・非正社員」を使用する。）した。本書においても調査に言及する際には，それに従うこととする。

◆第5章　仮説の検証結果のまとめと考察

　もともと，非正規雇用労働者を中心とする調査であり，調査票の交付を依頼した企業には非正社員への交付を依頼し，非正社員が3人以上存在していない可能性が十分にあり，正社員の回答を一定程度得られることが予想されることを考えて，そのような場合にのみ，補充的に正社員に交付してもらうこととなっており，それでも十分な標本が回収可能と考えていた。そのため，本調査においては，企業調査の場合と異なり，正社員と非正社員の分布自体は調査対象ではなく，それぞれの層におけるその他の調査事項との関係性の分析が第一で，その次に正社員・非正社員相互の結果の比較が調査の対象となる。

　基本的な記述統計[15]として，雇用形態[16]・社会保険（健康保険・厚生年金保険・雇用保険）適用状況は，表31～34の通りである。

（表31）

雇用形態（質問1）	N	%
1．正社員	549	40.8
2．非正社員（パートタイム）	485	36.1
3．非正社員（フルタイムの有期契約）	257	19.1
4．その他の非正社員	54	4.0
合計	1345	100.0

（表32）

健康保険加入状況（質問43-1）	N	%
1．自分の名義で会社の健康保険に入っている	1011	75.2
2．市町村の国民健康保険に入っている	107	8.0

---

[15]　これらのデータには，まだ多くの分析の余地があり，本報告書の記載を超えて研究を拡大することは可能であるが，とりあえずの研究報告としての本書では，これらについては十分な分析ができておらず，これ以上言及しない。

[16]　雇用形態に関しては，質問1による。つまり，「1．正社員　2．非正社員（パートタイム）3．非正社員（フルタイムの有期契約）　4．その他の非正社員」これ以上，細かい分類では特殊的すぎることとなり，雇用形態に関する一般的に通用する議論につながらないからである。

◇第1節　アンケート調査の結果

3．配偶者などの被扶養者としての健康保険に入っている	226	16.8
合計	1344	100.0

（表33）

厚生年金保険加入状況（質問44-1）	N	%
1．自分の名義で厚生年金に加入している	1037	78.0
2．配偶者などの年金に被扶養者として加入している	200	15.0
3．自分で国民年金のみに加入している	75	5.6
4．無年金である	17	1.3
合計	1329	100.0

（表34）

雇用保険加入状況（質問45-1）	N	%
1．加入している	1162	86.9
2．加入していない	175	13.1
合計	1337	100.0

　次に，本書の仮説の法政策の主たる手段，説明変数としての雇用の正規化と社会保険適用に関する雇用形態と各社会保険（健康・厚生年金・雇用）の適用状況のクロス表を作成し，カイ2乗検定を実施したところ，各社会保険に関して表35〜37のようになった。と社会保険適用の関係性に関し，社会保険関連法の規定からは当然の結果であるといえるが，統計的に有意な関連性が認められ，その関連性も比較的強く（CramerのVは，.46，.37，.35），非正規雇用労働者における社会的制度からの排除の一端を示している。

◆ 第5章　仮説の検証結果のまとめと考察

(表35)

	健康保険適用状況[17]・1	2	3	合計
１．正社員	524	5	3	532
	52.6%	5.0%	1.3%	40.2%
２．非正社員（パートタイム）	191	74	215	480
	19.2%	73.3%	95.6%	36.3%
３．非正社員（フルタイムの有期契約）	241	11	4	256
	24.2%	10.9%	1.8%	19.4%
４．その他の非正社員	40	11	3	54
	4.0%	10.9%	1.3%	4.1%
合計	996	101	225	1322
	100.0%	100.0%	100.0%	100.0%

Pearson のカイ2乗（有意確率）＝.00　　Cramer の V＝.46

(表36)

	厚生年金適用状況[18]・1	2	3	4	合計
１．正社員	522	1	8	1	532
	51.2%	0.5%	10.8%	5.9%	40.7%
２．非正社員（パートタイム）	206	194	59	11	470
	20.2%	98.0%	79.7%	64.7%	35.9%
３．非正社員（フルタイムの有期契約）	245	1	4	2	252
	24.0%	0.5%	5.4%	11.8%	19.3%
４．その他の非正社員	46	2	3	3	54
	4.5%	1.0%	4.1%	17.6%	4.1%

---

[17]　選択肢の内容については，表32を参照。
[18]　選択肢の内容については，表33を参照

◇第1節　アンケート調査の結果

合計		1019	198	74	17	1308
		100.0%	100.0%	100.0%	100.0%	100.0%

Pearson のカイ 2 乗（有意確率）= .00　　Cramer の V = .37

（表37）

	雇用保険適用状況[19]・1	2	合計
1．正社員	518	15	533
	45.3%	8.7%	40.5%
2．非正社員（パートタイム）	341	135	476
	29.8%	78.5%	36.2%
3．非正社員（フルタイムの有期契約）	240	13	253
	21.0%	7.6%	19.2%
4．その他の非正社員	44	9	53
	3.8%	5.2%	4.0%
合計	1143	172	1315
	100.0%	100.0%	100.0%

Pearson のカイ 2 乗（有意確率）= .00　　Cramer の V = .35

　また，とりわけ雇用形態と関連性があると考えられる労働者の基本データといいうる年齢（質問54[20]），性別（質問52），婚姻状態・経験（質問54），最終学歴（質問56[21]）及年収（質問58）については，（基本データを示すことを兼ねて）雇用形態とのクロス表を作成し，カイ 2 乗検定を実施する。その結果は，すべて有意な関連性が認められ，Cramer の V については，それぞれ，.17，.36，.18，.13，.14となり，概ねそれほど関連性が強くないが，性別に関しては比

---

[19]　選択肢の内容については，表34を参照
[20]　質問54の選択肢は，以下の通りである。「1．15〜30歳　2．31〜40歳　3．41〜50歳　4．51〜60歳　5．61〜64歳　6．65〜69歳　7．70歳以上」
[21]　質問56の選択肢は，以下の通りである。「1．中学　2．高校　3．専門学校　4．短大・高専　5．大学・大学院」

◆ 第 5 章 仮説の検証結果のまとめと考察

較的に強い関連性があるといえる。

(表38)

	年齢・1	2	3	4	5	6		合計
１．正社員	91	138	165	112	16	15	3	540
	52.6%	44.1%	44.2%	41.0%	14.5%	23.4%	13.6%	40.7%
２．非正社員（パートタイム）	31	121	136	105	45	33	8	479
	17.9%	38.7%	36.5%	38.5%	40.9%	51.6%	36.4%	36.1%
３．非正社員（フルタイムの有期契約）	46	47	58	49	40	7	9	256
	26.6%	15.0%	15.5%	17.9%	36.4%	10.9%	40.9%	19.3%
４．その他の非正社員	5	7	14	7	9	9	2	53
	2.9%	2.2%	3.8%	2.6%	8.2%	14.1%	9.1%	4.0%
合計	173	313	373	273	110	64	22	1328
	100.0%	100.0%	100.0%	100.0%	100.0%	100.0%	100.0%	100.0%

Pearson のカイ 2 乗（有意確率）= .00　　Cramer の V = .17

(表39)

	性別・男性	女性	合計
１．正社員	269	272	541
	62.0%	30.4%	40.7%
２．非正社員（パートタイム）	55	423	478
	12.7%	47.3%	36.0%
３．非正社員（フルタイムの有期契約）	87	168	255
	20.0%	18.8%	19.2%
４．その他非正社員	23	31	54
	5.3%	3.5%	4.1%

◇第1節 アンケート調査の結果

合計	434	894	1328
	100.0%	100.0%	100.0%

Pearson のカイ2乗（有意確率）＝.00　　Cramer の V ＝.36

(表40)

	婚姻状態・経験・未婚	既婚	離婚・死別	合計
1．正社員	158	329	48	535
	52.1%	37.3%	36.6%	40.7%
2．非正社員（パートタイム）	52	385	36	473
	17.2%	43.7%	27.5%	36.0%
3．非正社員（フルタイムの有期契約）	79	134	40	253
	26.1%	15.2%	30.5%	19.2%
4．その他の非正社員	14	33	7	54
	4.6%	3.7%	5.3%	4.1%
合計	303	881	131	1315
	100.0%	100.0%	100.0%	100.0%

Pearson のカイ2乗（有意確率）＝.00　　Cramer の V ＝.18

(表41)

	最終学歴・1	2	3	4	5	合計
1．正社員	10	208	82	58	183	541
	30.3%	37.7%	42.1%	29.4%	52.3%	40.8%
2．非正社員（パートタイム）	12	219	79	92	74	476
	36.4%	39.7%	40.5%	46.7%	21.1%	35.9%
3．非正社員（フルタイムの有期契約）	7	99	32	39	79	256
	21.2%	17.9%	16.4%	19.8%	22.6%	19.3%

243

◆ 第5章 仮説の検証結果のまとめと考察

4．その他の非正社員	4	26	2	8	14	54
	12.1%	4.7%	1.0%	4.1%	4.0%	4.1%
合計	33	552	195	197	350	1327
	100.0%	100.0%	100.0%	100.0%	100.0%	100.0%

Pearsonのカイ2乗（有意確率）= .00　　CramerのV = .13

(表42)

	年収[22]・1	2	3	4	5	6	合計
1．正社員	6	12	103	215	99	92	527
	17.1%	15.8%	36.5%	45.0%	47.4%	46.7%	41.3%
2．非正社員（パートタイム）	18	37	80	183	69	69	456
	51.4%	48.7%	28.4%	38.3%	33.0%	35.0%	35.7%
3．非正社員（フルタイムの有期契約）	8	23	80	63	38	31	243
	22.9%	30.3%	28.4%	13.2%	18.2%	15.7%	19.0%
4．その他の非正社員	3	4	19	17	3	5	51
	8.6%	5.3%	6.7%	3.6%	1.4%	2.5%	4.0%
合計	35	76	282	478	209	197	1277
	100.0%	100.0%	100.0%	100.0%	100.0%	100.0%	100.0%

Pearsonのカイ2乗（有意確率）= .00　　CramerのV = .14

　なお，有配偶者女性の就業調整に関し，問題となる健康保険被扶養者及び厚生年金の国民年金法第3号被保険者の性別に関しては，前者について男性8人（3.5%），女性216人（96.5%）で，後者について男性2人（1.0%），女性198人

---

[22] 年収（質問58）は，以下の通りである。「1.0～64万円　2.65～103万円　3.104～129万円　4.130～141万円　5.142～163万円　6.164～329万円　7.330～399万円　8.400～600万円　9.601万円以上」

◇第1節　アンケート調査の結果

(99.0％) であった。健康保険被扶養者については，有配偶者とは限らないことから女性の割合が小さい。これに対して，厚生年金保険に係る国民年金法第3号被保険者は有配偶者に限られており，女性の割合についても過去の調査と同様の割合であることも分かった。有配偶者女性の就業調整の意識・行動については厚生年金保険の国民年金法第3号被保険者の意識・行動について確認するべきことが示されているといえる。

(2) **社会的排除への影響・効果**

① 概　要

本書では，雇用の正規化と社会保険の完全適用を主たる手段とする仮説の法政策の社会的排除・包摂への影響・効果を調査するにあたり，社会的排除指標として，経済的要素（主観的・客観的），社会関係要素（企業組織内・企業組織外），社会参加要素，社会的包摂指標としての総合的要素として，主観的厚生・幸福度を取り上げて分析する。具体的には，説明変数としては，雇用形態（質問1），社会保険適用状況（健康保険（質問43-1）・厚生年金（質問44-1）・雇用保険（質問45-1））である。また，既に述べたとおり，主観的経済的要素としては，生活満足度（質問22）及び経済的満足度（質問25），客観的経済的要素としては，生活レベル（質問26），社会関係要素（企業組織内）としては，職場孤独感（質問24），職場人間関係（質問28），職場役割満足度（質問30）及び仕事内容満足度（質問32），社会関係要素（企業組織外）としては，私生活孤独感（質問23），近隣人間関係満足度（質問27），家族関係満足度（質問29）及び友人関係満足度（質問31），社会活動・社会参加要素としては，社会活動・社会参加時間（質問40），社会的包摂指標として，主観的厚生・幸福度（質問62）を被説明変数[23]とする。

② 社会的排除・包摂状況との関連性 ── 個別的関係の検討

以下においては，説明変数たる雇用形態及び各社会保険適用状況と上記各被説明変数のそれぞれの関連性を確認し，量的変数である主観的厚生・幸福度（質問62）については，分散分析，その他の変数については，クロス表を作成の上，カイ2乗検定を実施して，有意（有意水準5％）な関連性が認められた変数[24]について示している。

245

◆ 第5章　仮説の検証結果のまとめと考察

（ア）雇用形態
(1) 生活満足度（質問22）（主観的経済要素）

表43のように，有意な関連性が認められたが，CramerのVは.08であるに過ぎず弱い関連性であった。

（表43）

	1	2	3	4	合計
１．正社員	26	156	329	29	540
	46.4%	36.5%	41.3%	52.7%	40.5%
２．非正社員（パートタイム）	12	147	309	15	483
	21.4%	34.4%	38.8%	27.3%	36.2%

---

(23)　社会的排除・包摂指標に関わる各質問の具体的内容は，以下の通りである。質問22は，「あなたは，現在の生活に満足していますか（１つだけ○）。」質問25は，「あなたは，現在，経済的に満足した暮らしができていますか（１つだけ○）。」質問26は，あなたの現在の生活程度は，次のどれに当てはまりますか（１つだけ○）。」質問24は，「あなたは職場で孤独を感じることはありますか（１つだけ○）。」質問28は，「あなたは，職場での人間関係に満足していますか（１つだけ○）。」質問30は，「あなたは，職場での自分の役割に満足していますか（１つだけ○）。」質問32は，「あなたは，あなたの仕事にやりがいを感じていますか（１つだけ○）。」質問23は，「あなたはプライベートの生活で孤独を感じることはありますか（１つだけ○）。」質問27は，「あなたは，近所や地域での人間関係に満足していますか（１つだけ○）」質問29は，「あなたは，あなたの家族関係に満足していますか（１つだけ○）。」質問31は，「あなたは，あなたの友人関係に満足していますか（１つだけ○）。」質問40は，「あなたの仕事以外の社会活動を行う時間は週に何時間くらいですか（１つだけ○）。」質問62は，「最高の幸福状態を10として，現在のあなたの状態はどれくらいと感じますか。０から10までの数字でお答えください。」なお，各質問の選択肢は，質問62以外については，原則として，「大変満足している，満足している，やや不満である，非常に不満である」の４件法あるいはこれに準ずる形とした。

(24)　全ての社会的排除・包摂指標に関する変数については，順序変数あるいは量的変数であり，選択肢の番号の数字が大きい程，社会的排除・包摂の観点から望ましくなる（より社会的に包摂されている）ように変数を変換している。

◇第1節 アンケート調査の結果

3．非正社員（フルタイムの有期契約）	17	104	127	9	257
	30.4%	24.4%	16.0%	16.4%	19.3%
4．その他の非正社員	1	20	31	2	54
	1.8%	4.7%	3.9%	3.6%	4.0%
合計	56	427	796	55	1334
	100.0%	100.0%	100.0%	100.0%	100.0%

Pearsonのカイ2乗（有意確率）= .00　　CramerのV = .08

(2) 経済的生活満足度（質問25）（主観的経済要素）

経済的生活満足度との間の関連性については，表44のように，有意な関連性が認められ，CramerのVは.07，弱い関連性が認められた。

（表44）

	1	2	3	4	合計
1．正社員	56	217	241	27	541
	33.1%	40.2%	41.8%	52.9%	40.5%
2．非正社員（パートタイム）	60	186	222	16	484
	35.5%	34.4%	38.5%	31.4%	36.2%
3．非正社員（フルタイムの有期契約）	49	111	91	6	257
	29.0%	20.6%	15.8%	11.8%	19.2%
4．その他の非正社員	4	26	22	2	54
	2.4%	4.8%	3.8%	3.9%	4.0%
合計	169	540	576	51	1336
	100.0%	100.0%	100.0%	100.0%	100.0%

Pearsonのカイ2乗（有意確率）= .00　　CramerのV = .07

(3) 生活水準（質問26）（客観的経済的要素）

表45のように，有意な関連性が認められ，CramerのVは.10，一定の関連性が認められた。

◆ 第 5 章　仮説の検証結果のまとめと考察

(表45)

	1	2	3	4	5	合計
１．正社員	24	159	288	63	8	542
	23.5%	37.9%	43.4%	46.0%	57.1%	40.5%
２．非正社員（パートタイム）	37	141	247	55	4	484
	36.3%	33.6%	37.2%	40.1%	28.6%	36.2%
３．非正社員（フルタイムの有期契約）	35	99	108	14	1	257
	34.3%	23.6%	16.3%	10.2%	7.1%	19.2%
４．その他の非正社員	6	21	21	5	1	54
	5.9%	5.0%	3.2%	3.6%	7.1%	4.0%
合計	102	420	664	137	14	1337
	100.0%	100.0%	100.0%	100.0%	100.0%	100.0%

Pearson のカイ 2 乗（有意確率）= .00　　Cramer の V = .10

(4) 職場人間関係満足度（質問28）（企業組織内社会関係）

　表46のように，有意な関連性が認められたが，Cramer の V は .07，弱い関連性が認められた。

(表46)

	1	2	3	4	合計
１．正社員	35	159	325	21	540
	53.0%	40.6%	40.9%	26.3%	40.5%
２．非正社員（パートタイム）	17	141	292	32	482
	25.8%	36.0%	36.8%	40.0%	36.2%
３．非正社員（フルタイムの有期契約）	14	77	144	21	256
	21.2%	19.6%	18.1%	26.3%	19.2%
４．その他の非正社員	0	15	33	6	54
	0.0%	3.8%	4.2%	7.5%	4.1%

◇第1節　アンケート調査の結果

合計	66	392	794	80	1332
	100.0%	100.0%	100.0%	100.0%	100.0%

Pearson のカイ 2 乗（有意確率）= .00　　Cramer の V = .07

(5) 日常生活孤独感（質問23）（企業組織外社会関係）

表47のように，有意な関連性が認められたが，Cramer の V は .05, 弱い関連性である。

(表47)

	1	2	3	4	合計
1．正社員	7	23	218	294	542
	21.9%	31.9%	44.3%	39.7%	40.5%
2．非正社員（パートタイム）	10	25	160	289	484
	31.3%	34.7%	32.5%	39.0%	36.2%
3．非正社員（フルタイムの有期契約）	14	21	93	129	257
	43.8%	29.2%	18.9%	17.4%	19.2%
4．その他の非正社員	1	3	21	29	54
	3.1%	4.2%	4.3%	3.9%	4.0%
合計	32	72	492	741	1337
	100.0%	100.0%	100.0%	100.0%	100.0%

Pearson のカイ 2 乗（有意確率）= .00　　Cramer の V = .05

(6) 社会活動・社会参加頻度（質問40）（社会活動・社会参加的要素）

表48のように，有意な関連性が認められたが，Cramer の V は .07, 弱い関連性が認められた。

(表48)

	1	2	3	4	5	合計
1．正社員	282	105	93	14	9	503
	44.8%	34.7%	36.9%	34.1%	34.6%	40.2%

◆第5章 仮説の検証結果のまとめと考察

2．非正社員（パートタイム）	204	137	88	17	9	455
	32.4%	45.2%	34.9%	41.5%	34.6%	36.3%
3．非正社員（フルタイムの有期契約）	121	48	60	6	8	243
	19.2%	15.8%	23.8%	14.6%	30.8%	19.4%
4．その他の非正社員	23	13	11	4	0	51
	3.7%	4.3%	4.4%	9.8%	0.0%	4.1%
合計	630	303	252	41	26	1252
	100.0%	100.0%	100.0%	100.0%	100.0%	100.0%

Pearsonのカイ2乗（有意確率）＝.00　　Cramer の V＝.07

(7) 主観的厚生・幸福度（質問62）（総合的（社会的包摂）要素）

表49のように，主観的厚生・幸福度の平均値としてはパートタイムの非正社員が最も高く（6.52），フルタイムの有期の非正社員が最も低い（5.99）となり，正社員は6.31で全平均よりも低いという結果となった。全体として，平均の差に有意な関連性が認められたが，多重比較においては，パートタイムの非正社員とフルタイムの有期の非正社員との間の平均の差のみに有意な関係が認められた。

（表49[25]）

	N	M	SD
1．正社員	519	6.308	1.7477
2．非正社員（パートタイム）	468	6.521	1.8208
3．非正社員（フルタイムの有期）	249	5.988	1.8847
4．その他の非正社員	54	6.352	1.6615
合計	1290	6.326	1.8060

[25] M＝平均，SD＝標準偏差である。以下も同様とする。

	平方和	自由度	平均平方	F値
グループ間	46.516	3	15.505	4.796**
グループ内	4157.739	1286	3.233	
合計	4204.256	1289		

多重比較では，2・3間のみ有意
**$p<0.01$　*$p<0.05$

(8) まとめ

　生活満足度，経済的生活満足度，生活水準という経済的要素，職場人間関係満足度，私生活孤独度という社会関係要素，社会参加・社会活動頻度という社会参加要素，主観的厚生・幸福度という総合的要素について，関連性が認められた。

（イ）社会保険適用状況－健康保険[26]

(1) 仕事満足度（質問32）（企業組織内社会関係要素）

　表50によれば，有意な関連性が認められたが，CramerのVは.07，弱い関連性が認められた。

（表50）

	1	2	3	4	合計
健康保険被保険者	39	200	643	118	1000
	70.9%	79.4%	73.8%	77.6%	75.2%
国民健康保険被保険者	11	14	72	10	107
	20.0%	5.6%	8.3%	6.6%	8.0%
健康保険被扶養者	5	38	156	24	223
	9.1%	15.1%	17.9%	15.8%	16.8%
合計	55	252	871	152	1330
	100.0%	100.0%	100.0%	100.0%	100.0%

Pearsonのカイ2乗（有意確率）＝.01　CramerのV＝.08

---

[26] 表32と対応している。ここでは，各選択肢そのものでなく，その内容を記載している。

◆第5章　仮説の検証結果のまとめと考察

(2) 社会活動・社会参加（質問40）（社会参加要素）

表51のように，有意な関連性が認められたが，Cramer の V は .09であり，弱い関連性が認められた。

(表51)

	1	2	3	4	5	合計
健康保険被保険者	491	212	190	29	24	946
	77.7%	69.7%	74.2%	70.7%	88.9%	75.1%
国民健康保険被保険者	51	19	21	7	1	99
	8.1%	6.3%	8.2%	17.1%	3.7%	7.9%
健康保険被扶養者	90	73	45	5	2	215
	14.2%	24.0%	17.6%	12.2%	7.4%	17.1%
合計	632	304	256	41	27	1260
	100.0%	100.0%	100.0%	100.0%	100.0%	100.0%

Pearson のカイ2乗（有意確率）= .01　　Cramer の V = .09

(3) 主観的厚生・幸福度（質問62）（総合的要素）

表52のように，主観的厚生・幸福度の平均値としては，健康保険の被保険者の被扶養者が最も高く（6.77），最も低いのは国民健康保険被保険者（6.20）となり，健康保険被保険者本人は6.29で全平均よりも低いという結果となった。全体として，平均の差に有意な関連性が認められたが，多重比較においては，国民健康保険被保険者と健康保険の被保険者の被扶養者の間以外の平均の差に有意な関係が認められた。

(表52)

	N	M	SD
1．健康保険被保険者	975	6.238	1.7857
2．国民健康保険被保険者	102	6.196	2.0150
3．健康保険被扶養者	221	6.769	1.7258

◇第1節　アンケート調査の結果

		1298	6.325	1.8046
合計				

	平方和	自由度	平均平方	F値
グループ間	52.696	2	26.348	8.180**
グループ内	4171.105	1295	3.221	
合計	4223.801	1297		

多重比較では，1・2間及び2・3間の差が有意
**$p<0.01$　*$p<0.05$

(4) ま と め

仕事満足度という社会関係要素，社会参加・社会活動頻度という社会参加要素，主観的厚生・幸福度という総合的要素について，関連性が認められた。

(ウ) 社会保険適用状況 ── 厚生年金保険[27]

(1) 生活水準（質問26）（客観的経済的要素）

表53のように，有意な関連性が認められたが，CramerのVは.07であり，弱い関連性が認められた。

(表53)

	1	2	3	4	5	合計
厚生年金保険・ 2号被保険者	79	334	512	100	12	1037
	78.2%	80.7%	76.9%	74.6%	85.7%	78.0%

---

[27] 表33に対応しているが，その内容は，それぞれ，1．厚生年金保険に加入しているか否かに関して国民年金の第2号被保険者，2．厚生年金保険に加入しているか否かに関して国民年金の第3号被保険者，3．厚生年金保険に加入しているか否かに関して国民年金の第1号被保険者，4．無年金という意味であり，正確には国民年金法7条1項各号被保険者とするべきである。しかし，本調査の主たる目的は，厚生年金保険の適用状況であることから，（社会保険の専門家以外の読者に配慮し）各表ではわかりやすくするために，以下においては，厚生年金保険に関連することを強調した上で，国民年金（法）という（法令の）名称の表記については省略した表記としている。

◆ 第5章　仮説の検証結果のまとめと考察

厚生年金保険・3号被保険者	12	40	120	26	2	200
	11.9%	9.7%	18.0%	19.4%	14.3%	15.0%
厚生年金保険・1号被保険者	9	35	24	7	0	75
	8.9%	8.5%	3.6%	5.2%	0.0%	5.6%
無年金	1	5	10	1	0	17
	1.0%	1.2%	1.5%	0.7%	0.0%	1.3%
合計	101	414	666	134	14	1329
	100.0%	100.0%	100.0%	100.0%	100.0%	100.0%

Pearson のカイ2乗（有意確率）= .00　　Cramer の V = .07

(2) 職場孤独感（質問24）（企業組織外社会関係要素）

表54のように，有意な関連性が認められたが，Cramer の V は.07であり，弱い関連性が認められた。

（表54）

	1	2	3	4	合計
厚生年金保険・2号被保険者	23	65	336	612	1036
	85.2%	71.4%	80.8%	77.1%	78.0%
厚生年金保険・3号被保険者	1	14	55	130	200
	3.7%	15.4%	13.2%	16.4%	15.1%
厚生年金・1号被保険者	3	8	23	41	75
	11.1%	8.8%	5.5%	5.2%	5.6%
無年金	0	4	2	11	17
	0.0%	4.4%	0.5%	1.4%	1.3%
合計	27	91	416	794	1328
	100.0%	100.0%	100.0%	100.0%	100.0%

Pearson のカイ2乗（有意確率）= .03　　Cramer の V = .07

(3) 仕事満足度（質問32）（企業組織内社会関係要素）

◇第1節　アンケート調査の結果

表55のように，有意な関連性が認められたが，CramerのVは.08であり，弱い関連性が認められた。

(表55)

	1	2	3	4	合計
厚生年金保険・2号被保険者	39	198	668	121	1026
	70.9%	80.2%	77.5%	80.1%	78.0%
厚生年金保険・3号被保険者	5	40	130	23	198
	9.1%	16.2%	15.1%	15.2%	15.1%
厚生年金・1号被保険者	10	7	51	6	74
	18.2%	2.8%	5.9%	4.0%	5.6%
無年金	1	2	13	1	17
	1.8%	0.8%	1.5%	0.7%	1.3%
合計	55	247	862	151	1315
	100.0%	100.0%	100.0%	100.0%	100.0%

Pearsonのカイ2乗（有意確率）= .01　　CramerのV = .08

(4) 私生活孤独感（質問23）（企業組織外社会関係要素）

表56のように，有意な関連性が認められたが，CramerのVは.07であり，弱い関連性が認められた。

(表56)

	1	2	3	4	合計
厚生年金保険・2号被保険者	25	56	402	554	1037
	80.6%	76.7%	82.5%	75.1%	78.0%
厚生年金保険・3号被保険者	4	8	57	131	200
	12.9%	11.0%	11.7%	17.8%	15.0%
厚生年金・1号被保険者	2	8	25	40	75
	6.5%	11.0%	5.1%	5.4%	5.6%

255

◆第5章 仮説の検証結果のまとめと考察

	0	1	3	13	17
無年金	0.0%	1.4%	0.6%	1.8%	1.3%
合計	31	73	487	738	1329
	100.0%	100.0%	100.0%	100.0%	100.0%

Pearson のカイ2乗（有意確率）= .04　　Cramer の V = .07

(5) 友人関係（質問31）（企業組織外社会関係要素）

表57のように，有意な関連性が認められたが，Cramer の V は.07であり，弱い関連性が認められた。

（表57）

	1	2	3	4	合計
厚生年金保険・2号被保険者	9	147	748	124	1028
	75.0%	80.8%	77.7%	77.0%	78.0%
厚生年金保険・3号被保険者	0	19	157	22	198
	0.0%	10.4%	16.3%	13.7%	15.0%
厚生年金・1号被保険者	3	14	46	12	75
	25.0%	7.7%	4.8%	7.5%	5.7%
無年金	0	2	12	3	17
	0.0%	1.1%	1.2%	1.9%	1.3%
合計	12	182	963	161	1318
	100.0%	100.0%	100.0%	100.0%	100.0%

Pearson のカイ2乗（有意確率）= .04　　Cramer の V = .07

(6) 社会活動・社会参加時間（質問40）（社会参加要素）

表58のように，有意な関連性が認められたが，Cramer の V は.08であり，弱い関連性が認められた。

◇第1節　アンケート調査の結果

(表58)

	1	2	3	4	5	合計
厚生年金保険・2号被保険者	509	214	193	31	24	971
	80.8%	71.3%	76.0%	77.5%	92.3%	77.7%
厚生年金保険・3号被保険者	78	68	40	4	2	192
	12.4%	22.7%	15.7%	10.0%	7.7%	15.4%
厚生年金保険・1号被保険者	35	15	18	4	0	72
	5.6%	5.0%	7.1%	10.0%	0.0%	5.8%
無年金	8	3	3	1	0	15
	1.3%	1.0%	1.2%	2.5%	0.0%	1.2%
合計	630	300	254	40	26	1250
	100.0%	100.0%	100.0%	100.0%	100.0%	100.0%

Pearson のカイ2乗（有意確率）＝.02　　Cramer の V＝.08

(7) 主観的厚生・幸福度（質問62）（総合的要素）

　表59のように，主観的厚生・幸福度の平均値としては，3号被保険者が最も高く（6.77），1号被保険者（5.67）となり，厚生年金保険被保険者本人である2号被保険者は6.27で全平均よりも低いという結果となった。全体として，平均の差に有意な関連性が認められ，多重比較においては，無年金者以外との間の平均の差に有意な関係が認められた。

(表59)

	N	M	SD
厚生年金保険・2号被保険者	1002	6.274	1.7786
厚生年金保険・3号被保険者	196	6.765	1.7733
厚生年金保険・1号被保険者	72	5.667	2.1296
無年金	17	6.647	1.7299
合計	1287	6.320	1.8122

◆第5章　仮説の検証結果のまとめと考察

	平方和	自由度	平均平方	F値
グループ間	73.496	3	24.499	7.575**
グループ内	4149.612	1283	3.234	
合計	4223.109	1286		

多重比較では，1・2間，2・3間及び1・3間の平均の差が有意
**p＜0.01　*p＜0.05

(8) ま と め

生活レベルという客観的経済的要素，職場孤独感，仕事満足度，私生活孤独感，友人関係という社会関係要素，社会参加・社会活動頻度という社会参加要素，主観的厚生・幸福度という総合的要素について，関連性が認められた。

(エ) 雇 用 保 険

(1) 社会活動・社会参加（質問40）（社会参加要素）

表60のように，有意な関連性が認められたが，CramerのVは.13であり，一定程度の関連性が認められた。

（表60）

	1	2	3	4	5	合計
雇用保険被保険者	572	254	209	32	25	1092
	90.8%	83.3%	82.0%	80.0%	92.6%	86.9%
非被保険者	58	51	46	8	2	165
	9.2%	16.7%	18.0%	20.0%	7.4%	13.1%
合計	630	305	255	40	27	1257
	100.0%	100.0%	100.0%	100.0%	100.0%	100.0%

Pearson のカイ 2 乗（有意確率）＝ .02　　Cramer の V ＝ .13

(2) ま と め

社会参加・社会活動頻度という社会参加要素について，関連性が認められた。

③ 雇用形態・社会保険適用と社会的排除・包摂の関係 ── 回帰分析

（ア）概　　要

◇第1節　アンケート調査の結果

　以上においては，雇用形態及び社会保険適用状況の説明変数と社会的排除・包摂指標たる被説明変数について，それぞれの記述統計を示しつつ，それぞれの説明変数と被説明変数の相互の関連性を確認した。それによれば，雇用形態に関し，生活満足度，経済的生活満足度，生活水準という経済的要素，職場人間関係満足度，私生活孤独度という社会関係要素，社会参加・社会活動頻度という社会参加要素，主観的厚生・幸福度という総合的要素，健康保険適用に関し，仕事満足度という社会関係要素，社会参加・社会活動時間という社会参加要素，主観的厚生・幸福度という総合的要素，厚生年金保険に関して，生活レベルという客観的経済的要素，職場孤独感，仕事満足度，私生活孤独感，友人関係という社会関係要素，社会参加・社会活動頻度という社会参加要素，主観的厚生・幸福度という社会的包摂要素，雇用保険に関して，社会参加・社会活動頻度という社会参加要素について，関連性が認められた。ただ，既に述べたように，先行研究上も，雇用形態や社会保険適用以上に，社会的排除・包摂に影響しうるその他の要素，例えば，性別，年齢，学歴，婚姻状況，年収，金融資産，性格等（阿部 2017a：139-144，伊野波 2014：99など）が存在することが明らかになっている。そこで，各雇用形態及び各社会保険の適用状況を説明変数としつつ，それぞれの社会的排除・包摂指標を被説明変数としながらも，性別（質問52），年齢（質問54），学歴（質問56），婚姻状況（質問55），年収（質問58），金融資産（質問59[28]），個人的属性としては本書のテーマが相対的所得に関連していることから，性格としての他者への意識の程度（質問42-1[29]），さらに対象者の職が家計を担っているかが幸福度に影響を与えうると考える先行研究があることから（奥西 2008：60），収入が家計の主たる要素か否か（質問60）をコントロール変数として加え，他の変数の影響をコントロールした各説

---

[28] 質問59の質問内容及び選択肢は，以下の通りである。「あなたの現在の貯蓄額は合計でおおよそどれくらいですか（1つだけ○）。　1．1万円未満　2．1～30万円　3．31～100万円　4．101～300万円　5．301～500万円　6．501万円以上　7．借金がある」。

[29] 質問42-1の質問内容及びその選択肢は，以下の通りである。「あなたは普段，他の人の生活水準を意識して生活していますか（1つだけ○）。　1．非常に意識する　2．意識する　3．あまり意識しない　4．全く意識しない」。

◆ 第5章 仮説の検証結果のまとめと考察

明変数固有の効果をより詳細に明確にするために，順序ロジスティック回帰分析あるいは重回帰分析（間隔尺度たる被説明変数：主観的厚生・幸福度（総合的要素））を実施することとした。もっとも，健康保険及び厚生年金保険の適用条件はほぼ同様であるためと考えられるが，同時に説明変数として投入すると多重共線性の疑いが生じたため，やむを得ず健康保険と厚生年金保険の適用状況については，変数を合成し，1つの説明変数とした[30]。

説明変数と被説明変数との間に有意な関連性が認められた場合について，説明変数及び有意な関連性が認められたコントロール変数にかかる結果を以下において示す[31]。

（イ）分　析
(1) 生活満足度（質問22）（主観的経済的関連性）

表61のように，フルタイム有期の非正社員（レファレンス：正社員）との間で負の有意な関連性が認められた。

（表61）

	b	SE
1．健康保険被保険者・厚生年金第3号	-1.337	2.022
2．健康保険被保険者・厚生年金保険第1号	-.325	.655
3．健康保険被保険者・無年金	.185	1.048
4．国民健康保険・厚生年金保険第2号	.032	.456
5．国民健康保険・厚生年金保険第3号	.605	1.272
6．国民健康保険・厚生年金保険第1号	-.130	.373
7．国民健康保険・無年金	.623	.756
8．被扶養者・厚生年金保険第2号	.405	.719

---

(30)　合成変数は，健康保険被保険者かつ厚生年金保険・第2号被保険者組み合わせを始めとして，12個の値をとる。

(31)　以下の表における，「被扶養者」とは健康保険被扶養者のことである。また，既に言及したことをあえて繰り返すが，例えば，「厚生年金保険2号」とは，厚生年金保険の適用に関連しての表記である国民年金の第2号被保険者のことである。

◇第1節 アンケート調査の結果

9．被扶養者・厚生年金保険第3号	.018	.298
10．被扶養者・厚生年金保険第1号	-.492	.634
11．被扶養者・無年金	1.860	1.667
12．健康保険被保険者・厚生年金第2号（レファレンス）		
雇用保険被保険者ダミー	-.057	.237
非正社員（パートタイム）	.169けんこうほ	.209
非正社員（フルタイム有期）	-.440*	.182
非正社員（その他）	-.012	.339
正社員（レファレンス）		
男性ダミー	-.650**	.177
学歴（大学・大学院）	.372*	.167
学歴（高校）（レファレンス）		
婚姻ダミー	.331*	.153
年齢（51～60歳）	-1.518*	.705
年齢（70歳以上）（レファレンス）		
他者意識（1・強）	-2.378**	.466
他者意識（2）	-1.662**	.237
他者意識（3）	-.787**	.208
他者意識（4・弱）（レファレンス）		
金融資産（2・少）	.758*	.335
金融資産（3）	1.060**	.330
金融資産（4）	1.290**	.328
金融資産（5）	1.309**	.345
金融資産（6・多）	1.592**	.338
金融資産（借金）（レファレンス）		

◆第5章 仮説の検証結果のまとめと考察

年収（1・少）	-1.344**	.485
年収（2）	-1.629**	.439
年収（3）	-1.363**	.401
年収（4）	-2.254**	.450
年収（5）	-1.424**	.436
年収（6）	-1.516**	.344
年収（7）	-1.208**	.357
年収（9・多）（レファレンス）		
N	1203	
尤度比統計量	221.36**	
McFadden R 2乗	.10	

**p＜0.01 *p＜0.05

(2) 経済的生活満足度（質問25）（主観的経済的要素）

表62のように，フルタイム有期の非正社員（レファレンス：正社員）との間で負の有意な関連性が認められた。

（表62）

	b	SE
1．健康保険被保険者・厚生年金第3号	.135	1.952
2．健康保険被保険者・厚生年金第1号	-.487	.635
3．健康保険被保険者・無年金	.983	1.052
4．国民健康保険・厚生年金第2号	.106	.431
5．国民健康保険・厚生年金第3号	.478	1.208
6．国民健康保険・厚生年金第1号	-.243	.357
7．国民健康保険・無年金	-.585	.646
8．被扶養者・厚生年金第2号	1.150	.662

9．被扶養者・厚生年金第3号	-.143	.278
10．被扶養者・厚生年金第1号	-.891	.609
11．被扶養者・無年金	.357	1.442
12．健康保険被保険者・厚生年金第2号（レファレンス）		
雇用保険被保険者ダミー	-.128	.221
非正社員（パートタイム）	.155	.196
非正社員（フルタイム有期）	-.357*	.174
非正社員（その他）	.075	.322
正社員（レファレンス）		
学歴（大学・大学院）	.451**	.180
学歴（高校）（レファレンス）		
他者意識（1・強）	-1.967**	.456
他者意識（2）	-1.408**	.219
他者意識（3）	-.729**	.190
他者意識（4・弱）（レファレンス）		
金融資産（3）	1.201**	.322
金融資産（4）	1.559**	.321
金融資産（5）	1.614**	.336
金融資産（6・多）	2.102**	.331
金融資産（借金）（レファレンス）		
年収（1・少）	-1.460**	.450
年収（2）	-1.679**	.409
年収（3）	-1.771**	.375
年収（4）	-2.778**	.429
年収（5）	-1.880**	.411

◆ 第5章　仮説の検証結果のまとめと考察

年収（6）	-1.782**	.322
年収（7）	-1.421**	.333
年収（8）	-.887**	.306
年収（9・多）（レファレンス）		
家計の主たる担い手	-.720**	.164
家計の主たる担い手でない（レファレンス）		
N	1204	
尤度比統計量	324.78**	
McFadden　R 2 乗	.12	

＊＊p＜0.01　＊p＜0.05

(3) 生活レベル（質問26）（客観的経済的要素）

　表63のように，被扶養者・厚生年金第2号（レファレンス：健康保険被保険者・厚生年金第2号）との間で正，フルタイム有期の非正社員（レファレンス：正社員）との間で負の有意な関連性が認められた。

（表63）

	b	SE
1．健康保険被保険者・厚生年金第3号	-.866	1.943
2．健康保険被保険者・厚生年金第1号	-.615	.631
3．健康保険被保険者・無年金	-.414	.976
4．国民健康保険・厚生年金第2号	.172	.417
5．国民健康保険・厚生年金第3号	.287	1.180
6．国民健康保険・厚生年金第1号	-.011	.354
7．国民健康保険・無年金	.429	.647
8．被扶養者・厚生年金第2号	1.248*	.628
9．被扶養者・厚生年金第3号	.461	.276
10．被扶養者・厚生年金第1号	-.815	.605

◇第1節　アンケート調査の結果

11. 被扶養者・無年金	2.930	1.432
12. 健康保険被保険者・厚生年金第2号（レファレンス）		
雇用保険被保険者ダミー	-.077	.216
非正社員（パートタイム）	-.328	.193
非正社員（フルタイム有期）	-.670**	.173
非正社員（その他）	-.523	.317
正社員（レファレンス）		
男性ダミー	-.355*	.166
婚姻ダミー	.458**	.144
他者意識（1・強）	-1.730**	.452
他者意識（2）	-.764**	.211
他者意識（3）	-.385*	.184
他者意識（4・弱）（レファレンス）		
金融資産（3）	1.018**	.318
金融資産（4）	1.495**	.317
金融資産（5）	1.329**	.331
金融資産（6・多）	2.053**	.326
金融資産（借金）（レファレンス）		
年収（1・少）	-2.124**	.437
年収（2）	-1.872**	.396
年収（3）	-1.869**	.362
年収（4）	-2.012**	.415
年収（5）	-2.419**	.400
年収（6）	-1.856**	.307
年収（7）	-1.411**	.319

◆第5章 仮説の検証結果のまとめと考察

年収（8）	-.918**	.289
年収（9・多）（レファレンス）		
家計の主たる担い手	-.794**	.162
家計の主たる担い手でない（レファレンス）	0[a]	
N	1206	
尤度比統計量	345.43	
McFadden R 2乗	.12	

**p＜0.01 *p＜0.05

(4) 私生活孤独感（質問23）（企業組織外社会関係的要素）

表64のように，非正社員（フルタイム有期）との間で負の有意な関連性が認められた。

（表64）

	b	SE
1．健康保険被保険者・厚生年金第3号	-1.824	1.939
2．健康保険被保険者・厚生年金第1号	.859	.717
3．健康保険被保険者・無年金	.582	1.073
4．国民健康保険・厚生年金第2号	-.076	.439
5．国民健康保険・厚生年金第3号	-1.449	1.198
6．国民健康保険・厚生年金第1号	-.294	.363
7．国民健康保険・無年金	.981	.766
8．被扶養者・厚生年金第2号	2.032	1.081
9．被扶養者・厚生年金第3号	.129	.302
10．被扶養者・厚生年金第1号	-.208	.646
11．被扶養者・無年金	20.666	.000
12．健康保険被保険者・厚生年金第2号（レファレンス）		
雇用保険被保険者ダミー	.147	.235

◇第1節　アンケート調査の結果

非正社員（パートタイム）	-.212	.205
非正社員（フルタイム有期）	-.433*	.179
非正社員（その他）	-.361	.330
正社員（レファレンス）		
男性ダミー	-.379*	.172
学歴（中学校）	.993*	.475
学歴（高校）（レファレンス）		
婚姻ダミー	1.073**	.152
他者意識（1・強）	-1.488**	.462
他者意識（2）	-1.541**	.242
他者意識（3）	-1.003**	.218
他者意識（4・弱）（レファレンス）		
年収（4）	-.987*	.435
年収（9・多）（レファレンス）		
N	1206	
尤度比統計量	166.98	
McFadden R 2 乗	.07	

＊＊$p<0.01$　＊$p<0.05$

(5) 主観的厚生・幸福度（質問62）（社会的包摂要素）

表65のように、国民健康保険・厚生年金第2号及び被扶養者・厚生年金第2号（レファレンス：健康保険被保険者・厚生年金第2号）との間に正、健康保険被保険者・厚生年金第3号（レファレンス：健康保険被保険者・厚生年金第2号）との間に負の有意な関連性が認められた。

(表65)

	β	S.E.
1．健康保険被保険者・厚生年金第3号	-.063*	1.634

◆ 第5章　仮説の検証結果のまとめと考察

2．健康保険被保険者・厚生年金第1号	-.004	.528
3．健康保険被保険者・無年金	.021	.825
4．国民健康保険・厚生年金第2号	.061*	.353
5．国民健康保険・厚生年金第3号	-.001	.973
6．国民健康保険・厚生年金第1号	-.034	.296
7．国民健康保険・無年金	.032	.542
8．被扶養者・厚生年金第2号	.054*	.539
9．被扶養者・厚生年金第3号	.079	.230
10．被扶養者・厚生年金第1号	-.002	.508
11．被扶養者・無年金	.048	1.197
12．健康保険被保険者・厚生年金第2号（レファレンス）		
雇用保険被保険者ダミー	.025	.182
非正社員（パートタイム）	.030	.163
非正社員（フルタイム有期）	-.055	.145
非正社員（その他）	-.016	.267
正社員（レファレンス）		
男性ダミー	-.182**	.140
婚姻ダミー	.083**	.130
学歴（大学・大学院）	.098**	.121
学歴（高校）（レファレンス）		
金融資産（2・少）	.125*	.277
金融資産（3）	.179**	.272
金融資産（4）	.215**	.270
金融資産（5）	.197**	.281
金融資産（6・多）	.289**	.275
金融資産（借金）（レファレンス）		

◇第1節　アンケート調査の結果

年収（1）	$-.116^{**}$	.362
年収（2）	$-.201^{**}$	.329
年収（3）	$-.174^{**}$	.302
年収（4）	$-.156^{**}$	.346
年収（5）	$-.122^{**}$	.333
年収（6）	$-.215^{**}$	.255
年収（9・多）（レファレンス）		
他者意識（1・強）	$-.201^{**}$	.385
他者意識（2）	$-.249^{**}$	.178
他者意識（3）	$-.180^{**}$	.154
他者意識（4・弱）（レファレンス）		

　注）β：標準偏回帰係数　　S.E.：標準誤差
　　　＊＊p＜0.01　＊p＜0.05

R^2	.20 ＊＊
Adj.R^2	.17 ＊＊
N	1174

　注）R^2：決定係数　　Adj.R^2：自由度調整済みの決定係数
　　　＊＊p＜0.01　＊p＜0.05

(6) まとめ

　雇用形態・社会保険適用状況と社会的排除・包摂と関連性に関して，順序ロジスティック回帰・重回帰分析の結果は以下の通りとなった。

　雇用形態（レファレンス：正社員）に関しては，フルタイム有期の非正社員が生活満足度・経済的生活満足度・生活レベル，私生活孤独感と負の関連性が認められた。

　社会保険適用状況に関しては，健康保険及び厚生年金保険（レファレンス：健康保険被保険者・厚生年金第2号被保険者）については，健康保険被扶養者・

◆ 第5章　仮説の検証結果のまとめと考察

厚生年金第2号被保険者が生活レベル，健康保険被扶養者・厚生年金第2号被保険者及び国民健康保険・厚生年金第2号被保険者が主観的厚生・幸福度と正の関連性が認められた。また，健康保険被保険者・厚生年金第3号被保険者が主観的厚生・幸福度と負の有意な関連性が認められた。

　雇用保険については，被保険者が社会活動・社会参加時間と負の関連性が認められた。

④　雇用形態・社会保険適用状況と社会的排除・包摂の関連性についての小括

　基礎データ・クロス表分析・回帰分析の結果は，以下の通りにまとめうる。まず，雇用形態に関しては，2変数の関係としては，生活満足度，経済的生活満足度，生活レベルという主観的・客観的の経済的要素，職場人間関係満足度，私生活孤独度という企業組織内外の社会関係要素，社会参加・社会活動時間という社会参加要素，主観的厚生・幸福度という総合的要素について，関連性が認められた。そして，コントロール変数を加えて各雇用形態別にみたとき，フルタイム有期の非正社員が正社員に比べて経済的要素を中心に負の状態に置かれていることが明らかになった。

　この結果からは，雇用形態全体としては，経済，社会関係，社会参加，総合のすべてに影響を与えうるが，各雇用形態として正社員と比較した場合に，フルタイム有期の非正社員であることが負の影響を与えうるということができる。

　また，社会保険適用状況に関しては，2変数の関係としては，健健康保険適用に関し，仕事満足度という社会関係要素，社会参加・社会活動頻度という社会参加要素，主観的厚生・幸福度という総合的包摂要素，厚生年金保険に関して，生活レベルという客観的経済的要素，職場孤独感，仕事満足度，私生活孤独感，友人関係という社会関係要素，社会参加・社会活動頻度という社会参加要素，主観的厚生・幸福度という総合的要素，雇用保険に関して，社会参加・社会活動頻度という社会参加要素について，関連性が認められた。コントロール変数を加えて各社会保険適用状況別にみたとき，健康保険被保険者かつ厚生年金・第2号被保険者より，健康保険被保険者とセットの場合，厚生年金・第3号被保険者が主観的厚生・幸福度に関し負の影響を有すること，厚生年金・第2号被保険者とセットの場合，健康保険被扶養者は生活レベルに関し，健康保険被扶養者及び国民健康保険被保険者が主観的厚生・幸福度に関し正の影響

◇第1節　アンケート調査の結果

を有しうることがわかった。また，雇用保険に関しては，社会参加に対し，被保険者が負の影響を有していることも示された。

　この結果からは，社会保険適用状況としては，厚生年金保険の影響が幅広くその重要性を示唆するものといえる。そして，各適用状況としては，（多くの正社員が妥当する）標準的な健康保険被保険者・厚生年金第2号被保険者を基準としてみたときという条件付きではあるが，以下のようなことがいえるだろう。第一に，健康保険については，国民健康保険被保険者及び健康保険被扶養者と比較し，被保険者について，生活レベル及び主観的厚生・幸福度で負の影響が認められ，社会的排除・包摂の見地からも負の影響を有しうることも明らかになったといえる。第二に，第2号被保険者が社会的包摂要素及び生活レベルについて正の影響が認められ，総じて，第2号被保険者の社会的排除・包摂の観点からの正の影響が認められたといえる。第三に，雇用保険は社会的排除・包摂の観点では重要性が小さく，負の影響も認められた。

　全体として，雇用形態に関しては，特にフルタイムの非正社員の経済的要素の関する社会的排除が大きく，雇用の正規化によって，経済的側面からの社会的排除状態の改善がいこまれうること，社会保険適用状況に関しては，厚生年金の被保険者本人としての加入については，経済的，総合的に正の効果が見込まれるものの，健康保険の被保険者について負の効果を有しうることが認められた。これらから，仮説の法政策は雇用の正規化と厚生年金保険の適用の効果を鑑みれば，相対的にはプラス面が大きいとも考えられるが，健康保険と厚生年金保険に関して対照的な結果がみられたことで，仮説の法政策の効果として，プラスとマイナスの効果が併存していることがわかり，無条件の肯定できるものとは必ずしもいえず，更なる検討が必要であるといえる。

　健康保険と厚生年金保険に係るもう一つの問題である，被保険者本人の被扶養者たる健康保険被扶養者及び厚生年金保険・第3号被保険者の社会的排除・包摂状態についてはプラスの影響が見込まれることが分かった。より具体的には，健康保険の被扶養者については，客観的経済的要素および総合的要素に関してプラスが認められた。ただ，このプラスの効果は，厚生年金・第2号被保険者とセットの場合の効果であり，国民健康保険被保険者と比較した場合に効果が大きいというわけではないので，仮説の法政策により被扶養者制度が被用

◆第5章　仮説の検証結果のまとめと考察

者に非適用となることの悪影響は問題とならないと考えられる。

　なお，コントロール変数についても付言すれば，概ね男性ダミーは負，婚姻状態も既婚が正，金融資産（レファレンス：借金）は正，年収（レファレンス：601万円以上）は負，主たる家計の担い手ダミーは負，他者への意識は負の効果を持つ傾向がみられた。概ね先行研究の結果と合致した結果である。

(3) 仮説の法政策への直接的反応について

　ここまでの労働者に対する調査結果の分析においては，各労働者の現状の社会的排除・包摂状況を各雇用形態，各社会保険適用状況について分析した。本書の調査では，さらに，各労働者が仮説の法政策及びそれに関連する法政策そのものにどのような意向を有してしているかについても調査している。仮説の法政策に対する労働者の直接的反応そのものが，主観性をその重要な要素とする社会的排除・包摂に密接に関係しうると考えるからである。

　まず，仮説の法政策そのものに対してその実施を希望するか（質問49-1）については，希望する労働者は，716人（57.8％），希望しない労働者は523人（42.2％）となった。この希望する・希望しないとの回答と雇用形態・社会保険適用状況との関連性をも確認すると，表66〜69のようになった。これらによると，雇用形態に関していえば，「希望する」の割合が正社員やフルタイム有期の非正社員については，それぞれ60.8％，64.3％なのに対して，社会保険の被保険者の割合が低いパートタイム非正社員については，50.8％にとどまっている。また，社会保険適用状況との関連性については，健康保険に関しては，被保険者が最も高く（63.1％）で，国民健康保険被保険者（52.6％），被扶養者（38.2％）の順となり，厚生年金保険に関しては，第2号被保険者（62.5％），第1号被保険者（58.3％），第3号被保険者（39.4％，女性については39.3％）の順，雇用保険に関しては，被保険者（58.9％），非被保険者（50.0％）の順となっている。全般に，現時点で社会保険が適用されている労働者の割合が高く，そうでない労働者の割合が低くなっている。仮説の法政策により保険料負担が著しく増大する厚生年金保険・第3号被保険者や健康保険被保険者（それぞれ38.2％，39.4％）が著しく低いことを勘案すれば，現時点で仮説の法政策のもたらす利益を享受している労働者の評価が高く，そうでない労働者は保険料の負担の増加を受け入れにくいと考えられる。但し，それでも，全体としてはも

◇第1節　アンケート調査の結果

ちろん，厚生年金保険の第3号被保険者や健康保険扶養者者，厚生年金無年金者という通常ではない社会保険適用状況にある労働者を除き，過半数が仮説の法政策を受容しているとはいえるだろう。

(表66)

仮説の法政策への希望 （質問49-1）	1．希望する	2．希望しない	合計
1．正社員	295	190	485
	60.8%	39.2%	100.0%
2．非正社員（パートタイム）	229	222	451
	50.8%	49.2%	100.0%
3．非正社員（フルタイムの有期契約）	151	84	235
	64.3%	35.7%	100.0%
4．その他の非正社員	31	18	49
	63.3%	36.7%	100.0%
合計	706	514	1220
	57.9%	42.1%	100.0%

Pearson のカイ2乗（有意確率）＝.00　　CramerのV＝.11

(表67)

仮説の法政策への希望 （質問49-1）	1．希望する	2．希望しない	合計
健康保険被保険者	580	339	919
	63.1%	36.9%	100.0%
国民健康保険被保険	51	46	97
	52.6%	47.4%	100.0%
健康保険被扶養者	83	134	217
	38.2%	61.8%	100.0%

◆ 第5章 仮説の検証結果のまとめと考察

合計	714	519	1233
	57.9%	42.1%	100.0%

Pearson のカイ2乗（有意確率）＝.00　　Cramer の V ＝.19

(表68)

仮説の法政策への希望 （質問49-1）	1．希望する	2．希望しない	合計
厚生年金保険・2号被保険者	588	353	941
	62.5%	37.5%	100.0%
厚生年金保険・3号被保険者	76	117	193
	39.4%	60.6%	100.0%
厚生年金・1号被保険者	42	30	72
	58.3%	41.7%	100.0%
無年金	5	12	17
	29.4%	70.6%	100.0%
合計	711	512	1223
	58.1%	41.9%	100.0%

Pearson のカイ2乗（有意確率）＝.00　　Cramer の V ＝.18

(表69)

仮説の法政策への希望 （質問49-1）	1．希望する	2．希望しない	合計
雇用保険被保険者	631	440	1071
	58.9%	41.1%	100.0%
非被保険者	81	81	162
	50.0%	50.0%	100.0%
合計	712	521	1233
	57.7%	42.3%	100.0%

Pearson のカイ2乗（有意確率）＝.03　　Cramer の V ＝.06

◇第1節　アンケート調査の結果

　より詳細に分析するために,「希望する」と「希望しない」のそれぞれの理由は,それぞれ表70（質問49-2）と表71（質問49-3）の通りであった。「希望する」理由としては,「自分には今でも適用されているが,全員に適用された方が良いから」が30.2％,「自分の厚生（共済）年金や会社の健康保険を確保したいから」が22.7％,「失業や将来の不安に備えることができるから」21.8％の順となっている。これらは,仮説の法政策の趣旨に適合しているといえる。「希望しない理由」としては,「保険料の負担が増えて,手取り収入が減少するから」が40.3％,「家族の加入している会社の健康保険・厚生年金があるから」が18.3％,「保険料を支払っても給付が確実に得られるとはいえないから」が17.7％となっている。これらは,保険料の負担の重さとそれを回避したいというモティベーションの強さを示している。

　また,厚生年金の第3号被保険者[32]に関しては,本書で議論してきた就業調整が問題になっている。本調査においては,第3号被保険者は193人おり,「希望する」76人（女性73人）「希望しない」117人いる（表68参照）。そして,「希望する」を選択した理由としては,「3」が27人（36.5％）,就業調整に関連する「2」が21人（女性21人）（28.4％,女性28.8％）,「4」が16人（21.6％）となった。特に注目すべきことは,就業調整に関連する「2」が21人（28.4％）いることであり,仮説の法政策により,28.4％の第3号被保険者が就業調整を止めて自由に仕事をする可能性があることが示された。

　これに対し,「希望しない」を選択した理由としては,保険料の支払いを理由とする「1」が49人（44.1％）,配偶者の健康保険・厚生年金加入を理由とする「2」が48人（女性47人）（43.2％,女性42.7％）となっており,社会保険の被保険者本人となる利益がなく,支出が増えるだけであることがやはり意識されている。

---

[32] 既に言及した通り,健康保険の被扶養者もほぼ同様のことが当てはまるが,被扶養者は有配偶者に限定されないのに対して,かつ,厚生年金保険の第3号被保険者は有配偶者に限定されていること,女性が99％を占めていることから,統計的根拠としても厚生年金の適用状況における第3号被保険者を参照する。

◆ 第5章 仮説の検証結果のまとめと考察

(表70)

希望する理由（質問49-2）	N	%
1．新たに会社の健康保険や厚生年金に加入しても，得られる年金額などを考慮すれば，それほど保険料の負担が重いとは感じられないから	83	12.7
2．就業調整を気にする必要がなくなるから	72	11.0
3．自分の厚生（共済）年金や会社の健康保険を確保したいから	149	22.7
4．失業や将来の不安に備えることができるから	143	21.8
5．正社員が加入しており，同じように加入したいから	10	1.5
6．自分には今でも適用されているが，全員に適用された方が良いから	198	30.2
合計	655	100.0

(表71)

希望しない理由（質問49-3）	N	%
1．保険料の負担が増えて，手取り収入が減少するから	187	40.3
2．家族の加入している会社の健康保険・厚生年金があるから	85	18.3
3．失業する心配はないから	1	.2
4．できるだけ公的負担は抑えたいから	40	8.6
5．保険料を支払っても給付が確実に得られるとはいえないから	82	17.7
6．自分には今でも適用されており，法が変わっても自分には関係ないから	69	14.9
合計	464	100.0

　さらに，仮説の法政策の実施に影響を受ける労働者について，実施後に働き方をどのよう変化させるかという質問（質問47）については，表72の通りである。仮説の法政策により正社員として働くことを希望するようになるという雇用の正規化への促進・刺激となりえる趣旨の回答（選択肢2）は17.8％，現状維持（選択肢6～7）は40％を占めた。ただ，雇用以外の働き方の模索や仕事

◇第1節　アンケート調査の結果

を止めるという対応（選択肢4・5）は5％（表69参照）に過ぎず，必ずしも悪影響が大きいというわけでもないが，一定程度ではあるが，労働者行動を通じた雇用の正規化への促進・刺激になるといえる。

（表72）

仮説の法政策実施後の働き方（質問47）	N	％
1．非正社員のままで，働く時間を増やして，手取り収入を増やしたい	88	29.5
2．非正社員でも保険が適用されるのであれば，正社員になって働きたい	53	17.8
3．保険の適用に関係なく，正社員として働きたい	23	7.7
4．働くことをやめる	9	3.0
5．保険が適用されないような請負や自営の形で働きたい	6	2.0
6．保険の適用に関係なく，現状の非正社員のまま変わらず働き続けたい	89	29.9
7．将来には年金や失業手当などの給付があり，生涯収入は現在以上になると考えて納得できるので，働き方は変えない	30	10.1
合計	298	100.0

　また，必ずしも就業調整を明確に肯定している労働者に限定されてはいないものの，第3号被保険者が仮説の法政策の実施に当たり，働き方をどのように変化させるかという質問（質問47）に対しては，表73のような回答となった。就業調整ではなく，自由に働くという方向なのが「1」～「3」で61.1％（女性61.3％），特に雇用の正規化への促進・刺激となりえる趣旨の回答の「2」では22.2％（女性21.9％）に及び，保険料の負担を回避し就業を停止あるいはそれに準ずる方向なのが「4」及び「5」で僅か4.3％（女性4.4％）という結果であった。この結果からは，仮説の法政策が女性を含む第3号被保険者に対して，保険料の負担増などマイナスの効果を持ちうるものの，正社員となることへの希望をも含め，労働という一種の社会参加に促進する効果がありうることがわかるといえ，社会的意義があるといえる。

277

◆第5章　仮説の検証結果のまとめと考察

(表73)

仮説の法政策実施後の働き方（質問47）－第3号被保険者	N	%
1．非正社員のままで，働く時間を増やして，手取り収入を増やしたい	60	37.0
2．非正社員でも保険が適用されるのであれば，正社員になって働きたい	36	22.2
3．保険の適用に関係なく，正社員として働きたい	3	1.9
4．働くことをやめる	5	3.1
5．保険が適用されないような請負や自営の形で働きたい	2	1.2
6．保険の適用に関係なく，現状の非正社員のまま変わらず働き続けたい	42	25.9
7．将来には年金や失業手当などの給付があり，生涯収入は現在以上になると考えて納得できるので，働き方は変えない	14	8.6
合計	162	100.0

　以上の第3号被保険者たる女性労働者に関する議論のみを総括すると，仮説の法政策を希望する女性自体は少ないものの，希望する女性の中では就業調整をやめて自由に働きたい意向があることがみてとれる。さらに，仮説の法政策についての希望の有無を問わず，雇用の正規化への意向を含め就業調整をやめて労働供給を増やす方向で検討している第3号被保険者たる女性労働者が過半数いることから女性の社会進出に肯定的影響を与えうる政策であると考えられる。

　さらに，既に何らかの社会保険に加入して現時点においても保険料の負担を実感していると考えられる（第3号被保険者に限定されない）一般的な非正規雇用労働者の保険料負担の増大（質問50）・減少（質問51）に対する意識・対応については，以下の表74・75の通りとなった。社会保険料の引き上げは，影響がないと考える人（「1」・「5」）が53.3％を占め，むしろ働く量を増やす人の割合も24.6％に上り，負担増大が保険加入や労働を抑制することにはつながらないと考えられる。社会保険料の引き下げについては77.9％（「1」）が影響がないと回答しており，同様に労働を抑制することにはつながらないと考えられる。

◇第1節　アンケート調査の結果

保険料の変化は，特にその負担の増加に関し，受け入れがたく感じることが多いとしても，社会的排除・包摂へその影響はともかくとして，労働供給への悪影響はそれほどないと考えられる。

(表74)

社会保険料の引き上げへの対応（質問50）	N	%
1．非正社員のままで，働く時間を増やして，手取り収入を増やしたい	147	24.6
2．保険料が引き上げられても，正社員として働きたい	121	20.3
3．保険が全く適用されないような請負や自営の形で働きたい	11	1.8
4．保険料の引き上げられても，非正社員のままで現状を変えるつもりはない	252	42.2
5．将来には年金や失業手当などの給付があり，生涯収入は現在以上になると考えて納得できるので，働き方は変えない	66	11.1
合計	597	100.0

(表75)

社会保険料の引き下げへの対応（質問51）	N	%
1．保険料の引き下げは，働き方に影響しない	468	77.9
2．保険料の負担が小さくなったので，正社員として働きたくない	63	10.5
4．非正社員のままで働く時間を減らして，手取り収入を変えない形で働きたい	62	10.3
5．保険料が引き下げられても保険料の負担が残るので，保険が全く適用されないような請負や自営の形で働きたい	8	1.3
合計	601	100.0

回帰分析において，社会的排除・包摂要素に対して，厚生年金保険第2号被保険者，健康保険被保険者及び雇用保険被保険者の影響が異なっていた。そこで，それぞれの社会保険に適用されていない労働者が適用を希望するのか否か

◆ 第5章　仮説の検証結果のまとめと考察

及びそれを希望する場合の理由について質問した（質問43-2，43-3，44-2，44-3）。厚生年金保険については，希望するのが128人（54.2%），希望しないのは108人（45.8%）となり，健康保険については，希望するのが85人（28.3%）215人（71.7%）というように対照的な結果となった。それぞれを希望する理由については，表76，表77の通りとなった。厚生年金については，「将来受給できる年金額を増やしたいから」が66.1%を占めている。これに対して，健康保険の場合には，「市町村の国民健康保険と比較して保険料の負担が重くないと考えられるから」が41.3%と最も多くなった。また，雇用保険については，希望するのが73人（44.2%），希望しないのが92人（55.8%）希望する労働者の80.6%が「失業のリスクに備えるため」となっている。

　ここから，推察するに，厚生年金については加入によって得られる利益が将来の年金受給額の増額という魅力故に加入が望ましいものとなるのに対し，健康保険では保険料が問題となるものの，それから得られる利益は医療の現物給付が中心であることにあまり変わりがなく，あまり加入する意味がないことから，厚生年金保険には加入のインセンティブもそれによる社会的包摂の程度も大きくなるのではないかと考えられる。同様に，雇用保険についても，当然のことでもあるが失業後の問題が関心となっているため，被用者としての利益に直接関係しないことが被用者の社会的排除・包摂の場面でも好影響をもたらさない原因であると考えられる。

（表76）

厚生年金希望の理由（質問44-3）	N	%
1．将来受給できる年金額を増やしたいから	82	66.1
2．将来受給できる年金額を考慮したとき，国民年金と比較して保険料の負担が重くないと感じられるから	20	16.1
3．（配偶者のものではなく）自分の厚生年金を確保したいから	8	6.5
4．就業調整を気にする必要がなくなるから	6	4.8
5．正社員が加入しており，同じように加入したいから	8	6.5
合計	124	100.0

◇第1節　アンケート調査の結果

(表77)

健康保険希望の理由（質問43-3）	N	%
1．市町村の国民健康保険と比較して保険料の負担が重くないと考えられるから	33	41.3
2．就業調整を気にする必要がなくなるから	12	15.0
3．自分の健康保険を確保したいから	12	15.0
4．病気やけがで働けない時に傷病手当金を受給できるから	15	18.8
5．正社員が加入しており，同じように加入したいから	8	10.0
合計	80	100.0

(4) その他の要素 ── 各論
① 非正規雇用労働者の意識 ── 正規雇用との比較意識を中心に
　ア　概　要

　郵送調査のアンケート調査においては，非正規雇用労働者の意識に焦点を当てている質問がある。正社員となることへの希望（質問12），非正社員であることが職場での問題や困難と関係しているか否か（質問35），現状の幸福度を基準として正社員になった時の仮定の幸福度（質問63）の3つがそうである。そのうち，非正社員であることが職場での問題や困難と関係しているか否か（質問35）が企業内社会関係的要素と関連し，現状の幸福度を基準として正社員になった時の仮定の幸福度（質問63）は，総合的な社会的包摂要素に関連しているといえる。

　これらについては，以下それぞれについて必要な分析を示す。
　イ　正社員となることへの希望（質問12）

　非正規雇用労働者に対して，正社員になりたいか否かを質問したところ，「はい」が264人（34.3％），「いいえ」が506人（65.7％）となった。ここで，「はい」と回答する労働者が少なくとも完全に自発的に本意ではなく非正規雇用に就いたと考えられる。これだけをみれば，自発的非正規雇用労働者が多いということになるが，雇用形態別にみると，パートタイム非正社員23.6％，有期フルタイム非正社員53.7％，その他の非正社員40.8％となっており，有期フ

◆ 第5章　仮説の検証結果のまとめと考察

ルタイム非正社員が雇用の正規化を特に望んでいるといえる。

　また，この完全に自発的に本意ではないことが社会的包摂にどのような影響を与えているかについても検証する。その結果は，表78の通りである。完全に自発的に本意ではない層の方が有意に主観的厚生・幸福度が低いことが示された。また，非正規雇用の中での各雇用形態間の相違を確認すべく，パートタイム非正社員とフルタイムの有期雇用非正社員について示す。結果は，表79・80の通りである。有意な平均の差は認められないが，いずれも，完全に自発的に本意ではない層の方が有意に主観的厚生・幸福度が低いことが示された。

（表78）

	主観的厚生・幸福度	N	SD
1．はい	5.943	261	1.9691
2．いいえ	6.571	489	1.7305
合計	6.352	750	1.8403

	平方和	自由度	平均平方	F 値
グループ間	67.118	1	67.118	20.330**
グループ内	2469.454	748	3.301	
合計	2536.572	749		

＊＊p＜0.01　＊p＜0.05

（表79）

	主観的厚生・幸福度	N	SD
1．はい	6.000	109	1.9626
2．いいえ	6.675	351	1.7570
合計	6.515	460	1.8284

	平方和	自由度	平均平方	F 値
グループ間	5.250	1	5.250	1.294

◇第1節　アンケート調査の結果

	186.667	46	4.058	
グループ内	186.667	46	4.058	
合計	191.917	47		

＊＊p＜0.01　＊p＜0.05

(表80)

	主観的厚生・幸福度	N	SD
1．はい	5.877	130	1.9845
2．いいえ	6.128	109	1.7644
合計	5.992	239	1.8876

	平方和	自由度	平均平方	F値
グループ間	3.751	1	3.751	1.053
グループ内	844.233	237	3.562	
合計	847.983	238		

＊＊p＜0.01　＊p＜0.05

　なお，正社員になりたい理由を多項選択式で質問（質問12-2[33]）したところ，「より多くの収入を得たいから」が72.8％，「正社員の方が雇用が安定しているから」が67.9％というように，圧倒的に多く，経済的理由が重要であることが明らかになっているが，「職場の正式なメンバーになれるから」及び「厚生年金保険に加入したいから」がそれぞれ16.3％，16.0％となったことからも，雇用上のメンバーシップや厚生年金非適用の不利益も重要であることが示されているといえる。

---

[33]　質問12-2の各選択肢は，以下の通りである。「1．より多くの収入を得たいから　2．正社員の方が雇用が安定しているから　3．より経験を深め，視野を広げたいから　4．自分の意欲と能力を十分に生かしたいから　5．キャリアを高めたいから　6．専門的な資格・技能を生かしたいから　7．職場の正式なメンバーになれる気がするから　8．厚生年金保険に加入したいから　9．雇用保険に加入したいから」。

◆ 第5章　仮説の検証結果のまとめと考察

　　ウ　非正社員であることが職場での問題や困難と関係しているか否か（質問36）

　非正社員であることが職場での問題や困難と関係しているか否かについて4件法で質問されているが（否定的であるほど選択肢が大きく，4は「関係ないと思う」である），1～3を「関係ある」と変数変換して，2件法で検討する。その結果は，「関係ない」が468人（59.4%），「関係ある」320人（40.6%）となった。このことが，社会的包摂とどのような関連性を有しているかを調べてみたところ，表81の通りであった。これによれば，「関係ある」と考えている労働者の方が有意に主観的厚生・幸福度が低く，社会的包摂の程度が低いと考えられる。非正社員であることが職場の問題・困難であることとの関係・その意識が主観的厚生・幸福度，ひいては社会的包摂を下げる効果・影響があると考えられる。このことは，相対的所得仮説に従う結果であるといいうる。

（表81）

	主観的厚生・幸福度	N	SD
関係ない	6.620	455	1.7755
関係ある	5.974	308	1.8452
合計	6.359	763	1.8304

	平方和	自由度	平均平方	F値
グループ間	76.590	1	76.590	23.535**
グループ内	2476.514	761	3.254	
合計	2553.104	762		

　　＊＊ $p<0.01$　　＊ $p<0.05$

　　エ　正社員になれた場合の仮定の主観的厚生・幸福度（質問63）

　仮に正社員になれた場合の主観的厚生・幸福度（現状を「5」として0～10のいずれになるか）について質問（質問63）をした。その結果は「5」未満の回答が15.7%，「5」という回答が29.3%，「5」を超えた回答が55.1%となっており，過半数が正社員になった場合の方が幸福であると考えていることが分かる。

◇第1節　アンケート調査の結果

このことは，幸福の参照点の少なくとも一つの参照点として正社員であることが存在しているといえる。各雇用形態別の結果は，表82の通りであり，フルタイムの有期の非正社員と非正社員（その他）の平均が高く，平均の差もこの相互の差以外は有意であり，正社員への希望の重要性が明らかになったといえる。

（表82）

	N	M	SD
2．非正社員（パートタイム）	425	5.612	1.9135
3．非正社員（フルタイムの有期）	238	6.321	1.8968
4．その他の非正社員	47	6.660	1.8914
合計	710	5.919	1.9421

	平方和	自由度	平均平方	F値
グループ間	104.438	2	52.219	14.367**
グループ内	2569.655	707	3.635	
合計	2674.093	709		

多重比較では，3・4間以外の平均の差が有意（1％水準）
**p＜0.01　*p＜0.05

② 第3号被保険者についての追加的分析 —— 就業理由との関連

非正規雇用労働者に対して，非正社員として働き始めた理由（質問7[34]）として積極的に就業調整を理由（選択肢11）として挙げている第3号被保険者[35]は全て女性で，65人（32.8％）であった（パートタイム非正社員については，その

---

[34] 質問7の各選択肢の内容は，「1．都合の良い時間帯や曜日に働きたいから　2．勤務時間や日数が短いから　3．責任や負担の軽い仕事がしたかったから　4．休みやすいから　5．余暇時間を利用したいから　6．企業や職場・組織に拘束されたくないから　7．正社員としての働き口が見つからなかったから　8．育児介護などの事情があるから　9．正社員として働くことが体力的に難しいから　10．専門的な技能・資格が活かせるから　11．保険料や配偶者控除などについてできる限り有利な形での就業調整をしたいから」。

[35] これは就業調整をしている第3号被保険者であることを意味しない。

うち62人（98.4％），その他非正社員については1人（1.6％））。このうち，仮説の法政策の実施に賛成する労働者は27人（42.2％）（質問49-1）で，その実施の際の働き方の変化（質問47[36]）についても，保険料支払い回避の方法であるところの働くことをやめたり，請負等で働く（選択肢「4」「5」）労働者は3名（5.4％），働く時間を増やす方向や正社員になる方向に考え始める（選択肢「1」「2」）労働者が合わせて34人（61.8％）いることから，仮説の法政策は就業抑制を防止する可能性は十分あるといえるだろう。

(5) **考察と分析 —— 郵送調査の結果と仮説の関係**

以上より，仮説の社会保険の被保険者資格の無制限化と社会保険料の事業主負担の軽減を組み合わせる法政策により促されうる雇用の正規化及び社会保険の全面的適用は，非正規労働者の社会的排除状態の改善，社会的包摂の実現に，一定の効果がありうることが分かった。

まず，仮説の法政策の構成要素と社会的排除・包摂の関係を分析して，仮説の法政策による雇用の正規化及び社会保険の完全適用が，労働者の社会的排除・社会的包摂に対しどのような影響・効果を持ちうるかを検討した。その結果，全体として，雇用形態に関しては，特にフルタイムの非正社員の経済的要素の関する社会的排除が相対的に大きく，雇用の正規化によって，経済的側面からの社会的排除状態の改善が見込まれうることが示された。社会保険適用状況に関しては，厚生年金の被保険者本人としての加入については経済的要素，総合的要素についてプラスの影響が見込めるものの，健康保険の被保険者本人については，経済的要素や総合的社会的包摂要素にはマイナスの影響が見込まれ，雇用保険についても社会参加的にマイナスの影響が見込まれることが分かった。

これらを総合的にみれば，雇用の正規化と厚生年金保険の適用の効果だけであれば，社会的排除・包摂の見地から，経済的，総合的に正の影響があるといえるものの，仮説の法政策は，健康保険及び雇用保険の加入をも強制する政策であるので，必ずしも仮説の妥当性を示す結果とはいえない。むしろ，国民健康保険被保険者であり，かつ，厚生年金の第2号被保険者であることが比較的

---

[36] 表72参照。

◇第1節　アンケート調査の結果

に望ましいといいうる。また，第3号被保険者との関連を考察すると，厚生年金の第3号被保険者については負の影響がありえ，健康保険の被扶養者には経済的，総合的に正の影響がありうるものの，国民健康保険被保険者かつ厚生年金の第2号被保険者である場合に比較して，社会的排除・包摂にプラスの影響があるとはいえないので，仮説の法政策実施による健康保険被扶養者制度・第3号被保険者制度の非適用には必ずしも悪影響がないのではないかとも思われる。

また，仮説の法政策自体に対する非正規雇用労働者の意識・行動の反映としての反応に関しては，仮説の法政策の実施を希望する非正規雇用労働者が過半数となり，非正規雇用労働者の意識に受容されうることがわかった。ただ，現時点で仮説の法政策のもたらす利益を享受している労働者に受容される傾向が大きいものの，保険料負担が著しく増大する厚生年金保険・第3号被保険者や健康保険被保険者を含め，現時点で社会保険の被保険者としての利益を享受していない労働者には低く，保険料の負担の増加を受け入れにくいのではないかと考えられる。もっとも，同時に，仮説の法政策は，その実施後の働き方について，雇用の正規化への意識を高め，労働者行動の面から雇用の正規化を促進する可能性があり，その上，女性を含む第3号被保険者についても，実施後に労働供給を増加させる可能性があることも分かった。労働による社会参加の効果を勘案すれば，非正規雇用労働者全体についても雇用の正規化の促進の効果，女性を含む第3号被保険者についても，それ以上の雇用の正規化の促進の効果，就業調整を防止する効果も見込まれ，社会的排除・包摂の観点及び女性の社会進出の観点双方からみて望ましい政策であるとはいいうるであろう。

非正規雇用労働者が雇用の正規化を望む理由については，賃金や雇用の安定を挙げる労働者が圧倒的に多数ではあったが，雇用上の身分や厚生年金保険への加入を挙げる労働者も一定数認められ，非正規雇用問題における経済の重要性とともに，副次的に組織管理や社会保険適用の重要性も示された。また，関連して，健康保険や雇用保険の適用を希望する割合が厚生年金保険の適用を希望する割合より明確に小さく，社会的排除・包摂への効果と同様であったことから，労働者の主観的希望と社会的排除・包摂状態が関連性を有しているとも考えられる。

◆第5章　仮説の検証結果のまとめと考察

　さらに，非正社員の中には正社員になっていた方が幸福であると考える人が多いこと，他者への意識は社会的排除・包摂にマイナスの有意な影響があることが，回帰分析から明らかになっていること，正社員になりたいにもかかわらず，非正社員になった人や正社員を意識する人の主観的厚生・幸福度が低くなる傾向があることは，正社員であることが行動経済学上の参照点として機能していることを示している。特に，フルタイムの有期の非正社員に関しては，正社員に仮になれたと考える場合の幸福度が高く，正社員の地位の重要性は高く，正社員としての地位が参照点であることを考え合わせれば，雇用の正規化の意義は大きいといえ，仮説の法政策の有用性が示されているといえる。

　まとめれば，仮説の法政策は，雇用の正規の促進をも介在させつつ，非正規雇用労働者の社会的排除・包摂への効果として，一定の効果が期待しうるといえ，郵送アンケート調査の結果は，全体として，事前の想定と反する部分もあったが，仮説を一定程度裏付ける調査結果であるといえる。

3　インターネット調査
(1) 基礎的データ

　郵送調査で調査できなかった事項を補足的に調査することを目的として，インターネット調査を実施した。調査の標本抽出枠は日本全国の25〜64歳の男女雇用労働者で，この中から正社員及び非正社員をランダムに抽出し，調査依頼メールを発送し，目標とする各500人のサンプルが回収された時点で調査を終了した。有効回答数は，正社員500人，非正社員500人の計1000人である。正社員と非正社員の比較ができるよう配慮し，同数のサンプルを回収したのであり，この点に分布上の意味はない。

　インターネット調査においては，第3号被保険者の就業調整等の若干の新たな質問を加えつつ，基本的には郵送調査と同様のリサーチデザインに基づく調査を実施した。ただ，若干の相違点があるので，その点について述べておく。第一には，郵送調査では，多くの質問の選択肢を名義尺度・順序尺度としたが，インターネット調査においては逆にできる限り間隔尺度あるいはそれに変換できるよう策定し，量的調査として結果がより明確になるように設計した。第二に，被説明変数の社会的排除・包摂指標については，先行研究や本書の研究目

◇第1節　アンケート調査の結果

的実現に沿うものであることはもちろん重要であるが，排除・包摂を測るための社会関係を調査する質問の文言自体は最終的で，絶対的なものではない。それというのも，社会的排除のリスクを示す指標とないての意義があるだけで，それぞれの変数によって計測している内容そのものに最終的な価値を置くべきではないからである（西村・卯月 2007：45）。そこで，必要に応じ，一部の質問の文言を変更する，多くの選択肢を4件法から5件法に変更する，郵送調査において有意な結果が認められなかった質問を削除し他の質問を採用するなどし，質問の具体的内容の相違を超えた適正な結果の分析ができることを目指した。第三に，郵送調査については，正社員と非正社員の定義に関しては呼称に従ったが，非正社員の細目については，各企業で多様な呼称があり，かつ，質問項目数の制約があったことから，基本的には労働時間・契約期間に応じた分類に従った質問を実施した調査しかできなかった。そこで，インターネット調査では，非正社員の分類についてもできるだけ呼称に従った。もっとも，全ての呼称をそのまま用いては，事実を示すことができても政策検討上，あまり意味のない分析になってしまうので，郵送調査の分類をも意識しつつ，パート・アルバイト，契約社員・嘱託社員[37]，派遣社員その他の3つに分類[38]し，分析する。第四に，社会的排除・包摂に影響を与えうるコントロール変数についても，より適正な変数を追加する方向で検討し，健康状態という変数を追加した。

　基本的な記述統計として，雇用形態・社会保険（健康保険・厚生年金保険・雇用保険）適用状況は，表83～86の通りである。

（表83）

	N	％
1．正社員	500	50.0

---

[37]　契約社員については「専門的職種に従事させることを目的に契約に基づき雇用され，雇用期間の定めのある者」，嘱託社員については「労働条件や契約期間に関係なく，勤め先で「嘱託職員」又はそれに近い名称で呼ばれている者」とする定義（総務省2018）に従う。

[38]　各雇用労働者の契約期間・労働時間の現状の考慮及び就業構造基本調査に基づく菅野（2017：292-293）の分類を参考にした非正社員の呼称に基づく分類である。

◆ 第5章 仮説の検証結果のまとめと考察

2．パート・アルバイト	360	36.0
3．契約社員・嘱託社員	82	8.2
4．派遣社員・その他	58	5.8
合計	1000	100.0

（表84）

健康保険適用状況	N	%
1．被保険者本人	666	66.6
2．国民健康保険被保険者	135	13.5
3．被扶養者	155	15.5
4．無保険	44	4.4
合計	1000	100.0

（表85）

厚生年金保険適用状況	N	%
1．2号被保険者	676	67.6
2．3号被保険者	122	12.2
3．1号被保険者	145	14.5
4．無年金	57	5.7
合計	1000	100.0

（表86）

雇用保険適用状況	N	%
1．被保険者	753	75.3
2．非被保険者	247	24.7
合計	1000	100.0

次に，本書の仮説の法政策の主たる手段，雇用の正規化と社会保険適用に関

◇第1節　アンケート調査の結果

する説明変数としての雇用形態と各社会保険（健康・厚生年金・雇用）の適用状況のクロス表を作成し，カイ2乗検定を実施したところ，各社会保険に関して表87〜89のようになった。社会保険適用の関係性に関し，社会保険関連法の規定からは当然の結果であるといえるが，統計的に有意な関連性が認められ，その関連性も比較的強く（CramerのVは，.38, .36, .39），非正規雇用労働者に対する社会的制度からの排除の一端を示している。

（表87）

	健康保険適用状況1．被保険者	2．国民健康保険被保険者	3．被扶養者	4．無保険	合計
1．正社員	451	22	10	17	500
	90.2%	4.4%	2.0%	3.4%	100.0%
2．パート・アルバイト	105	95	137	23	360
	29.2%	26.4%	38.1%	6.4%	100.0%
3．契約社員・嘱託社員	69	8	3	2	82
	84.1%	9.8%	3.7%	2.4%	100.0%
4．派遣社員・その他	41	10	5	2	58
	70.7%	17.2%	8.6%	3.4%	100.0%
合計	666	135	155	44	1000
	66.6%	13.5%	15.5%	4.4%	100.0%

Pearsonのカイ2乗（有意確率）= .00　CramerのV = .38

（表88）

	厚生年金保険適用状況1．2号被保険者	2．1号被保険者	3．3号被保険者	4．無保険	合計
1．正社員	452	6	26	16	500
	90.4%	1.2%	5.2%	3.2%	100.0%

◆第5章　仮説の検証結果のまとめと考察

2．パート・アルバイト	110	111	103	36	360
	30.6%	30.8%	28.6%	10.0%	100.0%
3．契約社員・嘱託社員	71	1	8	2	82
	86.6%	1.2%	9.8%	2.4%	100.0%
4．派遣社員・その他	43	4	8	3	58
	74.1%	6.9%	13.8%	5.2%	100.0%
合計	676	122	145	57	1000
	67.6%	12.2%	14.5%	5.7%	100.0%

Pearson のカイ 2 乗（有意確率）＝ .00　Cramer の V ＝ .36

（表89）

	雇用保険適用状況・1．被保険者	2．それ以外	合計
1．正社員	445	55	500
	89.0%	11.0%	100.0%
2．パート・アルバイト	190	170	360
	52.8%	47.2%	100.0%
3．契約社員・嘱託社員	71	11	82
	86.6%	13.4%	100.0%
4．派遣社員・その他	47	11	58
	81.0%	19.0%	100.0%
合計	753	247	1000
	75.3%	24.7%	100.0%

Pearson のカイ 2 乗（有意確率）＝ .00　Cramer の V ＝ .39

　また，とりわけ雇用形態と関連性があると考えられる労働者の基本データといいうる性別，婚姻状態・経験（質問41），最終学歴（質問56[39]）及年収（質問

---

[39]　質問56の選択肢は，以下の通りである。「1.中学 2.高校 3.専門学校 4.短大・高専 5.大学・大学院」。

◇第1節　アンケート調査の結果

58)については，（基本データを示すことを兼ねて）雇用形態とのクロス表を作成し，カイ2乗検定を実施する。その結果は，表90～93すべて有意な関連性が認められ，CramerのVについては，それぞれ，.40，.13，.17，.47となり，概ねそれほど関連性が強くないが，性別・年収に関しては比較的に強い関連性があるといえる。

（表90）

	1．男性	2．女性	合計
1．正社員	335	165	500
	67.7%	32.7%	50.0%
2．パート・アルバイト	88	272	360
	17.8%	53.9%	36.0%
3．契約社員・嘱託社員	51	31	82
	10.3%	6.1%	8.2%
4．派遣社員・その他	21	37	58
	4.2%	7.3%	5.8%
合計	495	505	1000
	100.0%	100.0%	100.0%

Pearsonのカイ2乗（有意確率）＝.00　CramerのV＝.40

（表91）

	1．未婚	2．既婚	3．離婚・死別	合計
1．正社員	197	264	39	500
	39.4%	52.8%	7.8%	100.0%
2．パート・アルバイト	124	191	45	360
	34.4%	53.1%	12.5%	100.0%
3．契約社員・嘱託社員	42	30	10	82
	51.2%	36.6%	12.2%	100.0%

◆第5章　仮説の検証結果のまとめと考察

4．派遣社員・その他	39	14	5	58
	67.2%	24.1%	8.6%	100.0%
合計	402	499	99	1000
	40.2%	49.9%	9.9%	100.0%

Pearson のカイ 2 乗（有意確率）= .00　Cramer の V = .13

（表92）

	最終学歴 （質問56）・1	2	3	4	5	合計
1．正社員	6	101	66	45	282	500
	1.2%	20.2%	13.2%	9.0%	56.4%	100.0%
2．パート・アルバイト	8	135	47	72	98	360
	2.2%	37.5%	13.1%	20.0%	27.2%	100.0%
3．契約社員・嘱託社員	2	21	8	10	41	82
	2.4%	25.6%	9.8%	12.2%	50.0%	100.0%
4．派遣社員・その他	0	17	5	11	25	58
	0.0%	29.3%	8.6%	19.0%	43.1%	100.0%
合計	16	274	126	138	446	1000
	1.6%	27.4%	12.6%	13.8%	44.6%	100.0%

Pearson のカイ 2 乗（有意確率）= .00　Cramer の V = .17

（表93）[40]

年収（質問58）	1．正社員	2．パート・アルバイト	3．契約社員・嘱託社員	4．派遣社員・その他	合計
1．所得なし	4	4	0	0	8
	0.8%	1.1%	0.0%	0.0%	0.8%

---

(40)　表記の都合上，行と列を逆にしている。

◇第1節　アンケート調査の結果

2．～100万円	4	136	0	5	145
	0.8%	37.8%	0.0%	8.6%	14.5%
3．～200	31	151	20	16	218
	6.2%	41.9%	24.4%	27.6%	21.8%
4．～300	83	40	40	19	182
	16.6%	11.1%	48.8%	32.8%	18.2%
5．～400	84	17	12	10	123
	16.8%	4.7%	14.6%	17.2%	12.3%
6．～500	92	4	4	5	105
	18.4%	1.1%	4.9%	8.6%	10.5%
7．～600	71	2	3	2	78
	14.2%	0.6%	3.7%	3.4%	7.8%
8．～800	64	4	3	0	71
	12.8%	1.1%	3.7%	0.0%	7.1%
9．～1000	33	0	0	0	33
	6.6%	0.0%	0.0%	0.0%	3.3%
10．～1500	24	0	0	0	24
	4.8%	0.0%	0.0%	0.0%	2.4%
11．～2000	5	0	0	0	5
	1.0%	0.0%	0.0%	0.0%	0.5%
12．2000～	5	2	0	1	8
	1.0%	0.6%	0.0%	1.7%	0.8%
合計	500	360	82	58	1000
	100.0%	100.0%	100.0%	100.0%	100.0%

Pearson のカイ2乗（有意確率）= .00　Cramer の V = .47

　なお，有配偶者女性の就業調整に関し，問題となる健康保険被扶養者及び厚生年金の第3号被保険者の性別に関しては，前者について男性23人（14.8%），

◆第5章　仮説の検証結果のまとめと考察

女性132人（85.2%）で，後者について男性9人（7.4%），女性113人（92.6%）であった。健康保険被扶養者については，有配偶者とは限られないことから女性の割合が比較的小さい。これに対して，厚生年金保険の第3号被保険者は有配偶者に限られており，女性の割合については相対的には大きい。以下においては，厚生年金保険の第3号被保険者は有配偶者に限られていることから，就業調整を中心とする有配偶者女性の就業調整の意識・行動の分析のためには，厚生年金保険の第3号被保険者の意識・行動を確認して考察の対象とする。

(2) 社会的排除への影響・効果
① 概　要

本書では，雇用の正規化と社会保険の完全適用を主たる手段とする仮説の法政策の社会的排除・包摂への影響・効果を調査するにあたり，社会的排除指標として，経済的要素（主観的・客観的），社会関係要素（企業組織内・企業組織外），社会参加要素，社会的包摂指標の総合的要素として，幸福度・主観的厚生を取り上げて分析している。インターネット調査の質問は，説明変数として，雇用形態，社会保険適用状況（健康保険（質問32-1）・厚生年金（質問33-1）・雇用保険（質問34-1）），被説明変数[41]として，主観的経済的要素の生活満足度（質問18-1）及び経済的満足度（質問19），客観的経済的要素の生活レベル（質問20），社会関係要素（総合）の生活孤独感（質問23），社会関係（企業組織内）の職場人間関係（質問22-2），職場役割満足度（質問18-2）及び仕事内容満足度（質問18-3），社会関係要素（企業組織外）の近隣人間関係満足度（質問22-1），家族関係満足度（質問22-3）及び友人関係満足度（質問22-4），社会参加要素の社会活動・社会参加時間（質問30-2），総合的要素の主観的厚生・幸福度（質問48）とする。

② 社会的排除・包摂状況との関連性 ── 個別的関係の検討

以下においては，説明変数たる雇用形態及び各社会保険適用状況と上記各被説明変数のそれぞれの関連性を確認し，本来的に間隔尺度である主観的厚生・幸福度（質問62）についてはもちろん，順序尺度たるその他の変数についても，（郵送調査においては，原則として4件法を採用し間隔尺度とするのに不適当な部分があったのに対して）5件法を採用した上で等間隔であるように注意して選択肢を作成した[42]ことから，間隔尺度として取り扱うこととした上で，分散分析

◇第1節　アンケート調査の結果

を実施し，有意な差が認められたものについて示している。加えて，それぞれの説明変数内の有意な平均の差については，雇用形態に関しては正社員，社会保険適用状況に関しては各社会保険の被保険者本人を基準として特に検討する。有意な差が認められた変数[43]を以下に示す。

(41) 社会的排除・包摂指標に関わる各質問の具体的内容は，以下の通りである。質問18-1は，「あなたは，現在の生活に満足していますか（1つだけ）。」質問19は，「あなたは，現在，経済的に満足した暮らしができていますか（1つだけ）。」質問20は，あなたの現在の生活レベルは，次のどれに当てはまりますか（1つだけ）。」質問23は，「あなたは仕事を含めて生活全般において孤独を感じることがどの程度ありますか（1つだけ）。」質問22-2は，「あなたは，職場での人間関係についてどう思っていますか（1つだけ）。」質問18-2は，「あなたは，職場での自分の役割に満足していますか（1つだけ）。」質問18-3は，「あなたは，現在の仕事の内容に満足していますか（1つだけ）。」質問23は，「あなたはプライベートの生活で孤独を感じることはありますか（1つだけ）。」質問22-1は，「あなたは，現在の近所や地域での人間関係について，どう思っていますか（1つだけ）」質問22-3は，「あなたは，現在の家族との関係について，どう思っていますか（1つだけ）。」質問22-4は，「あなたは，現在の友人関係全般について，どう思っていますか（1つだけ）。」質問30-2は，「あなたは，仕事以外に，質問30-1のような社会的な活動や社会参加を，すべてあわせて週に何時間くらい行っていますか（社会的な活動や社会参加をしていない場合には，0を記入してください）（1つだけ）。」質問48は，「最高の幸福状態を10として，現在のあなたの状態はどれくらいと感じますか。0から10までの数字でお答えください。」なお，質問30-2における「質問30-1のような社会的な活動や社会参加」としては，「1．自治会・町内会　2．PTA・父母の会　3．婦人会・青少年団体　4．スポーツ，レクリエーション，趣味・文化サークル　5．宗教団体　6．消防団・防犯協会　7．県人会，同窓会　8．ボランティア活動　9．市民団体，住民運動，環境・自然保護団体　10．政治団体，後援会」が挙げられている。
(42) 原則として，「とても良い，やや良い，普通，やや悪い，とても悪い」の5件法あるいはこれに準ずる形とした。
(43) 全ての社会的排除・包摂指標に関する変数については，順序尺度か間隔尺度変数であり，選択肢の番号の数字が大きい程，社会的排除・包摂の観点から望ましくなる（より社会的に包摂されている）ように変数を変換している。

◆ 第5章 仮説の検証結果のまとめと考察

（ア）雇用形態
(1) 生活満足度（質問18-1）

（表94）

	N	M	SD
1．正社員	500	3.2040	1.13002
2．パート・アルバイト	360	3.0528	1.20814
3．契約社員・嘱託社員	82	2.7317	1.15522
4．派遣社員・その他	58	2.5862	1.10873
合計	1000	3.0750	1.17164

	平方和	自由度	平均平方	F値
グループ間	32.019	3	10.673	7.937**
グループ内	1339.356	996	1.345	
合計	1371.375	999		

多重比較：1と3，1と4，2と4の差は有意（有意水準1％）
**$p<0.01$　*$p<0.05$

生活満足度の平均は正社員が最も高く，派遣社員・その他が低い結果となった。正社員と契約社員・嘱託社員，派遣社員その他との間には正の有意な差が認められた。

(2) 経済的満足度（質問19）
（表95）

	N	M	SD
1．正社員	500	3.0400	1.15458
2．パート・アルバイト	360	2.6917	1.23863
3．契約社員・嘱託社員	82	2.3171	1.13179
4．派遣社員・その他	58	2.3276	1.17560

◇第1節　アンケート調査の結果

合計		1000	2.8140	1.21032

	平方和	自由度	平均平方	F値
グループ間	64.897	3	21.632	15.406**
グループ内	1398.507	996	1.404	
合計	1463.404	999		

多重比較：1と2，1と3，1と4の差は有意（有意水準1％）
**p＜0.01　*p＜0.05

　経済的満足度の平均は，正社員が最も高く，契約社員・嘱託社員が低い結果となった。正社員とその他の雇用形態と正の有意な差が認められた。

(3) 生活レベル（質問20）
（表96）

	N	M	SD
1．正社員	500	2.8280	.84371
2．パート・アルバイト	360	2.5111	.88622
3．契約社員・嘱託社員	82	2.2805	.91994
4．派遣社員・その他	58	2.1897	.86768
合計	1000	2.6320	.89184

	平方和	自由度	平均平方	F値
グループ間	45.950	3	15.317	20.37**
グループ内	748.626	996	.752	
合計	794.576	999		

多重比較：1と2，1と3，1と4の差は有意（有意水準1％）
**p＜0.01　*p＜0.05

　生活レベルの平均は正社員が最も高く，派遣社員・その他が低い結果となっ

◆第5章　仮説の検証結果のまとめと考察

た。正社員とその他の雇用形態と正の有意な差が認められた。

(4) 職場人間関係（質問22-2）

（表97）

	N	M	SD
1．正社員	500	3.1680	.87711
2．パート・アルバイト	360	3.3028	.85754
3．契約社員・嘱託社員	82	3.1341	.76598
4．派遣社員・その他	58	3.0172	.94575
合計	1000	3.2050	.86818

	平方和	自由度	平均平方	F値
グループ間	6.583	3	2.194	2.928*
グループ内	746.392	996	.749	
合計	752.975	999		

**$p<0.01$　*$p<0.05$

　職場人間関係（質問22-2）については，パート・アルバイトが最も高く，派遣社員・その他が低い結果となった。

(5) 職場役割満足度（質問18-2）

（表98）

	N	M	SD
1．正社員	500	3.0600	1.07084
2．パート・アルバイト	360	3.2056	.99412
3．契約社員・嘱託社員	82	2.9390	.99812
4．派遣社員・その他	58	2.9138	.82259
合計	1000	3.0940	1.02773

	平方和	自由度	平均平方	F 値
グループ間	8.911	3	2.970	2.828*
グループ内	1046.253	996	1.050	
合計	1055.164	999		

**$p<0.01$ *$p<0.05$

職場役割満足度については，パート・アルバイトが最も高く，派遣社員・その他が低い結果となった。

(6) 仕事内容満足度（質問18-3）

（表99）

	N	M	SD
1．正社員	500	3.0540	1.09977
2．パート・アルバイト	360	3.2944	.96569
3．契約社員・嘱託社員	82	3.1463	1.01983
4．派遣社員・その他	58	2.9310	.93400
合計	1000	3.1410	1.04317

	平方和	自由度	平均平方	F 値
グループ間	14.820	3	4.940	4.589**
グループ内	1072.299	996	1.077	
合計	1087.119	999		

多重比較：1と2の差は有意（有意水準1％）
**$p<0.01$ *$p<0.05$

仕事内容満足度については，パート・アルバイトが最も高く，派遣社員・その他が低い結果となった。正社員とパート・アルバイトの間には負の有意な差が認められた。

◆ 第5章　仮説の検証結果のまとめと考察

(7) 近隣人間関係（質問22-1）

（表100）

	N	M	SD
1．正社員	500	3.1760	.74440
2．パート・アルバイト	360	3.1250	.69893
3．契約社員・嘱託社員	82	2.8902	.64800
4．派遣社員・その他	58	2.9483	.71137
合計	1000	3.1210	.72311

	平方和	自由度	平均平方	F値
グループ間	7.615	3	2.538	4.912**
グループ内	514.744	996	.517	
合計	522.359	999		

多重比較：1と3の差は有意（有意水準1％）
$**p<0.01$　$*p<0.05$

近隣人間関係（質問22-1）については，正社員が最も高く，契約社員・嘱託社員が低い結果となった。正社員と契約社員・嘱託社員の間に正の有意な差が認められた。

(8) 主観的厚生・幸福度（質問48）

（表101）

	N	M	SD
1．正社員	500	6.09	2.252
2．パート・アルバイト	360	6.23	2.493
3．契約社員・嘱託社員	82	5.41	2.266
4．派遣社員・その他	58	5.22	2.294
合計	1000	6.04	2.359

◇第1節　アンケート調査の結果

	平方和	自由度	平均平方	F 値
グループ間	85.474	3	28.491	5.182**
グループ内	5476.157	996	5.498	
合計	5561.631	999		

多重比較：2と3，2と4の差は有意（有意水準1％）
**p＜0.01　*p＜0.05

　主観的厚生・幸福度は，パート・アルバイトが最も高く，派遣社員・その他が低い結果となった。

(9) ま と め

　雇用形態間における平均値に有意な差が認められたのは，生活満足度，経済的満足度，生活レベル，職場人間関係，職場役割満足度，仕事内容満足度，近隣人間関係，主観的厚生・幸福度の9つであった。そのうち，生活満足度，経済的満足度，生活レベル及び近隣人間関係で正社員の平均値が最も高く，職場人間関係，職場役割満足度及び主観的厚生・幸福度でパート・アルバイトの平均値が最も高い。概ね，経済的要素に関し，正社員が高く，社会関係的要素に関し，パート・アルバイトが高いという傾向が認められた正社員との間で，正社員にとって正の有意な差が認められたのは，生活満足度（契約社員・嘱託社員），経済的満足度（全て），生活レベル（全て），近隣人間関係（契約社員・嘱託社員），正社員にとって負の有意な差が認められたのは，仕事内容満足度（パート・アルバイト）であった。この点でも，正社員の経済的要素における優位性が明らかになったといえる。

(イ) 社会保険適用状況 ── 健康保険
(1) 生活満足度（質問18-1）
(表102)

	N	M	SD
1．被保険者	666	3.0676	1.17362

303

◆第5章 仮説の検証結果のまとめと考察

	N	M	SD
2．国民健康保険被保険者	135	3.0148	1.22160
3．被扶養者	155	3.3548	1.07957
4．無保険	44	2.3864	.99337
合計	1000	3.0750	1.17164

	平方和	自由度	平均平方	F値
グループ間	33.529	3	11.176	8.321**
グループ内	1337.846	996	1.343	
合計	1371.375	999		

多重比較：1と3，1と4，2と4，3と4の差は有意（有意水準1％）
**$p<0.01$　*$p<0.05$

生活満足度については，被扶養者が最も高く，無保険者が低い結果となった。被保険者から見て無保険者の間に正，被扶養者との間に負の有意な差が認められた。

(2) 経済的満足度（質問19）

（表103）

	N	M	SD
1．健康保険被保険者	666	2.8544	1.21820
2．国民健康保険被保険者	135	2.6370	1.21929
3．被扶養者	155	2.9871	1.14522
4．無保険	44	2.1364	1.02506
合計	1000	2.8140	1.21032

	平方和	自由度	平均平方	F値
グループ間	30.161	3	10.054	6.987**
グループ内	1433.243	996	1.439	

合計		1463.404	999	

多重比較：1と4，3と4の差は有意（有意水準1％）
**p＜0.01　*p＜0.05

　経済的満足度については，被扶養者が最も高く，無保険者が低い結果となった。被保険者から見て無保険者の間に正の有意な差が認められた。

(3) 生活レベル（質問20）

（表104）

	N	M	SD
1．健康保険被保険者	666	2.6637	.90168
2．国民健康保険被保険者	135	2.4148	.84098
3．被扶養者	155	2.8645	.76513
4．無保険	44	2.0000	.91499
合計	1000	2.6320	.89184

	平方和	自由度	平均平方	F値
グループ間	32.990	3	10.997	14.381**
グループ内	761.586	996	.765	
合計	794.576	999		

多重比較：1と2，1と4，2と3，3と4の差は有意（有意水準1％）
**p＜0.01　*p＜0.05

　生活レベルについては，被扶養者が最も高く，無保険者が低い結果となった。被保険者から見て国民健康被保険者及び無保険者の間に正の有意な差が認められた。

◆ 第5章　仮説の検証結果のまとめと考察

(4) 生活孤独感（質問23）

（表105）

	N	M	SD
1．被保険者本人	666	2.45	.816
2．国民健康保険	135	2.61	.889
3．被扶養者	155	2.63	.814
4．無保険	44	2.70	.954
合計	1000	2.51	.836

	平方和	自由度	平均平方	F値
グループ間	7.700	3	2.567	3.704**
グループ内	690.131	996	.693	
合計	697.831	999		

**p＜0.01　*p＜0.05

生活孤独感については，無保険者が最も高く，被保険者が低い結果となった。

(5) 職場人間関係（質問22-2）

（表106）

	N	M	SD
1．被保険者本人	666	3.1772	.86632
2．国民健康保険	135	3.2222	.94369
3．被扶養者	155	3.3806	.84723
4．無保険	44	2.9545	.60826
合計	1000	3.2050	.86818

	平方和	自由度	平均平方	F値
グループ間	8.098	3	2.699	3.609**

◇第1節　アンケート調査の結果

グループ内	744.877	996	.748	
合計	752.975	999		

多重比較：3と4の差は有意（有意水準1％）
＊＊p＜0.01　＊p＜0.05

職場人間関係については，被扶養者が最も高く，無保険者が低い結果となった。

(6) 職場役割満足度（質問18-2）
（表107）

	N	M	SD
1．被保険者	666	3.0225	1.03376
2．国民健康保険被保険者	135	3.1704	1.10993
3．被扶養者	155	3.4194	.86693
4．無保険	44	2.7955	.95429
合計	1000	3.0940	1.02773

	平方和	自由度	平均平方	F値
グループ間	24.519	3	8.173	7.898＊＊
グループ内	1030.645	996	1.035	
合計	1055.164	999		

多重比較：1と3，3と4の差は有意（有意水準1％）
＊＊p＜0.01　＊p＜0.05

職場役割満足度については，被扶養者が最も高く，無保険者が低い結果となった。被保険者から見て被扶養者との間に負の有意な差が認められた。

◆ 第5章　仮説の検証結果のまとめと考察

(7) 仕事内容満足度（質問18-3）

(表108)

	N	M	SD
1．被保険者	666	3.0586	1.06532
2．国民健康保険被保険者	135	3.2741	1.06104
3．被扶養者	155	3.4516	.86184
4．無保険	44	2.8864	.99337
合計	1000	3.1410	1.04317

	平方和	自由度	平均平方	F値
グループ間	24.725	3	8.242	7.726**
グループ内	1062.394	996	1.067	
合計	1087.119	999		

多重比較：1と3，3と4の差は有意（有意水準1％）

　仕事内容満足度については，被扶養者が最も高く，無保険者が低い結果となった。被保険者から見て被扶養者との間に負の有意な差が認められた。

(8) 家族関係（質問22-3）

(表109)

	N	M	SD
1．被保険者本人	666	3.4835	1.00847
2．国民健康保険	135	3.4222	1.00348
3．被扶養者	155	3.6258	.99445
4．無保険	44	2.9318	.78940
合計	1000	3.4730	1.00413

◇第1節　アンケート調査の結果

	平方和	自由度	平均平方	F値
グループ間	16.927	3	5.642	5.675**
グループ内	990.344	996	.994	
合計	1007.271	999		

多重比較：4とそれ以外の差は有意（有意水準1％）

　家族関係については，被扶養者が最も高く，無保険者が低い結果となった。被保険者から見て無保険者との間に正の有意な差が認められた。

(9) 友人関係（質問22-4）

(表110)

	N	M	SD
1．被保険者本人	666	3.3243	.85835
2．国民健康保険	135	3.3556	.94999
3．被扶養者	155	3.5290	.81631
4．無保険	44	2.8182	.58161
合計	1000	3.3380	.86400

	平方和	自由度	平均平方	F値
グループ間	17.712	3	5.904	8.077**
グループ内	728.044	996	.731	
合計	745.756	999		

多重比較（有意水準1％），4とそれ以外の差は有意

　友人関係については，被扶養者が最も高く，無保険者が低い結果となった。被保険者から見て無保険者との間に正の有意な差が認められた。

◆第5章　仮説の検証結果のまとめと考察

(10) 社会活動・社会参加時間（質問30-2）

（表111）

	N	M	SD
1．被保険者本人	665	.93	2.917
2．国民健康保険	135	1.79	4.529
3．被扶養者	155	1.10	2.382
4．無保険	44	.30	1.002
合計	999	1.05	3.073

	平方和	自由度	平均平方	F値
グループ間	109.027	3	36.342	3.882**
グループ内	9314.855	995	9.362	
合計	9423.882	998		

多重比較：1と2，2と4の差は有意（有意水準1％）

　社会活動・社会参加時間については，国民健康保険被保険者が最も高く，無保険者が低い結果となった。被保険者から見て国民健康保険被保険者との間に負の有意な差が認められた。

(11) 主観的厚生・幸福度（質問48）

（表112）

	N	M	SD
1．被保険者本人	666	6.02	2.310
2．国民健康保険	135	5.74	2.385
3．被扶養者	155	6.83	2.293
4．無保険	44	4.36	2.200
合計	1000	6.04	2.359

◇ 第1節　アンケート調査の結果

	平方和	自由度	平均平方	F値
グループ間	233.222	3	77.741	14.532**
グループ内	5328.409	996	5.350	
合計	5561.631	999		

多重比較：1と2以外の平均の差は有意（有意水準1％）

　主観的厚生・幸福度については，被扶養者が最も高く，無保険者が低い結果となった。被保険者から見て無保険者との間に正，被扶養者との間に負の有意な差が認められた。

⑿　ま と め
　健康保険の適用状況間における平均値に有意な差が認められたのは，生活満足度，経済的満足度，生活レベル，生活孤独感，職場人間関係，職場役割満足度，仕事内容満足度，家族関係，友人関係，社会活動・社会参加時間，主観的厚生・幸福度の11つであった。そのうち，社会活動・社会参加時間で国民健康保険被保険者が最も高いことを除き，健康保険被扶養者が最も高いという結果となった。健康保険被保険者にとって正の有意な差が認められたのは，生活満足度（無保険者），経済的満足度（無保険者），生活レベル（国民健康保険被保険者・無保険者），家族関係（無保険者），友人関係（無保険者），主観的厚生・幸福度（無保険者），健康保険被保険者にとってにとって負の有意な差が認められたのは，生活満足度（被扶養者），職場役割満足度（被扶養者），仕事内容満足度（被扶養者），社会活動・社会参加時間（国民健康保険被保険者），主観的厚生・幸福度（被扶養者）であった。全般的に，健康保険被扶養者が高いのが顕著であり，それに健康保険被保険者及び国民健康保険被保険者が拮抗して続くという傾向である。

◆第5章 仮説の検証結果のまとめと考察

(ウ) 社会保険適用状況 —— 厚生年金保険
(1) 生活満足度（質問18-1）
(表113)

	N	M	SD
1．厚生年金保険・第2号被保険者	676	3.0858	1.16303
2．厚生年金保険・第3号被保険者	122	3.4836	.97263
3．厚生年金保険・第1号被保険者	145	2.8345	1.23611
4．無年金者	57	2.6842	1.24151
合計	1000	3.0750	1.17164

	平方和	自由度	平均平方	F値
グループ間	37.541	3	12.514	9.344**
グループ内	1333.834	996	1.339	
合計	1371.375	999		

多重比較：2とそれ以外の平均の差は有意（有意水準1％）
**$p<0.01$ *$p<0.05$

生活満足度については，3号被保険者が最も高く，無保険者が低い結果となった。第2号被保険者から見て第3号被保険者との間に負の有意な差が認められた。

(2) 経済的満足度（質問19）
(表114)

	N	M	SD
1．厚生年金保険・第2号被保険者	676	2.8831	1.21336
2．厚生年金保険・第3号被保険者	122	3.0492	1.06680
3．厚生年金保険・第1号被保険者	145	2.4759	1.19072
4．無年金者	57	2.3509	1.26054
合計	1000	2.8140	1.21032

◇第1節　アンケート調査の結果

	平方和	自由度	平均平方	F値
グループ間	38.783	3	12.928	9.038**
グループ内	1424.621	996	1.430	
合計	1463.404	999		

多重比較：1と3・4，2と3・4の平均の差は有意（有意水準1％）
**p＜0.01　*p＜0.05

　経済的満足度については，第3号被保険者が最も高く，無保険者が低い結果となった。第2号被保険者から見て第1号被保険者及び無保険者との間に正の有意な差が認められた。

(3) 生活レベル（質問20）
（表115）

	N	M	SD
1．厚生年金保険・第2号被保険者	676	2.6879	.89537
2．厚生年金保険・第3号被保険者	122	2.8770	.74499
3．厚生年金保険・第1号被保険者	145	2.3241	.84066
4．無年金者	57	2.2281	.96395
合計	1000	2.6320	.89184

	平方和	自由度	平均平方	F値
グループ間	32.479	3	10.826	14.149**
グループ内	762.097	996	.765	
合計	794.576	999		

多重比較：1と3・4，2と3・4の平均の差は有意（有意水準1％）
**p＜0.01　*p＜0.05

　生活レベルについては，3号被保険者が最も高く，無保険者が低い結果となった。第2号被保険者と第1号被保険者及び無保険者との間の有意な差が認

313

◆第5章　仮説の検証結果のまとめと考察

められた。

(4) 生活孤独感（質問23）

(表116)

	N	M	SD
1．厚生年金保険・第2号被保険者	676	2.45	.816
2．厚生年金保険・第3号被保険者	122	2.64	.793
3．厚生年金保険・第1号被保険者	145	2.63	.858
4．無年金者	57	2.70	1.017
合計	1000	2.51	.836

	平方和	自由度	平均平方	F値
グループ間	8.590	3	2.863	4.138**
グループ内	689.241	996	.692	
合計	697.831	999		

**p＜0.01 *p＜0.05

　生活孤独感については，無年金者が最も高く，第2号被保険者が低い結果となった。

(5) 職場人間関係（質問22-2）

(表117)

	N	M	SD
1．厚生年金保険・第2号被保険者	676	3.1923	.86667
2．厚生年金保険・第3号被保険者	122	3.4016	.88756
3．厚生年金保険・第1号被保険者	145	3.1310	.85192
4．無年金者	57	3.1228	.84664
合計	1000	3.2050	.86818

◇第1節　アンケート調査の結果

	平方和	自由度	平均平方	F値
グループ間	6.005	3	2.002	2.669*
グループ内	746.970	996	.750	
合計	752.975	999		

＊＊p＜0.01　＊p＜0.05

職場人間関係については，第3号被保険者が最も高く，無年金者が低い結果となった。

(6) 職場役割満足度（質問18-2）

（表118）

	N	M	SD
1．厚生年金保険・第2号被保険者	676	3.0444	1.03757
2．厚生年金保険・第3号被保険者	122	3.4508	.84406
3．厚生年金保険・第1号被保険者	145	3.0207	1.07670
4．無年金者	57	3.1053	1.01214
合計	1000	3.0940	1.02773

	平方和	自由度	平均平方	F値
グループ間	17.984	3	5.995	5.757＊＊
グループ内	1037.180	996	1.041	
合計	1055.164	999		

多重比較：1と2，2と3の平均の差は有意（有意水準1％）
＊＊p＜0.01　＊p＜0.05

職場役割満足度については，3号被保険者が最も高く，第1号被保険者が低い結果となった。第2号被保険者はから見て第3号被保険者との間に負の有意な差が認められた。

315

◆ 第5章　仮説の検証結果のまとめと考察

(7) 仕事内容満足度（質問18-3）

(表119)

	N	M	SD
1．厚生年金保険・第2号被保険者	676	3.0725	1.06767
2．厚生年金保険・第3号被保険者	122	3.4836	.87418
3．厚生年金保険・第1号被保険者	145	3.1586	1.01841
4．無年金者	57	3.1754	1.01985
合計	1000	3.1410	1.04317

	平方和	自由度	平均平方	F値
グループ間	17.606	3	5.869	5.465**
グループ内	1069.513	996	1.074	
合計	1087.119	999		

多重比較（有意水準1％），1と2の平均の差は有意
**p1<0.01 *p<0.05

　仕事内容満足度については，第3号被保険者が最も高く，第2号被保険者が低い結果となった。第2号被保険者から見て第3号被保険者との間に負の有意な差が認められた。

(8) 近隣人間関係（質問22-1）

(表120)

	N	M	SD
1．厚生年金保険・第2号被保険者	676	3.1509	.72276
3．厚生年金保険・第3号被保険者	122	3.1967	.63817
4．厚生年金保険・第1号被保険者	145	2.9931	.77725
4．無年金者	57	2.9298	.70355
合計	1000	3.1210	.72311

◇第1節　アンケート調査の結果

	平方和	自由度	平均平方	F値
グループ間	5.758	3	1.919	3.701**
グループ内	516.601	996	.519	
合計	522.359	999		

＊＊p＜0.01　＊p＜0.05

　近隣人間関係については、第3号被保険者が最も高く、無年金者が低い結果となった。

(9) 家族関係（質問22-3）

(表121)

	N	M	SD
1．厚生年金保険・第2号被保険者	676	3.4970	1.00443
2．厚生年金保険・第3号被保険者	122	3.6557	.96869
3．厚生年金保険・第1号被保険者	145	3.3103	.96837
4．無年金者	57	3.2105	1.08128
合計	1000	3.4730	1.00413

	平方和	自由度	平均平方	F値
グループ間	12.228	3	4.076	4.080**
グループ内	995.043	996	.999	
合計	1007.271	999		

多重比較：2と3・4の平均の差は有意（有意水準1％）
＊＊p＜0.01　＊p＜0.05

　家族関係については、第3号被保険者が最も高く、無年金者が低い結果となった。

⑽ 主観的厚生・幸福度（質問48）

（表122）

	N	M	SD
1．厚生年金保険・第2号被保険者	676	6.05	2.294
2．厚生年金保険・第3号被保険者	122	7.02	2.267
3．厚生年金保険・第1号被保険者	145	5.59	2.353
4．無年金者	57	4.91	2.579
合計	1000	6.04	2.359

	平方和	自由度	平均平方	F 値
グループ間	217.819	3	72.606	13.533**
グループ内	5343.812	996	5.365	
合計	5561.631	999		

多重比較（有意水準1％），1と2・4，2と3・4の平均の差は有意
**$p<0.01$ *$p<0.05$

　主観的厚生・幸福度については，第3号被保険者が最も高く，無年金者が低い結果となった。第2号被保険者から見て，無保険者との間に正，第3号被保険者との間に負の有意な差が認められた。

⑿ ま　と　め

　厚生年金保険の適用状況間に有意な平均値の差が認められたのは，生活満足度，経済的満足度，生活レベル，生活孤独感，職場人間関係，職場役割満足度，仕事内容満足度，近隣人間関係，家族関係，主観的厚生・幸福度の10つであった。そのうち，生活孤独感で無年金者が最も孤独感が少なかったことを除き，厚生年金・第3号被保険者が高いという結果となった。第2号被保険者から見て正の有意な差が認められたのは，生活レベル（第1号被保険者・無年金者）経済的満足度（第1号被保険者・無年金者），主観的厚生・幸福度（無年金者），負の有意な差が認められたのは，生活満足度（第3号被保険者），職場役割満足度

(第3号被保険者），仕事内容満足度（第3号被保険者），主観的厚生・幸福度（第3号被保険者）であった。概ね第3号被保険者の優位性が明確で，それに第2号被保険者，第1号被保険者が続くという傾向が認められる。

(エ) 社会保険適用状況 —— 雇用保険
(1) 経済的満足度（質問19）
(表123)

	N	M	SD
1．雇用保険被保険者	753	2.8592	1.21333
2．非被保険者	247	2.6761	1.19295
合計	1000	2.8140	1.21032

	平方和	自由度	平均平方	F値
グループ間	6.237	1	6.237	4.271*
グループ内	1457.167	998	1.460	
合計	1463.404	999		

**$p<0.01$ *$p<0.05$

経済的満足度については，被保険者が高く，非被保険者が低い結果となった。

(2) 家族関係（質問22-3）
(表124)

	N	M	SD
1．雇用保険被保険者	753	3.5100	1.00277
2．非被保険者	247	3.3603	1.00189
合計	1000	3.4730	1.00413

◆ 第5章　仮説の検証結果のまとめと考察

	平方和	自由度	平均平方	F値
グループ間	4.165	1	4.165	4.143*
グループ内	1003.106	998	1.005	
合計	1007.271	999		

**$p<0.01$ *$p<0.05$

家族関係については，被保険者が高く，非被保険者が低い結果となった。

(3) ま と め

雇用保険の適用状況に関し，平均値に有意な差が認められたのは，経済的満足度及び家族関係の2つであり，いずれも被保険者の方が高いという結果となった。

③ 雇用形態・社会保険適用と社会的排除・包摂の関係－回帰分析
（ア）概　要

以上においては，雇用形態及び社会保険適用状況の説明変数と社会的排除・包摂指標たる被説明変数について，それぞれの記述統計を示しつつ，それぞれの説明変数について，被説明変数の平均値及びその差を確認した。

それによれば，雇用形態に関して，経済的要素で，正社員が高く，社会関係要素で，パート・アルバイトが高いという傾向が認められた。社会保険適用状況に関しては，健康保険については，全般的に，健康保険被扶養者が高いのが顕著であり，それに健康保険被保険者及び国民健康保険被保険者が拮抗して続くという傾向が認められた。厚生年金保険についても，ほぼ健康保険と同様で，概ね厚生年金保険の第3号被保険者の優位性が明確で，それに第2号被保険者，第1号被保険者が続くという傾向が認められた。雇用保険に関しては，若干被保険者が有意に高い傾向が認められた。これらは概ね先行研究に合致する結果であり，雇用保険はやや異なるが，概ね郵送調査の結果とも整合する。

ただ，既に述べたように，先行研究上も，雇用形態や社会保険適用以上に，社会的排除・包摂に影響しうるその他の要素，例えば，性別，年齢，学歴，婚

◇第1節　アンケート調査の結果

姻状況，年収，金融資産，性格が存在することが明らかになっている。そこで，各雇用形態及び各社会保険の適用状況を説明変数としつつ，それぞれの社会的排除・包摂指標を被説明変数としながらも，性別，年齢，学歴，婚姻状況，年収（質問43）[44]，金融資産（質問45）[45]，性格としての他者への意識の程度（質問29-1），収入が家計の主たる要素か否か（質問46），そして，郵送調査になかった変数としては，主観的厚生・幸福度には健康状態が影響するこという先行研究（太田 2014：52）があることから，健康状態（質問21）をコントロール変数として加え，他の変数の影響をコントロールした各説明変数固有の効果をより詳細に明確にするために，重回帰分析を実施した[46]。説明変数と被説明変数との間の関連性の有無を含む結果及び有意な関連性が認められたコントロール変数に係る結果を以下において示す。

（イ）分析結果
（1）生活満足度（質問18-1）
　表125のように，パート・アルバイト（レファレンス：正社員），契約社員・嘱託社員（レファレンス：正社員），派遣社員その他（レファレンス：正社員）との間に負の有意な関連性が認められた。

---

[44] 質問43はカテゴリー変数であるが，ダミー変数化せず各カテゴリーの平均値に変換して分析に使用した（「2000万円以上」についてはそれ以外のカテゴリーとの関係を考慮して2500万円に変換）。

[45] 質問45の質問内容及び選択肢は，以下の通りである。「あなたの現在の貯蓄額はおおよそどれくらいですか。借金の場合にはマイナスで回答してください（例：借金300万円の場合には16を選択）（1つだけ）。1.100万円未満　2.100〜200万円未満　3.200〜300万円未満　4.300〜400万円未満　5.400〜500万円未満　6.500〜600万円未満　7.600〜800万円未満　8.800〜1000万円未満　9.1000〜1500万円未満　10.1500〜2000万円未満　11.2000万円以上　12.0円　13.−100万円未満　14.−100〜−200万円未満　15.−200〜−300万円未満　16.−300〜−400万円未満　17.−400〜−500万円未満　18.−500〜−600万円未満　19.−600〜−800万円未満　20.−800〜−1000万円未満　21.−1000〜−1500万円未満　22.−1500〜−2000万円未満　23.−万円未満2000万円以上　24.答えたくない。」その上で，質問43と同様の変換を行い，分析をした。

[46] 本調査では，予め特段の記載のない限り，変数は量的変数（ダミー変数を含む）として設定されている。

◆ 第5章 仮説の検証結果のまとめと考察

(表125)[47]

	β	SE
パート・アルバイト	-.126**	.125
契約社員・嘱託社員	-.086**	.148
派遣社員その他	-.105**	.175
正社員(レファレンス)		
健康保険被保険者・厚生年金第1号	-.058	.294
健康保険被保険者・無年金	-.060	.534
国民健康保険・厚生年金第2号	.049	.272
国民健康保険・厚生年金第3号	.011	.387
国民健康保険・厚生年金第1号	.065	.161
国民健康保険・無年金	.021	.318
被扶養者・厚生年金第2号	.018	.383
被扶養者・厚生年金第3号	.075	.166
被扶養者・厚生年金第1号	-.007	.247
被扶養者・無年金	-.008	.448
無保険者・厚生年金第2号	-.049	.539
無保険者・厚生年金第3号	.068	1.074
無保険者・厚生年金第1号	-.054	.385
無保険者・無年金	-.038	.265
健康保険被保険者・厚生年金第2号(レファレンス)		
雇用保険ダミー	.042	.110
男性ダミー	-.127**	.091
婚姻ダミー	.123**	.087

---

[47] 健康保険被保険者・厚生年金保険第3号のサンプル数は0であった(以下の表においても同じ)。

◇第1節 アンケート調査の結果

金融資産	.113**	.000
他者意識	.108**	.049
健康状態	.262**	.041

注) β：標準偏回帰係数　S.E.: 標準誤差
　　**p＜0.01　*p＜0.05

R^2	.24**
Adj.R^2	.21**
N	805

注) R^2：決定係数　Adj.R^2：自由度調整済みの決定係数
　　**p＜0.01　*p＜0.05

(2) 経済的満足度（質問19）

表126のように，パート・アルバイト，契約社員・嘱託社員及び派遣社員その他（レファレンス：正社員），健康保険被保険者・厚生年金第1号及び健康保険被保険者・無年金（レファレンス：健康保険被保険者・厚生年金第2号）との間に負の有意な関連性が認められた。

（表126）

	β	SE
パート・アルバイト	-.110*	.125
契約社員・嘱託社員	-.133**	.148
派遣社員その他	-.099**	.174
正社員（レファレンス）		
健康保険被保険者・厚生年金第1号	-.060*	.294
健康保険被保険者・無年金	-.063*	.533
国民健康保険・厚生年金第2号	.042	.272
国民健康保険・厚生年金第3号	.024	.386
国民健康保険・厚生年金第1号	.031	.161

◆ 第5章 仮説の検証結果のまとめと考察

国民健康保険・無年金	-.003	.317
被扶養者・厚生年金第2号	.037	.383
被扶養者・厚生年金第3号	.055	.166
被扶養者・厚生年金第1号	-.027	.247
被扶養者・無年金	-.020	.447
無保険者・厚生年金第2号	-.004	.538
無保険者・厚生年金第3号	-.013	1.072
無保険者・厚生年金第1号	-.038	.384
無保険者・無年金	-.037	.264
健康保険被保険者・厚生年金第2号（レファレンス）		
雇用保険ダミー	.015	.109
男性ダミー	-.088*	.091
婚姻ダミー	.129**	.087
年収	.125**	.000
金融資産	.233**	.000
他者意識	.127**	.049
健康状態	.235**	.041

注）β：標準偏回帰係数　S.E.：標準誤差
　　**$p<0.01$　*$p<0.05$

R^2	.30**
Adj.R^2	.27**
N	805

注）R^2：決定係数　Adj.R^2：自由度調整済みの決定係数
　　**$p<0.01$　*$p<0.05$

(3) 生活レベル（質問20）

表127のように，国民健康保険・厚生年金第2号及び国民健康保険・厚生年

ヨーロッパ人権裁判所の判例 I

B5・並製・600頁　ISBN978-4-7972-5568-3　C3332

定価：本体 **9,800**円＋税

戸波江二・北村泰三・建石真公子
小畑　郁・江島晶子 編

ヨーロッパ人権裁判所の判例

創設以来、ボーダーレスな実効的人権保障を実現してきたヨーロッパ人権裁判所の重要判例を網羅。

新しく生起する問題群を、裁判所はいかに解決してきたか。さまざまなケースでの裁判所理論の適用場面を紹介。裁判所の組織・権限・活動、判例の傾向と特質など［概説］も充実し、さらに［資料］も基本参考図書や被告国別判決数一覧、事件処理状況や締約国一覧など豊富に掲載。

ヨーロッパ人権裁判所の判例 II

B5・並製・572頁　ISBN978-4-7972-5636-9　C3332

定価：本体 **9,800**円＋税

小畑　郁・江島晶子・北村泰三
建石真公子・戸波江二 編

〒113-0033　東京都文京区本郷6-2-9-102　東大正門前
TEL:03(3818)1019　FAX:03(3811)3580　E-mail:order@shinzansha.co.jp

信山社
http://www.shinzansha.co.jp

宇宙六法

青木節子・小塚荘一郎 編

リモセン法施行令まで含む国内法令、国際宇宙法、そして宇宙法の泰斗の翻訳による外国の宇宙法も収録した、最新法令集。

【本六法の特長】日本の宇宙進出のための法的ツールとして、以下の特長を備えている。(1) 宇宙法における非拘束的文書の重要性を踏まえ、国連決議等も収録。(2) 実務的な要請にも応え、日本の宇宙活動法と衛星リモセン法は施行規則まで収録。(3) アメリカ・フランス・ルクセンブルクの主要な宇宙法令も翻訳し収録。

A5変・並製・116頁
ISBN978-4-7972-7031-0 C0532
定価:本体 **1,600**円+税

宅建ダイジェスト六法 **2020**

池田真朗 編

◇携帯して参照できるコンパクトさを追求した〈宅建〉試験用六法。
◇法律・条文とも厳選、本六法で試験範囲の9割近くをカバーできる!
◇受験者の能率的な過去問学習に、資格保有者の知識の確認とアップデートに。
◇2020年度版では法改正の反映はもちろん、今話題の所有者不明土地法も抄録。

A5変・並製・266頁
ISBN978-4-7972-6913-0 C3332
定価:本体 **1,750**円+税

〒113-0033 東京都文京区本郷6-2-9-102 東大正門前
TEL:03(3818)1019 FAX:03(3811)3580 E-mail:order@shinzansha.co.jp

信山社
http://www.shinzansha.co.jp

◇第1節　アンケート調査の結果

金第3号（レファレンス：健康保険被保険者・厚生年金第2号）との間に正の有意な関連性，パート・アルバイト，契約社員・嘱託社員及び派遣社員その他（レファレンス：正社員），無保険者・厚生年金第1号（レファレンス：第2号被保険者）との間に負の有意な関連性が認められた。

（表127）

	β	SE
パート・アルバイト	-.150**	.087
契約社員・嘱託社員	-.124**	.102
派遣社員その他	-.130**	.121
正社員（レファレンス）		
健康保険被保険者・厚生年金第1号	-.048	.204
健康保険被保険者・無年金	-.041	.370
国民健康保険・厚生年金第2号	.088**	.188
国民健康保険・厚生年金第3号	.060*	.268
国民健康保険・厚生年金第1号	-.015	.112
国民健康保険・無年金	-.037	.220
被扶養者・厚生年金第2号	.049	.265
被扶養者・厚生年金第3号	.066	.115
被扶養者・厚生年金第1号	.023	.171
被扶養者・無年金	-.007	.310
無保険者・厚生年金第2号	-.028	.374
無保険者・厚生年金第3号	.021	.744
無保険者・厚生年金第1号	-.078**	.267
無保険者・無年金	-.040	.184
健康保険被保険者・厚生年金第2号（レファレンス）		
雇用保険ダミー	-.004	.076

◆ 第5章　仮説の検証結果のまとめと考察

婚姻状態	.077*	.060
年収	.204**	.000
金融資産	.193**	.000
健康状態	.287**	.029
主たる家計の担い手	-.156**	.071

注）β：標準偏回帰係数　　S.E.:標準誤差
　　＊＊p＜0.01　＊p＜0.05

R²	.36**
Adj.R²	.34**
N	805

注）R²：決定係数　　Adj.R²：自由度調整済みの決定係数
　　＊＊p＜0.01　＊p＜0.05

(4) 職場人間関係（質問22-2）

表128のように，国民健康保険・厚生年金第2号（レファレンス：健康保険被保険者・厚生年金第2号）との間に正，契約社員・嘱託社員（レファレンス：正社員）との間に負の有意な関連性が認められた。

（表128）

	B	SE
パート・アルバイト	-.013	.082
契約社員・嘱託社員	-.133**	.097
派遣社員その他	-.035	.115
正社員（レファレンス）		
健康保険被保険者・厚生年金第1号	-.045	.193
健康保険被保険者・無年金	-.032	.351
国民健康保険・厚生年金第2号	.075*	.179
国民健康保険・厚生年金第3号	-.015	.254

国民健康保険・厚生年金第1号	-.016	.106
国民健康保険・無年金	-.009	.209
被扶養者・厚生年金第2号	.019	.252
被扶養者・厚生年金第3号	-.047	.109
被扶養者・厚生年金第1号	-.014	.163
被扶養者・無年金	-.023	.294
無保険者・厚生年金第2号	.002	.354
無保険者・厚生年金第3号	-.011	.706
無保険者・厚生年金第1号	-.005	.253
無保険者・無年金	.012	.174
健康保険被保険者・厚生年金第2号（レファレンス）		
雇用保険ダミー	.030	.072
婚姻状態	.094*	.057
健康状態	.285**	.027
家計の主たる担い手	-.089*	.068

注）β：標準偏回帰係数　S.E.:標準誤差
　　**$p<0.01$　*$p<0.05$

R^2	.14**
Adj.R^2	.11**
N	805

注）R^2：決定係数　Adj.R^2：自由度調整済みの決定係数
　　**$p<0.01$　*$p<0.05$

(5) 職場役割満足度（質問18-2）

　表129のように，国民健康保険・厚生年金第2号（レファレンス：健康保険被保険者・厚生年金第2号）との間に正の有意な関連性が認められた。

◆ 第5章　仮説の検証結果のまとめと考察

(表129)

	β	SE
パート・アルバイト	.034	.117
契約社員・嘱託社員	-.015	.138
派遣社員その他	-.006	.164
正社員（レファレンス）		
健康保険被保険者・厚生年金第1号	-.021	.275
健康保険被保険者・無年金	-.038	.500
国民健康保険・厚生年金第2号	.082*	.255
国民健康保険・厚生年金第3号	.000	.363
国民健康保険・厚生年金第1号	.060	.151
国民健康保険・無年金	.044	.298
被扶養者・厚生年金第2号	.020	.359
被扶養者・厚生年金第3号	.076	.156
被扶養者・厚生年金第1号	.034	.232
被扶養者・無年金	.051	.419
無保険者・厚生年金第2号	-.032	.505
無保険者・厚生年金第3号	.065	1.006
無保険者・厚生年金第1号	-.044	.360
無保険者・無年金	.009	.248
健康保険被保険者・厚生年金第2号（レファレンス）		
雇用保険ダミー	.019	.103
男性ダミー	-.110**	.086
婚姻状態	.087*	.081
他者意識	.098**	.046
健康状態	.214**	.039

注）β：標準偏回帰係数　　S.E.: 標準誤差

◇第1節　アンケート調査の結果

R^2	.14**
Adj.R^2	.11**
N	805

注）R^2：決定係数　Adj.R^2：自由度調整済みの決定係数
　　**$p<0.01$　*$p<0.05$

(6) 近隣人間関係（質問22-1）

表130のように，国民健康保険・厚生年金第2号（レファレンス：健康保険被保険者・厚生年金第2号）との間に正の有意な関連性，契約社員・嘱託社員（レファレンス：正社員）との間に負の有意な関連性が認められた。

（表130）

	β	SE
パート・アルバイト	-.013	.082
契約社員・嘱託社員	-.133**	.097
派遣社員その他	-.035	.115
正社員（レファレンス）		
健康保険被保険者・厚生年金第1号	-.045	.193
健康保険被保険者・無年金	-.032	.351
国民健康保険・厚生年金第2号	.075*	.179
国民健康保険・厚生年金第3号	-.015	.254
国民健康保険・厚生年金第1号	-.016	.106
国民健康保険・無年金	-.009	.209
被扶養者・厚生年金第2号	.019	.252
被扶養者・厚生年金第3号	-.047	.109
被扶養者・厚生年金第1号	-.014	.163
被扶養者・無年金	-.023	.294

◆ 第 5 章 仮説の検証結果のまとめと考察

	β	S.E.
無保険者・厚生年金第 2 号	.002	.354
無保険者・厚生年金第 3 号	−.011	.706
無保険者・厚生年金第 1 号	−.005	.253
無保険者・無年金	.012	.174
健康保険被保険者・厚生年金第 2 号（レファレンス）		
雇用保険ダミー	.030	.072
婚姻状況	.094*	.057
健康状況	.285**	.027
主たる家計の担い手	−.089*	.068

注）β：標準偏回帰係数　S.E.：標準誤差
　　**p＜0.01　*p＜0.05

R^2	.014**
Adj.R^2	.11**
N	805

注）R^2：決定係数　Adj.R^2：自由度調整済みの決定係数
　　**p＜0.01　*p＜0.05

(7) 家族関係（質問22-3）

表131のように，無保険・厚生年金第 1 号（レファレンス：健康保険被保険者・厚生年金第 2 号）との間に負の有意な関連性が認められた。

（表131）

	β	SE
パート・アルバイト	.020	.115
契約社員・嘱託社員	−.049	.136
派遣社員その他	−.001	.160
正社員（レファレンス）		
健康保険被保険者・厚生年金第 1 号	−.018	.270

◇第1節　アンケート調査の結果

健康保険被保険者・無年金	−.011	.490
国民健康保険・厚生年金第2号	.022	.250
国民健康保険・厚生年金第3号	−.036	.355
国民健康保険・厚生年金第1号	.043	.148
国民健康保険・無年金	−.003	.292
被扶養者・厚生年金第2号	.056	.352
被扶養者・厚生年金第3号	−.026	.153
被扶養者・厚生年金第1号	−.042	.227
被扶養者・無年金	.012	.411
無保険者・厚生年金第2号	−.031	.495
無保険者・厚生年金第3号	.016	.986
無保険者・厚生年金第1号	−.074*	.353
無保険者・無年金	−.040	.243
健康保険被保険者・厚生年金第2号（レファレンス）		
雇用保険ダミー	.059	.101
男性ダミー	−.093*	.084
年齢	−.075*	.004
学歴（短大・高専）	−.085*	.123
学歴（大学・大学院）（レファレンス）		
婚姻状況	.139**	.080
健康状態	.227**	.038

注）β：標準偏回帰係数　　S.E.：標準誤差
　　**$p<0.01$　*$p<0.05$

R^2	.13**
Adj.R^2	.10**
N	805

◆ 第 5 章　仮説の検証結果のまとめと考察

注）R^2：決定係数　$Adj.R^2$：自由度調整済みの決定係数
　　$**p<0.01$　$*p<0.05$

(8) 友人関係（質問22-4）

表132のように，健康保険被扶養者・厚生年金第2号及び健康保険被扶養者・無年金者（レファレンス：健康保険被保険者・厚生年金第2号）との間に正の有意な関連性が認められた。

（表132）

	β	SE
パート・アルバイト	.008	.096
契約社員・嘱託社員	-.054	.113
派遣社員その他	.045	.134
正社員（レファレンス）		
健康保険被保険者・厚生年金第1号	-.005	.225
健康保険被保険者・無年金	-.003	.409
国民健康保険・厚生年金第2号	.055	.208
国民健康保険・厚生年金第3号	-.006	.296
国民健康保険・厚生年金第1号	.027	.124
国民健康保険・無年金	.023	.243
被扶養者・厚生年金第2号	.065*	.293
被扶養者・厚生年金第3号	-.041	.127
被扶養者・厚生年金第1号	-.003	.189
被扶養者・無年金	.071*	.343
無保険者・厚生年金第2号	.000	.413
無保険者・厚生年金第3号	-.019	.822
無保険者・厚生年金第1号	-.054	.295
無保険者・無年金	-.040	.203
健康保険被保険者・厚生年金第2号（レファレンス）		

◇第1節　アンケート調査の結果

雇用保険ダミー	.028	.084
男性ダミー	－.156**	.070
健康状態	.305**	.032

注）β：標準偏回帰係数　　S.E.: 標準誤差
　　＊＊p＜0.01　＊p＜0.05

R^2	.17**
Adj.R^2	.14**
N	805

注）R^2：決定係数　Adj.R^2：自由度調整済みの決定係数
　　＊＊p＜0.01　＊p＜0.05

(9) 社会活動・社会参加時間（質問30-2）

表133のように，国民健康保険・厚生年金第2号及び国民健康保険・厚生年金第3号（レファレンス：健康保険被保険者・厚生年金第2号）との間に正の有意な関連性が認められた。

（表133）

	β	S.E
パート・アルバイト	－.015	.385
契約社員・嘱託社員	－.057	.454
派遣社員その他	.037	.537
正社員（レファレンス）		
健康保険被保険者・厚生年金第1号	－.012	.904
健康保険被保険者・無年金	－.017	1.640
国民健康保険・厚生年金第2号	.121**	.836
国民健康保険・厚生年金第3号	.094**	1.190
国民健康保険・厚生年金第1号	－.016	.496
国民健康保険・無年金	.033	.977

◆ 第5章　仮説の検証結果のまとめと考察

被扶養者・厚生年金第2号	-.019	1.178
被扶養者・厚生年金第3号	-.030	.511
被扶養者・厚生年金第1号	-.025	.760
被扶養者・無年金	-.003	1.376
無保険者・厚生年金第2号	-.026	1.657
無保険者・厚生年金第3号	-.027	3.299
無保険者・厚生年金第1号	-.007	1.183
無保険者・無年金	-.028	.814
健康保険被保険者・厚生年金第2号（レファレンス）		
雇用保険ダミー	-.069	.337
健康状態	.077*	.013
	.111**	.127

注）β：標準偏回帰係数　　S.E.: 標準誤差
　　**p＜0.01　*p＜0.05

R^2	.06**
Adj.R^2	.03**
N	805

注）R^2：決定係数　　Adj.R^2：自由度調整済みの決定係数
　　**p＜0.01　*p＜0.05

(10) 主観的厚生・幸福度（質問48）

　表134のように，国民健康保険・無年金（レファレンス：健康保険被保険者・厚生年金第2号）との間に負の有意な関連性が認められた。

（表134）

	β	SE
パート・アルバイト	.017	.238
契約社員・嘱託社員	-.055	.280

◇第1節　アンケート調査の結果

派遣社員その他	−.055	.331
正社員（レファレンス）		
健康保険被保険者・厚生年金第1号	−.048	.557
健康保険被保険者・無年金	−.006	1.012
国民健康保険・厚生年金第2号	.034	.516
国民健康保険・厚生年金第3号	.005	.734
国民健康保険・厚生年金第1号	.030	.306
国民健康保険・無年金	−.066*	.602
被扶養者・厚生年金第2号	.036	.726
被扶養者・厚生年金第3号	.006	.315
被扶養者・厚生年金第1号	−.010	.469
被扶養者・無年金	−.002	.849
無保険者・厚生年金第2号	−.044	1.022
無保険者・厚生年金第3号	.042	2.035
無保険者・厚生年金第1号	−.047	.729
無保険者・無年金	−.020	.502
健康保険被保険者・厚生年金第2号（レファレンス）		
雇用保険ダミー	.040	.208
男性ダミー	−.193**	.173
年齢	.168**	.165
最終学歴（中学校）	.075*	.000
最終学歴（高校）（レファレンス）	.119**	.000
婚姻状況	.143**	.093
年収	.334**	.078
金融資産	.108**	.000
他者意識	.136**	.096

335

◆ 第5章 仮説の検証結果のまとめと考察

健康状況	.319**	.082

注）β：標準偏回帰係数　　S.E.:標準誤差
　　** p＜0.01　* p＜0.05

R^2	.32**
Adj.R^2	.29**
N	805

注）R^2：決定係数　Adj.R^2：自由度調整済みの決定係数
　　** p＜0.01　* p＜0.05

(11) ま と め

　社会的排除・包摂指標に係る変数を被説明変数，雇用形態・社会保険適用状況を説明変数として重回帰分析を実施した。その結果は，以下の通りであった。
　雇用形態に関しては，正社員と比較して，全て負の効果を有する結果となった。契約社員・嘱託社員は，生活満足度，経済的満足度，生活レベルという主観的・客観的経済的要素，職場人間関係というという企業組織外社会関係的要素，近隣人間関係という企業組織外社会関係的要素，パートタイム・アルバイト及び派遣社員・その他は，生活満足度，経済的満足度，生活レベルという主観的・客観的経済的要素に負の影響があることが示された。
　社会保険の適用状況として，健康保険・厚生年金保険（レファレンス：健康保険被保険者・厚生年金第2号被保険者）については，健康保険被保険者・厚生年金第1号被保険者及び健康保険被保険者・無年金者に関し経済的満足度に負の影響，国民健康保険被保険者・厚生年金第2号被保険者に関し生活レベル，職場人間関係，職場役割満足度，近隣人間関係及び社会活動・社会参加時間に正の影響，国民健康保険被保険者・厚生年金第3号被保険者に関し生活レベル及び社会活動・社会参加時間に正の影響，国民健康保険被保険者・無年金者に関し主観的厚生・幸福度に負の影響，健康保険被扶養者・厚生年金第2号被保険者及び無年金者に関し友人関係に正の影響，そして，無保険者・厚生年金第1号被保険者に関し，生活レベル及び家族関係に負の影響が，それぞれ有意に認められた。

◇第1節　アンケート調査の結果

雇用保険については，有意な関連性を持つ被説明変数は認められなかった。

④　雇用形態・社会保険適用状況と社会的排除・包摂の関連性についての小括
ア　概　要

基礎データ・分散分析・回帰分析の結果は，以下の通りにまとめうる。まず，雇用形態に関しては，分析によれば，正社員は契約社員・嘱託社員よりも，生活満足度，経済的満足度，生活レベル，近隣人間関係において有意に上回っており，特に経済的側面においてその傾向は顕著であるといえる。パート・アルバイト及び派遣社員その他と比較した場合でも，経済的満足度，生活レベルでは正社員が上回っていて，同様の傾向がみられた。もっとも，パート・アルバイトは仕事内容満足度で有意に正社員を上回っており，経済的側面以外の社会関係的側面は社会的排除の程度が低いという結果が認められた。更にコントロール変数を加えて回帰分析に基づき確認すると，契約社員・嘱託社員は正社員に比較して上記要素に加えて，職場人間関係についても有意に負の効果を有していることが明らかになり，正社員に比較して，広く社会的排除・包摂状態に関し，負の状態に置かれているといえる。パート・アルバイト及び派遣社員その他に関しても，分散分析の場合と同様の結果が出ており，正社員と比較して経済的側面において社会的排除・包摂状態に関し，負の状態に置かれているといえる。また，社会関係においては，パート・アルバイトが正社員よりも社会的排除状態にあるとはいえないものの，平均値の差に関し有意に上回っていた要素においても有意な影響は認められなくなった。郵送調査においては，正社員・パートタイム・有期のフルタイム・その他の非正社員という分類で分析しており，加えて若干異なる質問による調査であるにもかかわらず，パートタイムがパート・アルバイト，有期のフルタイムが契約社員・嘱託社員に概ね相当すると定義上考えうることから，郵送調査の結果に整合する傾向がより顕著に有意な結果として認められたといえる。

健康保険適用状況については，分散分析の結果では，被保険者を基準とした場合，社会的排除・包摂指標の平均値の差に関し，国民健康保険被保険者については，生活レベルは負であるが社会活動・社会参加時間においては正であり，健康保険被扶養者については，負の要素はなく，生活満足度，職場役割満足度，

◆ 第 5 章　仮説の検証結果のまとめと考察

　仕事内容満足度，主観的厚生・幸福度という企業組織外社会関係及び社会活動・社会参加以外の要素で正の有意な差が認められた。更にコントロール変数を加えて回帰分析に基づき確認すると，国民健康保険被保険者は，厚生年金保険・第 2 号被保険者あるいは第 3 号被保険者でもある場合に限定すれば，健康保険被保険者に比較してほぼ負の要素はなく，経済的満足度，生活レベル，職場人間関係，職場役割満足度，近隣関係，社会活動・社会参加時間という幅広い要素で正の効果を有することが分かった。健康保険被扶養者についても，分散分析の場合と異なり，多くの要素で優位な結果が有意には認められなかったものの，友人関係においては，同様の結果が得られた。これらを総合的に勘案すれば，健康保険については，厚生年金保険・第 2 号被保険者あるいは第 3 号被保険者でもある場合限定ではあるが，被保険者となることでの正の効果は全く認められず，むしろ幅広い負の効果が認められることが分かった。この結果は，郵送調査と一応整合するが，健康保険被保険者に負の効果がより多く認められている点で異なる結果であるといえ，その点については後に考察する。また，無保険者については，厚生年金第 1 号非保険である場合ではあるが，生活レベル及び家族関係に負の影響を持つことが分かった。

　厚生年金保険適用状況については，分散分析においては，第 2 号被保険者から見て，第 1 号被保険者に対しては，経済的満足度，生活レベルにおいて正の有意な差が認められるものの，第 3 号被保険者に対しては，生活満足度，経済的満足度，職務役割満足度，仕事内容満足度，主観的厚生・幸福度において負の有意な差が認められ，第 3 号被保険者に比べて社会的排除・包摂状態に関して負の状態であることが示された。ただ，更にコントロール変数を加えて回帰分析に基づき確認すると，このような第 3 号被保険者の優位性はなくなり，同時に国民健康保険被保険者でもある場合に限定して，生活レベル及び社会活動・社会参加時間に正の影響が認められるのみとなった。第 2 号被保険者に関しては，健康保険の適用状況を勘案しても，経済的満足度及び主観的厚生・幸福度はもちろん，生活レベル，職場人間関係，職場役割満足度，近隣人間及び社会活動・社会参加時間に関しても，正の方向での影響を与えていると考えられる。郵送調査の結果とは，異なる部分もありながらも概ね整合する結果であるといえる。なお，無年金者に関しては，経済的要素及び社会的包摂に負の影

◇第1節　アンケート調査の結果

響を持つと考えられる。

　最後に，雇用保険については，分散分析において平均値に有意な差が認められたのは，経済的満足度及び家族関係の2つであり，いずれも被保険者の方が高いという結果となったが，コントロール変数を加えた回帰分析では有意な関係は認められなかった。この点は郵送調査とは異なる結果ではあるが，ほぼ有意な結果がみられていない点においては共通しているといえるだろう。

　以上の結果を踏まえてまとめると，雇用形態に関しては，経済的側面における正社員の優位性が明白で，雇用の正規化は契約社員・嘱託社員，パート・アルバイト，派遣その他という非正社員の形態の相違を超えて，経済的要素での社会的排除状態の改善を期待させるものといえる。さらに，契約社員・嘱託社員に関しては，経済的要素のみならず，社会関係要素でも負の効果が認められており，総合的な社会的排除状態の可能性が示されたといえる。また，分散分析の際には，パート・アルバイトが優位であった要素の多くがコントロール変数の投入により消えることも明らかになった。

　社会保険適用状況については，郵送調査の場合と同様に，健康保険と厚生年金保険との間でやや対照的な結果であるといえる。健康保険に関しては，その社会保険の被保険者資格を得ることができない場合にやむを得ず選択することとなる国民健康保険被保険者[48]は，厚生年金保険・第2号被保険者あるいは厚生年金保険・第3号被保険者とセットである場合に限定されるものの，生活レベル，職場役割満足度，近隣関係，友人関係，社会活動・社会参加時間という幅広い要素で正の影響を有しており，健康保険の被保険者資格を有することで正の効果が認められなかった。これに対して，厚生年金保険に関しては，厚生年金の被保険者資格を得ることのできない第1号被保険者に比較して，負の影響を有する要素はなく，経済的満足度について正の影響を有意に持つことが認められた。その他の要素についても，国民健康保険被保険者とのセットではあるものの，生活レベル，近隣関係満足度，社会活動・社会参加時間といった幅

---

[48]　なお，一般的な市町村の国民健康保険ではない国民健康保険組合（医師，弁護士等により構成）の場合には，このことは必ずしも当てはまらない（本書では，調査・分析の対象ではない）。

◆ 第5章　仮説の検証結果のまとめと考察

広い要素にわたり，第2号被保険者は社会的包摂状態に向けての正の影響を有するといえる。また，健康保険被扶養者と第3号被保険者は2変量分析の際には，殆どの要素で優位であったが，コントロール変数の投入によりその影響は有意な影響としては概ね消え，前者は友人関係，後者は生活レベル，社会活動・社会参加時間においてのみ正の影響を持ちうることが明らかとなった。

　雇用保険の適用に関しては，分散分析においては，郵送調査と異なる結果となったが，コントロール変数の投入により，ほぼ有意な影響は認められないという結果が示されたといえる。

　なお，特に影響のあるコントロール変数としては，婚姻状況，金融資産，年収，他者意識，健康状態について正，男性ダミーについて負の影響を有することが分かった。

(3) 仮説の法政策への直接的反応について

　郵送調査と同様に，インターネット調査においても，各労働者が仮説の法政策及びそれに関連する法政策そのものにどのような意向を有しているかを調査するが，郵送調査と共通の質問に加え，それを補足する質問をも実施した。まず，仮説の法政策の実施を希望するか否かの質問（37-1）に対しては，希望する非正規雇用労働者は，317人（62.6％），希望しない非正規雇用労働者は183人（37.4％）となった。過半数の非正規雇用労働者が希望することが分かった。さらに，この希望する・希望しないとの回答と雇用形態・社会保険適用状況との関連性をも確認すると，表135～138のようになった。これらによると，雇用形態に関していえば，「希望する」の割合が契約社員・嘱託社員や派遣社員その他については，それぞれ79.3％，84.5％なのに対して，パート・アルバイトは55.3％にとどまり，郵送調査とほぼ同様の傾向が確認された。また，社会保険適用状況との関連性については，健康保険に関しては，被保険者が最も高く（83.3％）で，国民健康保険被保険者（55.8％），被扶養者（43.4％）の順となり，厚生年金保険に関しては，第2号被保険者（82.6％），第1号被保険者（58.0％），第3号被保険者（36.0％）の順，雇用保険に関しては，被保険者（73.7％），非被保険者（43.8％）の順となっている。全般に，郵送調査と同様の傾向がみられ，現時点で社会保険が適用されている労働者の割合が高く，そうでない労働者の割合が低くなっている。仮説の法政策により保険料負担が

◇第1節　アンケート調査の結果

著しく増大する厚生年金保険・第3号被保険者や健康保険被扶養者（それぞれ36.0%，43.4%）が著しく低いことを勘案すれば，現時点で仮説の法政策のもたらす利益を享受している労働者の評価が高く，そうでない労働者は保険料の負担の増加を受け入れにくいと考えられる。但し，それでも，全体について過半数が受容していることに加え，厚生年金保険の第3号被保険者や健康保険被保険者，厚生年金無年金者を除き，各雇用形態及び各社会保険適用状況の過半数が仮説の法政策を受容しているので，受容されているとはいえるだろう。これについても，ほぼ郵送調査と傾向を一にしているといえる。

（表135）

	1．希望する	2．希望しない	合計
パート・アルバイト	199	161	360
	55.3%	44.7%	100.0%
契約社員・嘱託社員	65	17	82
	79.3%	20.7%	100.0%
派遣社員・その他	49	9	58
	84.5%	15.5%	100.0%
合計	313	187	500
	62.6%	37.4%	100.0%

Pearsonのカイ2乗（有意確率）=.00　　CramerのV=.24

（表136）

	1．希望する	2．希望しない	合計
健康保険被保険者	179	36	215
	83.3%	16.7%	100.0%
国民健康保険被保険	63	50	113
	55.8%	44.2%	100.0%
健康保険被扶養者	63	82	145
	43.4%	56.6%	100.0%

◆第5章 仮説の検証結果のまとめと考察

合計		8	19	27
	29.6%	70.4%	100.0%
	313	187	500
	62.6%	37.4%	100.0%

Pearson のカイ 2 乗（有意確率）= .00　　Cramer の V = .39

(表137)

	1．希望する	2．希望しない	合計
厚生年金保険・2号被保険者	185	39	224
	82.6%	17.4%	100.0%
厚生年金保険・3号被保険者	42	74	116
	36.2%	63.8%	100.0%
厚生年金保険・1号被保険者	69	50	119
	58.0%	42.0%	100.0%
無年金	17	24	41
	41.5%	58.5%	100.0%
合計	313	187	500
	62.6%	37.4%	100.0%

Pearson のカイ 2 乗（有意確率）= .00　　Cramer の V = .40

(表138)

	1．希望する	2．希望しない	合計
雇用保険被保険者	227	81	308
	73.7%	26.3%	100.0%
非被保険者	86	106	192
	44.8%	55.2%	100.0%
合計	313	187	500
	62.6%	37.4%	100.0%

◇第1節　アンケート調査の結果

Pearson のカイ 2 乗（有意確率）= .00　　Cramer の V = .29

　より詳細に分析するために,「希望する」と「希望しない」のそれぞれの理由について, 郵送調査と完全に同様な形ではあるが, 多項選択の形式で質問した結果は, それぞれ表139（質問37-2）と表140（質問37-3）の通りとなった。「希望する」理由としては,「失業や将来の不安に備えることができるから」51.8％,「自分の厚生（共済）年金や会社の健康保険を確保したいから」が34.2％,「新たに会社の健康保険や厚生年金に加入しても, 得られる年金額などを考慮すれば, それほど保険料の負担が重いとは感じられないから」（25.2％）の順となっている。これらは, 仮説の法政策の趣旨に適合しているといえる。「希望しない理由」としては,「保険料の負担が増えて, 手取り収入が減少するから」が64.2％,「保険料を支払っても給付が確実に得られるとはいえないから」が34.7％,「できるだけ公的負担は抑えたいから」が18.7％となっている。これらは全て保険料負担への抵抗と関連しており, 郵送調査においても, 保険料の負担の重さとそれを回避したいというモティベーションの強さが現れていたが, その傾向は一層顕著であるといえる。加えて, 多項選択の場合でも雇用保険の意義は軽視されているといえ, 非正規雇用労働者の意識における比重は小さいといえる。

（表139）

希望する理由（質問37-2）	N	％
1．新たに会社の健康保険や厚生年金に加入しても, 得られる年金額などを考慮すれば, それほど保険料の負担が重いとは感じられないから	79	25.2
2．就業調整を気にする必要がなくなるから	96	30.7
3．自分の厚生（共済）年金や会社の健康保険を確保したいから	107	34.2
4．失業や将来の不安に37備えることができるから	162	51.8
5．正社員が加入しており, 同じように加入したいから	42	13.4
6．自分には今でも適用されているが, 全員に適用された方が良いから	52	16.6

◆第5章　仮説の検証結果のまとめと考察

合計（それぞれにつき）	313	100.00

（表140）

希望しない理由（質問37-3）	N	%
1．保険料の負担が増えて，手取り収入が減少するから	116	62.0
2．家族の加入している会社の健康保険・厚生年金があるから	32	17.1
3．失業する心配はないから	9	.4.1
4．できるだけ公的負担は抑えたいから	35	18.7
5．保険料を多く支払っても給付が確実に得られるとはいえないから	64	34.2
6．自分には今でも適用されており，法が変わっても自分には関係ないから	31	16.6
合計（それぞれにつき）	187	100.0

　仮説の法政策が実施された場合の働き方についての質問35に対する回答は，表141の通りであるが，仮説の法政策により正社員として働くことを希望するようになるという雇用の正規化への促進・刺激となりえる趣旨の回答は（選択肢2）は16.5％であり，現状維持（選択肢6〜8）は42％を占めるものの，雇用以外の働き方の模索や仕事を止めるという対応（選択肢4・5）は11.1％となっており，必ずしも悪影響が大きいというわけでもないが，郵送調査と同程度ではないが同傾向がみられ，労働者行動を通じた雇用の正規化への一定程度の促進・刺激になるとはいえる。

（表141）

仮説の法政策が実施された場合の働き方（質問35）	N	%
1．非正社員のままで，働く時間を増やして，手取り収入を増やしたい	74	23.5
2．非正社員でも保険が適用されるのであれば，正社員になって働きたい	52	16.5
3．保険の適用に関係なく，正社員として働きたい	25	7.9

◇第1節　アンケート調査の結果

4．働くことをやめる	22	7.0
5．保険が適用されないような請負や自営の形で働きたい	13	4.1
6．保険の適用に関係なく，現状の非正社員のまま変わらず働き続けたい	66	21.0
7．将来には年金や失業手当などの給付があり，生涯収入は現在以上になると考えて納得できるので，働き方は変えない	23	7.3
8．保険料の負担は辛いが，現状の非正社員のまま変わらず働き続けたい	40	12.7
合計	315	100.0

　また，既に何らかの社会保険に加入して現時点においても保険料の負担を実感していると考えられる一般的な非正規雇用労働者の保険料負担の増大（質問38）・減少（質問39）に対する意識・対応については，以下の表142・143の通りとなった。社会保険料の引き上げは，悪影響がないと考える人（「1」・「2」・「4」・「5」）89.4％を占め，むしろ働く量を増やす人の割合も35.3％に上り，労働時間の減少等の悪影響（「3」・「6」）は10.6％に過ぎず，社会保険料の負担増大が保険加入や労働を抑制することにはつながらないと考えられる。この理由は，社会保険料の引き上げ前の賃金が参照点として機能している可能性がある。これに対して，社会保険料の引き下げについては52.4％（「1」）が，影響がないと回答しており，同様に労働を抑制することにはつながらないと考えられる。ただ，この割合は郵送調査と比較して小さなものとなっており，元々の手取り収入を確保すればそれ以上は働かないという形で労働供給を減少させるという対応をとろうとする割合が19.4もあり，手取り収入が参照点として機能している可能性がある。以上から，郵送調査とはやや異なる結果ではあり，社会保険料の引き下げの効果には疑問があるとはいえ，仮説の法政策については，既に社会保険に加入している労働者の利益増の程度はそれほど重要ではないので，差支えはない範囲の差異であるといえる。むしろ，引き上げについても，少なくとも労働供給面においては，悪影響はないことが示されたことが重要であると考える。

◆ 第5章　仮説の検証結果のまとめと考察

(表142)

社会保険料の引き上げへの対応（質問38）	N	%
1．非正社員のままで，働く時間を増やして，手取り収入を増やしたい	120	35.3
2．保険料が引き上げられても，正社員として働きたい	71	20.9
3．保険が全く適用されないような請負や自営の形で働きたい	18	5.3
4．保険料の引き上げられても，非正社員のままで現状を変えるつもりはない	77	22.6
5．将来には年金や失業手当などの給付があり，生涯収入は現在以上になると考えて納得できるので，働き方は変えない	36	10.6
6．保険料が引き上げられると働く意味が小さくなるから働く時間を減らす	18	5.3
合計	340	100.0

(表143)

社会保険料の引き下げへの対応（質問39）	N	%
1．保険料の引き下げは，働き方に影響しない	178	52.4
2．保険料の負担が小さくなったので，正社員として働きたくなる	73	21.5
3．非正社員のままで働く時間を減らして，手取り収入を変えない形で働きたい	66	19.4
6．保険料が引き下げられても保険料の負担が残るので，保険が全く適用されないような請負や自営の形で働きたい	23	6.8
合計	340	100.0

　また，分散分析や回帰分析の結果をみると，健康保険における健康保険被保険者本人と厚生年金保険における第2号被保険者に関して，対照的な結果が明らかになった。また，雇用保険が有意な影響を有していないことも示された。そこで，郵送調査と同様，それぞれの社会保険の適用を受けていない非正規雇用労働者に，適用を希望するか否かを質問した（質問32-2，33-2，34-2）。会社

◇第1節　アンケート調査の結果

の健康保険に加入を希望する労働者は，85人（32.9％），希望しない労働者は67.1％であった。これに対して，厚生年金保険については，希望するのが136人（49.3％）希望しないのが140人（50.7％）となり，明らかに厚生年金保険が望まれていて，健康保険はそうではないことが示された。

ただ，雇用保険については，希望するが99人（51.6％），希望しないが93人（48.4％）となり，郵送調査と異なり，希望するが過半数を占めた。

以上のそれぞれについて，郵送調査では希望する理由を質問したのに対し，希望しない理由を尋ねた（質問32-3[49]，33-3[50]，34-3[51]）。健康保険については，「特に加入する必要がない」が58人（33.5％），厚生年金については，「保険料の支払い分のせいで手取り収入が減少するから」が48人（34.3％），雇用保険については，「保険料の支払い分のせいで手取り収入が減少するから」が34人（36.6％）となり，健康保険については不必要性，厚生年金・雇用保険については手取り収入減少への懸念が重要であることが示された。

(4) 第3号被保険者への影響 ── 就業調整について

第3号被保険者の就業調整については，郵送調査においては明示的な調査対象ではなかったが，インターネット調査においては明示的に対象とする質問が実施された。厚生年金保険の第3号被保険者である非正規雇用労働者（122人）に対して行われた就業調整の有無を尋ねる質問（36-1）で93人（女性90人）（80.2％，女性82.6％）が就業調整をしている旨回答している。

就業調整をしている労働者が仮説の法政策の実施を希望しているか否かの質

---

[49] 質問32-3の選択肢は，以下の通りである。「1．市町村の国民健康保険と比較して，保険料の負担が重いと思えるから　2．（配偶者控除や社会保険の保険料の関係で）就業調整を気にしているから　3．特に加入する必要がないから　4．保険料の支払い分のせいで手取り収入が減るから」。

[50] 質問33-3の選択肢は，以下の通りである。「1．将来受給できる年金額を考慮しても，国民年金と比較して保険料の負担が重いと感じられるから　2．（配偶者控除や社会保険の保険料の関係で）就業調整を気にしているから　3．特に加入する必要がないから　4．保険料の支払い分のせいで手取り収入が減少するから」。

[51] 質問34-3の選択肢は，以下の通りである。「1．失業しても十分な保障が期待できないから　2．保険料の負担が重いと感じられるから　3．失業の心配もなく，特に加入する必要がないから　4．保険料の支払い分のせいで手取り収入が減少するから」。

◆ 第5章　仮説の検証結果のまとめと考察

問（質問37-1）については，希望するが34人（女性31人）（36.6％，女性34.4％），希望しないが59人（63.4％，女性65.6％）となった。希望する理由として，就業調整を行っている労働者の23.7％（22人，女性21人）が「就業調整を気にする必要がなくなり，自由に働くことができるから」という選択肢2（複数回答可）を選択している。このことから，現在の第3号被保険者制度がなければ，就業調整をしなくなる労働者が23.7％（女性23.3％）がいることが分かり，現在の制度が就業抑制の効果を有しており，非適用ないし廃止されれば，労働供給を増やす意向があることが示されている。

　また，仮説の法政策が実施された場合の働き方についての質問35に対する回答は，表144の通りであるが，仮説の法政策により正社員として働くことを希望するようになるという，雇用の正規化の促進・刺激となりえる趣旨の回答（選択肢2）は17.2％（女性16.7％）あり，それを含め，労働供給増を志向する回答（選択肢1〜2）は48.4％（女性48.9％）を占めている。現状維持（選択肢6〜8）は37.7％（女性38％）を占めるものの，雇用以外の働き方の模索や仕事を止めるという対応（選択肢4・5）は11.9％（女性12.3％）となっており，現実の仮説の法政策が実施されれば，一般の非正規雇用労働者以上に，雇用の正規化を含めた労働供給増の意向を示しており，仮説の法政策が労働者行動を通じた女性を中心とした雇用の正規化や労働供給増への一定程度の促進・刺激になると考えられる結果であるといえる。

（表144）

仮説の法政策が実施された場合の働き方（質問35）	N	％	N（女性）	％（女性）
1．非正社員のままで，働く時間を増やして，手取り収入を増やしたい	29	31.2	29	32.2
2．非正社員でも保険が適用されるのであれば，正社員になって働きたい	16	17.2	15	16.7
3．保険の適用に関係なく，正社員として働きたい	2	2.2	1	1.1
4．働くことをやめる	5	5.4	5	5.6

◇第1節　アンケート調査の結果

5．保険が適用されないような請負や自営の形で働きたい	6	6.5	6	6.7
6．保険の適用に関係なく，現状の非正社員のまま変わらず働き続けたい	21	22.6	20	22.2
7．将来には年金や失業手当などの給付があり，生涯収入は現在以上になると考えて納得できるので，働き方は変えない	5	5.4	5	5.6
8．保険料の負担は辛いが，現状の非正社員のまま変わらず働き続けたい	9	9.7	9	10.2
合計	93	100.0	90	100.0

　さらに，上述の質問35と実質的には同様の質問であるが，就業調整を行っている労働者が，第3号被保険者制度の非適用あるいは廃止に際して，働き方をどのように変化させるかという直接就業調整を明示的・具体的に取り上げる形の質問（質問36-2）に対する回答は表145のようになった。法改正の影響がないとする労働者が45.2％（女性44.2％）いるものの，働くことを止めることを含め労働供給を減少させる労働者が10.7％（女性10％）であるのに対し，仮説の法政策の実施を希望しない労働者も含めて，実際に施行された場合には，就業調整をやめて労働供給を増加させる労働者が36.6％（女性37.8％）と3倍以上存在していることから，仮説の法政策の影響が確実とまではいえないものの，女性を中心とする就業抑制を防止し，労度供給を増加方向へと導きうる可能性が，一定程度あるといえる。この結果からは，より具体的な状況を想定しているためであろうか，上述の質問35及び郵送調査に比較して現状維持を志向する回答が多くなっているものの，より明確な質問から仮説の法政策の意義が明確に導かれたといいうる。

（表145）

仮説の法政策が実施された場合の働き方―現在就業調整している労働者（質問36-2）	N	％	N（女性）	％（女性）
1．まだ配偶者控除などはあるから，今までと変わらない[52]	42	45.2	40	44.4

◆ 第5章　仮説の検証結果のまとめと考察

2．今よりも夫働く時間を増やす（就業調整をやめて自由に働く）	34	36.6	34	37.8
3．今より働く時間を減らす	7	7.5	6	6.7
4．働くのをやめる	3	3.2	3	3.3
5．雇用でない働き方にして，保険料をできるだけ払わないままの状態を継続する	7	7.5	7	7.8
合計	93	100.0	90	100.0

　さらに，就業調整をしている労働者とそうでない労働者の主観的厚生・幸福度の平均値を確認したところ，有意な平均の差は認められなかった（就業調整をしている労働者の平均が6.96，それ以外は7.43）。
　以上から，就業調整に必ずしも有意な社会的包摂の促進効果が認められず，仮説の法政策の実施の効果として，労働者自体に労働供給増の意思が認められている以上，労働者の希望に反する法政策であっても，第3号被保険者制度の非適用はもちろん廃止も，女性を含む第3号被保険者の社会進出・社会参加を促しこそすれ，悪影響はそれ程ないと考えられる。
(5) その他の要素 ── 各論
① 非正規雇用労働者の意識 ── 正規雇用との比較意識を中心に
　ア　概　要
　インターネット調査においては，郵送調査と同様なものもあるが，それに付け加える形で，正規雇用労働者との比較を念頭に置いた形で非正規雇用労働者の意識に焦点を当てている質問を設けた。正社員との賃金格差と公正性（質問10），正社員となることへの希望（質問12），労働組合と非正規雇用労働者の社会的包摂（質問13），労働条件への不満（質問31），非正社員であることが職場での問題や困難と関係しているか否か（質問27），正規雇用労働者への意識（質問26），現状の幸福度を基準として正社員/非正社員になった時の仮定の幸福度

---

(52) 2017年の税制改正後の現在の法制度では，従前の配偶者控除の効果は配偶者特別控除の効果によりもたらされるが，配偶者控除の制度そのものは変わらず残っていること，調査対象者に分かりやすいことなどを考慮して，このような文言を使用した。

（質問49・50-1）の7つがそうである。そのうち，労働組合と非正規雇用労働者の社会的包摂（質問13）及び非正社員であることが職場での問題や困難と関係しているか否か（質問35）が企業内社会関係的要素と関連し，現状の幸福度を基準として正社員になった時の仮定の幸福度（質問49）は，総合的な社会的包摂要素に関連しているといえる。

　これらについて，以下それぞれについて必要な分析を示す。
　イ　正社員との賃金格差と公正性（質問10）
　職場でほぼ同じ仕事をしている正社員と非正社員の間の待遇の差とそれについての非正社員の意識・社会的包摂の相違を分析することにより，雇用に係るステータス・身分と待遇，社会的包摂の関係を明らかにすることを目的とする。雇用に係るステータス・身分と待遇差の関係については，表146及び表147の通りである。それによればほぼ業務内容が同じで責任が同じでも76.9％の非正規雇用労働者が，待遇差があると回答しており，その88.6％が非正規雇用労働者の方の待遇が悪い旨回答している。

（表146）

	待遇差・ある	ない	わからない	合計
業務内容・責任同じ	70	8	13	91
	76.9%	8.8%	14.3%	100.0%
業務内容同じ・責任異なる	92	5	24	121
	76.0%	4.1%	19.8%	100.0%
業務内容・責任同じ・地位や将来の期待異なる	37	2	10	49
	75.5%	4.1%	20.4%	100.0%
合計	199	15	47	261
	76.2%	5.7%	18.0%	100.0%

◆ 第5章　仮説の検証結果のまとめと考察

(表147)

	非正社員の方が良い	同じくらい	悪い	わからない	合計
業務内容・責任同じ	3	1	62	4	70
	4.3%	1.4%	88.6%	5.7%	100.0%
業務内容同じ・責任異なる	2	2	82	6	92
	2.2%	2.2%	89.1%	6.5%	100.0%
業務内容・責任同じ・地位や将来の期待異なる	1	2	32	2	37
	2.7%	5.4%	86.5%	5.4%	100.0%
合計	6	5	176	12	199
	3.0%	2.5%	88.4%	6.0%	100.0%

　そして，非正社員の方の待遇が悪い場合に，不公正や不満を感じるかについては，表148，それが主観的厚生・幸福度（社会的包摂指標）とどのような関連性を有するかについては，表149の通りである。表148によれば，業務内容・責任が同じである場合に，不公正・不満の割合が大きいことが示された。また，表149によれば，不公正・不満の態様による主観的厚生・幸福度（社会的包摂指標）が不公正・不満の双方により影響を受けているように見えるが有意な差（有意水準5％）は認められなかった。

(表148)

	不公正・不満	不公正・不満でない	公正・不満	公正・不満でない	合計
業務内容・責任同じ	39	16	2	5	62
	62.9%	25.8%	3.2%	8.1%	100.0%
業務内容同じ・責任異なる	21	19	11	31	82
	25.6%	23.2%	13.4%	37.8%	100.0%
業務内容・責任同じ・地位や将来の期待異なる	12	8	3	9	32
	37.5%	25.0%	9.4%	28.1%	100.0%

◇第1節　アンケート調査の結果

合計	72	43	16	45	176
	40.9%	24.4%	9.1%	25.6%	100.0%

Pearson のカイ 2 乗（有意確率）= .00　　Cramer の V = .29

（表149）

1．不公正・不満	72	5.13	2.539
2．不公正・不満でない	43	5.86	2.111
3．公正・不満	16	6.25	1.653
4．公正・不満でない	45	6.13	2.351
合計	176	5.66	2.351

　ウ　正社員となることへの希望（質問12）
　非正規雇用労働者に対して、正社員になりたいか否かを質問したところ、「はい」が183人（36.6％）、「いいえ」が317人（63.4％）となった。郵送調査と同様に、正社員になりたい労働者は40％に満たなかったが、これを雇用形態別にみると、パート・アルバイト28.1％、契約社員・嘱託社員53.7％、派遣社員その他65.5％となり、郵送調査と比較して、派遣社員その他が多い点は異なるが、パート・アルバイトが少なく、契約社員・嘱託社員が多いことはほぼ同傾向である。
　「はい」と回答する労働者が少なくとも完全に自発的に本意ではなく非正規雇用に就いたと考えられ、そのことが、社会的包摂にどのような影響を与えているかについても検証したところ、その結果は、表150の通りである。完全に自発的に本意ではない層の方が有意に主観的厚生・幸福度が低いことが示された。また、非正規雇用の中での各雇用形態間の相違についても、契約社員・嘱託社員と派遣社員その他の間以外に関しては、有意な平均の差は認められた。完全に自発的に本意ではない層の方が有意に主観的厚生・幸福度が低いことが示された。郵送調査と概ね重なる結果であるといえる。

◆第5章　仮説の検証結果のまとめと考察

（表150）

		M	SD	N
はい	1．パート・アルバイト	5.52	2.788	101
	2．契約社員・嘱託社員	5.25	2.374	44
	3．派遣社員・その他	4.68	2.219	38
	合計	5.28	2.590	183
いいえ	1．パート・アルバイト	6.51	2.315	259
	2．契約社員・嘱託社員	5.61	2.150	38
	3．派遣社員・その他	6.25	2.124	20
	合計	6.38	2.297	317
合計	1．パート・アルバイト	6.23	2.493	360
	2．契約社員・嘱託社員	5.41	2.266	82
	3．派遣社員・その他	5.22	2.294	58
	合計	5.98	2.464	500

	平方和	自由度	平均平方	F値
修正モデル	175.387[a]	3	58.462	10.162**
切片	8807.612	1	8807.612	1530.980**
正社員希望	92.937	1	92.937	16.155**
雇用形態	34.820	2	17.410	3.026*
誤差	2853.451	496	5.753	
修正総和	3028.838	499		

多重比較（有意水準1％）．2と3以外の平均の差は有意
**$p<0.01$　*$p<0.05$

エ　労働組合と非正規雇用労働者の社会的包摂

　非正規雇用労働者の雇用は不安定であり低賃金である故，本来，社会的弱者としての個別の労働者が使用者と対等な存在となるために形成されてきた労働

◇第1節　アンケート調査の結果

　組合への加入が必要となる可能性が高いと考えられるにもかかわらず，ほとんど労働組合に加入できていない現状がある（小野　2017：21-22）ことはすでに述べた。本書の仮説検証のための調査においては，労働関係のみを対象とするわけではない議論の性質上，中心的な対象とはならなかった。しかし，労働組合は法的制度でもあり，また，重要な社会関係の1つでもあるといえることから，労働組合の組織化からも非正規雇用労働者はステータスを有さず排除されている状態は，社会的排除・包摂に係る懸賞の対象となるべきであるともいえる。そこで，非正規雇用労働者の労働組合加入状況，加入資格状況，そして，それらと社会的包摂指標との関連性を検証する。

　労働組合加入割合（質問13-1）については，表151のように，正社員，契約社員嘱託社員，派遣社員その他，パート・アルバイトの順となった。また，加入していない非正規雇用労働者の中で労働組合加入資格のない者の割合（質問13-4）は，不明とする者が大部分ではあるが，パート・アルバイト33.9%（6.1%），契約社員・嘱託社員32.3%（16.9%），派遣社員その他32.0%（2.0%），合計33.4%（7.2%）となった（括弧内は資格のある者の割合）。

　労働組合に加入していない労働者の中で，加入資格の有無による社会的包摂指標たる主観的厚生・幸福度のあり方については，表152の通りである。雇用形態については，有意な平均の差が認められるが，組合員資格の有無には認められない。

　以上から，労働組合資格からの排除は社会的包摂の見地からは重要なものであるとはいえない。

（表151）

	1.加入	2.非加入	合計
1．正社員	166	334	500
	33.2%	66.8%	100.0%
2．パート・アルバイト	47	313	360
	13.1%	86.9%	100.0%

◆ 第5章　仮説の検証結果のまとめと考察

3．契約社員・嘱託社員	17	65	82
	20.7%	79.3%	100.0%
4．派遣社員・その他	8	50	58
	13.8%	86.2%	100.0%
合計	238	762	1000
	23.8%	76.2%	100.0%

Pearson のカイ2乗（有意確率）= .00　　Cramer の V = .23

(表152)

		M	SD	N
加入資格あり	1．パート・アルバイト	5.74	1.727	19
	2．契約社員・嘱託社員	5.18	2.523	11
	3．派遣社員・その他	6.00	.	1
	合計	5.55	1.997	31
加入資格なし	1．パート・アルバイト	6.34	2.672	106
	2．契約社員・嘱託社員	5.29	2.148	21
	3．派遣社員・その他	5.50	2.098	16
	合計	6.09	2.564	143
不明	1．パート・アルバイト	6.15	2.525	188
	2．契約社員・嘱託社員	5.70	2.069	33
	3．派遣社員・その他	4.97	2.084	33
	合計	5.94	2.442	254
合計	1．パート・アルバイト	6.19	2.533	313
	2．契約社員・嘱託社員	5.48	2.151	65
	3．派遣社員・その他	5.16	2.064	50
	合計	5.96	2.453	428

	平方和	自由度	平均平方	F 値
修正モデル	69.791[a]	4	17.448	2.952*
切片	4605.262	1	4605.262	779.044**
雇用形態	61.954	2	30.977	5.240**
組合員資格	6.280	2	3.140	.531
誤差	2500.534	423	5.911	
修正総和	2570.325	427		

** $p<0.01$ * $p<0.05$

オ 労働条件への不満

正社員との比較を考慮した時の労働条件への不満点を多項選択式で質問を実施し（質問31），結果は，表153の通りとなった。給与に対する不満（40.8％）が最も多く，将来受給の年金への不満（29.8％），失業手当への不満（28.6％），福利厚生への不満（21.4％），特になし（24.6％）の順となった。不満としての重要性としては，年金を含め経済的問題が大きいことが明らかになった。ただ，職場での人間関係に関する問題（選択肢5,6合わせて19.4％）や仕事内容に関する問題（選択肢7,11合わせて31.0％）それ程顕著に多いわけではないが一定程度問題があることが分かった。

（表153）

正社員との比較を考慮した時の労働条件への不満点（質問31）	n	％
1．仕事の内容と比較して，給与が低額であること	204	40.8
2．契約期間の終了後に仕事がなくなりそうなこと	80	16.0
3．将来受給できる年金が少なくなりそうなこと	149	29.8
4．仕事がなくなったときに，失業手当がない，あるいは少ないこと	143	28.6
5．上司や同僚の態度や振舞いに差別的なものを感じること	62	12.4
6．職場に十分に溶け込めず，孤独を感じること	37	7.4
7．仕事内容にやりがいや興味を感じないこと	60	12.0

◆第5章　仮説の検証結果のまとめと考察

8．福利厚生が不十分であること	107	21.4
9．労働時間・休日などの労働条件に問題があること	50	10.0
10．教育訓練や能力開発の機会が不十分であること	33	6.6
11．仕事ぶりが十分に評価されていないこと	95	19.0
12．特になし	123	24.6
合計（それぞれにつき）	500	100.0

　本書で非正規雇用労働者は正規雇用労働者と比較して，低位の雇用カテゴリー・身分に置かれており，標準的地位から排除されていることが議論されてきた。そのことに関連し，企業における経済的側面以外での社会的関係に基づく排除を示す回答として，選択肢5「上司や同僚の態度や振舞いに差別的なものを感じること」を選択したか否かで主観的厚生・幸福度（社会的排除指標）が影響を受けるかを，経済的要素たる給与への不満を内容とする選択肢1を選択したか否かを比較対象として，確認する。

　選択肢5の選択による主観的厚生・幸福度の平均及びその差については表154，選択肢1については表155の通りとなった。選択肢5については平均値の差が負ではあるがその程度が小さいうえに有意でなく，選択肢1については，平均値の差が負でありかつその程度が大きく有意という結果が認められた。この結果を踏まえたとき，雇用身分と関係しうる社会的関係に基づく排除は，個別的には深刻でありうるが一般的なものとはいえず，経済的な要素に起因する排除が一般的に深刻であることが示されているといえる。

（表154）

選択肢5	N	M	SD
1．はい	438	6.04	2.464
2．いいえ	62	5.55	2.434
合計	500	5.98	2.464

◇第1節　アンケート調査の結果

	平方和	自由度	平均平方	F値
グループ間	13.307	1	13.307	2.198
グループ内	3015.531	498	6.055	
合計	3028.838	499		

（表155）

選択肢1	N	M	SD
1．はい	296	6.26	2.427
2．いいえ	204	5.58	2.467
合計	500	5.98	2.464

	平方和	自由度	平均平方	F値
グループ間	56.123	1	56.123	9.402**
グループ内	2972.715	498	5.969	
合計	3028.838	499		

　カ　非正社員であることが職場での問題や困難と関係しているか否か

　職場に問題や困難を有していると回答した非正社員に対し，非正社員であることが職場での問題や困難と関係しているか否かについて4件法で質問しているところ（質問27-2）（否定的であるほど選択肢が大きく，4は「関係ないと思う」である），1～3を「関係ある」と変数変換して，2件法で検討した。その結果は，問題があると回答した非正社員（274人・54.8％）のうち，「関係ない」が77人（28.1％），「それ以外」197人（71.9％）となった。このことが，社会的包摂とどのような関連性を有しているかを調べてみたところ，表156の通りであった。これによれば，「関係ある」と考えている労働者の方が有意に主観的厚生・幸福度が低く，社会的包摂の程度が低いと考えられる。非正社員であることが職場の問題・困難であることとの関係・その意識が主観的厚生・幸福度，ひいては社会的包摂を下げる効果・影響があると考えられる。このことは，相対的所得仮説に沿う結果であるとともに，郵送調査の結果とほぼ重なり合う結

◆第5章 仮説の検証結果のまとめと考察

果であるといえる[53]。

(表156)

	M	N	SD
関係ない	6.19	77	2.412
それ以外	5.46	197	2.413
合計	5.66	274	2.431

	平方和	自由度	平均平方	F値
グループ間	30.148	1	30.148	5.180*
グループ内	1582.961	272	5.820	
合計	1613.109	273		

**$p<0.01$ *$p<0.05$

キ 正規雇用労働者への区別意識(質問26)

正規雇用労働者への区別意識がどのような状態にあるのか,非正規雇用労働者の社会的包摂に,どのような影響を与えうるのかを質問26への回答から確認する。区別意識と雇用形態との関係をクロス表で示すと,表157のようになる。区別意識と雇用形態の間には有意な関連性が認められた。正社員,パート・アルバイト,契約社員・嘱託社員,派遣社員その他の順に区別意識が小さい傾向があるようにみえる。また,区別意識の影響を明確にするため,4つの選択肢のうち,1～2を「意識する」と3～4を「意識しない」というように変数変換して,2件法で検討し,二元配置分散分析によれば,雇用形態とともに,区別意識も社会的包摂状態に影響を持っている可能性があることが表158からわかった。

---

[53] 「関係ない」との回答が郵送調査に比較して少なくなっているが,これは回答者をあらかじめ「職場に問題や困難を有している」と回答した非正社員に絞ったためであると考えられる。

◇第1節 アンケート調査の結果

(表157)

	1．区別意識（大）	2	3	4．(小)	合計
1．正社員	47	119	237	97	500
	9.4%	23.8%	47.4%	19.4%	100.0%
2．パート・アルバイト	40	104	144	72	360
	11.1%	28.9%	40.0%	20.0%	100.0%
3．契約社員・嘱託社員	17	29	25	11	82
	20.7%	35.4%	30.5%	13.4%	100.0%
4．派遣社員・その他	12	24	18	4	58
	20.7%	41.4%	31.0%	6.9%	100.0%
合計	116	276	424	184	1000
	11.6%	27.6%	42.4%	18.4%	100.0%

Pearson のカイ 2 乗（有意確率）= .00　　Cramer の V = .11

(表158)

	雇用形態	M	SD	N
1．意識しない	1．正社員	6.20	2.209	334
	2．パート・アルバイト	6.45	2.520	216
	3．契約社員・嘱託社員	5.44	2.184	36
	4．派遣社員・その他	6.00	2.268	22
	合計	6.24	2.331	608
2．意識する	1．正社員	5.88	2.327	166
	2．パート・アルバイト	5.91	2.423	144
	3．契約社員・嘱託社員	5.39	2.352	46
	4．派遣社員・その他	4.75	2.209	36
	合計	5.73	2.373	392

◆第5章　仮説の検証結果のまとめと考察

合計	1．正社員	6.09	2.252	500
	2．パート・アルバイト	6.23	2.493	360
	3．契約社員・嘱託社員	5.41	2.266	82
	4．派遣社員・その他	5.22	2.294	58
	合計	6.04	2.359	1000

	平方和	自由度	平均平方	F値
修正モデル	128.751[a]	4	32.188	5.895**
切片	15348.587	1	15348.587	2811.003**
区別意識	43.276	1	43.276	7.926**
雇用形態	67.823	3	22.608	4.140**
誤差	5432.880	995	5.460	
修正総和	5561.631	999		

多重比較（有意水準1％），雇用形態の2と3・4の間の平均の差は有意
**$p<0.01$　*$p<0.05$

　ク　正社員あるいは非正社員に仮になった場合の仮定の主観的厚生・幸福度
キと関連して，正社員，非正社員双方に，仮に（現状とは反対に）正社員あるいは非正社員になった場合の主観的厚生・幸福度（現状を「5」として0〜10のいずれになるか）について質問（質問50-1，質問49）を実施した。正社員（質問50-1）については「5」未満の回答が63.8％，「5」という回答が11.1％，「5」を超えた回答が25.1％となっており，過半数が正社員のままでいる場合の方が，非正社員（質問49）については「5」未満の回答が22.4％，「5」という回答が11.0％，「5」を超えた回答が66.6％となっており，過半数が正社員になった場合の方が幸福であると考えていることが分かる。完全に対照的な結果となった。非正社員のとっては，幸福への少なくとも一つの参照点として正社員であることが存在しているといえる。逆に，正社員にとっては，不幸への一つの参照点の一つとして非正社員であることが存在しているともいいうるであろう。正社員にとって非正社員となることが現状より不幸と考える人にそ

◇第1節 アンケート調査の結果

の理由を多項選択式で尋ねたところ（質問50-2），雇用の安定（83.8％），給与などの労働条件（43.0％），厚生年金32.4％），健康保険（26.2％），雇用保険（22.7％），職場のメンバーであること（19.7％）となり，正社員にとっては，雇用の安定が圧倒的に重要であり，次に経済的要素が重要であり，職場のメンバー，換言すれば，雇用のステータス・身分への考慮は社会保険よりも小さいということが示されている。つまり，正社員にとっても，経済的要素が重要であり，雇用のステータス・身分はそれほど重要でないこと，社会保険の中でも厚生年金保険が重要であることが示されているといえ，非正社員との共通性が窺える。

なお，非正社員に関して，各雇用形態別の結果は，表159の通りであり，現実の幸福状態とは異なり，契約社員・嘱託社員，派遣社員その他の平均が高く，正社員への希望の重要性が明らかになったといえ，雇用の正規化の社会的排除・包摂の見地から重要性を示唆しているといえる。

（表159）

質問49	N	M	SD
パート・アルバイト	360	5.97	2.162
契約社員・嘱託社員	82	6.55	2.103
派遣社員その他	58	6.40	2.060
合計	500	6.11	2.150

	平方和	自由度	平均平方	F値
グループ間	27.944	2	13.972	3.049*
グループ内	2277.784	497	4.583	
合計	2305.728	499		

＊＊p＜0.01　＊p＜0.05

② 企業の人事管理に係る制度と社会的排除（企業組織内社会関係）の関係

先行研究上，非正規雇用問題と関係のあると考えられている企業の人事管理に係る制度と企業内での社会的排除・包摂（企業組織内社会関係）との関係に

◆第5章　仮説の検証結果のまとめと考察

ついても，どのような人事管理関連制度が社会的包摂に寄与するかを明らかにするために，確認した。そのための被説明変数は，職場役割満足度（質問18-2），仕事内容満足度（質問18-3），職場人間関係（質問22-2），主観的厚生・幸福度（質問48）として，説明変数は正社員登用制度の有無（質問11），教育訓練の有無（質問14）である。その結果は，正社員登用制度の有無に関しては，全く有意な差が認められなかった。これに対して，教育訓練の実施については，全てに関して正の有意な差が認められた（表160～163）。雇用の正規化の場合とは逆の結果であった。教育訓練は，雇用の正規化には必ずしも正の影響はなくとも，企業組織内での社会関係に係る社会的排除・包摂に正の影響が認められうることが分かった。

（表160）

教育訓練の実施（職場役割満足度）	N	M	SD
1．はい	116	3.3879	.95800
2．いいえ	384	3.0495	.97763
合計	500	3.1280	.98262

	平方和	自由度	平均平方	F値
グループ間	10.205	1	10.205	10.776**
グループ内	471.603	498	.947	
合計	481.808	499		

＊＊p＜0.01　＊p＜0.05

（表161）

教育訓練の実施（仕事内容満足度）	N	M	SD
1．はい	116	3.4655	.94576
2．いいえ	384	3.1563	.97572
合計	500	3.2280	.97669

◇第1節　アンケート調査の結果

	平方和	自由度	平均平方	F値
グループ間	8.521	1	8.521	9.077**
グループ内	467.487	498	.939	
合計	476.008	499		

**$p<0.01$　*$p<0.05$

(表162)

教育訓練の実施（職場人間関係）	N	M	SD
1．はい	116	3.4569	.89823
2．いいえ	384	3.1771	.83644
合計	500	3.2420	.85843

	平方和	自由度	平均平方	F値
グループ間	6.975	1	6.975	9.629**
グループ内	360.743	498	.724	
合計	367.718	499		

**$p<0.01$　*$p<0.05$

(表163)

教育訓練の実施（主観的厚生・幸福度）	N	M	SD
1．はい	116	6.42	2.534
2．いいえ	384	5.85	2.430
合計	500	5.98	2.464

	平方和	自由度	平均平方	F値
グループ間	29.297	1	29.297	4.864*
グループ内	2999.541	498	6.023	
合計	3028.838	499		

**p＜0.01　*p＜0.05

(6) **考察と分析 ── インターネット調査の結果と仮説の関係**

　以上より，仮説の社会保険の被保険者資格の無制限化と社会保険料の事業主負担の軽減を組み合わせる法政策により促されうる雇用の正規化及び社会保険の全面的適用は，非正規労働者の社会的排除状態の改善，社会的包摂の実現に，一定の部分的な効果がありうることが示された。

　まず，雇用形態に関しては，経済的側面における正社員の優位性が明白で，雇用の正規化は契約社員・嘱託社員，パート・アルバイト，派遣その他という非正社員の形態の相違を超えて，経済的側面での社会的排除状態の改善を期待させるものといえる。さらに，契約社員・嘱託社員に関しては，正社員と比較して，経済的側面のみならず，社会関係的側面でも負の効果が認められており，総合的な社会的排除状態の可能性が示されたといえる。また，分散分析の際には，パート・アルバイトが優位であった要素の有意性の多くがコントロール変数の投入により消えることも明らかになった。

　社会保険適用状況については，郵送調査の場合以上に，健康保険と厚生年金保険との間でやや対照的な結果がみられた。健康保険に関しては，国民健康保険被保険者は，厚生年金保険・第2号被保険者あるいは厚生年金保険・第3号被保険者とセットである場合に，経済，社会関係，社会参加という幅広い要素で正の影響を有している。もっとも，唯一，郵送調査と明確に異なる結果として，総合的要素に対し，無年金者とのセットで負の効果が認められているが，この効果は厚生年金の無年金者の著しい低い主観的厚生・幸福度の影響が大きいと考えられる。これに対して，郵送調査と同様に，健康保険の被保険者資格を有することで正の効果が認められなかった。

　厚生年金保険に関しては，厚生年金の被保険者資格を得ることのできない第1号被保険者に比較して，負の影響を有する要素はなく，経済的要素に関し正の影響を有意に持つことが認められ，その他の要素についても，社会関係，社会参加など幅広い要素にわたり，第2号被保険者であることは社会的包摂状態に向けて不可欠の要素となっているともいえるだろう。

　また，健康保険被扶養者と厚生年金保険・第3号被保険者は，記述統計上，

◇第 1 節　アンケート調査の結果

殆どの要素で優位であったが，コントロール変数の投入によりその影響は有意な影響としては殆ど消えることが明らかとなった。もっとも，それぞれ第 2 号被保険者・無年金者あるいは国民健康保険被保険者とセットの場合ではあるが，健康保険被扶養者が友人関係，厚生年金保険・第 3 号被保険者が生活レベル，社会活動・社会参加時間に，依然として有意に正の影響を有する。しかし，友人関係以外については，国民健康保険被保険者・厚生年金第 2 号被保険者のセットの場合に比較して正の影響が強くあるとまではいえない。それ故，健康保険被扶養者であることが正の影響を比較的に有するのは友人関係についてのみであり，必ずしも健康保険被扶養者制度を被用者に適用すべきといえる理由はなく，社会的排除・包摂全般への好影響を与えうるとまではいえないであろう。つまり，仮説の法政策実施による健康保険被扶養者制度及び第 3 号被保険者制度の非適用が社会的排除・包摂の見地からみて悪影響があるとはいえないと考える。

　雇用保険の適用にはほぼ有意な影響は認められなかった。ほぼ雇用保険に社会的排除・包摂に影響がないと考えられることは郵送調査と同様であった。

　これらを総合的にみれば，雇用の正規化と厚生年金保険の適用の効果だけであれば，社会的排除・包摂の見地から，正の影響があるといえるものの，仮説の法政策は，健康保険及び雇用保険の加入をも強制する政策であるので，必ずしも仮説の妥当性を示す結果とはいえない。調査からは，厚生年金の第 2 号被保険者と国民健康保険被保険者の組み合わせが社会的排除・包摂の見地からは望ましいということになるであろう。

　そして，この結果は，雇用形態や社会保険の適用に関する非正規雇用労働者の主観的な希望ともおおむね合致しているといえる。それというのも，仮説の法政策の実施を希望する非正規雇用労働者が過半数を超えて受容されており，雇用の正規化を目指す労働者行動を促す効果も認められているからである。もっとも，保険料負担の増大がネックとなり，第 3 号被保険者等は仮説の法政策の実施を希望しない割合が高いという問題点はある。しかし，それでも，就業調整をしている第 3 号被保険者という最も不利益を受けうる女性を中心とした労働者も，仮説の法政策が実施される場合には，就業調整を抑止し，雇用の正規化への希望を含めた労働供給を増加させる意向を有する者の割合が相対的

◆ 第5章　仮説の検証結果のまとめと考察

に大きいことも明らかになっている。労働による社会参加，女性の社会進出の効果を勘案すれば，女性を中心とした第3号被保険者に対しても，仮説の法政策が，社会的排除・包摂の観点からみても望ましい効果をもたらしうると考えられる。

さらに，非正規雇用問題の重要な事項である雇用形態間の格差及びそれに係る非正規雇用労働者の意識に関しても，郵送調査よりも詳しく調査した。先行研究で問題とされている事項の中では，賃金格差の存在と職務内容が賃金格差の公正性の関連性は認められつつも，社会的包摂との有意な関連性が認められないこと，労働者の保護に必要不可欠とされる労働組合の組合員資格と社会的包摂との有意な関連性が認められないことが明らかとなった。また，労働条件への不満や職場における問題についての質問に際しては，単純な記述統計上でも，統計的な分析においても，賃金等の経済的要素の深刻さが企業組織内の社会関係のそれよりも上回る結果が認められており，社会的包摂上も経済的要素の重要性が高いことが示された。もっとも，同時に，正規雇用労働者との比較を意識している非正規労働者ほど，社会的包摂の程度は低いことが明らかになっており，そのことを反映してか，不本意非正規雇用者はそうでない者より社会的排除の程度が高いことが示されるなど，格差の影響自体は否定できない。さらにこのことに関連して，非正社員に正社員に仮になった場合，逆に，正社員に非正社員に仮になった場合のそれぞれについて質問したところ，非正社員が正社員になった場合には，幸福度の平均値（現状を5とする）は6.11であるのに対し，正社員が非正社員になった場合には，4.02となるという対照的な結果がみられた。このように，正社員と非正社員の相互の意識と区別意識が大きく，相互の雇用上のステータス・身分の相違を示唆しているのみならず，非正社員とりわけ契約社員・嘱託社員，派遣社員にとって，正社員であることは参照点としてだけでなく，希望としても位置付けられうるものであることも明らかになった。これらのことから，雇用の正規化や社会保険の完全適用により（必ずしも職務上の能力と直結しない）雇用上のステータス・身分の相違を明示的にできる限り廃することは一定の意義はあると考えられる。

加えて，企業内の社会関係を社会的排除・包摂の見地から改善することが企業の組織・人事管理上の制度で可能なのかをも検証したが，雇用の正規化の場

◇第1節　アンケート調査の結果

合と異なり，正社員登用制度ではなく，教育訓練の実施が有効であることも示唆された。

　まとめれば，仮説の法政策は，非正規雇用労働者の社会的排除・包摂への効果に関して雇用の正規化と厚生年金保険の適用を通じて，特に，国民健康保険被保険者とセットの場合には，経済的要素，企業組織内外の社会関係要素，社会参加要素という幅広い領域で社会的排除を改善する可能性があることがわかった。健康保険被保険者の負の効果のために，仮説が全面的に妥当するとは到底いえないが，それを除いても，社会的排除・包摂の改善のために法政策に一定の効果が期待しうることがわかった。仮説の法政策が非正規尾用労働者に主観的に支持されていること，就業調整を改善し女性の社会進出の促進に寄与しうること等を考え合わせれば，全体として，仮説を部分的に裏付ける調査結果であるといえる。

4　郵送調査とインターネット調査の結果の補足的検討
(1) 各調査の概要と問題点

　本書では，仮説の検証のために，郵送調査を主として活用し，その結果を承けて補足のためにインターネット調査を実施した。この2つの調査は，基本的に調査目的及び多くの変数が共通しているものの，標本抽出枠やサンプル回収方法が全く異なっており，無条件に比較することも，統合することもできない。本書の調査の最初の一歩として実施されたのは，企業への郵送調査であり，母集団は日本の大手信用情報機関がデータ保有するところの147万社であり，そこから無作為抽出された5000社に調査票を送付した。その時点で母集団は日本全国の企業ではない。労働者への郵送調査に関しては，企業が調査を受諾し，その所属労働者に調査票を交付してくれた739社であったが，母集団は当該739社に所在する所在する労働者であるにすぎず，加えて交付を依頼していることから無作為抽出とは厳密にはいえない。インターネット調査については，大手調査会社が保有するアクセスパネルからの無作為抽出であるので，アクセスパネルを構成する22万人の登録者が母集団となっている。つまり，日本全国の全労働者でもない，異なった集団を母集団とする調査であり，一般的な労働者の分析とする上での誤差が生じていることを予め認識したうえでの解釈でなけれ

◆第5章　仮説の検証結果のまとめと考察

ばならない。このように考えると，2つの調査において，共通に有意な結果が認められた要素については，母集団の相違を変えてより普遍的に妥当性が認められると考えうるし，片方の調査だけで認められた場合は，妥当性が認められる可能性のある要素と考えられ，矛盾する場合にはそれぞれの母集団特有の結果であると解釈することができるだろう。

(2) **労働者調査としての結果の分析について —— 郵送調査とインターネット調査の関係**

既に2・3で示したように，本書調査の主たる目的である雇用形態と社会保険適用状況の社会的排除・包摂状況に関する調査結果の傾向については，概ね共通性がみられた。雇用形態に関しては，正社員であることは，非正社員，特に有期フルタイム，あるいは，契約社員・嘱託社員に比較して，経済的要素を中心に，正の効果を有する可能性が共通して認められた。社会保険の適用状況に関しては，厚生年金の年金受給者資格でもある第2号被保険者であることは，経済的要素や総合的要素で正の効果を有する可能性が共通に認められた。雇用保険については，共通に有意な効果が認められた要素はなかった。

また，健康保険に関しても，健康保険被保険者に殆ど正の効果がないということが共通して認められた。ただ，国民健康保険被保険者については，郵送調査では総合的要素においてのみ正の効果が認められたのに対し，インターネット調査では，健康保険被保険者と比較して，経済的要素，企業組織内外の社会関係的要素，社会参加要素で幅広く正の効果が認められるなど，正の効果がより著しいものとなっている点はやや気になるところでもある。しかし，共通して，国民健康保険被保険者であることは，健康保険被保険者であることより，社会的排除・包摂の観点から望ましいということは少なくとも認められている。この点に関しその理由を検討すれば，国民健康保険被保険者は，基本的に，企業の健康保険に加入できない者（被用者も含む）が加入するものであるが[54]，年金保険の場合と異なり，健康保険の場合，どのような保険の被保険者であっ

---

[54] 国民健康保険に関しては，地域保険としての市町村の国民健康保険が中心ではあるが，例外として，個人の事業所に就業する医師や弁護士などのために設立される国民健康保険組合（健康保険法13条，14条）もあり，その場合には必ずしもこのことは妥当しない。

◇第1節　アンケート調査の結果

ても，医療に関する現物給付は同様であり，企業の健康保険の場合には，傷病手当金の給付があるもののそれ以外には特段の相違がない。つまり，健康保険には加入の利益が小さいこと，保険料についても，徴収免除制度や猶予制度（国民健康保険法77条）がなく，直接強制的に控除されることなどからも，事業主負担が存在していることなどの現実的で冷静な利益衡量をした場合どうであるかとは関係なく，健康保険の被保険者資格は，あまり望まれていないと考えることが可能であり，それが社会的排除・包摂の程度に悪影響をもたらしていると考えうるだろう。そして，そのことは，郵送調査，インターネット調査の両調査において，厚生年金への加入希望者の割合が健康保険へのそれより20％程度上回っていることからも，裏付けられていると考えられる。換言すれば，被保険者の主観的な意向・希望に鑑みても，健康保険被保険者であることで社会的排除・包摂への好影響が有意に全く見られないこと，そして，国民健康保険被保険者であることが正の影響を有することは，本書の目的・調査内容に鑑みて，それ自体奇異な結果ではないことなどから，両調査の結果がその傾向において一致しているのである限り，本研究の趣旨に照らして重大な問題であるとはいえないだろう。もっとも，調査ごとの相違がやや目立つ形で生じたことは間違いないのであるから，母集団の性質の差異が原因であれ，あるいは，コントロール変数の差異が原因であれ，何故上記の差異が現出したのかということの原因とその意味については，新たな研究調査を通じて解明すべき将来の課題として残ったとはいえる。

　さらに，仮説の法政策に対する労働者の直接的反応に関しては，女性を中心とした第3号被保険者制度関連の事項を含めて，郵送調査・インターネット調査の双方ではほぼ共通の傾向がみられた。

第6章 結論及び今後の課題

1 結論

　日本の労働問題の中でも最も喫緊に解決すべき重大な問題の一つとされてきた非正規雇用問題の解決に向けて，近年，同一価値労働同一賃金政策を含め様々な労働法政策が次々と実施されてきた。ただ，労働契約自体は，企業と労働者間の契約自由に拠ることから，階層的格差や社会的排除を改善するような労働条件を非正規雇用労働者に提供するような状況，例えば，完全な同一価値労働同一賃金が実現する状況がもたらすことを強制することはできない。しかし，より地道に非正規雇用問題を改善させうる法政策が，社会保障法政策として，先行研究上主張あるいは示唆されてきた。企業については，社会保険料の事業主負担の存在故に，企業は社会保険における被保険者資格が認められない非正規雇用の活用を広げてきた可能性があることを背景として，社会保障上の法制度を雇用形態の差異に関わりのない中立的なものにすることにより，雇用の正規化を企業に促すことが可能というものである。労働者については，社会保険の被保険者資格を無制限化し，非正規雇用労働者を含めたすべての被用者に社会保険を完全に適用することが，セーフティネットとなり，社会的排除を改善し，社会的包摂を実現しうるというものである。この2つをまとめれば，日本における社会保障の中核をなす社会保険に関する法政策が，企業の契約自由が妥当せず，国の一方的政策決定が可能な法政策として，雇用の正規化と社会保険の完全適用を国の財政や雇用の維持に配慮しながら実施することが可能であり，非正規雇用労働者の社会的排除を改善し，社会的包摂を実現しうるという1つの仮説が鼎立可能となる。本書は，この先行研究上，あるいは理論上，主張あるいは示唆されてきた見解をより現実的なものにアレンジした上で仮説として構築し，初めて本格的・総合的に理論的・実証的な検証を試みようとするものである。

　もちろん，現状の社会保険に係る被保険者資格等に関する法制度に関する問

◆ 第6章　結論及び今後の課題

題を初めとして，企業に関しては，社会保険料の事業主負担の経済的機能としての帰着問題，企業組織における非正規雇用労働者の正規化の現状と可能性，正社員登用制度・教育訓練・職業訓練制度等，労働者に関しては，第3号被保険者制度等に関連する就業調整，雇用形態や社会保険の適用に関する社会的排除・社会的包摂の実情や改善のための方策等の研究課題に関連する事項についての詳細な個別研究は多くある。しかし，それらを有機的に結び付け，あるべき雇用政策に導きうる社会保障法政策を提案し，その具体的実現可能性を考察したものを見出すことはできなかった。

　そのような状況で，本書は，これらの先行研究・調査を明確にした上で，社会保険の被保険者資格の無制限化をそれに伴う企業負担増加を回避し雇用を維持するために事業主負担を軽減する法政策により，非正規雇用労働者の正規化を促進し，その雇用の正規化と社会保険の被保険者資格の無制限化に伴う社会保険の完全適用の効果により，非正規雇用労働者の社会的排除状態の改善と社会的包摂の実現を可能とするという仮説を定立し，その妥当性を理論的・実証的に明確にしていった。

　具体的には，第2章において，上述したような本書の目的に関連する重要な先行研究・調査を概観し，非正規雇用の正規化の可能性，雇用の正規化と社会保険の適用の社会的排除・包摂への影響・効果の可能性，第3号被保険制度の就業調整の実態とその改善の必要性等の主要問題とその関連問題について考察した。第3章においては，第2章で示された先行研究・調査に基づく考察に拠り，非正規雇用労働者の社会的排除改善・包摂の実現を可能にする社会保障法政策が，企業の合理的選択を促す合理的なものであると同時に，労働者の社会的排除を改善し，包摂を促進するものでなければならないことを改めて示した上で，上記の仮説を定立し，仮説の法政策を実施すべき法政策として提示した。第4章においては，そのような仮説を検証するための方法として，企業・労働者双方を対象とするアンケート調査を実施した。第5章においては，それらの結果とそこから導かれる仮説の検証に係る所見を示した。

　結論としては，アンケート調査によれば，仮説は，企業行動にせよ，労働者の意識・生活状況にせよ，全面的にではないが，それぞれ一定程度認められたと考える。まず，企業に関して，社会保険の被保険者資格の無制限化と事業主

負担の軽減という法政策の実施に対しては，企業の4分の1弱が雇用の正規化に動く可能性があることが認められた。そして，そのような可能性のある企業は，非正社員の割合の高い企業で，かつ，有期のフルタイムの非正社員の雇用理由が業務の繁閑にある，あるいは，パートタイム雇用の雇用理由が社会保険の負担を理由にしている企業で一定程度妥当・有効でありうることが，調査から明らかになったといえる。また，企業組織上の問題として，雇用の正規化には，当然のことながら，企業内部では正社員登用制度の実施と直接に関連していることから，正社員登用制度の整備等の企業組織上のあり方も法政策の効果発揮に影響を有することも示された。

そして，企業が一定程度雇用の正規化に動きうることが検証されたことから，仮説の法政策は，労働者に対して，その直接的内容である社会保険の完全適用に加えて，雇用の正規化をもその効果として含むことになるが，そのような法政策の実施により，労働者の社会的排除・包摂に関しては，雇用形態については，正社員であることは，非正社員，特に有期フルタイム，あるいは，契約社員・嘱託社員に比較して，経済的要素を中心に，正の効果を有する可能性が2つの調査を通じて共通して認められた。社会保険の適用状況に関しては，厚生年金の年金受給者資格でもある第2号被保険者であることは，経済的要素や総合的要素で正の効果を有する可能性が共通に認められた。もっとも，健康保険に関しては，少なくとも健康保険の被保険者であることに正の効果が認められないことが共通に認められた。雇用保険については，共通に有意な効果が認められた要素はなかった。以上のことから，仮説の法政策の実施により，換言すれば，雇用の正規化と厚生年金保険の適用の効果により，経済的，総合的に社会的排除が改善，社会的包摂が促進される可能性があり，その他企業組織内外の社会関係や社会参加についても改善の可能性があることが示されたといえる。

もっとも，健康保険及び雇用保険に関しては，健康保険被保険者に正の効果が認められないこと，雇用保険被保険者には一貫した有意な効果が認められないことから，社会的排除・包摂の観点からは，仮説と異なり，厚生年金保険の第2号被保険者と国民健康保険被保険者の組み合わせの方が比較的に望ましいということも示されたことになる。健康保険に関しては，健康保険被保険者であろうと，国民健康保険であろうと，その給付に変わりない故に，それ自体が

◆第6章　結論及び今後の課題

それ程大きな悪影響を有していないと考えられること，雇用保険に関しては，職に就いている被用者にとって本来意味のあるものではないことを考えれば，正の効果を有しないことがそれ程不思議ではないと考えることもできる[1]。それ故，労働者の社会的排除・包摂の観点からは，雇用の正規化ができる限り実現した上で，社会保険の適用としては，厚生年金保険だけが適用されることが望ましく，健康保険に関しては，被用者保険の適用を強制するのではなく，いずれかの医療保険への強制加入という意味で国民皆保険さえ維持で切るという前提条件の下，国民健康保険をも任意で選択でできるようになることが望ましいといえよう。雇用保険に関しては，ほぼ社会的排除・包摂の見地からは，好影響も悪影響もないこと，労働者の半数程度が加入を希望していることなどから，失業等のリスクに備えて強制加入させることが望ましいといえる。

　以上は，労働者の社会的排除・包摂に関する労働者の現状に基づく分析結果であるが，同時に，仮説の法政策自体に対する反応も重要であり，考察した。その点に関しては，仮説の法政策は，いずれの調査においても非正規雇用労働者の60％程度支持されていることがわかった。加えて，仮説の法政策の実施は，労働者の意識をより労働供給増加，雇用の正規化へ向かわせるということが分かり，経済的にも，非正規雇用問題の解決を進めうる効果を有するといえる。

　また，本書の仮説の法政策の実施には健康保険被扶養者制度及び第3号被保険者の非適用の効果ばかりでなく，第3号被保険者制度の廃止も含まれており，とりわけ女性を中心とした就業調整の問題が関連する。この点，厚生年金の第3号被保険者及び健康保険被扶養者に係る制度は，社会的排除・包摂の見地から，望ましいものではないことが，2つの側面から明らかになった。第1には，厚生年金の第2号被保険者と国民健康保険被保険者のセットの場合と比較して，社会的排除・包摂の点から望ましいとはいえないことが示された。第2には，健康保険の被扶養者及び厚生年金の第3号被保険者の殆どが就業調整をしているところ，仮説の法政策実施に際し，就業調整をやめて労働供給を増やす労働

---

[1] 健康保険被保険者や雇用保険被保険者となることを希望しない理由として保険料の負担が考えうるが，本稿の調査は1時点の調査であり保険料の変遷の効果を調査できないため，それが現実にどの程度影響するかについては明確には実証できなかった。

者が4割弱存在していることなどから，仮説の法政策に就業調整抑止の効果があることが示され，労働による社会参加，とりわけ，女性の社会進出，社会参加の促進，ひいては，社会的包摂につながりうることが示された。以上から，仮説の法政策は，女性が大多数を占める第3号被保険者に対しても，総合的にみて，社会的排除・包摂の観点からみて望ましい法政策であることも明らかになったといえる。

　本書では，非正規雇用問題を単なる経済問題としてではなく，社会的排除・包摂問題として取り扱うことで，その社会関係，より具体的には，非正規雇用労働者の正規雇用労働者との関係やその際の意識のあり方等の解明をも目的としている。調査結果からは，賃金等の経済的要素の深刻さが企業組織内の社会関係のそれよりも上回り，社会的包摂上も経済的要素の重要性が高いことが示された。もっとも，不本意非正規雇用者はそうでない者より社会的排除の程度が高いこと，正規雇用労働者との比較を意識している非正規労働者ほど，社会的包摂の程度は低いことも明らかになっており，経済的要素ほどではないが，非正規雇用労働者の意識や階層的格差の存在と影響自体も否定できないこともわかった。さらにこのような格差は，正規雇用労働者，非正規雇用労働者の相互の意識に影響があり，非正社員とりわけ有期のフルタイムの非正社員や契約社員・嘱託社員，派遣社員にとって，正社員であることが希望として機能しているのに対し，正社員にとっては全く逆であることが明らかになり，雇用形態の階層性とそれをできる限り解消するための雇用の正規化の重要性が改めて示されたといえる。

　総括すれば，社会保険の被保険者資格を無制限なものとすると同時に，社会保険料の事業主負担の保険料を減少させるという社会保険に係る政策により，雇用の喪失なく非正規労働の正規化を促進することが可能であるという本書仮説は，企業に対して雇用の正規化を促すという意味では，一定の妥当性を示したといいうる。ただ，労働者の社会的排除・包摂に対する効果としては，部分的な妥当性しか認められなかった。雇用の正規化と社会保険の中でも厚生年金保険加入が有効であることは明らかとなり，女性の就業の枷となってきた就業調整に係る状況を社会的排除・包摂状況の悪化なくして改善することが可能と考えられるなど，仮説の法政策の社会的排除・包摂の見地から見た有用性は認

◆第6章 結論及び今後の課題

められるものの，健康保険及び雇用保険については加入に正の効果は有意に全く認められなかった。そこで，雇用保険については，雇用されている間ははほとんど無意味であるとはいえ，失業に備えるセーフティネットとしての意義はあり，実質的には不利になるものとは考えにくいことから強制加入という方法，健康保険については，強制加入や保険料支払いの猶予・免除がないことがマイナスと考えられている可能性があるものの，事業主負担が50％であるため保険料負担が一般に客観的に小さく給付もほとんど変わらないこと，年金保険の場合と異なり逆選択の可能性もないことから，国民皆保険を維持することを条件に任意加入の扱いをするという方法で社会保険を適用するというような形で，仮説の法政策を柔軟な形で実施することが望ましいと考える[2]。そうすれば，社会保険法制の趣旨に沿いつつ，社会的排除・包摂の改善と両立できるだろう。

このような結論により，雇用政策において，企業の契約の自由を制約することなく，国による一方的施策が可能な数少ない法政策として，本書の示す社会保険に係る法政策は，非正規雇用問題の解決に向けて，一定の効果が期待できるということを示せたといえるだろう。雇用の正規化を促進しつつ，労働者の社会的排除・包摂を社会保障により同時に改善することができるという効果は貴重であるので，本書仮説の社会保険に係る法政策は積極的に実現していくべき政策であると考える。

2 今後の課題

本書においては，社会保険の被保険者資格を無制限なものとすると同時に，社会保険料の事業主負担の保険料を軽減するという社会保険に係る社会保障法政策により，雇用の喪失なく非正規労働の正規化を促進し，社会保険の完全適用と相まって，非正規雇用労働者の社会的排除の改善，社会的包摂の実現が可能となるという仮説の一定の妥当性を示し，その政策としての価値を示すことができたと思う。もちろん，4分の1弱の企業にのみ効果を有し，労働者への

---

[2] 現状の制度においても，国民健康保険組合加入を希望する者が健康保険適用除外申請の承認を年金事務所から受ければ，健康保険の強制加入ではなく，国民健康保険組合に加入できるが，そのような形で一般化することについても検討の余地はあると考えられる。

社会的排除・包摂の観点からみた効果にしても，雇用の正規化と厚生年金保険適用のみに認められた，あくまで一定の部分的妥当性が示されたにすぎない。それでも，本書で提案する社会保障法政策は国が一方的に実施することができる非正規雇用問題に関する雇用政策として限定的ながら有効なものあり，既に言及したような財政問題や既存の国民年金の保険料・受給金額との比較におけるバランス等に関する制度的・技術的整合性の検討等や社会保険の任意加入の是非の検討等を行うことも含めて，微修正をする必要はあるだろうが，その他に特段の副作用もないため，是非とも実施されるべきであるといえる。

　もっとも，一定の部分的妥当性に過ぎないことということからも分かるように，これで非正規雇用問題がすべて解決するわけではないことは忘れてはならないだろう。本書の社会保険に係る法政策の効果が確認できていない企業は本書の調査においても75％に上り，本書の調査からも全ての非正規雇用労働者が社会保険適用により劇的にあらゆる種類の社会的排除状態から救われるわけでもないことは明白である。社会保険を含め社会保障法政策は，有効ではありうるが，万能ではないのである。また，本書の研究で得られた知見として，非正規雇用労働者の社会的排除・包摂に関し，非正規雇用労働者自体が最も問題と感じているのが，経済的要素であり，労働条件の改善が最も重要であることが明らかになった。ただ，同時に，企業組織内外での格差に伴う社会関係の問題も存在していることも明らかになったのであり，その影響を過大評価も過大評価もすることなく，企業組織内での処遇改善や本調査ではその重要性が認められなかった労働組合の機能の改善をも含め，企業の職場環境等を改善していくための施策を研究していくことも重要であろう。例えば，本書の調査において，教育訓練は，企業組織内の社会関係を社会的排除・包摂の見地からみて改善の方向に導きうることが明らかになった。そのことを踏まえれば，非正規雇用労働者の人的資本の向上を可能にし，本書で認められなかった雇用の正規化への効果をも生み出せることをも可能にするべく，教育訓練の質を向上させることもそのような施策の一候補であると考えられるだろう。

　さらに，本書では，非正規雇用問題という形で問題設定した上で，社会保障の核である社会保険に係る法制度について検討してきた。つまるところ，本書における研究調査対象は，雇用労働者に限定されている。しかし，近年におい

◆第 6 章　結論及び今後の課題

ては，プラットフォームエコノミー等が拡大し，請負あるいは準委任等の法形式で労働力が利用される非雇用型非正規労働が増加している。つまり，非正規雇用問題ではなく，文字通り，非正規労働問題といわなければならない状況になっている。このような変化に対応することができる社会保険をはじめとする社会保障法制度その他の法制度の充実についても検討する必要が生じている。現時点ではこの新たな問題に対して，どのような労働法制・社会保障法制が必要であるのか，可能であるのかを含めて検討がようやく始まったという段階に過ぎないが，これからの非正規労働問題は雇用に限定されない問題となっていく以上，それに対処するための適切な考察が今以上に必要となってくるのは確かなことであろう。現実の変化に適切に対応しながら，日本の労働・社会保障上の重要問題の一つである非正規労働問題とその社会的排除・包摂について，さらに視野を広げた形でその現実的な解決に向けた実証的な調査研究をさらに着実に進めていきたいと思う。

参 考 文 献 [1]

(欧文)

Akabayashi, H. (2006). "The Labor Supply of Married Women and Spousal Tax Deductions in Japan – a Structural Estimation." *Review of Economics Of the Household*, 4(4): 349-378.

Abegglen, J. (1958). *The Japanese Factory: Aspects of Its Social Organization*. Glencoe, Ill: Free Press.

Alesina, A. and R. MacCulloch (2001). "Inequality and Happiness: Are Europeans and Americans Different?" *Journal of Public Economics*. 88(9-10), 2009-2042.

Baicker, K. and A. Chandra. (2006). "The Labor Market Effects of Rising Health Insurance Premiums." *Journal of Labor Economics*, 24(3): 609-634.

Baron, J. and D.Kreps (1999). *Strategic Human Resources* New York: John Wiey.

Becker, G. (1975). *Human Capital: A Theoretical and Empirical Analysis, with Special Reference to Education*. (2nd ed.) Chicago: University of Chicago Press.

Bessho, S. and M.Hayashi (2011). "Labor Supply Response and Preferences Specification: Estimates for Prime-Age Males in Japan." *Journal Of Asian Economics* 22(5):398-411.

Bhalla, A. and F. Lapeyre. (2004). *Poverty and Exclusion in a Global World* (2nd ed.). New York: Palgrave Macmillan.（福原宏幸（訳）中村健吾（監訳）（2005）『グローバル化と社会的排除:貧困と社会問題への新しいアプローチ』昭和堂）.

Blanchflower, D. and A. Oswald (2004). "Well-being Over Time in Britain and the U.S.A." *Journal of Public Economics*. 88(7-8): 1359-1386.

Borjas, G. (2016). *Labor Economics* (7th ed.). New York: McGraw-Hill Education.

Carrington, W., MucCue, K., and B. Pierce. "Nondiscrimination Rules and the Distribution of Fringe Benefits." *Journal of Labor Economics*, 20(2): S 5 -S33.

Caire, G.and N. Kerschen. (1999). "The Management of Redundancies in Europe: The Case of France." *Labour* 13(1): 269-325.

Careé, F. (2003). "Nonstandard Work Arrangements in France the United States: Institutional Contexts, Labor Market Conditions, and Patterns of Use." In S.Houseman and M. Osawa (Eds.), *Nonstandard Work in Developed Economies: Causes and Consequences*. (pp. 131-174).Kalamazoo, Mich: W.E. Upjohn Institute for Employment Research.（大沢真知子（訳）（2003）「非典型労働の仏米比較：制度的背景，労働市場の状況，およびその活用における違い」スーザン・ハウスマン・大沢真知子編著『働き方の未来 ── 非典型労働の日米欧比較』日本労働研究機構 pp. 141-185）.

Castel, R. (2004). "Cadrer l'exclusion" in S.Kartz et M.Autès (dir) *L'exclusion, définir pour en*

---

[1] 欧文，和文の順に記載し，欧文については，アルファベット順，和文については，五十音順としている。

参考文献

finir. Paris: Dunod.

Clark, A. and A.Oswald (1994). "Unhappiness and Unemployment." *Economic Journal*. 104 (424), 648-659.

Commission on the Measurement of Economic Performance and Social Progress, Stigliz, J., Sen, A, and J. Fitoussi. (2010). *Mismeasuring our Lives: Why GDP doesn't Add up ── the Report by the Commission on the Measurement of Economic Performance and Social Progress*. New York: New Press.（福島清彦（訳）（2012）『暮らしの質を測る：経済成長率を超える幸福度指標の提案』金融財政事情研究会.

Crawford, V.and J. Meng (2011). "New York City Cabdrivers' Labor Supply Revisited : Reference-Dependent Preferences with Rational-Expectations Targets for Hours and Income." *American Economic Review*. 101(5). 1912-1932.

Dupeyroux, J., M.Borgetto et R.Lafore. (2011). *Droit de la securite sociale* (17e éd.). Paris: Dalloz.

European Commission. (1999). *Employment in Europe*. Official Publications of the European Communities.

Easterlin, R. (2001). "Income and Happiness Toward a Unified Theory." *Economic Journal*, 111.465-484.

Feli, M. and G. Zika. (2005). "Less Contributions, More Employment? What Will Cutting Social Security Contributions Accomplish?" Retrieved from http://hussonet.free.fr/feil-zika.pdf #search='Less + Contributions%2C + More + Employment%3F + What + will + cutting +++++ social + security + contributions + accomplish%3F'

Ferrer-i-Carbonell, A. (2005). "Income and Well-being: An Empirical Analysis of the Comparison of Income Effect." *Journal of Public Economics*. 89(5-6). 997-1019.

Fochmann, M., Weimann, J., Blaufus, K., Hundsdoerfer, J., and D. Kiesewetter (2013)"Net Wage Illusion in a Real-Effort Experiment." *Scandinavian Journal of Economics* 115(2). 476-484.

Frey, B. and A. Stutzer (2002). *Happiness and Economics: How the Economy and Institutions Affect Well-being*. Princeton: Princeton University Press.（沢崎冬日（訳）佐和隆光（監訳）（2005）『幸福の政治経済学 ── 人々の幸せを促進するものは何か』ダイヤモンド社）.

Griese, T./Preis, U./Kruchen, D. (2013) Neuordnung der Geringfügigen Beschäftigung, In: *Neue Zeitschrift für Arbeitsrecht*. Bd. S. 113-122.

Gruber, J. (1997). "The Incidence of Payroll Taxation: Evidence from Chile". *Journal of Labor Economics* 15(3): S72-S101.

Gruber, J. and A. Krueger. (1991). "The Incidence of Mandated Employer-Provided Insurance: Lessons from Workers' Compensation Insurance." In D. Bradford (Ed.), *Tax Policy and the Economy* (vol.5). (pp. 111-143). Cambridge, MA: MIT Press.

Hagerty, R. and R.Veenhoven. (2003). "Wealth and Happiness Revisited: Growing National Income Does Go with Greater Happiness." *Social Indicator Research* 64: 1-27.

Helliwells, J. (2003). "How's Life? Combining Individual and National Variables to Explain

Subjective Well-Being." *Economic Modelling*, 20, 331-360.

Frey, B. and Stutzer, A. (2002). *Happiness & Economics*, Princeton Paperbacks（佐和隆光監訳・沢崎冬日訳『幸福の政治経済学——人々の幸せを促進するものは何か』ダイヤモンド社, 2005年

Houseman, S. (2001). "Why Employers Use Flexible Staffing Arrangements: Evidence from an Establishment Survey." *Industrial & Labor Relations Review* 55(1): 149-170.

Houseman, S. and K. Abraham. (1993). "Female Workers as a Buffer in the Japanese Economy." *American Economic Review Papers and Proceedings* 83(2): 45-51.

Houseman, S. and M. Osawa. (2003a). "Introduction." In S.Houseman and M. Osawa (Eds.), *Nonstandard Work in Developed Economies: Causes and Consequences*. (pp. 1 -14). Kalamazoo, Mich.: W.E. Upjohn Institute for Employment Research.（大沢真知子（訳）(2003)「序章」スーザン・ハウスマン・大沢真知子編著『働き方の未来——非典型労働の日米欧比較』日本労働研究機構 pp. 1 -19).

Houseman, S. and M. Osawa. (2003b). "The Growth of Nonstandard Employment in Japan and the United States: A Comparison of Causes and Consequences." In S.Houseman and M. Osawa (Eds.), *Nonstandard Work in Developed Economies: Causes and Consequences*. (pp. 175-214). Kalamazoo, Mich.: W.E. Upjohn Institute for Employment Research.（大沢真知子（訳）(2003)「非典型労働の増加の要因と労働市場に与える影響に関する日米比較」スーザン・ハウスマン・大沢真知子編著『働き方の未来——非典型労働の日米欧比較』日本労働研究機構 pp.186-221).

Hunt, J., DeLorme, C, and H.Carter (1981) "Taxation and the Wife's Use of Time." *Industrial and Labor Relations Review*. 34(3): 426-435.

IMF. (2018a). "World Economic Outlook Database, October 2018." Retrieved from https://www.imf.org/external/pubs/ft/weo/2018/02/weodata/weorept.aspx?sy=1987&ey=2007&scsm=1&ssd=1&sort=country&ds=.&br=1&c=132&s=NGDP_RPCH&grp=0&a=&pr.x=56&pr.y=6

IMF. (2018b). "World Economic Outlook Database, October 2018." Retrieved from https://www.imf.org/external/pubs/ft/weo/2018/02/weodata/weorept.aspx?sy=1987&ey=2007&scsm=1&ssd=1&sort=country&ds=.&br=1&c=132&s=LUR&grp=0&a=&pr.x=54&pr.y=13

INSEE. (2004). *Annuaire Statistique de la France*: edition 2004. Paris: INSEE.

INSEE. (2005). *Annuaire Statistique de la France* edition 2005. Paris: INSEE.

INSEE. (2018a). "Emploi total par sexe." Retrieved from http://www.insee.fr/fr/themes/series-longues.asp?indicateur=emploi-total-sexe

INSEE. (2018b). "Emploi total selon le secteur d'activité." Retrieved from http://www.insee.fr/fr/themes/series-longues.asp?indicateur=emploi-total-secteur

Jones, G. and C. Wallace. (1992). *Youth, Family, and Citizenship*. Buckingham: Open University Press.（鈴木宏（訳）宮本みち子（監訳）(2002)『若者はなぜ大人になれないのか—家族・国家・シティズンシップ』新評論).

Kato, T. and R. Kambayashi. (2009). "The Japanese Employment System after the Bubble

参考文献

Burst: New Evidence." In K. Hamada et al. (Eds.), *Japan's Bubble, Deflation, and Long-term Stagnation* (pp. 215-262). Cambridge, MA: MIT Press.

Kawaguchi, D. (2008). "Self -employment Rents: Evidence from Job Satisfaction Scores." *Hitotsubashi Journal of Economics*, 49(1). 35-45.

Klinger, S. / Rothe, T. / Weber, E. (2013) Makrookonomische Perspektiv auf die Hartz-Reformen - Die Vorteile Uberwiegen. *LAB-Kurtzbericht* 11/2013.

Komamura, K. and A.Yamada. (2004). "Who bears the Burden of Social Insurance? Evidence from Japanese Health and Long-term Care Insurance Data." *Journal of the Japanese and International Economics*. 18(4): 565-581.

Levitas, R. (1998). *The inclucive Society? Social Exclusion and New Labour* (2 nd ed.), Basingstoke: Macmillan.

Liaisons sociales (1995). *Liaisons sociales*. Bref social No.11987.

Lehmann, E., Marcial, F., and L. Rioux (2013). "Labor Income Responds Differently to Income- Tax and Payroll-Tax Reforms." *Journal of Public Economics*, 99: 66-84.

Lister, R. (2004). *Poverty*. Cambridge: Polity press.

Merton, R. (1949). *Social Theory and Social Structure: Toward the Condition of Theory and Research*, Glencoe, III: Free Press.（森東吾・森好夫・金沢実・中島竜太郎（訳）(1961)『社会理論と社会構造』みすず書房）.

Miyazato, N. and S. Ogura. (2010). "Empirical Analysis of the Incidence of Employer's Contributions for Health Care and Long Term Insurances in Japan." *Center for Intergenerational Studies, Institute of Economic Research, Hitotsubashi University, Discussion Paper Series* No.473: 1 -14

OECD. (2002). *Employment Outlook*, Paris: OECD.

OECD. (2018). "Employment: Part-time Employment Rate." Retrieved from https://data.oecd.org/emp/part-time-employment-rate.htm

OECD. (2018b). "Unemployment Rate." Retrieved from https://data.oecd.org/unemp/unemployment-rate.htm

Paugam, S. (1995). "The Spiral of Precariousness: A Multidimensional Approach to the Process of Social Disqualification in France." In G.Room (Ed.), *Beyond the Threshold* (pp.49 -79), Bristol: Polity Press.

Rubery, J., Horrell, S. and B.Burchell. (1994) "Part-time Work and Gender Inequality in the Labour Market," In A. Scott (Ed.), *Gender Segregation and Social Change: Men and Women in Changing Labour Markets* (pp.205-234). Oxford: Oxfor University Press.

Saez, E., Matsaganis, M., and P. Tsakloglou (2012). "Earnings Determination and Taxes: Evidence from a Cohort-Based Payroll Tax Reform inGreece." *Quarterly Journal of Economics*. 127(1). 493-533.

Statistisches Bundesamt (2017) *Statistisches Jahrbuch für die Bundesrepublik Deutschland*. Stuttgart: Metzler Poeschel.

Stiglitz, J. (1988). *Economics of the Public Sector* (2 nd ed.), New York: W.W. Norton.（藪下史郎（訳）(1989)『公共経済学（下）』マグロウヒル出版）.

Summers, L. (1989). "Some Simple Economics of Mandated Benefits." *American Economic Review* 79(2): 177-183.

Townsend, P. (1979). *Poverty in the United Kingdom*. Harmondsworth: Pelican Books.

URSSAF (2018). "Les taux de cotisations de droit commun." Retrieved from https://www.urssaf.fr/portail/home/taux-et-baremes/taux-de-cotisations/les-employeurs/les-taux-de-cotisations-de-droit.html

Walwei, U. (1998) "Are Part-Time Jobs Better Than No Jobs?" In J. O'Reilly and C.Fagan (Eds.), *Part-Time Prospects: An International Comparison of Part-Time Work in Europe, North America, and the Pacific Rim* (pp.96-115). London: Routledge.

Weber, M. and A. Schram. (2016). "The Non-Equivalence of Labour Market Taxes: A Real-Effort Experiment." *Economic Journal* 127: 2187-2215.

Winkelmann, L. and R. Winkelmann (1998). "Why Are the Unemployed So Unhappy? Evidence from Panel data." *Economica* 65(257): 1-15.

Wirtschafts- und Sozialwissenschaftliches Institut in der Hans-Böckler-Stiftung (2017). "Atypische Beschäftigung in Deutschland." Retrieved from https://www.boeckler.de/pdf/atyp/D.pdf

Yamada, K. (2011) "Labor Supply Responses to the 1900s Japaneses Tax Reforms." *Labor Economics* 18(4): 539-546.

(和文)

浅野博勝・伊藤高広・川口大司（2011）「非正規労働者はなぜ増えたか」鶴光太郎・樋口美雄・水町勇一郎編著『非正規雇用改革――日本の働き方をいかに変えるか』日本評論社 pp.63-91.

足立泰美（2018）「税・社会保障制度と労働供給――家計のマイクロデータを用いた実証研究」『租税研究』819, 57-83.

足立泰美・金田陸幸（2016）「配偶者控除制度と有配偶者女性の労働供給の変化」『生活経済学研究』43(0), 13-29.

阿部彩（2002）「貧困から社会的排除へ――指標の開発と現状」『海外社会保障研究』No.141, 67-80.

阿部彩（2004）「補論「最低限の生活水準」に関する社会的評価」『季刊・社会保障研究』39(4), 403-414.

阿部彩（2007a）「現代日本の社会的排除の現状」福原宏幸編『社会的排除／包摂と社会的包摂』法律文化社 pp.129-152.

阿部彩（2007b）「日本における社会的排除の実態とその要因」『季刊・社会保障研究』43(1), 27-40.

安部由起子・大竹文雄（1995）「税制・社会保障制度とパートタイム労働者の労働供給行動」『季刊社会保障研究』31(2) 120-134.

天瀬光二・樋口英夫（2010）「調査研究の序章」労働政策研究・研修機構編『欧米における非正規雇用の現状と課題－独仏英米をとりあげて』労働政策研究報告書 No.130. pp.1-12.

参 考 文 献

荒木尚志・菅野和夫・山川隆一（2014）『詳説労働契約法（第2版）』弘文堂.
有田伸（2016）『就業機会と報酬格差の社会学――非正規雇用・社会階層の日韓比較』東京大学出版会.
有田伸（2017）「社会学から考える非正規雇用の低賃金とその変容」玄田有史編『人手不足なのになぜ賃金が上がらないのか』慶應義塾大学出版会 pp.251-266.
飯田高（2004）『「法と経済学」の社会規範論』勁草書房.
飯田善郎（2009）「相対所得における他者とは誰か――アンケート調査から」『京都産業大学論集・社会科学系列』26.131-156.
飯田善郎（2011）「相対所得におけるリファレンスグループの選択とその動機」『京都産業大学論集・社会科学系列』28.1-23.
石田光男（2018）「「働き方改革」と労使関係の課題」『DIO：Data Information Opinions』No.341, 5-8.
石原真三子（2003）「パートタイム雇用の拡大はフルタイムの雇用を減らしているのか」『日本労働研究雑誌』No.518, 4-16.
伊藤実（2004）「フランスにおける雇用政策の転換」労働政策研究・研修機構編『フランス・ドイツにおける雇用政策の改革――EU雇用戦略と政策転換』労働政策研究報告書 No.15.13-51.
伊野波良雄（2014）「異なる公的年金制度の加入と幸福感度」橘木俊詔編『幸福』ミネルヴァ書房 pp.93-111.
岩田正美（2008）『社会的排除：参加の欠如・不確かな帰属』有斐閣.
岩村正彦（2001）『社会保障法I』弘文堂.
岩本康志・濱秋純哉（2006）「社会保険料の帰着分析――経済学的考察」『季刊・社会保障研究』42（3），204-218.
氏原正治郎（1966）『日本労働問題研究』東京大学出版会.
埋橋孝文（2010）「「参加保障・社会連帯型」社会政策を求めて」埋橋孝文・連合総合生活開発研究所編『参加と連帯のセーフティネット――人間らしい品格のある社会への提言』ミネルヴァ書房 pp.1-21.
浦川邦夫（2011）「幸福度研究の現状―将来不安への処方箋」『日本労働研究雑誌』No.612 4-15.
浦川邦夫（2014）「ケイパビリティと仕事満足度」橘木俊詔編『幸福』ミネルヴァ書房 pp.73-92.
浦川邦夫・松浦司（2007）「相対的格差が生活満足度に与える影響――「消費生活に関するパネル調査」による分析」『季刊 家計経済研究』73, 61-70.
江口隆裕（2008）『変貌する日本と世界の年金：年金の基本原理から考える』法律文化社.
遠藤公嗣（2016）「社会経済からみた「同一（価値）労働同一賃金」と法律家の言説」『季刊・労働者の権利』315, 32-41.
大石亜希子（2003）「有配偶女性の労働供給と税制・社会保障制度」『季刊・社会保障研究』39（3），286-300.
大石繁宏（2009）『幸せを科学する：心理学からわかったこと』新曜社.
大垣昌夫・田中沙織（2014）『行動経済学――伝統的経済学との統合による新しい経済学を

目指して』有斐閣.
大沢真理（2008）「生活保障システムという射程の社会政策研究」『社会政策』1（1），31-43.
大島敬士・佐藤朋彦（2017）「家計調査等から探る賃金低迷の理由——企業負担の増大」玄田有史編『人手不足なのになぜ賃金が上がらないのか』慶應義塾大学出版会 pp.137-150.
太田勝造（1994）「権利と法の経済分析」棚瀬孝雄編『現代法社会学入門』法律文化社 pp.266-295.
太田聰一（2004）「社会保険料の事業主負担は本当に「事業主負担」なのか」『労働研究雑誌』46（4），10-13.
太田聰一（2008）「社会保険料の事業主負担部分は労働者に転嫁されているのか」『労働研究雑誌』50（4），16-19.
太田聰一（2014）「幸福度指数を考える」橘木俊詔編『幸福』ミネルヴァ書房 pp.45-57.
太田聰一・玄田有史・照山博司（2008）「1990年代以降の日本の失業：展望」日本銀行ワーキング・ペーパー，08-J-4．
太田聰一・橘木俊詔（2012）『労働経済学入門（新版）』有斐閣.
大竹文雄（2017）「労働経済学における行動経済学的アプローチ」川口大司編『日本の労働市場：経済学者の視点』有斐閣 pp.367-391.
大竹文雄・奥平寛子（2006）「解雇規制は雇用機会を減らし格差を拡大させる」福井秀夫・大竹文雄編著『脱格差社会と雇用法制——法と経済学で考える』日本評論社 165-185.
大竹文雄・富岡淳（2010）「不平等と幸福度」大竹文雄・白石小百合・筒井義郎編『日本の幸福度——格差・労働・家族』日本評論社 pp.149-164.
大野吉輝（2005）「年金保険料負担の企業活動への影響」『年金と経済』24（2），21-26.
大渕憲一（2013）「よりよい社会を求めて」佐藤嘉倫・木村敏明編『不平等生成メカニズムの解明——格差・階層・公正』ミネルヴァ書房 pp.321-336.
岡部史哉（2014）「短時間労働者への社会保険適用をめぐる検討経緯と今後の課題」『社会保障法研究』（4），72-110.
荻野博司（2005）「企業と社会保険——「事業主負担を考える」」『年金と経済』24（2），11-20.
奥西好夫（2008）「正社員および非正社員の賃金と仕事に関する意識」『日本労働研究雑誌』No.576，54-69.
小野晶子（2017a）「非正規化の要因を事業特性や企業特性から考える」労働政策研究・研修機構編『非正規雇用の待遇差解消に向けて』労働政策研究・研修機構 pp.32-61.
小野晶子（2017）「非正規雇用の諸問題と本書のねらい」労働政策研究・研修機構編『非正規雇用の待遇差解消に向けて』労働政策研究・研修機構 pp.7-31.
嵩さやか（2017）「日本における失業者・非正規労働者の社会的包摂」『社会保障法研究』（7）45-60.
加藤孝（1985）『改正雇用保険の理論』財形福祉協会.
兼清弘之（1983）「老供給の決定因」『亜細亜大学経済学紀要』8（2），41-61.
金子宏（2017）『租税法（第22版）』弘文堂.

参 考 文 献

神尾真知子（2014）「社会保険とジェンダー」『社会保障法』29，48-61．
川口大司（2017）「社会の課題に労働経済学はどのように応えるのか？」川口大司編『日本の労働市場——経済学者の視点』有斐閣 pp.393-408．
川口大司（2017）『労働経済学——理論と実証をつなぐ』有斐閣．
川口美貴（1995）「フランスにおけるパートタイム労働法制の展開——多様な利益調和とワークシェアリング」『静岡大学法経研究』44（3），47-128．
川口美貴（2002）「フランス（概説 パートタイム労働の法制度）」『海外労働時報』26（13），1-20．
川嶋伸佳・大渕憲一（2013）「不平等と公正感」佐藤嘉倫・木村敏明編『不平等生成メカニズムの解明——格差・階層・公正』ミネルヴァ書房 pp.299-320．
川本卓司・篠崎公昭（2009）「賃金はなぜ上がらなかったのか？——2002〜2007年の景気拡大期における大企業人件費の抑制要因に関する一考察」日本銀行ワーキングペーパーシリーズ．
神林龍（2017）『正規の世界・非正規の世界——現代日本労働経済学の基本問題』慶應義塾大学出版会．
菊池馨実（2010）『社会保障法制の将来構想』有斐閣．
菊池馨実（2018）『社会保障法（第2版）』有斐閣．
菊地英明（2007）「排除されているのは誰か——「社会生活に関する実態調査」からの検討」『季刊・社会保障研究』43(1)，4-14．
岸智子（2007）「非典型労働者の健康保険」古郡鞆子編『非典型労働と社会保障』中央大学出版部 97-121．
金明中（2008）「社会保険料の増加が企業の雇用に与える影響に関する分析－上場企業のパネルデータ（1984〜2003年）を利用して」『日本労働研究雑誌』No.571，89-103．
金明中（2015）「非正規雇用増加の要因としての社会保険料事業主負担の可能性」『日本労働研究雑誌』No.659，27-46．
木本貴美子（2000）「女性労働研究の到達点と課題」木本貴美子・深澤和子編『現代日本の女性労働とジェンダー』ミネルヴァ書房 pp.22-51．
久米功一・小林庸平・及川景太・曽根哲郎（2013）「企業の価格づけ行動と賃金・雇用調整——法人税率変更と企業行動の行動経済学的な分析」『行動経済学』（6），93-96．
久米功一・大竹文雄・鶴光太郎・奥平寛子（2013）「非正規労働者における社会的排除の実態とその要因」『日本労働研究雑誌』No.586，100-115．
倉田聡（2000）「短期・断続的雇用者の労働保険・社会保険」日本労働法学会編『講座・21世紀の労働法2——労働市場の機構とルール』有斐閣 pp.261-281．
倉田聡（2004）「非正規就業の増加と社会保障法の課題」『季刊・社会保障法研究』4（2），127-138．
倉田賀世（2010）「3号被保険者制度廃止・縮小論の再検討」『日本労働研究雑誌』No.605，44-53．
倉田賀世（2016）「マルチジョブホルダーをめぐる社会保障の課題——とりわけ被用者保険制度を対象とする比較法的検討」『日本労働研究雑誌』No.676，69-77．
経済産業省（2004）「企業活動と公的負担に関する緊急調査について」

経済産業省（2007）「公的負担と企業行動に関するアンケート調査」
毛塚勝利（2017a）「課題設定と総括」『非正規労働問題の今後の課題を探る：ドイツ，イギリスの非正規労働の実状と労働組合の取り組み：日本への示唆：非正規労働の現状と労働組合の対応に関する国際比較調査報告書』連合総合生活開発研究所 pp.1-10.
毛塚勝利（2017b）「ドイツ非正規労働の動向と政策の現在」『非正規労働問題の今後の課題を探る：ドイツ，イギリスの非正規労働の実状と労働組合の取り組み：日本への示唆：非正規労働の現状と労働組合の対応に関する国際比較調査報告書』連合総合生活開発研究所 pp.11-55.
玄田有史（2008）「前職が非正社員だった離職者の正社員への移行について」『日本労働研究雑誌』No.580, 61-77.
玄田有史（2009a）「正社員になった非正社員 ―― 内部化と転職の先に」『日本労働研究雑誌』No.634, 34-48.
玄田有史（2009b）「データが語る日本の希望」東京大学社会科学研究所・玄田有史・宇野重規編『希望を語る ―― 社会科学の新たな地平へ』（希望学［一］）東京大学出版会 pp.127-172.
玄田有史（2014）「希望について ―― 幸福および他国との比較」橘木俊詔編『幸福』ミネルヴァ書房 pp.167-188.
玄田有史（2017a）「総括 ―― 人手不足期に賃金が上がらなかった理由」玄田有史編『人手不足なのになぜ賃金が上がらないのか』慶應義塾大学出版会 pp.285-304
玄田有史（2017b）「問いの背景」玄田有史『人手不足なのになぜ賃金が上がらないのか』慶應義塾大学出版会 pp.vii-xiii.
玄田有史（2017c）「労働契約・雇用管理の多様化」川口大司編『日本の労働市場：経済学者の視点』有斐閣 pp.50-75.
厚生労働省（2006）「平成18年パートタイム労働者総合実態調査」
厚生労働省（2010）「持続可能な活力ある社会を実現する経済雇用システム」雇用政策研究会報告書.
厚生労働省（2011）「平成23年有期契約労働者に関する実態調査」
厚生労働省（2014a）「国民年金及び厚生年金に係る財政の現況及び見通しの関連試算（オプション試算結果）」http://www.mhlw.go.jp/topics/bukyoku/nenkin/nenkin/zaisei-kensyo/ dl/h26_shisan.pdf
厚生労働省（2014b）「短時間労働者に対する被用者保険の適用拡大」（平成26年9月18日）http://www.mhlw.go.jp/file/05-Shingikai-12601000-Seisakutoukatsukan-Sanjikanshit suShakaihoshoutantou/0000058100. pdf#search=' %E7%9F%AD%E6%99%82%E9%96% 93%E5%8A%B4%E5%83%8D%E8%80%85%E3%81%AB%E5%AF%BE%E3%81%99%E3 %82%8B%E8%A2%AB%E7%94%A8%E8%80%85%E4%BF%9D%E9%99%BA%E3%81% AE%E9%81%A9%E7%94%A8%E6%8B%A1%E5%A4%A7'
厚生労働省（2014c）『平成26年版 労働経済白書 ―― 人材力の最大発揮に向けて』日経印刷.
厚生労働省（2014d）「平成26年国民年金被保険者実態調査」
厚生労働省（2014e）「平成26年就業形態の多様化に関する総合実態調査」
厚生労働省（2014f）「平成26年版労働経済の分析」

参 考 文 献

厚生労働省（2015）「平成27年国民生活基礎調査」
厚生労働省（2016a）「平成28年就労条件総合調査」
厚生労働省（2016b）「平成28年パートタイム労働者総合実態調査」
厚生労働省（2017a）「平成29年賃金構造基本統計調査」
厚生労働省（2017b）「平成29年能力開発基本調査」
厚生労働省（2017c）「平成29年労使間の交渉等に関する実態調査」
厚生労働省（2017d）「平成29年労働組合基礎調査」
厚生労働省（2017e）「ホームレスの実態に関する全国調査（概数調査）」
小塩隆士・浦川邦夫（2012）「主観的厚生に関する相対的所得仮説の検証 —— 幸福感・健康観・信頼感」『経済研究』63（1），42-55.
小杉礼子（2010）「非正規雇用からのキャリア形成 —— 登用を含めた正社員への移行の規定要因分析から」『日本労働研究雑誌』No.602,50-59.
小杉礼子（2011）「正社員への移行支援政策としてのジョブ・カード制度の現状と課題」小杉礼子・原ひろみ編著『非正規雇用のキャリア形成 —— 職業能力評価社会をめざして』勁草書房 pp.193-222.
小杉礼子・原ひろみ（2011）「非正規雇用者のキャリア形成と政策対応」小杉礼子・原ひろみ編著『非正規雇用のキャリア形成 —— 職業能力評価社会をめざして』勁草書房 pp.1-35.
後藤玲子・阿部彩・橘木俊詔（2004）「現代日本社会において何が〈必要〉か？—— 『福祉に関する意識調査』の分析と考察」『季刊・社会保障研究』39（4），389-402.
小林庸平・久米功一・及川景太・曽根哲郎（2015）「公的負担と企業行動 —— 企業アンケートに基づく実証分析」『季刊・社会保障研究』50（4），446-463.
駒村康平（2008）「非典型労働者の増加と年金制度の対応」土田武史・田中耕太郎・府川哲夫編著『社会保障改革 —— 日本とドイツの挑戦』ミネルヴァ書房 pp.218-233.
近藤絢子（2017）「人手不足なのに賃金が上がらない三つの理由」玄田有史編『人手不足なのになぜ賃金が上がらないのか』慶應義塾大学出版会 pp.1-16.
コンラット，ハラルト（2006）「ドイツにおける労働市場改革の問題点」労働政策研究・研修機構編『ドイツにおける労働市場改革 —— その評価と展望』労働政策研究報告書 No.69，pp.63-73.
ザイフェルト，ハルトムート（2010）「ドイツの非典型雇用」労働政策研究・研修機構編『欧米における非正規雇用の現状と課題 —— 独仏英米をとりあげて』労働政策研究報告書 No.130，pp.27-64.
齋藤立滋（2010）「国民年金の再構築 —— 高齢期のセーフティネット・最低限生活保障として」埋橋孝文・連合総合生活開発研究所編『参加と連帯のセーフティネット：人間らしい品格のある社会への提言』ミネルヴァ書房 pp.121-149.
齋藤立滋（2012）「参加保障型社会保険の研究：日本の社会保険の機能不全要因とその解消に向けて」大阪産業大学経済論集13（1），55-71.
齋藤立滋（2017a）「社会的包摂としてのベーシックインカム —— 論点整理と今後の課題」大阪産業大学経済論集18（3），221-234.
齋藤立滋（2017b）「日本における社会的排除の研究：現状と課題」『政策科学』24（3），

35-43.

坂井岳夫（2013）「ドイツにおける僅少就業制度についての考察：社会保険の適用構造に関する基礎的研究」『同志社法学』65（3），71-131.

酒井正（2006）「社会保険料の事業主負担は本当に労働者が負担しているのか？」『税制と社会保障に関する研究 ── 平成17年度総括・分担研究報告書』厚生労働科学研究費補助金政策科学推進研究事業 pp.100-127.

酒井正（2009）「社会保険料の事業主負担と賃金・雇用の調整」国立社会保障・人口問題研究所編『社会保障財源の効果分析』東京大学出版会 pp.63-91.

佐口和郎（2008）「制度派労働研究の現代的価値:社会政策研究との関連で」『社会政策』1（1）44-59.

佐々木一郎（2012）『年金未納問題と年金教育』日本評論社.

佐藤嘉倫（2013）「正規雇用と非正規雇用－日本における格差問題」佐藤嘉倫・木村敏明編『不平等生成メカニズムの解明 ── 格差・階層・公正』ミネルヴァ書房 pp.15-34.

佐野晋平・大竹文雄（2010）「労働は人々を幸せにするか？」大竹文雄・白石小百合・筒井義郎編『日本の幸福度：格差・労働・家族』日本評論社 pp.105-128.

産経新聞（2013年9月15日）「「広がる5年雇い止め」法改正で，労使に無用な対立」

志賀信夫（2016）『貧困理論の再検討 ── 相対的貧困から社会的排除へ』法律文化社.

柴田洋二郎（2011）「フランス医療保険制度における事業主の役割」『健康保険制度における事業主の役割に関する調査研究報告書』健康保険組合連合会 pp.36-72.

島崎謙治（2009）「健康保険の事業主負担の性格・規範性とそのあり方」国立社会保障・人口問題研究所編『社会保障財源の制度分析』東京大学出版会 pp.135-164.

島崎謙治（2011）『日本の医療 ── 制度と政策』東京大学出版会.

清水玄（1940）『社会保険論』有光社.

社会保障制度審議会社会保障将来像委員会（1993）『社会保障の理念等の見直しについて』社会保障制度審議会社会保障将来像委員会.

シュピオ，アラン（1999）矢野昌浩訳「90年代におけるフランス労働法の動向」『日本労働研究雑誌』No.464,82-93.

庄屋怜子・布川日佐史（2002）「ドイツにおける社会的排除への対策」『海外社会保障研究』No.141, 38-55.

白石賢・白石小百合（2010）「幸福の経済学の現状と課題」大竹文雄・白石小百合・筒井義郎編『日本の幸福度：格差・労働・家族』日本評論社 pp.9-32.

白石小百合・白石賢（2010）「ワーク・ライフ・バランスと女性の幸福度」大竹文雄・白石小百合・筒井義郎編『日本の幸福度：格差・労働・家族』日本評論社 pp.237-261.

菅野和夫（1997）『新・雇用社会の法（補訂版）』有斐閣.

菅野和夫（2017）『労働法（第11版補正版）』弘文堂.

菅沼隆（2010）「参加型社会保障の提案」埋橋孝文・連合総合生活開発研究所編『参加と連帯のセーフティネット ── 人間らしい品格のある社会への提言』ミネルヴァ書房 pp.77-102.

鈴木翔子（2016）「日本における所得税の配偶者控除と女性の労働供給」『上智経済論集』61（1・2）59-72.

参 考 文 献

税制と社会保障に関する研究会（2006）「税制と社会保障に関する調査（企業調査）」厚生労働科学研究費補助金政策科学推進研究事業『税制と社会保障に関する調査　平成17年度総括分担兼研究報告書』247-263.
盛山和夫（1997）「合理的選択理論」井上俊・上野千鶴子・大澤真幸・見田宗介・吉見俊哉編『現代社会学の理論と方法』岩波書店 pp.137-156.
総務省（2016）「企業等に関する集計」総務省統計局.
総務省（2017）「労働力調査 https://www.stat.go.jp/data/roudou/sokuhou/nen/ft/pdf/index.pdf.
総務省（2018）「平成29年就業構造基本調査」
ゾンマー，モニカ（2014）「ドイツ・ハルツ改革の功罪」『Business Labor Trend』2014-11, 14-57.
「大学非常勤職員のワークライフバランス」研究会（2014）『大学×非正規×女性の「貧困」を問う —— 京都大学非常勤職員の実態報告』「大学非常勤職員のワークライフバランス」研究会.
髙橋新吾（2010）「配偶者控除及び社会保障制度が日本の既婚女性に及ぼす労働抑制効果の測定」『日本労働研究雑誌』No.605, 28-43.
髙橋康二（2017）「転職による正社員転換と雇用の安定」労働政策研究・研修機構編『非正規雇用の待遇差解消に向けて』労働政策研究・研修機構 pp.164-190.
武川正吾（2007）『連帯と承認 —— グローバル化と個人化のなかの福祉国家』東京大学出版会.
田近栄治・横田崇（2018）「配偶者控除・配偶者特別控除の改正 —— 世帯収入影響額の推計と配偶者就業調整の改善提案」『租税研究』821, 344-357.
橘木俊詔（2002）『失業克服の経済学』岩波書店.
橘木俊詔（2014）「幸福をどう考えるか」橘木俊詔編『幸福』ミネルヴァ書房 pp.1-10.
橘木俊詔・高村里江（2018）『幸福感の統計分析』岩波書店.
田中耕太郎（2016）『社会保険のしくみと改革課題』放送大学教育振興会.
太郎丸博（2009）『若年非正規雇用の社会学 —— 階層・ジェンダー・グローバル化』大阪大学出版会.
津田小百合（2006）「社会保険料の労使折半に関する比較法的考察 —— ドイツにおける議論を例に—」『季刊・社会保障研究』42（3），271-278.
筒井義郎（2010a）「幸福度研究の課題」大竹文雄・白石小百合・筒井義郎編『日本の幸福度：格差・労働・家族』日本評論社 pp.263-279.
筒井義郎（2010b）「なぜあなたは不幸なのか」大竹文雄・白石小百合・筒井義郎編『日本の幸福度：格差・労働・家族』日本評論社 pp.33-73.
土居丈朗（2010）「法人税の帰着に関する動学的分析 —— 簡素なモデルによる分析」RIETI Discussion Paper Series 10-J-034.
戸田淳仁（2018）「非正規雇用者へのセーフティ・ネットと流動性」阿部正浩・山本勲編『多様化する日本人の働き方 —— 非正規・女性・高齢者の活躍の場を探る』慶應義塾大学出版会 pp.47-65.
戸田典子（2007a）「パート労働者への厚生年金の適用問題」『レファレンス』57(12), 25-44.
戸田典子（2007b）「非正規雇用者の増加と社会保障」『レファレンス』57（2），21-44.

参 考 文 献

都留民子（2000）『フランスの貧困と社会保護 —— 参入最低限所得（RMI）への途とその経験』法律文化社．
富岡淳（2010）「経済学における主観的データの意義と問題点 —— 幸福度研究を中心として」大竹文雄・白石小百合・筒井義郎編『日本の幸福度：格差・労働・家族』日本評論社 pp.75-102.
友野典夫（2006）『行動経済学 —— 経済は「感情」で動いている』光文社．
内閣府・伊藤元重・榊原定征・髙橋進・新浪剛史（2014）「女性の働き方に中立的な制度整備に向けて —— 制度と慣行の見直し（説明資料）」https://www.jauw.org/event/seminar2015symp/sakamoto3.pdf#search=%27%E5%86%85%E9%96%A3%E5%BA%9C＋%E5%A5%B3%E6%80%A7%E3%81%AE%E5%83%8D%E3%81%8D%E6%96%B9%E3%81%AB%E4%B8%AD%E7%AB%8B%E7%9A%84%E3%81%AA%27
永瀬伸子（1997）「女性の就業選択 —— 家庭内生産と労働供給」中馬宏之・駿河輝和編『雇用慣行の変化と女性労働』pp.279-312.
永瀬伸子（2002）「若年層の雇用の非正規化と結婚行動」『人口開発研究』58（2），22-35.
中村健吾（2007）「社会理論からみた「排除」」福原宏幸編『社会的排除／包摂と社会的包摂』法律文化社 pp.40-73.
中村善雄（2017）「ドイツ労働組合の非正規労働への認識と対応 —— 組合インタビューを中心に」『非正規労働問題の今後の課題を探る：ドイツ，イギリスの非正規労働の実状と労働組合の取り組み：日本への示唆：非正規労働の現状と労働組合の対応に関する国際比較調査報告書』連合総合生活開発研究所 pp.56-67.
永吉希久子（2013）「制度が生み出す不平等：日本とスウェーデンの比較から」佐藤嘉倫・木村敏明編『不平等生成メカニズムの解明：格差・階層・公正』pp.79-97.
西村淳（2007）「非正規雇用労働者の年金加入をめぐる問題－国際比較の視点から」『海外社会保障研究』158，30-44.
西村幸満・卯月由佳（2007）「就業者における社会的排除 —— 就業者の二極化への示唆」『季刊・社会保障研究』43（1）41-53.
西久保浩二（2009）「企業内福利厚生と社会保障」宮島洋・西村周三・京極高宣編著『社会保障と経済1：企業と労働』東京大学出版会 pp.117-141.
仁田道夫（2008）「雇用の量的管理」仁田道夫・久本憲夫編『日本的雇用システム』ナカニシヤ出版 pp.27-72.
日本経済新聞（2008年9月7日）「厚生年金・政管健保，未加入10万事業所，社保庁調べ－1年で3000ヵ所増加」
日本労政調査会（1998）「機会の平等と格差の公正さを —— 生産性本部『個別化の進展と労使関係』」『総合資料 M&L』243：42-53.
野田知彦（2010）『雇用保障の経済分析 —— 企業パネルデータによる労使関係』ミネルヴァ書房．
橋本陽子（2014）「ハルツ改革後のドイツの雇用政策」『日本労働研究雑誌』No.647，51-65.
濱口桂一郎（2010）『労働市場のセーフティネット』労働政策研究・研修機構編　Vol.7
濱口桂一郎（2015）『働く女子の運命』文藝春秋．
原ひろみ（2003）「正規労働と非正規労働の代替・補完関係の計測 —— パート・アルバイト

参 考 文 献

を取り上げて」『日本労働研究雑誌』No.518，17-30.
原ひろみ（2011）「非正社員の企業内訓練の受講とその効果」小杉礼子・原ひろみ編著『非正規雇用のキャリア形成 —— 職業能力評価社会をめざして』勁草書房 pp.148-189.
原ひろみ（2014）『職業能力開発の経済分析』勁草書房.
樋口美雄（2018）「非正規労働者の賃金引き上げに何が有効か」樋口美雄・石井加代子・佐藤一磨編『格差社会と労働市場 —— 貧困の固定化をどう回避するか』慶應義塾大学出版会．pp.77-101
樋口美雄・石井加代子・佐藤一磨（2018）「序」樋口美雄・石井加代子・佐藤一磨編『格差社会と労働市場 —— 貧困の固定化をどう回避するか』慶應義塾大学出版会．pp.i-xii
樋口美雄・坂本和靖・萩原里紗（2018）「結婚・出産後の継続就業 —— 家計パネル調査による分析」阿部正浩・山本勲編『多様化する日本人の働き方 —— 非正規・女性・高齢者の活躍の場を探る』慶應義塾大学出版会．Pp.93-115
樋口美雄・佐藤一磨（2018）「労働市場はどう変わったか」樋口美雄・石井加代子・佐藤一磨編『格差社会と労働市場 —— 貧困の固定化をどう回避するか』慶應義塾大学出版会．pp.27-51.
樋口美雄・新保一成（1999）「日本企業の雇用創出と雇用喪失 —— 社齢・海外直接投資・研究開発との関連を中心に」『三田商学研究』42（5），111-133.
久本憲夫（2008a）「日本的雇用システムとは何か」仁田道夫・久本憲夫編『日本的雇用システム』ナカニシヤ出版 pp.9-26.
久本憲夫（2008b）「能力開発」仁田道夫・久本憲夫編『日本的雇用システム』ナカニシヤ出版 pp.107-161.
平野光俊（2009）「内部労働市場における雇用区分の多様化と転換の合理性 —— 人材ポートフォリオシステムからの考察」『日本労働研究雑誌』No.586，5-19.
福原宏幸（2007）「社会的排除／包摂論の現在と展望 —— パラダイム・「言説」をめぐる議論を中心に」福原宏幸編『社会的排除／包摂と社会的包摂』法律文化社 pp.11-39.
藤野敦子（2012）「フランスの非正規雇用の実態及び就労意識 —— 日本との比較の観点から」『京都産業大学論集．社会科学系列』29，39-68.
藤本玲（2007）「フランスにおける労働・雇用政策と社会保障」労働政策研究・研修機構編『ドイツ，フランスの労働・雇用政策と社会保障』労働政策研究報告書 No.84，pp.75-138.
古郡鞆子（2007）「企業と非典型労働」古郡鞆子編『非典型労働と社会保障』中央大学出版部 pp.59-94.
法研（2016）「国税情報や実態調査により未加入事業所対策を強化 —— 日本年金機構の厚年適用促進に向けた取組み」『週刊社会保障』70（2900），24-31.
堀勝洋（1997）『年金制度の再構築』東洋経済新報社.
堀勝洋（2004）『社会保障法総論（第2版）』東京大学出版会.
堀勝洋（2017）『年金保険法（第4版）』法律文化社.
前川聡子（2012）「日本における企業の社会保障負担の変化」『社会保障と財政を考える —— 医療・介護政策と財政負担の方向から』関西大学経済政治研究所 pp.93-106.
馬欣欣（2017）「なぜ正規・非正規雇用者間の賃金格差が生じるのか」労働政策研究・研修

機構編『非正規雇用の待遇差解消に向けて』労働政策研究・研修機構 pp.62-97.
正井章筰（2011）「ドイツの社会保障制度──改革と現実」『早稲田法学』86（4），49-97.
益田仁（2012）「若年非正規雇用労働者と希望」『社会学評論』63（1），87-105.
松原仁美（2008）「フランス雇用政策における非市場領域の形成：新たな雇用経路の登場」『経済学雑誌』109（1）77-95.
松村文人（2007）「フランスの失業保険と雇用政策」『海外社会保障研究』No.161，61-78.
丸山桂（2006）「非典型労働者に対する被用者年金の適用状況と適用拡大の影響」年金シニアプラン総合開発研究機構・駒村康平編『平成17年就業形態の多様化に対応する年金制度に関する研究』pp.12-27.
ミション，フランソワ（2010）「フランスにおける非正規雇用の実態に関する調査」労働政策研究・研修機構編『欧米における非正規雇用の現状と課題──独仏英米をとりあげて』労働政策研究報告書 No.130. pp.65-107.
水町勇一郎（1997）『パートタイム労働の法律政策』有斐閣.
三菱総合研究所（2010）「平成21年度総合調査研究「企業負担の転嫁と帰着に係る調査研究」」
宮本太郎（2009）『生活保障──排除しない社会へ』岩波新書.
本澤巳代子（1998）「女性と年金制度」『法律のひろば』54（1），27-33.
森川正之（2010）「企業業績の不安定性と非正規労働」RIETI DP10-J-023.
守島基博（2011）「「多様な正社員」と非正規雇用」鶴光太郎ほか編『非正規雇用改革──日本の働き方をいかに変えるか』日本評論社 pp.217-241.
森山智彦（2017）「どのような人事制度下で働いている非正規雇用者が将来に希望を持っているのか」労働政策研究・研修機構編『非正規雇用の待遇差解消に向けて』労働政策研究・研修機構 pp.122-163.
八代尚宏（2006）「『労働契約法』と労働時間法制の規制改革」福井秀夫・大竹文雄編著『脱格差社会と雇用法制──法と経済学で考える』日本評論社 pp.219-242.
山口雅生（2011）「正社員と非正社員の代替・補完関係に関する計量分析」『日本経済研究』No.64，27-55.
山田昌弘（2004）『希望格差社会──負け組の絶望感が日本を引き裂く』筑摩書房.
山本泰彦（1984）「婦人の年金保障体系をめぐって」『季刊労働法』No.131，101-107.
山本勲・黒田祥子（2017）「給与の下方硬直性がもたらす上方硬直性」玄田有史編『人手不足なのになぜ賃金が上がらないのか』慶應義塾大学出版会 pp.69-84.
山本克也（2003）「財政収支から見た短時間労働者の厚生年金適用拡大の効果」『季刊・社会保障研究』39（3），238-246.
吉田和央（2007）「ミニ・ジョブと労働市場政策」労働政策研究・研修機構編『ドイツ，フランスの労働・雇用政策と社会保障』労働政策研究報告書 No.84. pp.57-64.
吉中季子（2007）「日本における無年金，無保険世帯の実態と課題」福原宏幸編『社会的排除／包摂と社会的包摂』法律文化社 pp.153-176.
吉原健二・和田勝（2008）『日本医療保険制度史（増補改訂版）』東洋経済新報社.
読売新聞（2015年2月23日）「厚生年金逃れ疑い80万社──厚労省強制加入へ調査」
労務行政研究所（2004）『雇用保険法：コンメンタール』労務行政.

参考文献

労働政策研究・研修機構（2006a）「検証：企業が負担する社会保障コスト —— 少子高齢化時代に果たす役割を睨んでの国際比較」『Business Labor Trend』2006-10，36-46．
労働政策研究・研修機構（2006b）『正社員とパートタイマー等の均衡処遇に関する意識調査』JILPT調査シリーズNo.26．
労働政策研究・研修機構（2011a）『契約社員の人事管理と就業実態に関する研究』労働政策研究報告書No.130．
労働政策研究・研修機構（2011b）『非正規雇用に関する調査研究報告書 —— 非正規雇用の動向と均衡処遇，正社員転換を中心として』労働政策研究報告書No.132．
労働政策研究・研修機構（2012a）『「JILPT多様就業実態調査」データ二次分析結果報告書 —— ニュー・フロンティア論点とオールド・フロンティア論点』労働政策研究報告書No.143．
労働政策研究・研修機構（2012b）『「多様な正社員」の人事管理 —— 企業ヒアリング調査から』JILPT資料シリーズNo.107．
労働政策研究・研修機構（2013a）『雇用の多様化の変遷〈そのⅢ〉：2003・2007・2010 —— 厚生労働省「多様化調査」の特別集計より』労働政策研究報告書No.161．
労働政策研究・研修機構（2013b）『「社会保険の適用拡大が短時間労働に与える影響調査結果 —— 短時間労働者に対する社会保険の適用拡大に伴い，事業所や労働者はどのように対応する意向なのか』JILPT調査シリーズNo.114．
労働政策研究・研修機構（2013c）『「多様な正社員」の人事管理に関する研究』労働政策研究報告書No.158．
労働政策研究・研修機構（2013d）『「短時間労働者の多様な実態に関する調査」結果 —— 無期パートの雇用管理の現状はどうなっているのか』JILPT調査シリーズNo.105．
労働政策研究・研修機構（2014a）『改正労働契約法に企業はどのように対応しようとしているのか ——「高年齢社員や有期契約社員の法改正後の活用状況に関する調査」結果』JILPT調査シリーズNo.122．
労働政策研究・研修機構（2014b）『多様な就業形態と人材ポートフォリオに関する実態調査（事業所調査・従業員調査）』JILPT調査シリーズNo.134．
労働政策研究・研修機構（2014c）『非正規雇用者の企業・職場における活用と正社員登用の可能性 —— 事業所ヒアリング調査からの分析』JILPT資料シリーズNo.137．
労働政策研究・研修機構（2015）『雇用ポートフォリオの動向と非正規の正規雇用化に関する暫定レポート』JILPT資料シリーズNo.148．
労働政策研究・研修機構（2017）『非正規労働者の組織化とその効果 —— アンケート調査による分析』JILPT調査シリーズNo.170．
労働政策研究・研修機構（2018）『「社会保険の適用拡大への対応状況等に関する調査」及び「社会保険の適用拡大に伴う働き方の変化等に関する調査」結果』JILPT調査シリーズNo.182．
脇坂明・松原光代（2003）「パートタイマーの基幹化と均衡処遇（Ⅰ）」『学習院大学経済論集』40（2），157-174．
渡辺木綿子（2009）「正社員登用事例にみる雇用の多元化と転換の現状」『日本労働研究雑誌』No.585，49-58．

あとがき

　本書は，2019年2月に東京大学大学院法学政治学研究科に提出した助教論文「非正規雇用労働者の社会的包摂に向けた社会保険制度に係る法政策」を加筆・修正したものであり，筆者の研究の事実上のスタートである修士論文及びそれに修正を加えた「非正規雇用問題と社会保障法政策——社会保険の事業主負担と企業行動との関係に注目して」(『法学協会雑誌』135巻4号833-911，2018年)の延長線上にあり，筆者の研究のとりあえずの集大成であるともいえる。様々な試行錯誤を経たが，現時点における最大限の研究成果をまとめることができ，喜ばしく思う。

　もともとは，労働関係に対する法的アプローチに関心があった。しかし，弁護士としての実務経験，労働法の研究等を経て，純粋な法的アプローチだけでは，現実を把握し，対処するための政策を検討する上で，十分ではないことを強く意識するようになった。とりわけ，非正規雇用問題のように，複合的な要素を孕む問題に関してそのような問題意識を強めていった。そのような困難にもがくうちに，法社会学に出会い，法学のみならず経済学などの隣接諸科学の幅広い問題意識や理論を踏まえつつ，社会調査に基づき実証的に考察することの意義・重要性に気付き，少しずつ実践することができるようになったことが，ささやかではあるものの，本書における研究成果につながったのだと思う。

　本書はささやかではあるが，現時点における筆者の到達点を示すものであり，もし現実の非正規雇用問題解決につながる有益な情報を提供できているのであれば，筆者にとって心よりの喜びである。ただ，同時に，筆者自身も気付いていない問題点があることも予想されるところであり，そのような点については，批判や意見をもいただければと考えている。

　ところで，研究の基礎となる3つのアンケート調査に関し，その質問票を，紙幅の都合もあり，本書に収録することができなかった。具体的質問項目等の内容については，本書の議論において適宜必要に応じて該当する箇所で触れて

あとがき

はいるものの，本書における議論の直接の対象になっていない部分については示されていない。そこで，完全な質問票については筆者に直接問い合わせていただければ幸いである。問い合わせ先の住所とメールアドレスは，次頁の通りである。

〒113-0033　東京都文京区本郷7-3-1　法学政治学研究科4号館457
E-mail：nrd-01520@j.u-tokyo.ac.jp

本書における誤謬の責めが筆者に帰属することは言うまでもないが，本書における成果は，たとえささやかなものであるにせよ，筆者が独力で到底達成できたものではなく，多くの方々の協力の賜物である。すべての関係者の皆様に心より御礼を申し上げたい。

とりわけ，第一に，指導教員としてご指導いただいた太田勝造先生からは，本書の前身あるいは礎ともいうべき修士論文の作成時から日常様々な場面で随時ご助言をいただき，本書の完成は先生の指導の賜物であるといって過言ではない。最大限の感謝を申し上げたい。さらに，本書のもととなる助教論文の審査をしていただいたダニエル・フット先生には外国から見た日本の社会や労働問題について，法社会学の演習等を通じてもお世話になっている佐藤岩夫先生にはドイツ語及び労働問題の実証研究について，その他，佐口和郎先生には社会政策の観点からの労働問題の把握の仕方や労働調査の実践的方法について，木下麻奈子先生にはアンケート調査の方法について，川口大司先生には労働に係る計量経済学の基礎について，ご指導いただき研究上の示唆を与えていただいくなど，多くの先生方のお世話になった。また，助教論文作成中に参加させていただいた訴訟利用調査・労働審判利用者調査の各研究班において，飯田高先生をはじめとする日本を代表する研究者・実務家の方々が法社会学に係る調査研究を実践されているのを目の当たりにできたことは貴重な経験となり，論文の完成に反映されているといえるだろう。

さらに，本書のアンケート調査にご協力いただいた各調査会社の皆様方，調査対象の企業のご担当者様，労働者の皆様方，とりわけ，本書ではその結果を直接的には反映させることができなかったが，アンケート調査前後にインタビューをお受けいただいた企業のご担当者や国内外の弁護士や労働者の皆様方

あとがき

　には，ご多忙の中，貴重なお時間を割いてご協力いただいたことに，心より御礼を申し上げたい。

　また，本書における研究調査は，二十一世紀文化学術財団の学術奨励金及び三菱財団の助成を受けて行った研究の成果を含むものである。研究の遂行にご支援いただいたことに関し，この場をお借りして感謝を申し上げたい。

　最後に，本書の編集に尽力してくださった信山社編集部の今井守氏に御礼申し上げたい。大変な編集作業を着実にしていただき，このような形で本書の出版を実現してくださったことに，心より感謝申し上げる。

2019年10月

楠 本 敏 之

索 引

❖ あ 行 ❖

アクティベーション……………………… 70, 71
一般報償性原理………………………………… 99

❖ か 行 ❖

帰　着……… 37-40, 42, 43, 46-48, 169, 174, 178
僅少労働……… 125, 141-144, 146-154, 159-162
合理的選択理論………………………………… 165
個別報償性原理………………………………… 99

❖ さ 行 ❖

参照点…………………………… 117-121, 182, 345
ジニ係数……………………………………… 58, 59
社会的排除指標………… 65, 66, 107, 110, 201
社会的比較の理論……………………………… 119
社会的包摂指標………………………… 106, 108
就業調整……… 50-54, 56, 57, 188, 245,
　　　　　　　275, 277, 278, 287, 295, 347-
　　　　　　　350, 369, 374, 376, 377
主観的貧困指標…………………………………… 66
常用性……………………………………… 22, 101
所得効果………………………………………… 181
正規化…………………………………………… 162
性別職域分離………………………………… 12, 50
性別役割分業………………………………… 12, 124
相対的所得仮説……………… 117, 236, 284, 359

相対的剥奪………………………………… 62, 64
相対的貧困………………………………… 59, 67

❖ た 行 ❖

第3号被保険者制度…… 12, 23, 50-52, 54-58,
　　　　　　　163, 168, 177, 179, 180,
　　　　　　　184, 186, 188, 189, 193,
　　　　　　　348-350, 371, 374, 376
代替効果………………………………………… 181
多様な正社員制度………………………… 94-96
賃金の下方硬直性……………………………… 38
同一価値労働同一賃金………… 85, 87, 98, 373

❖ な 行 ❖

日本的雇用システム……………………………… 8

❖ は 行 ❖

配偶者控除…………………………… 51-58, 183, 350
ハルツ改革……… 125, 143, 145, 146, 150-153, 159
報償責任………………………………………… 29

❖ ま 行 ❖

ミディジョブ……………………………… 144, 159
モラルハザード………………………………… 168

❖ わ 行 ❖

ワークフェア………………………………… 70, 71, 128

〈著者紹介〉

楠 本 敏 之（くすもと・としゆき）

1969年生まれ
1993年　東京大学法学部卒業
弁護士，東京都労働委員会事務局勤務などを経て，
2016年3月　東京大学大学院法学政治学研究科修士課程修了
2016年4月　東京大学大学院法学政治学研究科助教
現　在　東京大学大学院法学政治学研究科特任講師
　　　　（専門：法社会学，労働法，社会保障法）

〈主要著作〉
「非正規雇用問題と社会保障法政策 ── 社会保険料の事業主負担と企業行動との関係に注目して」『法学協会雑誌』135⑷，2018年

学術選書
195
法社会学

非正規雇用の法政策
── 社会保険法制度による可能性 ──

2019(令和元)年11月30日　第1版第1刷発行

著　者　楠　本　敏　之
発行者　今井　貴　今井　守
発行所　株式会社　信 山 社
〒113-0033 東京都文京区本郷 6-2-9-102
Tel 03-3818-1019　Fax 03-3818-0344
info@shinzansha.co.jp
笠間才木支店　〒309-1600 茨城県笠間市才木515-3
笠間来栖支店　〒309-1625 茨城県笠間市来栖2345-1
Tel 0296-71-0215　Fax 0296-72-5410
出版契約 2019-6795-01010　Printed in Japan

Ⓒ 楠本敏之, 2019. 印刷・製本／亜細亜印刷・牧製本
ISBN978-4-7972-6795-2 C3332　分類321.300-a011 法社会学
6795-0101:012-350-005 p.416《禁無断複写》

JCOPY　(社)出版者著作権管理機構　委託出版物
本書の無断複写は著作権法上での例外を除き禁じられています。複写される場合は，その都度事前に，(社)出版者著作権管理機構（電話 03-5244-5088, FAX03-5244-5089, e-mail:info@jcopy.or.jp）の許諾を得てください。